KB036112

3·1운동 100년

3 권력과 정치

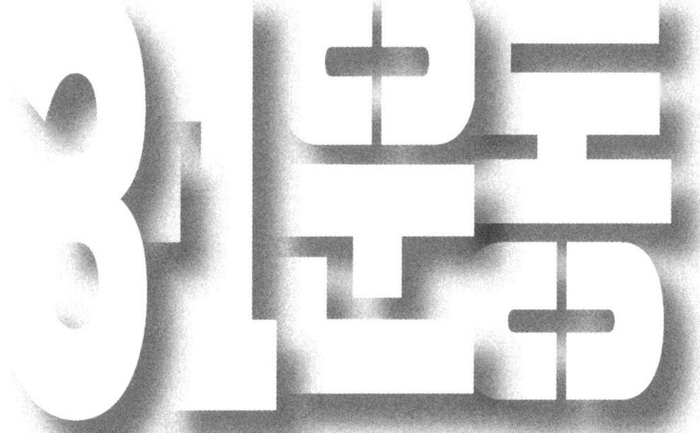

3 권력과 정치

한국역사연구회 3·1운동100주년기획위원회 엮음

Humanist

■ 일러두기

1. 논문과 기사 제목은 〈 〉로, 신문과 잡지, 단행본 제목은 《 》로 표기했다.
2. 외래어 표기는 국립국어원 외래어 표기법에 따랐다. 단, 외국 도서명과 잡지명, 출판사명 일부는 뜻을 명료히 하기 위해 한자 독음대로 표기했다.
3. 옛 문헌을 인용하는 경우, 맞춤법은 원문에 따랐다.
4. 역사 용어는 통일하지 않고, 각 필자의 의견에 따랐다.

총론

3·1운동 100주년, 새로운 역사학의 모색

3·1운동 100주년을 맞는 소회가 남다르다. 3·1운동은 거리의 저항 축제였다. 전국 방방곡곡 공원과 장터를 메운 사람들은 독립만세를 외쳤고 태극기를 손에 쥔 채 대로와 골목을 누비며 행진했다. 그로부터 100년의 세월이 흐른 2019년, 우리는 추운 겨울 거리에서 촛불을 밝혀 민주주의의 진전을 이뤄냈고 한반도 평화의 길로 성큼 들어섰다. 100년 전과 마찬가지로 역사적 전환기를 맞아 새로운 역사를 써 내려가고 있다.

새로운 시대로의 진입, 그 길목에서 역사학계도 전에 없이 활발히 움직이고 있다. 특히 소장학자들이 새롭고 다양한 시각으로 자신들의 목소리를 내고 있다. 한국근대사도 새로운 역사학을 모색하는 흐름의 한가운데 있다. 오래도록 근대사의 주체는 민족이었고 때론 민중이었다. 프레임 역시 민족 대 반민족이었다. 20세기에서 21세기로 진입하면서 양자 사이에 광범위한 회색지대가 존재했다는 선언이 이뤄졌고 이분법적 구도는 서서히 무너져 내렸다. 그리고 2019년, 근대사는 민족이나 민중을 단일한 집합주체로 보지 않고 다양한 스펙트럼과 경계를 넘나드는 그들의 운동성에 주목하는 한편, 장애인과 성소수자 등 역사 속에서 배제된 주체를 찾아 그들의 삶을 복원하려 한다. 수탈 대 저항이라는 전통적인 이분법을 해체하고 일제 시기를 재해석하려는 움직임이 주된 흐름으로 자리를 잡아가고 있다.

한국역사연구회가 3·1운동 100주년을 맞아 내놓는 다섯 권의 총서는 새로운 역사학을 모색하고자 하는 근대사의 고민을 담고 있다. 지금까지 10년을 주기로 역사적 사건을 기념하는 책들은 으레 배경, 발단, 전개, 결과와 영향, 역사적 의의로 차림표를 내놓는 경우가 많았다. 이번 3·1운동 100주년 총서는 이와 달리 구성되었다. 3·1운동을 주재료로 삼아 100년간의 3·1운동에 대한 기억과 상식을 메타역사적 시각에서 접근했고, 그동안 미진했던 3·1운동 자체에 대한 실증적 분석을 시도했으며, 3·1운동을 전후한 시기의 정치·경제·사회·문화적 변화와 식민지-동아시아-세계라는 공간의 변동을 살폈다.

먼저, 비평적 역사 읽기를 시도했다. 지난 100년 동안 3·1운동의 기억과 상식이 빚어져온 과정을 메타역사적 관점에서 접근했다. 3·1운동은 한국사는 물론이고 세계사적으로도 주목받는 대사건이었다. 그만큼 3·1운동에 대한 기억과 상식은 일찍부터 형성되어 고정관념으로 굳어지는 길을 걸어왔다. 총서에서는 그간 당연시되어온 3·1운동에 대한 기억과 상식이 남과 북, 한국과 일본이라는 공간에 따라 달리 해석되고 정치 변동에 따라 위상과 해석이 달라지는 역사적 주제임에 주목했다.

둘째, 역사학이 100년간 밝히지 못했던 3·1운동의 사건사를 규명하고자 했다. 이제껏 2·8독립선언, 3월 1일 7개 도시에서 일어난 만세시위, 3월 5일 서울에서 일어난 학생시위, 3·1운동에서의 학살 문제 등을 정면으로 다룬 논문은 없었다. 두 달 넘게 진행된 3·1운동의 끝자락에 어떤 만세시위가 자리하고 있는지에 대해서는 논의조차 없었다. 총서에서는 3·1운동을 이해하는 데 반드시 규명되어야 함에도 제대로 조명받지 못했던 주요 사건들을 실증적으로 짚었다.

셋째, 다양한 주체와 시선으로 3·1운동을 재현하고자 했다. 지금까지 3·1운동에 대한 연구는 주로 참여자에게 주목하고 그들과 관련한 판결문을 분석해왔다. 반면, 총서에서는 다양한 목격자가 등장한다. 일본 유학생 청년 양주흡과 청년 유학자 김황, 서울 한복판에서 3·1운동을 비판했던 윤치호, 탄압과 학살의 주역 조선군사령관 우쓰노미야 다로, 그리고 한국인도 일본인도 아닌 제3자인 외국인 선교사의 시선을 통해 3·1운동을 다각적으로 해석했다. 또한 세대론적 시각과 다원적 연대라는 관점에서 3·1운동을 재현했다.

넷째, 권력과 정치를 화두로 3·1운동을 일본의 식민지인 조선, 즉 조선총독부의 지배 권역에서 일어난 사건으로 조망하고자 했다. 일제 시기 연구는 늘 식민통치 대 저항운동이라는 이분법을 전제하고 있었다. 권력보다는 통치의 시선으로, 정치보다는 운동의 시선으로 역사를 해석해왔다. 총서에서는 3·1운동을 둘러싼 사법, 경찰, 군부 등 권력의 대응과 조선총독부, 한국인, 일본인 등을 포함한 정치세력의 동향에 주목했다. 3·1운동이 권력과 정치에 미친 파장은 '비식민화(decolonization)'라는 관점에서 다뤘다.

다섯째, 공간적이고 인적인 차원에서 경계 넘기를 시도했다. 이제껏 3·1운동과 일제 시기 연구는 주로 식민지 조선이라는 공간에 국한되었고 한국인의 동향을 살폈다. 총서에서는 식민지 조선, 식민 본국인 일본은 물론 세계로 공간을 넓혀 경제와 법, 사회현상을 다뤘다. 3·1운동을 경험한 한국인이 바라본 아일랜드 독립운동도 조망했다. 또한 한국인뿐 아니라 일본과 식민지 조선에 살고 있던 일본인의 동향도 살폈다. 무엇보다 총서에는 4명의 일본 학자가 필자로 참여했다. 대표적인 항일운동으로 꼽히는 3·1운동의 100주년을 맞아 발간하는 총서에 한국과 일본 학자가 함께 이름을 올린다는 것은 국경을 넘는 역사 교류의 반영이라 할 수 있다.

여섯째, 사회를 일원적 시각이 아니라 다층적 시각에서 살폈다. 그동안은 일제의 식민지배를 받았던 조선 사회를 단일한 사회로 인식하는 풍토가 있어왔다. 하지만 조선 사회는 일원적이지도 단일적이지도 않았다. 총서는 3·1운동 전후의 조선 사회를 도시 시위, 길거리 정치, 보통학교, 혁명의 여진이라는 사회적 화두로 재구성했다.

일곱째, 3·1운동 전후의 조선 사회를 문화사적 시각에서 접근했다. 지금까지 일제 시기 연구는 식민정책과 독립운동을 중심으로 이루어졌던 만큼 문화사 연구는 상대적으로 빈약했다. 문화사의 일환인 사상사에서는 3·1운동 전후 시기에 대한 연구가 소략했다. 총서에서는 그동안 3·1운동과 관련해 본격적으로 다룬 바가 없는 반폭력사상, 평화사상, 인종 담론뿐만 아니라 단군문화, 역사문화, 민족 정체성, 여성 정체성, 민족 서사 등에도 주목했다. 미술과 영화 같은 문화현상도 살폈다.

1919년으로부터 100년, 역사적 전환기에 발맞추어 역사학 또한 전환의 시대를 맞고 있다. 오늘날 역사학의 변화를 담고 있는 다섯 권의 총서가 앞으로 역사학이 나아갈 길을 모색하는 데 미력하나마 디딤돌이 되기를 기대한다. 대중 역사가들이 이끄는 대중 역사에는 아직도 민족주의적 기풍이 강하다. 하지만 새로운 역사학에는 단일한 대오도, 단일한 깃발도 없다. 근대사 연구에서는 이분법적 구도가 무너져 내리고 광범한 회색지대가 드러난 이래 기존 역사상에 대한 비판과 성찰이 이뤄지고 있으며 다양한 역사상이 새롭게 주조되고 있다.

1989년 한국역사연구회는 역사문제연구소, 한겨레신문과 함께 3·1운동 70주년 기념논문집인 《3·1민족해방운동연구》를 펴냈다. 27년이 지난 2016년, 그 논문집의 기획자와 집필자, 그 책을 밑줄 치고 읽은 대학원생, 1989년에는 그 존재조차 몰랐던 중학생과 유치원생이었던 이들이 모였다. '3·1운동100주년기획위원회'는 그렇게 3년 전인 2016년에 탄생했다. 10명의 중진, 소장학자가 함께 꾸린 기획위원회는 100년의 3·1운동 연구를 메타역사의 시각에서 분석하며 문제의식을 공유하고 총서의 틀을 짰다. 그간 대화가 소홀했던 중진학자와 소장학자 간의 활발한 토론은 새로운 역사학을 전망하며 총서를 구성하는 데 큰 힘을 발휘했다. 무엇보다 명망성보다는 문제의식의 참신성에 주목하면서 많은 소장학자가 필진으로 참여하는 성과를 거두었다.

총서를 발간하기까지 기획위원회의 팀워크가 크게 기여했다. 게다가 집필자들의 헌신성이 있었기에 가능한 일이었다. 특히 비정규직 연구자로서 바쁜 삶을 살고 있는 소장학자들은 한 사람도 낙오 없이 옥고를 제출했다. 이 자리를 빌려 39명의 필자분께 깊은 감사의 말씀을 전한다.

역사학자로서 3·1운동 100주년을 기획하고 총서를 발간하는 소임에 참여한 것은 무한한 영광이다. 그 역사적 소임을 제대로 마무리했는지 두렵지만, 3·1운동 100년의 기억과 기념에 머무르지 않고 역사학의 미래를 가늠할 수 있는 기회를 갖게 된 점에 자부심을 느끼며 3·1운동 100주년 총서를 세상에 내놓는다. 39명에 달하는 필진의 49편의 논문을 갈무리해 다섯 권의 총서로 묶어낸 휴머니스트의 노고에 깊이 감사드린다.

김정인(한국역사연구회 3·1운동100주년기획위원회 위원장)

머리말

권력과 정치

이 책은 3·1운동에 초점을 맞춰 식민지 조선의 권력과 정치 문제를 다룬다. 권력과 정치는 역사학의 본령이라고 할 수 있다. 3·1운동과 관련해서도 가장 먼저 연구가 시작된 부분이자 이른 시기부터 가장 많은 성과가 나온 주제이다. 1969년 3·1운동 50주년을 맞아 역사학자들이 대거 참여한 기념논집이 발간됨으로써 3·1운동 인식의 큰 틀이 잡혔고, 이후 안병직과 신용하 등에 의해 사회과학적 접근이 시도되었다. 1989년 70주년을 맞아 한국역사연구회와 역사문제연구소의 젊은 학자들이 펴낸 기념논집은 '과학적·실천적 역사학'이 바라본 3·1운동 역사상의 집대성이었다. 이로써 1910년대 무단통치 아래 경제적 수탈과 정치적 탄압, 민족자결주의에 고무된 민족 대표와 학생의 활약에 힘입은 3·1운동의 발발, 3·1운동의 전국적 확대와 민중의 적극적인 참가, 그리고 가혹한 시위 진압 후 조선총독부의 기만적인 '문화통치' 실시라는 인식 틀이 확립되었으며, 3·1운동은 부르주아 민족운동으로 자리매김되었다.

3·1운동을 바라보는 전통적인 인식, 즉 일본 대 조선 그리고 지배 대 저항을 중심축으로 하는 서사구조는 많은 대안적 서사를 누름으로써 가능했다. 전형적인 권력과 정치의 서사였지만 오히려 제대로 된 권력과 정치 분석은 이루어지지 못한 셈이다. 이는 3·1운동만이 아니라 식민지 역사 서술 전반의 문제였다. 1990년대 이후 민족주의적이고 이항 대립적인 역사 서술에서 벗어나려는 시도가 이어졌다. 나미키 마사히토(並木眞人)는 지배와 저항의 구도를 넘어서는 식민지 정치사 연구의 필요성을 주장했다. 윤해동은 식민지 인식의 회색지대에 주목하고 나아가 '식민지 공공성'이라는 개념을 제기했다. 그런데 새로운 역사상은 민족주의적 역사 서술은 물론 식민지 근대화론에서 발원한 수정주의적 역사 서술과도 경합해야 했다. 이러한 과정을 거쳐 '식민지=악', '근대=선'이라는 낡은 구도를 넘어 '식민지=근대' 인식에 바탕한 식민지 근대론이 등장함으로써 새로운 지평이 열렸다.

식민지 근대론의 전개는 식민지 연구가 그때까지의 운동사, 경제사에서 벗어나 사회사, 문화사로 영역을 넓혀가는 과정이기도 했다. 그러나 그러한 가운데 전통적인 틀을 넘어설 새로운 정치사 서술은 지지부진함을 면치 못했다. 특히 권력, 정치 연구의 출발이 되어야 할 3·1운동 연구에서는 기존의 역사상을 쇄신할 성과가 좀처럼 등장하지 못했다. 3·1운동 100주년을 맞아 펴낸 이 책은 사회사나 문화사로 우회한 한국근대사 연구가 다시 정면에서 권력과 정치의 의미를 묻는 작업이다. 이 책에 실린 글들은 누가 어떻게 지배하고 또 저항했는지를 끈질기게 추적함으로써, 일본과 조선이라는 기호 그리고 지배와 저항이라는 거대담론에 가려져 있던 다양한 주체가 벌인 권력과 정치의 복원을 꿈꾼다.

이 책에는 제1부 '식민통치의 구조'와 제2부 '저항의 정치 역학'으로 나누어 모두 9편의 글을 실었다. 먼저, 제1부에 실린 글을 살펴보자. 이형식은 〈1910년대 일본의 식민지 통치구조 개혁과 조선〉을 다뤘다. '식민지 특수사정'을 근거로 식민지를 일본 제국헌법의 적용을 받지 않는 특별 통치 영역으로 둘 것을 주장함으로써 자신의 영향력을 유지하고자 하는 육군 조슈파와, 이에 맞서 일본의 법률과 제도를 식민지에 시행하는 내지연장주의를 주장한 정당 세력 사이의 갈등을 중심으로 1910년대 일본의 식민지 통치구조를 분석했다. 그저 '일제'라는 범칭에 가려져 있던 제국주의 권력 심층부의 동향에 직접 다가선 것이다. 여기서 3·1운동이라는 조선인의 거족적인 저항으로 인해 육군 조슈파가 힘을 잃게 된다. 3·1운동과 '문화정치'는 식민자의 의도와 피식민자의 움직임이 서로 맞물려 만들어낸 역사적 국면이었다.

도면회는 〈1910년대 한국의 형사재판제도와 3·1운동〉을 다뤘다. 무단통치는 법에 의한 통치였다. 식민지 조선에 실시된 일본의 형사법 체제가 표방한 동화주의는 결코 정치적 언설이나 기만에 그치지 않고 상당 부분 실현되었다. 또한 법에 의한 통치가 조선인에 대한 차별을 제도화함으로써 3·1운동의 한 원인이 되었다. 일제 통치의 무단성과 불법성만을 강조하는 시각을 넘어, 대한제국 이래 근대적 통제가 한국병합 이후 식민지 근대적 통제로 확대되는 가운데 3·1운동이 발생했음을 지적했다. 식민지 근대론의 시각에 서서 근대적 법체제가 식민지에 적용되면서 나타나는 동화와 차별의 양 측면을 잘 드러냈다.

마쓰다 도시히코는 〈'무단정치기' 조선의 헌병경찰과 위생행정〉을 다뤘다. 헌병경찰은 독립운동으로 이어질 우려가 있는 종교·교육 활동을 경계하는 한편, 전근대 지배자가 손대지 않은 위생 등 생활 영역까지 감시했다. 이 글은 위생조합을 대상으로 하여 일제 통치와 조선 민중의 갈등을 그려냈다. 일본은 서양의학과 근대적 위생 관념을 보급하고자 했지만, 설비와 자원이 부족한 탓에 감염증 예방의 부담을 민중에게 전가했다. 말 그대로의 식민지 근대적 상황이 전개된 것이다. 1910년대 위생조합을 둘러싼 움직임은 3·1운동의 의미를 새로운 관점에서 생각할 수 있게 해준다.

장신은 〈3·1운동과 조선총독부의 사법 대응〉에서 일제가 어떠한 법령으로 3·1운동 참가자들을 처벌했는지를 밝혔다. 이른바 민족 대표 33인을 포함한 '48인'에게 일제가 적용한 법령을 보면, 구체적인 행위에 따라 형량에 차이를 두는 등 법에 의한 통치를 표방했음을 확인할 수 있다. 동시에 일제는 3·1운동 참가자에게 법정 최고형을 내릴 수 있는 내란죄를 적용함으로써 시위를 진정시키고자 했는데, 이는 엄격한 법 해석이라기보다 정치적 판단의 성격이 짙었다. 총독부는 대중의 집단적 정치행동이라는 새로운 사태에 직면해 기존 치안 법령의 한계를 발견했다. 이후 '정치의 변혁을 목적으로 하여 다수가 공동으로 안녕질서를 방해'하는 행위를 처벌하기 위해 제령 제7호를 급히 제정하게 된다. 식민자와 피식민자의 상호작용은 법령의 제정과 적용에도 드러난 셈이다.

신주백은 〈3·1운동과 일본군 동향, 그리고 제국 운영〉을 다뤘다. 조선에 주둔한 일본군, 즉 조선군은 조선총독의 지휘를 받는 위치에 있었으므로 3·1운동 발발과 동시에 진압에 동원되었다. 그동안 3·1운동 과정에서 조선군의 구체적인 움직임을 밝힌 연구는 부족했다. 이 글에서는 '한국주차군' 이래 조선군의 배치 상황과 그 변화를 정리한 뒤, 3·1운동 발발 이후 조선총독부가 일본 정부와 교신하며 조선군을 동원하는 상황을 밝혔다. 그리고 병력을 분산 배치하고 추가함으로써 4월 초순 이후 시위가 한풀 꺾였다고 분석했다. 일제의 조선 통치에서 중요한 권력기관이자 통치기관이었던 조선군과 3·1운동의 관계를 구체적으로 밝혔다는 의의가 있다.

다음은 제2부 '저항의 정치 역학'이다. 허영란은 〈3·1운동의 네트워크와 조직, 다원적 연대〉에서 전국적인 대규모 시위가 어떻게 가능했는지를 추적했다. 먼저 초기 조직화 단계를 주도한 민족 대표의 역할을 높이 평가했다. 아울러 학생층이 종교계의 요청을 받아들여 적극적으로 가담함으로써 '선언'이 '운동'이 될 수 있었다고 분석했다. 지역의 운동에 대해서는 '서울로부터의 전파'를 중심에 놓고 표준적으로 서술하기보다 외부 자극이 계기가 되어 각각의 조건에 따라 이루어진 자율적이고 주체적인 실천에 주목했다. 억압이 있는 곳에 저항이 있기 마련이지만, 모든 저항이 대규모 시위로 전화하는 것은 아니다. 허영란은 '민족 대표의 계몽을 통해 독립운동에 동원되는 민중'이라는 선험적인 인식을 넘어 만세운동을 성사시킨 다원적 주체들을 추적했다.

주동빈은 〈3·1운동 초기 경성 시위에 대한 세대론적 분석〉에서 3·1운동의 초기 국면을 이끈 '재경 학생'과 '재경 유력자'라는 서로 다른 세대에 주목했다. '재경 유력자'는 '경중 유림' 등으로 불린 기성세대 지식인집단이었다. 이들은 주로 '유력자'의 연서라는 운동 방식을 택했는데, 이는 봉건적 인식의 잔존이라 할 수 있다. 이에 비해 '재경 학생'은 기숙사, 하숙집 등 '집합적 생활공간'을 바탕으로 하여 결속하고 '행진 과정' 등을 함께하면서 '집합주체'로 성립했다. 경성 시위가 지식인들에게 '공통 경험'의 발원지였음을 밝히고, '3·1운동 세대'와 함께 등장한 '대중운동'이라는 새로운 '세대양식'에 주목했다. 1920년대 이후 운동과 정치 현장에서 크게 활약하는 3·1운동 세대의 기원을 밝힌 글이라 할 수 있다.

이태훈은 〈1920년대 전반 국민협회의 정치활동과 참정권 청원운동의 한계〉를 다뤘다. 국민협회는 조선총독부의 지원을 받는 친일단체이자 나름의 정치적 욕망을 가진 정치단체였다. 일제는 내지연장주의를 입에 담았지만 끝내 참정권을 허락하지 않음으로써 스스로의 취약성과 허구성을 드러냈다. 국민협회는 바로 그러한 지점에서 가장 극렬한 정치단체로 등장할 수 있었다. 그리고 이러한 정치공간을 열어젖힌 것은 바로 3·1운동이었다. 이태훈은 국민협회 주도세력이 일본과 조선의 관계를 어떻게 설정했는지, 근대국가를 어떻게 인식했는지 등 이른바 친일의 논리를 분석함으로써, 국민협회의 친일 또한 아슬아슬한 줄타기 정치였음을 밝혔다. 식민지에서 합법적인 정치활동이 지닌 의미를 묻는 글이다.

홍종욱은 〈3·1운동과 비식민화〉에서 넓게는 1990년대 이래 식민지 연구, 좁게는 이 책에 실린 식민지 권력과 정치 연구의 성과를 의식하면서, 3·1운동 이후 식민지 조선 상황을 '비식민화' 과정으로 규정했다. 세계는 제1차 세계대전을 전후해 제국-식민지 질서가 흔들리기 시작했다. 이른바 비식민화(decolonization)이다. 조선총독부의 '문화정치'는 바로 비식민화의 한국적 발현이었다. 식민자와 피식민자 모두 19세기적 식민통치의 불가능성을 깨달았고, 3·1운동이 열어젖힌 공간 위에서 독립, 자치, 동화라는 비식민화의 세 가지 방향이 각축을 벌였다. 한국의 식민화와 비식민화가 지닌 세계사적 보편성과 특수성을 음미함으로써 일본 통치기 권력과 정치를 바라보는 새로운 시각을 제시하고자 했다.

홍종욱(한국역사연구회 3·1운동100주년기획위원회 위원)

차례

2부 저항의 정치 역학

1부

식민통치의 구조

3·1운동
100주년
총서

1장

1910년대 일본의 식민지 통치구조 개혁과 조선

이형식

식민지 통치와 일본 육군

제국 일본은 청일전쟁과 러일전쟁을 통해 타이완, 관동주, 사할린, 조선을 식민지 또는 조차지로 획득했다. 제국 일본은 치안 유지, 민족운동의 탄압, 대륙 침략을 명목으로 새롭게 획득한 식민지 또는 조차지에 타이완총독부, 관동도독부, 사할린청, 조선총독부를 설치하고 타이완총독, 관동도독, 조선총독의 임용 자격을 현역 육해군 중장 또는 대장(타이완총독, 관동도독), 대장(조선총독)으로 한정했다. 식민지 총독에는 야마가타 아리토모(山縣有朋)로 연결되는 조슈(長州, 지금의 야마구치) 출신이거나 조슈파(長州閥)에 연결되는 인맥이 임명되어, 식민지는 육군 조슈파의 '아성'이 되었다. 조선 역시 예외가 아니었다. 1910년대 조선총독부는 '일본 육군에 의한 정치적 독립 영역'으로 간주되었다.[1] 총독부를 움직이는 정치 주체는 육군 특히 조슈파였다. 초대 총독 데라우치 마사타케(寺內政毅)는 육군 조슈파의 실질적인 지도자('대수령')로서 관동도독, 타이완총독, 조선총독 등 식민지 총독 인사에도 막강한 영향력을 행사했다. 1910년대 일본 육군과 식민지는 데라우치의 지배하에 있었다고 해도 과언이 아니었다.[2)]

한편, 이러한 육군 조슈파의 식민지 지배에 대해서는 타이완의 육삼법(六三法, 법률 제63호의 약칭으로 타이완에 시행해야 할 법령에 관한 법률) 논쟁으로 대표되듯이 정당세력의 도전이 끊이지 않았다.[3)] 러일전쟁 이후 육군과 야마가타파에 속하는 가쓰라 다로(桂太郎)와 제1당인 입헌정우회(立憲政友會, 이하 '정우회')를 이끄는 사이온지 긴모치(西園寺公望)가 교대로 정권을 잡으면서 안정적인 정국을 유지했던 이른바 '게이엔체제(桂園體制)'하에서 정우회는 여당의 프리미엄을 이용해 비약적인 발전을 거듭했다. 제1, 2차 사이온지 내각과 제1차 야마모토 내각하에서 내무대신을 역임하면서 정우회를 실질적으로 이끌었던 하라 다카시(原敬)는 일본 정치 지도자 중에서 누구보다도 번벌정치 타파와 번벌의 아성이었던 식민지 개혁에 적극적인 인물이었다.[4)] 즉, 단순히 도식하면 러일전쟁 이후 이른바 다이쇼 데모크라시 시기 일본의 식민지 통치는 육군 조슈파를 이끄는 데라우치와 정우회의 리더인 하라의 대립, 타협의 산물이라고 할 수 있겠다.[5)] 세 차례나 내무대신을 지낸 하라는 식민지에서의 문관(내무성 관료)과 무관(육군)의 격렬한 대립을 이용해 친정우회 성향의 내무성 관료와 연합해 육

---

1) 森山茂德, 〈日本の朝鮮統治政策(一九一〇～一九四五)の政治史的展開〉, 《法政理論》 23-3·4, 新潟大學法學會, 1991.

2) 北岡伸一, 《日本陸軍と大陸政策》, 東京大學出版會, 1978.

3) 이에 대해서는 春山明哲·若林正丈, 《日本植民地主義の政治的展開-その統治體制と台湾の民族運動 一八九五～一九三四年》, アジア政經學會, 1980을 참조할 것.

4) 하라 다카시에 대해서는 川田稔, 《原敬転換期の構想: 国際社會と日本》, 未来社, 1995; 伊藤之雄, 《原敬: 外交と政治の理想》 下, 講談社, 2014를 참조할 것.

5) 〈抗争 原敬 vs 寺内正毅 政党と藩閥の代理戦争〉, 《歴史讀本》 54-11, 2009, 66～71쪽.

군의 식민지 통치를 저지하려 했다.[6] 이 글에서는 이러한 문제의식을 바탕으로 다음과 같은 점을 밝히고자 한다. 육군 조슈파의 식민지 지배를 개혁하려는 반조슈파(정우회, 해군)의 두 차례 개혁에 주목해 3·1운동 이후 실현된 식민지 관제 개정의 역사적 의의를 고찰하겠다. 다음으로 3·1운동 이후 각 정치세력이 제출한 조선 통치안의 내용과 정책적 의도를 밝히고자 한다.

1. 제1차 야마모토 내각의 식민지 통치구조 개혁[7]

제1차 사이온지 내각(1906. 1~1908. 7)의 내무대신에 취임한 하라는 1907년 사할린청 관제를 제정할 때 문관이 취임할 수 있도록 제도화했다. 육군 출신인 구스노세 유키히코(楠瀨幸彦) 사할린청 장관이 문관인 민정장관과 갈등·대립하자, 이를 이유로 하라는 장관을 경질하고 그 후임에 자신의 복심인 내무성 관료 도코나미 다케지로(床次竹二郎)를 임명해 사할린 통치를 개혁했다.[8] 제도 개정과 함께 자신의 복

6) 번벌 관료에 비판적이었던 제국대학 출신의 학사 관료들은 정당에 접근했다. 게이엔체제 아래 정우회 내각에서 요직에 앉게 된 관료들은 정우회 내각에 협력해서 '정우회계'로 계열화된다. 대표적인 정우회 관료로는 도코나미 다케지로, 미즈노 렌타로(水野錬太郎), 고바시 이치타(小橋一太) 등이 있다. 이에 대해서는 清水唯一朗, 《政党と官僚の近代》, 藤原書店, 2007을 참조할 것.

7) 야마모토 내각 시기의 식민지 관제 개정 문제에 대해서는 이형랑(〈第1次憲政擁護運動と朝鮮の官制改革論〉, 《日本植民地研究》 3, 日本植民地研究會, 1990)이 이미 뛰어난 연구를 발표했다. 이후 교토대학(京都大學) 교수 나가이 가즈(永井和)가 홈페이지(〈倉富勇三郎日記と植民地朝鮮〉, http://nagaikazu.la.coocan.jp/kuratomi/kuratomiandKorea.htm)를 통해 이형랑 연구의 문제점과 오류를 지적했다. 하지만 두 연구 모두 야마모토 내각 시기 내무성의 동향을 살피는 데는 미흡한 점이 있다. 본고에서는 선행 연구에서 언급하지 않은 〈고바시 이치타 관계 문서(小橋一太關係文書)〉나 〈다치바나 고이치로 일기(立花小一郎日記)〉를 통해 야마모토 내각과 조선총독부의 관계를 구명하고자 한다.

심인 내무성 관료를 식민지 통치기관에 배치하는 개혁 방식은 이후 식민지 통치 개혁의 모델이 되었다는 점에서 의의가 있다.

하라의 식민지 통치 개혁은 제2차 사이온지 내각(1911. 8~1912. 12)에서도 계속되었다. 제2차 사이온지 내각은 임시제도조사회를 설치하고 본격적으로 행·재정 정리에 착수했다. 임시제도조사회에서 입안한 조선에 관한 주요 행정 정리안에는 1) 정무총감을 폐지하고 민정장관을 설치하며 각부 장관을 대신해 국장을 설치할 것, 2) 통신국 및 철도국을 부내의 국으로 할 것, 8) 세관을 해관국으로 개칭하고 그 수를 줄일 것, 9) 평양 및 대구의 복심법원을 폐지할 것, 11) 조선총독부 토목회의를 폐지할 것 등을 담고 있었다.[9] 또한 "타이완총독부 및 관동도독부제를 개편해 순수한 지방관청으로 하고 사할린청을 폐지하고 북해도청의 1지청으로 한다"라는 구상을 담았다. 내각은 총독부에 국고보조금 1,235만 엔 가운데 235만 엔의 감액과 사업의 연기를 요구했다.[10] 이러한 내각의 행·재정 정리 방침에 부응해 조선총독부는 1912년 4월 중앙과 지방, 행정 및 사법기관을 정리·통합했다. 총무부를 폐지하고 관방에 총무, 외사, 토목 3국을 두고, 농상공부의 식산, 상공 2국을 농림, 식산 2국으로 하여 1관방, 4부, 9국 체제로 개편했다. 이때 통신국을 체신국으로 개칭하고, 취조국·전매국·인쇄국을 폐지해 고등관 28명, 판임관 70명을 파면했다.[11] 아울러 전년도에 비

---

8) 이에 대해서는 楊素霞, 〈日露戦後における植民地經営と樺太統治機構の成立: 日本政府内部の議論からみる〉, 《社會システム研究》 32, 立命館大學社會システム研究所, 2016을 참조할 것.

9) 〈行政整理案(臨時制度整理局ノ分)〉(日本国立国會図書館憲政資料室 所蔵, 《小橋一太關係文書》 255-23).

10) 1912년 11월 15일자 고토 신페이(後藤新平) 앞 데라우치 서한(後藤新平記念館 所蔵, 《後藤新平關係文書》 373-12).

11) 朝鮮総督府 編, 《施政三十年史》, 朝鮮総督府, 1940, 13쪽.

해 국고보조금 235만 엔을 삭감했다.

이러한 사이온지 내각의 행·재정 정리 방침은 정우회가 여당인 야마모토 내각에도 계승되었다. 야마모토 총리는 하라가 이끄는 정우회와 제휴하면서 제1차 호헌운동에서 분출된 반(反)군벌, 반(反)번벌 에너지를 이용해 행·재정 정리, 육해군 현역 무관제의 개정, 문관 임용령 개정, 식민지 관제 개정을 추진해나갔다.[12)]

먼저, 해군 출신의 야마모토 곤노효에(山本權兵衛) 총리는 종래의 관례를 깨고 야마가타 아리토모와도 논의하지 않고 도사(土佐, 지금의 고치 현의 일부) 출신의 구스노세 유키히코 중장을 1913년 6월 24일부로 육군대신으로 발탁했다.[13)] 구스노세가 육군 장로들의 의견을 구하지 않고 육군대신 취임을 결정했기 때문에 '조슈파'는 충격을 받았다고 한다.[14)] 나아가 7월 15일 궁중석차를 개정해 대훈위(大勳位), 총리(수상), 각 대신, 원수, 친임관 등의 순위가 되어 개정 전에 비해 원수 및 조선총독의 궁중석차를 강등시켰다. 이 개정은 야마모토 총리의 강력한 지시로 내각 서기관장이 준비해서 궁내성의 동의를 얻어 관철시켰다고 한다.[15)]

8월 들어서 야마모토 총리는 조선총독부 관제 개정을 공론화했다. 8월 4일자《오사카아사히신문(大阪朝日新聞)》은 야마모토 총리와 오카

12) 앞의 이형랑 논문을 참조할 것.

13) 波多野勝,〈山本內閣と陸軍官制改正問題-山本首相のイニシアチブと陸軍〉,《軍事史學》30-4, 軍史史學會, 1995, 14쪽.

14) 1913년 6월 26일자 다나카 기이치(田中義一) 앞 나가오카 가이시(長岡外史) 서한(長岡外史文書研究會 編,《長岡外史關係文書 書簡·書類 篇》, 長岡外史顯彰會, 1989, 209쪽).

15) 궁중석차 개정 전에 조선총독은 대훈위(大勳位), 수상(首相), 원수(元帥), 대신예우자(大臣禮遇者)에 이어 대신(大臣), 추밀의장(樞密議長)과 같은 석차였지만, 개정 후에는 대신과 추밀의장, 내대신(內大臣)보다 하위로 이동했다. 다이쇼 시대 궁중석차에 대해서는 西川誠,〈大正期の宮中席次〉,《日本歷史》648, 日本歷史學會, 2005를 참조할 것.

노 게이지로(岡野敬次郎) 법제국 장관이 관제 개정의 성안을 강구 중인데, 무관전임제 폐지를 비롯해 보다 광범한 개혁이 논의되고 있다고 보도했다. 이에 대해 데라우치는 8월 12일 사위 고다마 히데오(兒玉秀雄)에게 서한을 보내 "정부 측에서는 다소 총독부에 개정을 희망하고 있는 것처럼 보인다. 그 사정이 분명해지는 대로 귀임할까 하니 귀임이 늦어지게 되면 야마가타(정무총감-인용자)에게도 그 사정을 설명해주기를 바란다"고 전했다.[16]

야마모토 총리는 타이완 영유 당시 타이완총독의 무관제를 강력히 반대했고, 여론의 지지가 없어도 식민지 관제를 개정하려는 의지가 강했던 인물이다.[17] 조선의 산업정책이 야마모토 내각의 재정 방침에 크게 제지를 받았고, 척식국이 폐지된 후 총독부 사무 담당이 내무성 지방국으로 이관되었을 뿐 아니라, 조선총독으로 문관이 임용될 수 있다는 개정설까지 거론되자 당시 언론에서는 데라우치 총독의 사임설이 나돌았다.[18]

상황이 이러하자 8월 25일 고다마 히데오(兒玉秀雄) 총무국장은 "일본에서는 총독문관설이 나돌고 있습니다만, 조선 통치의 대방침은 병합의 조서(詔書)에 명기되어서 쉽게 변경할 수 있는 것이 아닙니다. 총독이 육해군을 통솔하고 제반 정무를 통괄하는 것도 조서에 명기되어 있기 때문에, 관제를 개정해 이 취지를 변경할 수 있는 성질의 것이 아니라고 확신합니다"[19]라며 데라우치 총독에게 천황의 조서에 명기된 총독의 권한과 자격은 관제 개정을 통해서도 쉽게 변경할 수 없을 것

---

16) 1913년 8월 12일자 고다마 히데오 앞 데라우치 마사타케 서한(尚友俱楽部兒玉秀雄關係文書編集委員會, 《兒玉秀雄關係文書 I》, 同成社, 2010, 40쪽).

17) 《요미우리신문(讀売新聞)》, 1913년 8월 22일자.

18) 《도쿄니치니치신문(東京日日新聞)》, 1913년 9월 1일자.

이라고 전하고 있다. 9월 1일 데라우치 총독은 야마모토 총리 관저를 방문해 총독부 소관 사항과 그 밖의 중요 안건에 대해 장시간 협의했다.[20] 데라우치는 9월 4일 야마가타 아리토모에게 "식민지 관아 관제 개정 문제를 야마모토 총리와도 세 차례 의견을 교환했습니다만, 합의에 이르지 못했습니다. 자초지종은 각하께서도 아시는 것이 좋을 듯해 이리에 간이치(入江貫一) 비서관에게 의뢰해두었으니 듣도록 하십시오"[21]라고 보고했다.

이처럼 도쿄에서는 데라우치 총독과 야마모토 총리가 궁중석차, 관리 임용령, 조선 통치에 대해 회견하는 등[22] 조선 통치 개혁에 관한 논의가 급속히 진행되었다. 야마모토 내각은 행·재정 정리, 조선총독부 관제 개정, 궁중석차 개정, 동양척식주식회사(이하 '동척') 수뇌부 경질 등으로 조선총독부를 전방위로 압박했다.[23] 이에 데라우치가 격렬히 반발하며 사임 의사를 넌지시 비치자,[24] 신문지상에 데라우치

---

19) 1913년 8월 25일자 데라우치 앞 고다마 히데오 서한(日本国立国會図書館憲政資料室 所蔵, 〈寺内正毅關係文書〉 123-5). 내각의 조선총독부 관제 개정에 대해 천황의 권위를 내세워 방어해야 한다는 고다마의 주장은 1919년 관제 개정에서도 등장한다.

20) 《오사카아사히신문(大阪朝日新聞)》, 1913년 9월 2일자.

21) 1913년 9월 4일자 야마가타 아리토모 앞 데라우치 서한(尚友倶楽部山県有朋關係文書編集委員會, 《山県有朋關係文書 2》, 社団法人尚友倶楽部, 2006, 404쪽).

22) 〈立花小一郎日記〉, 1913년 9월 18일(日本国立国會図書館憲政資料室 所蔵, 〈立花小一郎關係文書〉).

23) 10월 달부터는 동척 총재와 부총재의 인사 문제가 부상했다. 우사가와 동척 총재(조슈파 예비역 육군 중장)의 임기가 만료되어 야마모토 총리가 우사가와를 경질하려 하자 데라우치 총독은 맹렬히 반대했다. 내각은 데라우치의 반대를 물리치고 결국 부총재인 요시하라 사부로(吉原三郎, 하라의 사법성 법률학교 동기)를 총재로 승격시키고, 부총재에는 정우회 간부인 노다 우타로(野田卯太郎)를 임명했다(北岡伸一, 앞의 책, 121·122쪽).

24) 데라우치가 진정으로 사임할 의사가 있었는지는 의심스럽다. 안도 사다요시(安東貞美) 조선군사령관과 다치바나 고이치로(立花小一郎) 조선군참모장이 12월 5일 총독과 참모총장의 신상에 대해 이야기를 나누면서 '시위적 허창(虛唱), 조노적(誂怒的) 합정'이라고 표현하고 있는 것을 보면, 사임을 식민지 통치 개혁에 반대하는 무기로 사용했던 것이지 사임할 의사는 없었던 것으로 보인다.

의 사임설이 등장했다. 아카시 모토지로(明石元二郎) 경무총장은 총독 현역 무관제 폐지, 군대 통솔권 박탈, 헌병경찰제 폐지는 결코 현재의 조선 지배체제에 치명적인 영향을 미치지 않는다며 데라우치의 사임을 만류했다.[25)]

10월이 되자 야마모토 내각은 식민지 관제 개정을 본격적으로 논의하기 시작했다. 야마모토 총리가 10월 6일 타이완과 조선의 관제 초안을 하라 내무대신에게 보이고 한번 생각해줄 것을 요청하자, 하라는 조사하겠다고 약속했다.[26)] 이후 내무성에서 식민지 관제 개정을 주도하게 되었다. 하라는 타이완총독부 관제 제정 시 총독의 무관전임제를 반대했고, 앞에서 언급했듯이 무관이 임용되던 사할린청 장관에 내무성 관료이자 복심인 도코나미를 임명해 개혁하는 등 일본 정치가들 중 누구보다도 식민지 장관의 문민화에 적극적이었다.

야마모토 내각은 행정 정리를 위해 1913년 6월 13일 척식국을 폐지하고, 그 업무를 내무성과 외무성에 이관했다.[27)] 내무성에 이관된 식민지 업무는 내무성 지방국 척식과에서 담당하게 되었다.[28)] 6월 1일 하라 내무대신은 고바시 이치타(小橋一太) 위생국장에게 지방국장 임명을 알리면서 지방국장이 척식과장도 겸하기 때문에 책임이 중대하다는 것을 전했다.[29)]

이어 야마모토 내각은 조선총독부와 타이완총독부를 내무성 감독

---

25) 1913년 데라우치 앞 아카시 모토지로 서한(尚友倶楽部 編,《寺内正毅宛明石元二郎書翰: 付《落花流水》原稿(《大秘書》, 2014, 46쪽).

26) 原奎一郎 編,《原敬日記》, 福村出版, 1981(이하 '《原敬日記》'), 1913년 10월 6일.

27) 〈内務省官制中改正〉(1913년 칙령 제142호).

28) 〈内務省分課規定中改正〉(《官報》, 1913년 6월 16일)에 의해 척식과는 조선, 타이완 및 사할린에 관한 사항을 담당하게 되었다.

29) 〈小橋一太日記〉, 1913년 6월 1일.

하에 두는 것으로 결정했다. 이에 대해 총독부는 예산 사정(査定)을 종전대로 대장성에서 담당하도록 내각에 요청했다. 6월 27일 열린 각의에서 정부는 이를 승인하지 않는다는 취지의 전신을 다카하시 고레키요(高橋是淸) 대장대신이 총독에게 보내기로 결정했다.[30] 총독부 관제에 내무성의 감독을 명기하지 않았지만, 조선총독부에 대한 내무성의 개입 및 간섭을 강화하려 했던 것으로 보인다.[31] 이후 내무성은 1917년 7월 척식국이 부활할 때까지 예산과 식민지 관련 법률의 사정을 통해 식민지 통치에 막강한 영향력을 미쳤다.

예를 들면, 내무성 지방국장 고바시는 1913년 8월 7일 일기에 "우사미(宇佐美)와 함께 조선 지방제도에 대해 토론하고 3시부터 대장성의 이치키(市来) 주계국장을 방문해 식민지 예산 문제를 협의했다"라고 적고 있듯이, 지방제도뿐 아니라 예산 문제에도 관여하고 있었음을 엿볼 수 있다. 이러한 상황에 대해 데라우치는 8월 9일 고다마에게 내무성과의 교섭 내용을 다음과 같이 전했다.

> 우사미 장관이 돌아왔다. 거류지 철폐안 및 그 밖의 사안도 좀처럼 쉽사리 진행되지 않는다. 미즈노 선생(미즈노 내무차관-인용자)도 정치가〔政事通〕가 된 것처럼 보인다. 주변의 사정을 살펴보면 우리가 감시당하고 있는 것 같아 매우 불쾌하다. 우리도 오랫동안 체류하고 있는데, 어

30) 《原敬日記》, 1913년 6월 27일.

31) 1913년 10월 동척 이사 사직 문제가 발생했을 때 사직서를 도쿄에 보내도록 내무대신이 총독에게 훈령을 내리고 있듯이, 내무대신이 필요하다고 생각할 때는 때때로 총독에게 훈령을 내렸다는 것을 알 수 있다(《原敬日記》, 1913년 10월 10일). 내무대신의 훈령 발령을 둘러싸고 내무대신과 조선총독이 갈등을 빚었을 것이라고 추정할 수 있다. 실제로 1917년 데라우치 내각 당시 고토 신페이 내무대신은 조선총독에 대해 감독권이 있다는 전제 아래 재무와 관련해 훈령을 내렸는데, 조선총독은 내무대신의 감독을 받지 않는다며 훈령을 내무대신에게 되돌린 적도 있다(外務省条約局法規課 編, 《日本統治時代の朝鮮》, 外務省条約局法規課, 1971, 161쪽).

떻게 해서든지 제령안을 가능한 한 빨리 처리하고 싶다. 좀 더 도쿄에 머무르는 편이 좋겠다.[32]

조선총독부는 1912년부터 거류지를 철폐하고 부제(府制)를 실시하는 방안을 심의했다. 하지만 부의 성격(의결기관으로 할 것인가, 자문기관으로 할 것인가)과 협의원의 선임 방법(선거를 통해 선출할 것인가, 관선으로 할 것인가)을 둘러싸고 총독부 관료 사이에 의견 대립이 있었다. 결국 부를 의결기관으로 하는 안은 철회되고, 데라우치의 최종 판단으로 부협의원 선임 방법을 관선으로 하는 것으로 결정해 제령안을 7월 25일자로 내무성으로 이첩했다.[33] 그러나 내무성이 오랜 논의 끝에 마련한 조선총독부의 부령안을 좀처럼 통과시켜주지 않아 데라우치는 분통을 터뜨렸던 것이다.

이러한 가운데 하라 내무대신은 고바시 지방국장을 8월 29일부터 조선에 출장차 보냈다. 고바시는 8월 30일 총독부의 각부 장관을 면담하고, 오후에는 경성민단사무소를 시찰하는 등 약 3주 동안 조선에 체류하면서 조선 사정을 조사했다.[34] 조선 시찰에서 돌아온 고바시는 9월 21일 미즈노 렌타로(水野錬太郎) 내무차관을 방문하고 이어 하라 내무대신에게 〈조선행정시찰보고〉라는 출장 보고서를 제출했다. 이 보고서에는 1) 경찰제도에 관한 건, 2) 관리 임용에 관한 건, 3) 행정 정리에 관한 건, 4) 지세 증징에 관한 건이 포함되어 있었다.[35] 이 보

---

32) 1913년 8월 9일자 고다마 히데오 앞 데라우치 서한(尚友倶楽部兒玉秀雄關係文書編集委員會 編, 《兒玉秀雄關係文書 II》, 同成社, 2010, 316쪽).

33) 〈朝鮮に於ける地方制度の沿革〉(日本国立国會図書館憲政資料室 所蔵, 〈斎藤実關係文書〉 78-41).

34) 〈小橋一太日記〉, 1913년 8월 30일.

35) 小橋一太, 〈朝鮮行政視察報告〉, 原敬文書研究會, 《原敬關係文書》 第10巻, 日本放送出版協會, 1989, 299·300쪽.

고서는 재정상의 이유를 들어 헌병경찰제에서 보통경찰제로 점진적으로 이행하는 대신 도장관에게 경무부장(헌병 영관급 장교)에 대한 지휘권을 부여할 것, 조선총독부 행정조직의 축소(4부 9국의 통폐합), 지세 증징 등을 주요 내용으로 했는데, 이후 식민지 관제 개혁의 골격을 이루고 있다는 점에서 주목할 만하다.

고바시 지방국장의 조선 출장 이후 내무성은 지방국을 중심으로 식민지 관제 개정에 본격적으로 착수했다. 10월 16일자 《요미우리신문(読売新聞)》은 내무성에서 식민지 관제 개정을 기획하고 경비 절감 및 인원 도태를 위해 준비하고 있으며, 먼저 사할린청의 발표를 전후해 조선총독부와 타이완총독부의 관제를 개정할 것이라고 보도했다.[36]

고바시는 11월 11일 식민지 관료의 가봉 감액과 조선총독부에 대한 보조금 삭감을 하라 내무대신에게 보고하고,[37] 12월 28, 29일 양일간 하라 내무대신, 미즈노 차관과 함께 식민지 관제를 협의했다. 이어 30일에는 내무대신 관저에서 구라토미 유자부로(倉富勇三郎) 법제국 장관, 바바 에이이치(馬場鍈一)·마쓰무라 신이치로(松村真一郎) 법제국 참사관 등과 회동해 조선, 타이완의 관제를 협의·결정했다. 이때 근본적인 개정 사안인 총독을 문관제로 할 것과 헌병경찰제도를 변경할 것을 협의했다.[38] 내무성과 법제국이 합의한 결정 사항은 구라토미 관계 문서의 〈조선총독부 관제 개정안〉으로 구체화되었다. 이 안은 1) 총독문무관병용제(현역 무관전임제 폐지)·군대 통솔권의 박탈, 2) 총독이 천황에 직접 소속된다는 직예(直隷) 조항 삭제, 내무대신의 감독권 명기(주임문관의 진퇴도 내무대신의 승인을 거치도록 변경), 3) 친임관

36) 《요미우리신문》, 1913년 10월 14일자.

37) 〈小橋一太日記〉, 1913년 11월 11일.

38) 〈小橋一太日記〉, 1913년 12월 30일.

인 정무총감 폐지와 칙임관인 총무장관의 설치, 4) 통치행정기구의 간소화(4부 9국에서 4부 2국으로 축소)와 인원 삭감, 5) 헌병경찰제 폐지를 담고 있었다.[39] 이후 1914년 폭로된 해군 수뇌부와 독일 지멘스사 사이의 뇌물사건인 '지멘스 사건'으로 야마모토 내각이 무너지면서 결국 조선총독부 관제 개정도 좌절되었다. 야먀모토 내각은 행·재정 정리, 육해군대신 현역 무관제 개정, 문관 임용령 개정을 일사천리로 통과시켰지만, 마지막 과제였던 식민지 관제 개정을 눈앞에 두고 붕괴되었던 것이다. 지멘스 사건에 대해서는 야마가타가 야마모토 내각을 무너뜨리려고 자파인 사법 관료들을 움직였다는 음모설이 제기되기도 했다. 육해군대신 현역 무관제를 양보했던 육군 조슈파에게 총독무관전임제는 식민지에서 자신들의 기득권을 유지하기 위한 마지막 보루였던 것이다.

이처럼 제1차 호헌운동 이후 반군벌, 반번벌 기운이 고양되는 가운데 야마모토 내각에서 추진했던 식민지 관제 개정은 야마모토 총리의 발의로 시작되어 정우회 출신 하라 내무대신의 주도하에 미즈노 내무차관-고바시 지방국장-아카이케 아쓰시(赤池濃) 척식과장으로 이어지는 내무성 관료가 중심이 되어 추진되었다.[40] 이 계통이 3·1운동 이후 식민지 통치 개혁을 주도했던 관료들(하라 총리-미즈노 정무총감-고바시 내무차관-아카이케 총독부 경무국장)이라는 점은 눈여겨봐야 한다.

---

39) 이형랑, 앞의 논문, 78쪽; 永井和, 〈倉富勇三郎日記と植民地朝鮮〉(2004년 9월 20일 한국정신문화연구원 강의 원고).

40) 다치바나 경무총장은 아키야마 마사노스케(秋山雅之介) 참사관을 만나서 총독부 관제 개정과 헌병경찰제 폐지에 대해 이야기할 때, 구라토미와 함께 미즈노 내무차관과 고바시 지방국장을 언급했다(〈立花小一郎日記〉, 1916년 9월 23일).

2. 하라 내각의 식민지 통치구조 개혁

데라우치 내각이 쌀 소동으로 붕괴하고, 1918년 9월 하라 내각이 들어서자 하라 총리는 제1차 야마모토 내각에서 추진했던 식민지 개혁을 다시 착수했다.[41] 내각이 교체되자 하세가와 요시미치(長谷川好道) 조선총독, 나카무라 유지로(中村雄次郎) 관동도독은 데라우치에게 사의를 표명했다.[42] 이에 대해 데라우치는 9월 21일자로 "각하(하세가와 총독-인용자)는 군국(君國)을 위해 계속 진력해주시기 바랍니다. 결코 본관(데라우치-인용자)의 예를 따르지 않도록 간절히 바라 마지않습니다"라는 전보를 보내서 사직을 만류했다.[43] 데라우치는 내각 교체와 식민지 장관 인사가 연동되는 것을 경계했던 것이다. 이러한 상황을 간파한 하라 총리는 식민지 관제 개정에 나섰다.

먼저, 하라 총리는 관동도독부 관제 개정에 착수했다. 만주에서는 관동도독, 만철 총재, 영사관(외무성)이 병립하는 이른바 '3두정치'의 폐해가 자주 거론되었다. 데라우치 내각에서는 관동도독부 관제를 개

---

41) 1919년 관제 개정에 대해서는 이미 많은 선행 연구가 있다. 대표적인 연구로는 李正龍, 〈原内閣期における植民地官制改正問題-朝鮮総督府を中心に〉, 《慶応義塾大學大學院研究科論文集》 26, 1987; 松田利彦, 〈日本統治下の朝鮮における警察機構の改編-憲兵警察制度から普遍警察制度への転換をめぐって〉, 《史林》 74-5, 史學研究會, 1991; 岡本真希子, 〈政党内閣期における文官総督制-立憲政治と植民地支配の相剋〉, 《日本植民地研究》 10, 日本植民地研究會, 1998; 長田彰文, 〈朝鮮三·一独立運動と日本政界-運動への日本の対応と朝鮮統治の〈改革〉をめぐる政治力學〉, 《上智史學》 44, 1999; 姜徳相, 《呂運亨評伝一 朝鮮三·一独立運動》, 新幹社, 2002; 李熒娘, 〈原内閣期における朝鮮の官制改革論〉, 服部龍二·土田哲夫·後藤春美 編, 《戦間期の東アジア国際政治》, 中央大學出版部, 2007 등이 있다. 松田利彦의 논문은 《日本の朝鮮植民地支配と警察-1905~1945年》, 校倉書房, 2009에 수록되어 있다. 본고에서는 새로 발굴된 《兒玉秀雄關係文書》를 통해 총독부 관제 개정에 대한 육군 조슈파의 움직임을 포착하고자 한다.

42) 1918년 9월 14일자 데라우치 앞 하세가와 서한(앞의 〈寺内正毅關係文書〉 38-43); 1918년 12월 4일자 데라우치 앞 나카무라 서한(앞의 〈寺内正毅關係文書〉 193-5).

43) 〈辞表捧呈ニ付総督及都督へ内電ノ件〉, 1918년 9월 21일자(山本四郎 編, 《寺内正毅内閣關係史料》 下, 京都女子大學出版會, 1985, 358·359쪽).

정해 관동도독이 만철 총재를 겸임해 영사관을 지휘하고, 헌병과 경찰을 통일하는 관제안을 제출했다. 이 관제안은 육군이 외교정책에 관여하는 것을 꺼리는 추밀원과 외무성의 반대로 공포되지 못했다.[44)]

외교관 출신인 하라가 총리에 취임하자 외무성은 정부의 관동도독부 관제에 대한 근본적인 개혁을 예상하고 관제안 개정에 착수했으며,[45)] 1919년 1, 2월에 그 구체안을 마련했다. 하라는 육군의 반발을 무마하기 위해 다나카 기이치(田中義一) 육군대신을 통해 관제 개혁에 대한 육군의 동의를 의뢰했다. 다나카는 데라우치를 설득해 관제 개혁에 대한 동의를 이끌어냈고, 1919년 2월 5일 각의에서 관동도독에 문무관이 모두 임용될 수 있도록 개정하자고 제안해 각료들의 동의를 얻었다. 다나카는 당시 동시에 진행되고 있던 조선총독부 관제 개정처럼 자신이 발의함으로써 육군을 대표해 주도권을 가지려고 했던 것으로 보인다.

외무성이 주도적으로 기안한 관제안은 관동도독부 폐지와 관동청 설치, 관동장관의 문관 임용, 군정·군령과 일반 행정의 분리, 관동군의 창설, 헌병과 경찰관의 권능 분리를 주요 내용으로 한 것이었다. 이 관제안은 2월 17일 각의에서 결정되고 이후 추밀원을 통과해 1919년 4월 12일 공포된 뒤 즉시 실시되었다. 초대 관동장관으로는 외무성 출신인 하야시 곤스케(林權助)를 임명했다.

관동도독부에 이어 하라 총리는 조선총독부, 타이완총독부 관제 개혁에 착수했다. 당시 조선총독부에서는 군인 출신 총독들에게 불

---

44) 千葉功,《旧外交の形成: 日本外交一九〇〇～一九一九》, 勁草書房, 2008.

45) 하라 내각 시기의 관동도독부 관제 개정에 대해서는 柳生正文, 〈関東都督府官制の改革と関東軍の独立–原敬内閣と対満州行政機構改革問題〉,《駒沢史學》35, 駒沢史學會, 1986; 川田稔,《原敬転換期の構想: 国際社會と日本》, 未来社, 1995; 伊藤之雄,《原敬: 外交と政治の理想》下, 講談社, 2014를 참조할 것.

만을 품고 있던 야마가타 이사부로(山縣伊三郎) 정무총감이 우사미 가쓰오(宇佐美勝夫) 내무부 장관과 제휴해 무관총독정치를 개정하려는 움직임을 보이고 있었다. 하라는 1918년 10월 13일 일기에 다음과 같이 기록했다.

> 어제 야마가타 이사부로가 조선에서 상경. 나에게 이야기하기를, "조선 현재의 상황은 더 이상 무인이 총독을 하는 시기는 지났습니다. 하세가와는 머지않아 떠날 의사인 것 같습니다. 다만 그는 유임하라고 하면 유임할 것이라고 믿습니다만, 그들 무인은 전혀 필요 없습니다. 저는 데라우치가 총독일 당시 매우 불쾌한 시대를 참아왔습니다. 하세가와가 떠나는 것을 기회로 (제가) 총독이 되는 것을 희망하는데 어떻게 할 수 없겠습니까"라고 했다.[46]

하세가와 총독의 사의를 예측한 야마가타 정무총감은 하라 총리에게 자신이 총독에 취임할 수 있도록 로비를 했던 것이다. 야마가타 정무총감은 하라의 식민지 통치 개정 움직임에 호응하며 복심(내무성 출신 관료들)들과 함께 헌병경찰제와 무관총독제 폐지를 목표로 정우회에 접근했다.[47]

이러한 상황에서 3·1운동이 발발했다. 3·1운동은 총독부 내부 갈등이 적나라하게 표출되는 계기가 되었고, 총독부 내무부 계통의 정무총감과 관료들은 3·1운동 후 하라의 식민지 관제 개정에 협력하게 되었다. 참고로 야마가타는 하라 다카시(사이온지 내각의 각료) 총리와

---

46) 《原敬日記》, 1918년 10월 13일.

47) 松田利彦, 앞의 책, 제1장 제3절을 참조.

노다 우타로(野田卯太郎, 전 동척 부총재) 체신대신과 친교가 있었고, '야마가타파' 관료인 우사미 내무부 장관과 오바라 신조(小原新三, 하라 총리와 동향) 농상공부 장관은 미즈노 렌타로(당시 내무성 비서관)에 의해 내무성에 채용되는 등 정우회와도 인맥을 형성하고 있었다. 하라 내각에서 야마가타가 관동장관에, 우사미와 오바라가 각각 내무성에 다시 채용된 것은 우연이 아닐 것이다.

3·1운동이 발발하자 야마가타 정무총감과 '야마가타파' 총독부 관료들은 3·1운동을 '총독 측 실패의 결과'라고 비난했다.[48] 야마가타파 관료들은 이른 시기부터 3·1운동의 원인을 구명하고 선후책(善後策)을 마련하기 시작했다. 우사미 내무부 장관은 3월 11일 게일(James S. Gale), 애비슨(Oliver R. Avison), 노블(William A. Noble), 휘트모어(Norman C. Whittemore) 등 미국인 선교사와 면담했다. 우사미는 게일에게서 조선인들의 불만 사항, 즉 조선인을 차별하는 문제와 조선인 마을에서 일본인 이주민을 위해 조선인을 내쫓는 문제 등을 청취했다.[49] 4월 2일 세키야 데이자부로(関屋貞三郎) 학무국장은 오쓰카 쓰네사부로(大塚常三郎) 중추원 서기관장에게 서한을 보내 "종래의 방식은 사무(事務)이고 정치가 아니었다"고 헌병 주도의 무단통치를 비난하면서, "평소의 침묵을 깨고 권한 등에 구애받지 않고 진언해 가능한 한 서양인, 조선인 등과도 면담"한 뒤 "반드시 관료식을 타파하고 중지를 모아 진무(鎮撫)를 도모하고 즉시 장래 시정 개선에 관여하고 싶다"[50]고 정책 전환의 의지를 피력했다. 세키야는 이튿날 기독교계 장로인 윤치호를

48) 《原敬日記》, 1919년 4월 26일.

49) 윤치호 지음, 박미경 옮김, 《국역 윤치호 영문일기》 6, 국사편찬위원회, 2015, 275쪽.

50) 1919년 4월 2일자 오쓰카 쓰네사부로 앞 세키야 데이자부로 서한(日本国立国會図書館憲政資料室 所蔵, 《大塚常三郎關係文書》 67-7).

만나 "일본의 통치자들이 최선의 의도를 가지고 있었지만 조선인들의 편견과 감성을 충분히 고려하지 못했다"고 전하면서, 학생들에게 학업에 복귀하라는 성명서를 발표해줄 것을 넌지시 종용했다.[51] 윤치호는 세키야의 의뢰(성명서 발표)가 역효과가 날 것이라고 여겨 거절했다.

한편, 야마가타 정무총감은 3·1운동 진압을 위한 정무교섭이라는 명목으로 오바라 농상공부 장관과 함께 도쿄로 건너갔다. 3월 29일 열린 각의에 출석해 "이번 사건의 발발을 전혀 눈치채지 못한 것은 총독의 실책"[52]이라며 3·1운동 발발의 책임을 하세가와 총독에게 전가하는 한편, 양부(養父)인 야마가타 아리토모에게 문관총독 실현을 설득했다. 이어 4월 9일 야마가타는 하라 총리로부터 "문관 본위의 제도로 개정할 것, 교육은 일본과 조선에 동일 방침을 취할 것, 헌병제도를 개정해 경찰제도로 할 것" 등 "내지연장을 인정해 조선을 동화한다"는 방침을 전달받았다.[53] 야마가타는 4월 13일 조선으로 돌아가기 직전에 열린 기자회견에서 "소요 진정 후 대책은 자신도 상당히 준비하고" 있고, 또 "종래의 통치 방침이 너무나 일본주의"적이기 때문에 "정치, 교육 그 외의 것을 조선 본위로 하겠다"고 밝혔다.[54] 야마가타는 하라의 내지연장주의와는 조금 다른 '조선 본위'의 선후책을 강구하고 있었던 것이다. 실제로 관제 개정 이후 우사미는 "자신들도 종래 해온 것이 있어서 신정치 방침에 동의할 수 없었다"고 사표를 던지면서 하라의 통치 방침에 불만을 드러냈다.[55]

---

51) 윤치호, 앞의 책, 291쪽.

52) 《原敬日記》 第五巻, 1919년 4월 9일.

53) 《原敬日記》 第五巻, 1919년 4월 9일.

54) 《도쿄아사히신문(東京朝日新聞)》, 1919년 4월 13일자.

55) '朝鮮行政'編輯総局, 《朝鮮統治秘話》, 帝国地方行政學會, 1937, 19쪽.

야마가타는 하라의 조선 통치 방침을 확인한 후 조선에 돌아와서 본격적으로 3·1운동 선후책에 착수했다. 총독부는 4월 11일부터 사무관 10명과 경찰관 1명씩을 각 도에 파견해 총독부 방침을 철저히 주지시키고 아울러 민정을 시찰해 만세운동의 원인과 경과를 연구하도록 했다.[56] 그 후 야마가타 정무총감을 중심으로 하는 총독부 문관 관료들은 지방제도·교육·중추원 개혁, 산업정책 등 종래의 무단적인 통치정책을 재검토하는 작업에 착수했다. 예를 들면, 산업 분야에서는 오바라 농상공부 장관이 "조선의 산업 방침이 여러 방면에 걸쳐서 번거롭고 까다롭지 않은가", "그 취지가 인민들에게 철저하지 않아 양해되지 않았던 것은 아닌가", "인민들과 직접 접촉하는 관리들이 공(功)을 서둘러 민도를 고려하지 않고 다소의 강압적인 태도가 인민의 불평을 사는 원인이 되지 않았는가"라고 무단적인 산업정책을 비판했다.[57] 또 극도로 제한되어 있던 언론·출판에 대해서도 우사미 내무부 장관은 《오사카아사히신문》 기자 진학문을 만나 조선인이 신문 발행을 원한다면 허용하겠다는 방침을 흘렸다.[58]

그 후 총독부 안에 선후위원회(善後委員會)가 설치되었는데, 이 위원회에 우사미, 세키야, 고쿠부 산가이(国分三亥) 사법부 장관 등 총독부 수뇌부가 모여 "짧은 기간이었지만, 밤낮으로 만나 흉금을 터놓고 모의"해 선후책을 강구했다.[59] 각 부국이 마련한 선후책이 하세가와 총독이 사이토 마코토(齋藤實) 총독에게 전달한 〈소요선후책사견(騷擾善後策私見)〉에 반영되었다고 생각된다.[60] 6월 20일 열린 각의에

---

56) 山県公爵伝記編纂會, 《素空山県公伝》, 山県公爵伝記編纂會, 1929, 341쪽.

57) 〈農商工部長官の騷擾と産業の影響〉, 《朝鮮公論》 7-5, 1919. 6, 67쪽.

58) 東亜日報編纂委員會, 《東亜日報社史》 巻一, 東亜日報社, 1975, 67쪽.

59) 故宇佐美勝夫氏記念會, 《宇佐美勝夫氏之追憶録》, 故宇佐美勝夫氏記念會, 1943, 125쪽.

서 요코타 센노스케(橫田千之助) 법제국 장관이 조선 제도에 관한 안을 설명했는데, 같은 날 다나카 육군대신은 야마가타 정무총감 앞으로 "헌병경찰제 폐지를 위해 총독부원을 상경시키기를 바란다"는 전보를 발송했다.[61] 이 방침에 따라 야마가타 정무총감은 6월 헌병경찰제도 철폐안을 하라 총리에게 제출하고, 우사미 내무부 장관은 도쿄로 건너가 요코타 법제국 장관과 협의했다.[62]

이처럼 야마가타를 비롯한 문관 관료는 하라 내각의 성립, 3·1운동 발발이라는 상황에 대응해 하라 내각과 협력하면서 선후책을 준비하고 보통경찰제도의 이행을 도모했다.[63] 그러나 일본 국내 정세는 야마가타 정무총감의 기대와는 달리 전혀 다른 방향으로 흘러갔다. 문관총독 실현과 자신의 총독 취임을 열망했던 야마가타 정무총감의 계획이 야마가타 아리토모의 반대에 부딪혔던 것이다. 게다가 다나카가 예비역이자 전 해군대신이었던 사이토 마코토를 조선총독에 추천함으로써 하라와 야마가타의 타협을 도모했다. 당시 조선총독부 도쿄출장소에서 근무하고 있던 데라우치의 복심인 오키도 무네시게(大城戶宗重)는 "야마가타 전 정무총감 등은 금일의 영합정책에 오로지 수고하다가 오히려 (그 공을) 타인의 손에 빼앗겨 쓸데없는 일을 한 어리석음을 범했습니다. 헌병을 순사로 바꾼들 그 공이 누구에게 가겠습니까? 문관제도도 애당초 무슨 목적으로 개정했습니까? 무(武)를 문(文)으로 바꿔 이것을 자기가 취할 수 있다고 생각했다면 가

---

60) 〈斎藤実關係文書〉 안에 있는 〈総督施政方針に関する意見書〉는 사법 분야의 선후책으로 사법부 장관 고쿠부가 작성해 5월에 하세가와 총독에게 제출했다(司法協會, 〈朝鮮司法界の往時を語る座談會〉, 《司法協會雜誌》 19-10·11, 朝鮮司法協會, 1940. 1, 1257쪽.

61) 故宇佐美勝夫氏記念會, 앞의 책, 316쪽.

62) 위의 책, 146쪽.

63) 보통경찰제도 이행에 대해서는 마쓰다 도시히코(松田利彦), 앞의 책, 제1장 제3절을 참조할 것.

소롭기 그지없습니다"라고 비판했다.[64] 총독문무관병용제와 보통경찰제 실현을 위해 하라와 협력했지만 결국 총독에 취임하지 못한 야마가타를 조소하고 있었던 것이다.

한편, 무관총독제 유지를 위해 힘쓴 인물도 있었다. 고다마 히데오 상훈국 총재는 3월부터 병으로 오이소(大磯)에서 정양 중인 데라우치의 대리자격으로 3·1운동에 관한 정보를 수집해 데라우치에게 보고하면서 무관총독제 유지를 위해 각 방면으로 공작했다. 데라우치는 하세가와 총독에게 보낸 4월 12일자 서한에서 이완용 등 친일파의 의견을 수렴할 것, 서양 선교사들과 접촉면을 넓힐 것, 조선인의 관리 등용문을 확대할 것, 국경 수비를 철저히 할 것을 주문했다. 아울러 "이 기회에 소요의 화근을 근절하고 위력을 보임과 동시에 선정을 베풀어 양민을 신뢰할 수 있도록 영단의 조치를 취할" 것을 제안했다.[65] 고다마는 3·1운동이 소강상태로 들어간 4월 말 하세가와 총독이 사직서를 제출하자, "이번 사변에 진퇴서를 제출하는 것은 사리에 맞다고 생각합니다만, 이번에 만일 칙허가 내려지면 조선인은 이것이야말로 대승리라고 만세를 부를 것이며 조선 통치에 매우 중대한 문제가 될 것이므로, 신속히 사퇴서를 각하하고 전력을 다해 선후책을 강구하시기 바랍니다"라고 사퇴 철회를 종용했다.[66]

5월 10일 고다마 히데오는 육군 수뇌부, 식민지 관계자와 함께 다나카 육군대신 관저에 모여 대응책을 협의했다. 이 회의에 참여했던 사람은 다나카 육군대신, 야마나시 한조(山梨半造) 육군 차관, 초대 조선헌병대사령관을 역임한 아카시 모토지로 타이완총독, 제2대 조선

64) 1919년 8월 15일자 데라우치 앞 오키도 무네시게 서한(앞의 〈寺內正毅關係文書〉 221-10).
65) 1919년 4월 12일자 하세가와 앞 데라우치 서한(앞의 〈寺內正毅關係文書〉 410).
66) 1919년 4월 30일자 수신인 불명의 고다마 서한(앞의 《兒玉秀雄關係文書 I》, 199쪽).

헌병대사령관을 역임한 다치바나 고이치로(立花小一郎) 관동군사령관, 초대 동척 총재를 역임한 예비역 육군 중장 우사가와 가즈마사(宇佐川一正), 스가노 히사이치(菅野尚一) 군무국장, 고다마 도모오(兒玉友雄, 고다마 겐타로兒玉源太郞의 삼남) 군무국과원 등이었다. 육군의 비주류인 '우에하라파(上原派)'에 속하는 다치바나[67]는 얼마 안 있다가 그 회의 자리를 떠났기 때문에 이 회합은 사실상 육군 조슈파가 조선 수습책을 논의하는 자리였다. 회의석상에서 고다마 히데오는 1) 조선 통치의 근본 방침은 동화정책으로 할 것, 2) 조선을 당분간 특별한 시설구역으로 하고 문무통일의 조직으로 할 것, 3) 조선의 지방 시설 및 그 재정에 관여할 지방특별회의를 개설할 것, 4) 제국의회에 (보낼) 대표자를 선출하는 것은 절대로 피할 것, 5) 1927년 조선에 특별지방자치제를 시행할 것, 6) 타이완에는 대체로 위 방침에 준거할 것, 관동주는 별도로 고려할 것을 포함한 의견서를 제출했다.[68] 하라의 내지연장주의를 반대하고 식민지를 특별통치구역으로 존치하려는 구상이었다. 또 고다마는 조선총독에 문관, 무관을 병용하는 제도를 취하는 것은 "정우회가 종래 주장하는 바를 관철하는 정치상의 이유"이며, "만약 헌병제도를 개정해 경찰제도로 한다는 희망이라면 총독 문제와 분리해서 처리하는 것이 용이할 것이다. 요컨대 현재로서는 현행 제도를 개정할 필요가 없다"라며 문관총독은 반대하지만 헌병경찰제도 폐지에 대해서는 유연한 입장을 취했다.[69]

---

67) 1910년대 육군 내부의 파벌 행정과 대륙정책에 대해서는 北岡伸一, 앞의 책을 참조할 것. 다치바나는 반조슈파인 우에하라파에 속하면서도 데라우치의 부관을 지내 데라우치파 육군과도 친분을 유지하고 있었다.

68) 〈朝鮮施政方針改善の件〉(앞의 《兒玉秀雄關係文書 I》, 199·200쪽). 이 사료는 상훈국 용지에 쓰여 있다. 고다마가 당시 상훈국 총재직에 있었고, 참가자 가운데 실무 능력이 있는 인물이었다는 점에서 그가 작성한 것으로 추정된다.

69) 〈兒玉秀雄下書き〉, 연월일 불명(앞의 《兒玉秀雄關係文書 I》, 204~205쪽).

육군에서도 우에하라파에 속하는 조선군사령관 우쓰노미야 다로(宇都宮太郎)의 선후책은 조슈파의 그것과도 차이를 보인다. 5월 17일 우쓰노미야가 다나카 육군대신에게 제출한 〈조선시국관견(朝鮮時局管見)〉은 "헌병은 사령관 명령하에 두고 지방관헌과의 관계는 대략 내지와 동일하게 할 것" 등 제5조를 제외하면 하라 총리의 내지연장주의와 유사했다.[70] "조선 개혁에 관한 육군 내부 논의"가 분분하여 다나카는 5월 20일 자신이 개혁안을 제출하겠다고 하라 총리에게 약속했다.[71] 먼저 다나카는 야마가타 아리토모를 방문해 조선 문제를 논의했는데, 야마가타는 "문관안에 반대하고 야마가타 이사부로를 채용하는 것에도 동의하지 않지만 책임지고 그 조치를 할 것"을 언명했다.[72] 이어 다나카는 데라우치를 방문했는데, 데라우치의 태도는 '반대라고 알려졌기' 때문에 특별한 논의 없이 돌아왔다.[73] 다나카는 문무를 통일하지 않으면 통치의 실적을 거두기 힘들다고 생각했지만, 총독을 문관으로 하는 것에 육군 내부에서 반대했으므로 해군 출신인 사이토를 추천하게 되었다.[74]

이 상황에서 고다마 히데오가 반격을 시도했다. 고다마는 총독문무관병용제 반대 공작에 착수했다. 총독부 관제 개정이 신속하게 진행되리라 보았던 고다마는 하세가와 총독에게 진퇴와 상경 시기에 대해 신중을 기하라고 충고했다.[75] 고다마는 이러한 사정을 장인인

---

70) 上原勇作關係文書研究會 編,《上原勇作關係文書》, 東京大學出版會, 1979, 110~114쪽.

71) 《原敬日記》, 1919년 5월 20일.

72) 《原敬日記》, 1919년 5월 23일.

73) 《原敬日記》, 1919년 5월 23일.

74) 야마가타 아리토모 앞 다나카 서한, 연월일 불명(尚友俱楽部山縣有朋關係文書編纂委員會 編,《山縣有朋關係文書》, 山川出版社, 2006, 317·318쪽). 앞의 나가타 아키후미(長田彰文) 논문에서도 같은 부분을 인용하고 있는데, 문무의 통일로 통치의 내실을 거두는 것은 어렵다고 정반대로 해석하고 있다.

데라우치에게 다음과 같이 전했다.

> 어제 26일 조선총독에 관한 일로 다나카 육군대신을 만났습니다. (각하께서) 생각하고 계신 바를 (다나카 육군대신에게) 전했습니다. 오늘 아침에는 야마가타 노공(老公)을 만나서 다나카 육군대신의 회답 및 각하의 의견을 말씀드렸습니다. 노공은 "참으로 지당한 태도라고 생각한다"고 하셨습니다. 저는 저의 사견으로 이번 관제 개정이 무의미하다는 것, 조서(詔書)를 우롱하는 비난이 일어날 것이라는 것, 그리고 총독문관병용주의의 채용은 육해군대신의 지위에 영향을 미칠 수 있는 우려가 있다는 것을 말씀드렸는데, 노공은 다소 경청하셨습니다.[76]

고다마는 데라우치의 대리인으로 다나카 육군대신과 야마가타 아리토모를 만나 문관총독 임용을 가능하게 하는 관제안에 반대하도록 설득 공작에 나섰다. 고다마는 다나카가 신관제로 하세가와와 사이토를 교체할 의도가 있다는 것을 간파하고 사이토가 예비역이라는 점을 야마가타에게 알려 그의 동요를 기대했다.[77] 다나카는 이상의 경위를 야마가타에게 서한으로 알렸는데, 야마가타는 다음과 같은 의견을 개진했다.

> 사이토 대장은 현역이라고 생각했는데, 예비역이라는 것을 오늘 다른 사람으로부터 들었다. 그렇다면 총독 관제를 개정한 후에 문관을 선

---

75) 〈総督政務局長宛兒玉秀雄下書き〉, 1919년(추정) 6월 27일자(앞의 《兒玉秀雄關係文書 I》, 203쪽).

76) 1919년 6월 27일자 데라우치 앞 고다마 서한(앞의 〈寺內正毅關係文書〉 123-22).

77) 姜德相, 앞의 책, 226쪽.

택해주기 바란다. 아는 바와 같이 예전에 만주총독에 나카무라(나카무라 유지로中村雄次郎-인용자) 중장을 등용할 때에도 동의하지 않았는데, 현역에 복귀시켜 그 후 육군과 해군 사이에 여러 논의가 있었다. 따라서 오늘 예비역이라는 것을 처음으로 알았으니 나의 의견을 개진한다. 이것은 장래 곤란한 일을 야기할지 모르니 우선 주의하기를 바란다.[78)]

데라우치는 총리 재임 시절 육해군 중·대장만이 취임할 수 있는 관동도독에 예비역인 나카무라 유지로를 취임시키기 위해 현역으로 복귀시키는 무리수를 두었다. 야마가타는 관동도독 나카무라 유지로의 전례를 들어 나중에 논쟁의 여지가 생길지 모르는 사이토를 현역으로 복귀시키지 말고 총독 관제를 개편한 후에 예비역인 채로 임용하라고 제안했던 것이다. 야마가타는 총독 관제 개정을 거스를 수 없는 대세로 보았던 것이다. 야마가타, 하라, 다나카는 총독 관제 개정의 방향과 사이토의 후임 총독 취임, 미즈노의 정무총감 취임에 합의하기에 이르렀다.

그러나 이 공작이 사이토가 현역으로 복귀해 총독에 취임하는 것으로 귀결되자, 고다마는 추밀원의 신관제 정사위원장(精査委員長)인 이토 미요지(伊東巳代治)를 통해 조선총독부 관제의 정부안 심의에 간섭하려 했다. 실제로 육군 측에서도 신관제가 공포되기 수일 전에 신관제에 대응하는 형태로 총독에게 군 지휘권을 부여하고 총독부에 무관 총독을 두는 군령으로 신관제를 내용적으로 무력화하려고 했다.[79)] 그러나 총독 관제는 심의 기간이 40일이나 걸려서 8월 8일 추밀원을 통

78) 1919년 7월 7일자 다나카 기이치 앞 야마모토 아리토모 서한(日本国立国會図書館憲政資料室所蔵, 〈田中義一關係文書〉).

79) 尚友倶楽部, 《水野錬太郎回想録·關係文書》, 山川出版社, 1999, 124쪽.

과하고 8월 20일 발포되었다. 결국 사이토는 구관제에 따라 현역으로 복귀해 8월 12일 조선총독으로 취임했다.

이처럼 1919년의 식민지 관제 개정은 제1차 야마모토 내각 시기 식민지 개혁의 연장선에 있었다. 3·1운동이 일어나자 하라 내각은 추진 중이던 '식민지 개혁'에 박차를 가했다. 3·1운동을 계기로 총독부 관제 개정에 착수한 것이 아니었지만 3·1운동이라는 민족적 저항이 없었다면 육군 조슈파의 반발을 억누를 수 없었을 것이다. 다이쇼정변, 쌀 소동, 3·1운동으로 대표되는 민중운동이 고양되는 가운데 육군 조슈파는 식민지에서 세력을 점차 잃어가고 있었다. 하지만 조슈파는 타이완총독을 양보하는 대신 예비역이었던 사이토를 현역으로 복귀시켜 조선총독에 취임시킴으로써 문관총독의 임명을 막아 조선총독부에 대한 영향력을 포기하려 하지 않았다. 식민지 조선은 중국 대륙과 연결되는 군사적 거점이자 만주 권익과 직결되는 요충지였기 때문에 조슈파는 조선을 끝까지 양보할 수 없었던 것이다.

3. 3·1운동 선후책으로 보는 조선 통치 구상

3·1운동은 일본의 식민지 지배를 동요시키는 중요한 기점이 되었다. 독립운동이 일본의 정계 상층부에 미친 영향은 매우 컸으며, 식민지정책에 대한 근본적인 재검토가 이루어지는 다양한 논의가 분출했다. 그러나 각각의 대응책은 작성자들의 통치 인식을 바탕으로 마련된 것이어서 그 속에는 그들 각자의 조선에 대한 인식과 조선 통치에 대한 의견 차가 존재했다. 아래에서는 하라 다카시의 〈조선통치사견(朝鮮統治私見)〉, 조선총독부 관료가 작성한 〈소요선후책사견〉, 고다마

히데오의 〈조선 시정 방침 개선의 건〉을 중심으로 조선 통치관을 살펴보고자 한다.

1) 하라 다카시의 〈조선통치사견〉

하라 다카시는 일본의 정치 지도자 가운데 드물게 식민지 통치에 지대한 관심을 가졌던 인물로 알려져 있다. 한국병합을 강행한 직후 하라는 다음과 같이 조선 통치에 대한 의견을 피력했다.

> 나는 조선을 보통의 식민지로 보지 않는데, 즉 일본에 동화시켜야 하고, 또한 조선인은 동화될 수 있는 인민이라고 생각한다. 즉, 타이완의 중국인 등을 대우하는 것과 같은 방침을 내거는 것은 불가능에 가깝다고 할 것이다. 따라서 조선인에 대한 교육을 별도의 방식을 취하고자 하는 것은 커다란 오류이며, 일본인과 조금도 다를 바 없는 교육을 시행해야 한다. 다만 일본인과 다른 점이 있다면 일본어 교육을 충분히 실시해야 한다는 것이다. 그렇게 한다면 장래 부현회(付縣會)를 설치하는 것이나 국회의원을 선출하는 것도 희망하게 될 것이다. 마치 일본의 오키나와 혹은 홋카이도와 같은 곳으로 될 것이다.[80]

즉, 하라는 구미의 식민지와는 달리 조선을 식민지로 생각하지 않고 일본에 동화시킬 대상으로 간주했으며, 궁극적으로는 조선을 오키나와나 홋카이도처럼 일본의 일부로 삼고자 했다. 이러한 동화정책을 실현하기 위해 조선에 일본과 같은 교육과 지방제도를 실시하는 등 일본의 법률과 제도를 식민지에서 시행할 것을 주장했다. 그의

80) 《原敬日記》, 1911년 4월 24일.

식민지 통치 지론은 1919년 식민지 관제 개정과 식민지 수뇌부의 교체로 구체화된다. 하라 총리는 사이토 조선총독과 미즈노 정무총감이 조선에 부임할 때 〈조선통치사견〉을 제시해 자신의 지론인 '내지연장주의'에 근거한 동화정책을 강조했다. 하라 총리는 "우리 제국과 신영토인 조선의 관계를 보건대, 언어와 풍습의 차이가 있다고 하더라도 그 근본을 거슬러 올라가면 거의 동일 계통에 속하고 인종에서도 애당초 별다른 차이가 없고 역사 역시 상고로 거슬러 올라가면 동일하다"라는 인식하에 조선 통치에 대해 "조선을 통치하는 원칙으로서 일본 인민을 통치하는 것과 같은 주의 방침으로 근본 방침을 정해야 한다"고 했다. 다만 이 정책에서는 "문명의 정도, 생활의 상태 등에서 갑작스럽게 동일하게 할 수 없기 때문에 점진적으로 추진하는 방침을 정해야 한다"고 하는, 이른바 '점진적 내지연장주의'를 표방했다.

하라는 내지연장주의를 실현하기 위해 구체적으로 "조선에서 시행할 법률명령은 가급적 일본에서 시행하는 법률명령으로 할 것", 사법·대장성의 사무를 일본과 밀접하게 관련시킬 것, 일본의 부현제(府縣制)·시정촌제(市町村制)를 조선에도 시행할 것, 교육은 "일본의 교육과 동일하게 할 것", 잡혼·잡거를 추진할 것, 조선 형법 특히 태형을 폐지하고 '일본과 동일하게' 할 것, "현행 특별회계는 당분간 그대로 둘 것"을 포함하는 15항목의 시정 개선을 들었다. 조선총독의 입법(제령 제정권), 사법(검찰 지휘), 금융(은행 감독), 체신, 철도 등에 두루 미치는 '종합행정권'을 박탈하고 이를 내각에 귀속시켜 총독에 대한 감독을 강화하려는 것이었다. 이에 대해 사이토 조선총독은 총독의 '종합행정권'을 둘러싸고 하라 내각과 갈등·대립하게 되었다.

2) 조선총독부 관료의 〈소요선후책사견〉

3·1운동 이후 조선총독부에 각 부국장(문관 관료)이 참가한 선후위원회가 설치되었는데, 이 위원회가 중심이 되어 작성한 대응책이 하세가와 총독 인계 문서에 담긴 〈소요선후책사견〉에 반영된 것으로 보인다. 이 의견서에서는 통치의 근본 방침으로 동화정책을 들고 있다. 그러나 "다만 그들(조선 민족)에게 수천 년의 역사와 전통적인 민족성이 있고, 동종동문이라고 하더라도 이것을 하루아침에 동화시키려고 하는 것은 신법의 위세로도 결코 불가능한 것"으로, 통치의 방침은 "동화주의에 의거한 파괴주의가 아니라 점진주의라야 한다"고 주장했다. 또한 의견서에서는 무관총독하에서는 "실무를 담당하는 자가 공을 서두르기 쉬워 기왕의 실적에 비춰봐도 이 경향이 매우 심각하다"고 인정하면서, 동화의 구체안으로 경제적 관계의 강화, 내선통혼, 일본어 보급, 일본인 이민의 장려를 들었다. 조선인에게 자치를 허용하지 않고 점진주의를 취한다는 점에서는 하라의 조선 통치 인식과 일견 유사한 것처럼 보인다. 그렇지만 3·1운동을 계기로 조선총독부 관료가 "동화는 매우 곤란"하다고 인정한 데다, 총독부 또한 급진적인 통치 개선책을 취하는 것은 3·1운동이 식민지 통치정책의 개정을 초래했다는 인상을 주기 때문에 극력 피해야 한다고 인식하고 있었다. 따라서 시정 개혁은 "신중하게 숙려하여 완급을 조절해야 한다"고 주장했다.[81] 현 단계의 통치정책으로서는 중추원제도나 지방제도의 개혁, 지방행정 감찰관의 설치, 교육제도 확장, 불평등 대우 개선, 언론·집회의 억압 완화 등을 들었다. 요컨대 〈소요선후책사견〉은 점진주의를 주장하면서도 결코 하라의 구상과 같지 않고, 이데올

---

81) 国分三亥, 〈總督施政方針に関する意見書〉(앞의 《斎藤実關係文書》 104-4).

로기나 이념상으로는 동화를 지향하면서도 현상에서는 조선의 이역화(異域化)를 여전히 인정했던 것이다.[82] 조선총독부 관료의 입장에서 일본의 제도, 행정, 법률, 관습을 그대로 조선에 적용하려고 하는 하라의 내지연장주의는 받아들이기 힘든 방침이었다.

3) 고다마의 〈조선 시정 방침 개선의 건〉[83]

고다마의 의견서는 3·1운동이 아니라 세계적인 탈식민지 경향에서 조선 시정의 개선을 구하고 있다는 점에서 특징적이다. 고다마는 조선에서 병합 후 10년 동안 여러 시설이 진보하고 재정이 독립되었으므로 여기서 제1기 계획을 종료하고 1920년부터는 새로운 계획을 수립해야 한다고 주장했다. 필리핀과 영국령 자치식민지의 독립, 영국연방 편입 등에서 보이는 제1차 세계대전 후 탈식민지화 동향에도 고다마는 주목했다. 조선의 문화 정도와 민중의 지식 수준을 고려할 때, 조선을 특수지역으로 설정하고 경제 및 재정은 '자급자족'을, 정치는 '자치'를 기본으로 하는 제1기 통치 방침을 계승해 제2기에는 시세의 진운과 조선의 발달을 고려해 재정 및 정치를 개선해야 한다고 주장했다.

먼저, 재정의 개선을 살펴보자. 일단 재정을 국비와 지방비로 이분해서 지방비에 중점을 두어 사업을 확장하고 국비 중 일부는 지방비에 편입해 재정이 부족한 지방에 보조하는 것을 원칙으로 삼았다. 나아가 지방비 수입은 가능한 한 직접세로 충당하고 국비는 간접세 및 공채 수입으로 지변(支辨)할 것, 경상 수입으로 지변하는 사업비 가운

82) 山本有造, 《日本植民經済史研究》, 名古屋大學出版會, 1992, 60·61쪽.

83) 〈朝鮮統治方針改善の件〉(앞의 《兒玉秀雄關係文書 I》, 200~203쪽).

데 공채 지변으로 옮길 수 있는 것은 어느 정도까지 공채로 지변할 것, 국비는 제국의회에, 지방비는 지방의회에 제출할 것을 제안했다. 제1기의 재정 방침인 재정 독립을 계승하면서 지방비를 확장해 일본 정부의 보조금을 줄이려는 의도를 엿볼 수 있다. 국비를 직접세보다 되도록 간접세 및 공채 수입으로 충당한다는 것은 조선인의 조세 저항을 경감시키기 위해서일 것이다.

다음 정치 개선으로는 주로 지방의회 설치가 논의되고 있다. 5년간의 준비 기간을 두고 조선 각 도에 자치제를 시행해 지방의회를 개설하고 지방비에 관한 사항을 심의하며, 부(府) 및 면(面)에 대해서도 정당한 정도로 자치를 인정한다는 것이다. 또한 의원의 피선거권을 일정 이상의 납세액을 납부하고 일본어 소양이 있는 자로 제한했다. 중요한 시정에 관한 자문기관으로 중추원의 활용과 경찰제도 개선, 일본의 제국의회에서는 의원을 선출하지 않을 것 등을 거론했다. 고다마는 제1기에 이어 조선을 정당의 영향을 받지 않는 특수지역으로 존치시키면서 새롭게 지방자치를 확장할 것을 과제로 삼았다. 다만, 제국의회에 의원을 보내는 것은 특수영역으로서 조선의 지위를 동요시킬 수 있기 때문에 피해야만 했던 것이다. 지방자치의 확장과 중추원의 활용은 지방비 증세로 인한 징세 저항을 완화하고 조선인의 협력을 이끌어내기 위한 방책일 것이다. 고다마는 1929년 6월부터 약 2년간 정무총감을 역임하면서 민족운동과 정당내각 대책의 일환으로 조선 지방의회 설치를 검토했는데,[84] 이 의견서에서 조선 지방의회의 초기 구상을 엿볼 수 있다.

84) 이에 대해서는 졸저, 《朝鮮総督府官僚の統治構想》, 吉川弘文館, 2013을 참조할 것.

다이쇼 데모크라시와 조선 통치

본고는 3·1운동 이후 개정된 조선총독부 관제를 일본 식민지 통치의 전체 맥락과 다이쇼 데모크라시로 대표되는 1910년대 일본의 민주화 흐름 속에서 살펴보았다. 본고에서는 야마모토 내각과 하라 내각에서 추진했던 식민지 개혁 역시 조선만을 문제 삼은 것이 아니라 식민지 전체를 시야에 두고 진행되었다는 점에 주목했다.

야마가타-데라우치로 대표되는 육군 조슈파의 식민지 지배에 하라 다카시로 대표되는 정당세력이 끊임없이 도전했다. 하라는 세 차례에 걸쳐 내무대신을 지내면서 식민지를 '비군사화'해 자신의 지론인 '내지연장주의'를 관철하는 데 힘썼다. 1907년 사할린청 관제를 제정해 문관이 장관에 취임할 수 있는 길을 열고, 자신의 복심인 내무성 관료를 사할린청 장관에 임명함으로써 식민지 '비군사화'의 신호탄을 쏘아 올렸다. 제1차 야마모토 내각에서는 제1차 호헌운동 이후 고양된 반군벌, 반번벌 분위기를 이용해 내무성 관료들과 함께 육군 조슈파의 아성이었던 식민지 통치기구의 개정을 시도했다. 육해군대신 현역 무관제의 폐지, 관리 임용령 개정, 행·재정 정리가 일단락되고 마지막 관문인 식민지 관제 개정이 그 성공을 눈앞에 두고 있었지만 지멘스 사건으로 내각 붕괴와 함께 좌절되었다. 조슈파에게 식민지는 자신의 기득권을 지키기 위해 양보할 수 없는 마지막 보루였다.

쌀 소동 이후 내각총리대신에 취임한 하라는 제1차 야마모토 내각에서 추진했던 식민지 개혁에 다시 착수했다. 우선 관동도독부 관제를 개정해 관동도독부를 폐지한 뒤 관동청을 설치하고 그 장관(관동장관)에 문관을 임용했다. 관동도독부 관제 개정이 일단락되고 조선·타이완총독부 관제 개정이 본격적으로 논의되던 중 3·1운동이 일어나 하라 내각에서 추진하고 있던 '식민지 개혁'이 급물살을 탔다. 3·1운동이라는 민족적 저항이 없었더라면 육군 조슈파의 거센 반발을 억누를 수 없었을 것이다. 다이쇼정변, 쌀 소동, 3·1운동으로 대표되는 민중운동이 고양되는 가운데 육군 조슈파는 식민지에서 점차 세력을 잃어갔으며, 이후 종합행정관청인 내무성이 식민지에 대한 영향력을 확대해갔다.

이렇듯 일본의 1910년대 식민지 지배는 데라우치로 대표되는 번벌(육군 조슈파)과 하라로 대표되는 정당세력, 육군과 내무성 관료 사이의 치열한 각축 속에서 전개되었다. 하라 다카시는 일본의 법률과 제도를 식민지에서 시행하는 내지연장주의를 주장했는데, 이는 조선총독의 '종합행정권'을 박탈해 이를 내각에 귀속시켜 총독에 대한 감독을 강화하려는 것과 다름없었다. 이에 대해 조슈파는 '식민지 특수사정'을 근거로 식민지를 메이지 헌법의 적용을 받지 않는 특별통치영역으로 두어야 한다고 주장했다.

2장

1910년대 한국의 형사재판제도와 3·1운동

도면회

일본 통치하의 법령: 동화수단인가, 차별수단인가

3·1운동 시기 만세 시위에는 도시와 농촌, 국내외를 막론하고 당시 조선 전체 인구의 10%에 해당하는 200여만 명이 참여해 7,500여 명이 살해되고 1만 6,000여 명이 부상했다.[1] 경찰의 검거자 수는 무려 4만 6,000여 명이었는데 1만 9,000명이 검찰에 송치되고, 이 중 7,819명이 유죄 판결을 받았다.[2]

많은 사람이 의아스러워하는 점은 독립선언서를 준비하고 시위를 초기에 계획했던 48인의 형량이 헌병경찰과 맞서거나 관공서를 습격한 일반 시위 대중보다 훨씬 적었다는 것이다. 최대 형량은 징역 3년

1) 박은식, 《한국독립운동지혈사》, 유신사, 1920(백암박은식선생전집편찬위원회, 《백암박은식전집》 제2권, 동방미디어(주), 2002, 182·183쪽). 이 수치의 신빙성과 관련해 다른 자료와의 비교 검토가 최근에 이루어졌다. 최우석, 〈3·1운동, 그 기억의 탄생〉, 《서울과 역사》, 2018 참조.

2) 장신, 〈삼일운동과 조선총독부의 사법 대응〉, 《역사문제연구》 18, 2007, 144쪽.

에 그쳤고, '증거 불충분'으로 무죄 방면된 자도 있었다. 이에 반해 시위 참여자 중에는 헌병경찰을 살해하거나 관공서를 방화해 무기징역 또는 징역 10년 이상에 처해진 이들도 상당수 있었다.[3)]

대한제국 시기의 형법이 이들에게 적용되었다면 48인은 반역죄 또는 내란죄로 대부분 사형 선고를 받았을 것이다.[4)] 당시 형사법 중 내란죄를 적용했을 경우에도 최고 사형, 최하 3년 이상 금고형 선고를 받았을 가능성이 높았다.[5)] 그러나 이들에게는 1907년 대한제국 정부가 제정한 '출판법'과 '보안법' 위반죄가 적용되었다.

48인에 대한 체포 단계부터 심문, 공판, 선고에 이르는 전 과정은 대한제국 시기의 그것에 비하면 일본의 형법, 형사소송법의 규정과 절차에 따라 진행된 것을 확인할 수 있다. 일본이 한국[6)]을 병탄한 이후 구미 열강에 홍보했던 '법에 의한 지배'가 이루어지는 '문명 통치'였던 듯하다. 그러나 한국인들은 일본의 한국 지배 시기를 고문과 혹형이 가득한 야만적 통치로 기억하고 있다. 일본 통치 시기 형사재판제도에 대한 이같이 상반된 기억은 어디에서 비롯된 것일까? 일본 정부는 한국에서 문명 통치를 실시했다고 하는데 왜 한국인들은 이를 야만 통치로 기억하는가?

---

3) 위의 글, 144~148쪽.

4) 갑오개혁 이후 대한제국 시기까지 형사재판제도의 변화를 담은 법전이 1905년 반포된《형법대전》이다. 이 법전에 따르면 대역을 모의한 자, 반역을 위해 계획을 세우거나 사람들을 모집한 자, 정부를 전복하거나 그 밖에 정치를 변경하기 위해 난을 일으킨 자는 모두 교수형에 처해졌다.

5) 1912년 이후 한국에는 '조선형사령'에 따라 1907년 제정된 일본 '형법'이 적용되었다. 이 일본 형법에 따르면 내란죄는 최고 사형 또는 무기징역, 모의에 참여하거나 군중을 지휘한 자는 무기 또는 3년 이상 금고형, 기타 직무에 종사한 자는 1년 이상 10년 이하 금고형, 단순히 부화뇌동하거나 폭동에 관여한 자는 3년 이하 금고형에 처하게 규정되어 있었다(山野金藏 編,《帝國六法全書》, 有斐閣書房, 1911, 20쪽).

6) 본고에서는 국호를 되도록 '한국'으로 사용하되, 일본의 식민지로서 한국을 의미할 때는 '조선'이라는 호칭을 사용했다.

일본의 한국 지배정책을 바라보는 관점을 크게 세 가지로 구분할 수 있다. 첫째, 동화주의 관점이다. 이는 다시 피지배자 한국인의 관점과 지배자 일본인의 관점이라는 상반된 입장으로 나뉜다. 전자는 일본이 한국인의 민족의식을 빼앗고 일본인으로 동화시키고자 민족말살정책 또는 '민족말살주의'를 추진했다는 관점이다. 이러한 관점은 일본이 1910년 한국을 병탄하면서 '완전하고 영구히' 지배할 것을 천명하고 일시동인, 내지연장주의, 내선융화, 내선일체화, 황국신민화 등을 통해 한국과 한국인을 지도와 역사서에서 완전히 삭제하는 것을 목적으로 하고 있었다고 본다.[7]

후자는 일본의 동화정책이 곧 한국 민족의 '일본 국민화'를 지향했다고 보는 관점이다. 이 관점에 따르면 일본의 한국 지배정책은 한반도와 그 주민을 일본의 영토 및 국민으로 통합하는 것을 목표로, 식민지 조선에 일본과 같은 제도를 비롯해 교육 및 문화정책을 실시했다는 주장을 펴게 된다.[8] 이 관점은 식민지 조선을 '문명화'하고 '일본화'해야 할 열등한 지역으로 간주함으로써 식민 지배자의 시혜를 강조하는 것으로, 조선총독부 측의 지배 담론이나 일본인 학자들의 연구에 일관되게 나타나고 있었다.[9] 그러나 이러한 두 가지 입장은 관점만 다를 뿐, 일본의 한국 지배정책이 동화주의였다고 보는 점에서는 동일하다.

둘째, 동화정책의 상대적 개념인 차별정책으로서, 일본이 식민지 시기 내내 한국을 일본 본토와는 달리 차별적으로 지배하는 식민주

---

7) 김운태, 〈일본 식민통치체제의 확립〉, 《한국의 사회와 문화》 제11집, 1990, 8~11쪽; 강창일, 〈일본의 조선 지배정책〉, 《역사와 현실》 12호, 1994, 38~43쪽.

8) 권태억, 〈동화정책론〉, 《역사학보》 제172집, 2001, 363쪽.

9) 박경식, 《일본제국주의의 조선 지배》(국역본), 청아출판사, 1986, 33~36쪽.

의를 견지했다는 관점이다. 이러한 관점에 선 연구자들은 일본이 한국 통치의 기본 이념으로 표방한 동화주의가 이념이나 정책 방침이었다기보다 정치적 선전을 위한 언설에 가까웠다고 본다.[10] 연구자에 따라서는 식민지 말기에 비로소 동화정책이 실현되었다고 보는 입장과 식민지 시기 내내 지속적으로 차별정책이 실시되었다고 보는 입장으로 나뉠 수 있으나 이러한 차이는 사소한 것에 불과하다. 이 관점에 따르면, 일본은 동화정책을 내세우면서도 "조선인의 민도나 황민화(皇民化)된 수준이 낮다"는 이유, 일본의 편협한 혈족 내셔널리즘, 한일 민족 간 평등을 두려워하는 일본 통치 능력의 한계, 일본화를 거부하는 한국인의 저항 등으로 인해 기본적으로 차별정책을 유지했다고 본다.[11]

그런데 일본의 지배정책을 동화정책이나 차별정책 어느 한쪽으로 규정하기 어렵다고 보는 관점이 있다.[12] 오구마 에이지(小熊英二)는, 위의 두 관점 모두 일본과 조선을 구분하는 민족 경계가 불변이라고 보기 때문에, 일본과 조선이 민족 또는 국가 단위로 영원히 불변하는 각각의 동일성을 갖는 것으로 생각하기 쉬우며, 일본이나 조선 내부의 대립, 예컨대 일본 내부의 관청 간 대립이나 조선 내부의 지역·계급·성별 등의 차이가 경시될 우려가 있다고 지적했다.

오구마는 일본의 통치정책을 연구할 때, 중시해야 할 두 가지 점을 제안했다. 첫째, 조선총독부는 관청으로서의 기득권에 간섭을 받지

10) 한국과 일본의 연구자들 대부분이 이러한 관점을 취하고 있다. 이에 대해서는 이승일, 〈조선총독부의 법제정책에 대한 연구〉, 한양대 박사학위논문, 2003, 1~13쪽; 정연태, 〈조선총독 데라우치 마사타케(寺內正毅)의 한국관(韓國觀)과 식민통치〉, 《한국사연구》 124, 2004, 175~177쪽 등에 잘 정리되어 있다.

11) 정연태, 위의 글.

12) 小熊英二, 《〈日本人〉の境界》, 新曜社, 1998.

않기 위해 한국을 일본으로부터 분리하려는 지향을 가지고 있었던 점,[13] 둘째, 일본의 통치정책을 일본 대 식민지라는 양자 문제로서가 아니라 여기에 '구미'라는 제3항을 더한 삼자 간 문제로 검증을 진전시켜야 한다고 했다. 그리하여 그는 일본이 '식민지'와의 사이에 경계를 긋는 형태로 '일본인'을 내세우는 '배제정책', 즉 차별정책을 취하면서도, 일본제국을 위협하는 '구미'라는 '그들'에 대항하는 '일본'이라는 '우리'를 확장하기 위해 '포섭', 즉 동화정책을 취했다고 주장한다.[14]

이 글의 주제인 형사법이나 민사법 분야를 보더라도 이러한 세 가지 관점이 나타나고 있는 점이 매우 흥미롭다. 기존 법제사 연구자들은 동화정책과 차별정책이 일본의 법제정책에 모순적으로 나타난다고 파악하고 있다. 예컨대, 일본은 조선에서 민사법을 제정·실시할 때 동화정책을 전제로 조선의 관습을 부정하고 일본 민법을 수용했다고 파악한다.[15] 반면, 형사법을 제정·실시할 때는 '조선태형령'의 제정, 소송촉진주의, 예심제도의 식민지적 변용 등 철저한 차별정책을 취했다고 파악한다.[16] 즉, 민사 분야에서는 동화정책이, 형사 분야에서는 차별정책이 추진되었다는 평가이다.

---

13) 이러한 경향은 민족주의의 발흥을 선발 자본주의 국가인 영국이나 에스파냐의 식민지였던 미합중국이나 에스파냐령 아메리카의 크리올 계층에서 찾는 베네딕트 앤더슨(Benedict Anderson)의 논의와도 맥락이 닿는다. 베네딕트 앤더슨 지음, 윤형숙 옮김, 〈제4장 구제국과 국가〉, 《민족주의의 기원과 전파》, 나남, 1991, 참조. 조선총독부의 분리주의 경향을 적절히 보여주는 사례 분석으로 다칭 양, 〈일본의 제국적 전기통신망 속에서의 식민지 한국〉, 신기욱·마이클 로빈슨 엮음, 도면회 옮김, 《한국의 식민지 근대성》, 삼인, 2006 참조.

14) 小熊英二, 앞의 책, 3~12쪽.

15) 이승일, 앞의 박사학위논문에서 인용되고 있는 박병호, 이병수, 정종휴, 윤대성, 정긍식 등 대부분의 법제사 연구자가 이에 속한다.

16) 신동운, 〈일본하의 예심제도에 관하여〉, 《서울대학교 법학》 27권 1호, 1986; 한인섭, 〈치안유지법과 식민지 통제 법령의 전개〉, 《박병호교수환갑기념 II: 한국법사학논총》, 1991; 신동운, 〈일본하의 형사 절차에 관한 연구〉, 위의 책.

이러한 양자택일적 관점을 탈피하려는 관점 또한 제기되고 있다. 우선, 민사법 분야 연구에서 이승일은 일본의 정책을 본국 정부와 조선총독부의 갈등관계에서 파악해야 한다는 전제하에 조선총독부가 "조선 관습의 성문법화와 법제 일원화"를 지향한 반면, 일본 정부는 일본 민법을 바탕으로 조선과 일본의 법제 차이를 최소화하려 해 법제정책이 양자 간의 갈등을 중심으로 추진되었다고 본다.[17] 이러한 논의는 '조선총독부=일본 정부'라는 기존의 상식적인 등식을 깨고 일본의 동화정책이 전면적으로 추진되지 못하고 차별정책이 추진될 수밖에 없었던 원인을 조선의 관습과 조선총독부 관료들의 지향에서 찾았다는 점에서 의미가 있다.

한편, 형사법 분야에서 문준영은 일본의 정책이 단순한 차별정책이 아니라 일본이 타이완에서 먼저 확립해 관동주 및 조선 등 다른 조차지나 식민지로 도입·응용한 식민지형 형사사법제도라는 주장을 제기했다.[18] 이는 일본과 조선이라는 양자관계에만 갇혀 있던 형사법제 연구의 시야를 일본제국과 그 관할 식민지라는 다자간 관계로 확대해 식민지형 형사사법제도라는 표준형(module)을 추출하고, 이 표준이 개정되어가면서 각 식민지 사이에 상호작용하는 모습을 추적했다는 의미를 갖는다.

이처럼 일본 지배하에서의 조선인의 법적 지위와 형사법에 관해서는 식민지적 차별과 조선인에 대한 폭압을 중심으로 조명해왔을 뿐, 일본의 형법과 형사소송법 의용(依用)이라는 동화주의 측면은 연구대상에서 거의 제외되다 시피 했다. 다시 말해서 형사법 내부에 동화

17) 이승일, 앞의 박사학위논문.

18) 문준영, 〈제국 일본의 식민지 형사사법제도의 형성〉, 《법사학연구》 23, 2001.

주의와 차별주의가 동시에 존재하는 원인과 역사적 성격에 대해서는 총체적인 고찰이 이루어지지 않았다. 그 결과 조선에 실시된 형사법의 동화주의적 성격으로 인해 대한제국기보다 문명적 통치를 받는다고 생각한 조선인들이 일본의 식민지 지배를 긍정적으로 받아들인 측면을 간과해왔다.

이 글에서는 식민지 조선에 실시된 일본의 형사법체제가 표방한 동화주의라는 측면이 결코 정치적 언설이나 기만에 그친 것이 아니라 상당 부분 실현되어 조선인의 생명과 재산을 보호하는 형식을 띠면서도 조선인에 대한 차별을 제도화함으로써 3·1운동의 한 원인이 되었음을 밝히고자 했다.

1. 식민지 조선의 법체계와 조선인의 국적상 지위

1) 식민지 조선의 법체계

일본은 한국을 병탄할 때 국호를 '조선'이라고 개칭했으나 그 직후에는 자국의 영토가 되었으므로 '조선'이라는 명칭을 국호가 아니라 혼슈, 규슈, 홋카이도 등과 같은 일본의 일개 지역 명칭으로 불렀다. 그런데 일본이 한국을 자국 영토로 병탄했다면 일본 본토와 동일한 법령과 재판제도를 실시했어야 하는데 일본은 그렇게 하지 않았다. 다음 글은 초대 조선총독으로 부임할 데라우치 마사타케(寺內正毅)에게 제시한 일본 측의 향후 통치 방침이다.

> 한국을 병합하여 제국 영토의 일부로 한 경우에도 한반도의 사정은 제국 내지와 원래 동일하지 않다. 그 문화도 역시 용이하게 내국인과 동

> 일한 정도로 달하지 못할 것이므로 제국 내지에서의 모든 법률 규칙을 병합과 동시에 적용할 수 없음은 물론, 동 반도에 대해서는 그 민정, 풍속 및 관습 등에 비추어 문화의 정도에 따라 주민의 행복을 증진하고 그 지식을 개발하고 점차 내국 인민으로 동화시키는 데 적절한 법제를 공포하여 **내지와 동화하는 데 이를 때까지는 제국 내지와는 달리 특수한 통치를 할 필요가 있다**는 것은 말할 나위도 없다. …… 잠정적으로 동 반도의 통할에 대해서는 제국헌법의 각 조항을 적용하지 않고, 반도 민인의 생활을 안정시키고 그 행복을 증진하는 데 적절한 시정을 할 필요에 바탕을 두고 대권으로 직접 통치한다는 취지를 조서 중에 언명할 필요가 있다. (강조-인용자)[19]

일본은 조선의 문명 수준이 일본 본토에 비해 낙후할 뿐 아니라 민정, 풍속, 관습 등도 다르기 때문에 당분간 일본 본토와 달리 차별적으로 통치하겠다는 정책을 수립했다. 이에 따라 조선에는 본국의 제국헌법을 실시하지 않았다. 일본의 칙령, 법률 들을 그대로 실시하면서 일본과 법적 체계를 달리하는 제령(制令)과 기타 법령도 제정·실시했다. 이로 인해 조선에는 계통을 달리하는 여러 법령이 실시되었다.[20]

첫째, 가장 중요한 법령이 제령이었다. 조선에서 일본 제국의회가 제정하는 '법률' 같은 것을 제정할 필요가 발생하면 조선총독은 이를 천황의 재가를 얻어 자신의 명령으로 제정했는데, 이를 '제령'이라고 했다. 예컨대 일본에서는 국민의 권리와 의무, 재판소의 구성과 사법

---

19) 山田三良, 〈併合後半島統治と帝國憲法との關係〉, 山本四郎 編, 《寺內正毅關係文書》, 京都女子大學, 1984, 63쪽.

20) 이하의 법령 정리는 梶村秀樹·姜德相, 〈日帝下朝鮮の法律制度について〉, 《日本法とアジア》, 勁草書房, 1970; 外務省 編, 《日本統治時代の朝鮮》 外地法制誌 제4부의 2, 外務省, 1971〔1990년 공간(公刊)〕에 의했음.

관의 자격, 조세제도 등 중요한 국정 사항을 모두 법률로 규정했지만 조선에서는 이를 제령이라는 형식으로 제정·시행했다. 따라서 일본 통치하에서 시행된 주요 법령의 형식은 대부분 제령이었다.

제령은 '조선민사령', '조선형사령' 등 중요한 법령 대부분을 포함하고 일본 지배 35년간 총 676건이 공포되었는데, 기존 제령을 개정 또는 폐지한 것을 제외하면 270건에 달한다. 제령은 조선에만 시행할 내용을 중심으로 제정되었지만, 일본 법률을 조선에 시행할 때도 제령의 형식을 취했다. 1912년 조선민사령, 조선형사령 등은 조선의 사법제도에 적용된 기본 법령인데, 이 제령들은 일본의 민법·민사소송법 같은 민사 법률, 형법·형사소송법 같은 형사 법률 들을 조선에 적용한다고 했다. 만일 이 일본 법률들이 그 이후에 개정되면 이를 적용한다고 했던 제령 역시 개정된 내용을 따르게 되었다. 이를 '(일본 법률의) 의용'이라고 한다.

둘째, 제령 외에 일본 제국의회에서 제정되었지만 '천황의 칙령에 따라 조선에 시행된 일본 법률'과 '특별히 조선에만 시행할 목적으로 제정된 법률·칙령'이 있었다. 전자의 사례로 특허법, 의장법, 실용신안법, 상표법, 저작권법 등이 있으며, 후자의 사례로는 조선은행법, 조선총독부 관제, 조선총독부 중추원 관제, 조선총독부 지방관 관제, 조선주차헌병조례, 조선교육령, 보통학교령 등이 있다.

셋째, 1910년 한국병탄 이후에도 일본이 계속 효력을 존속시킨 대한제국 법령과 일본국 법령이 있었다. 이들은 병탄 당시엔 상당수였는데 점차 폐지되어 1945년 일본 패망 직전에는 대한제국 법령으로 보안법, 출판법, 신문지법, 학회령, 국유미간지 이용법, 이민보호법 등 법률·칙령·훈령 합계 17건, 일본국 법령으로 보안규칙, 출판규칙, 신문지규칙 등 통감부령 및 통감부훈령 합계 16건이 존속했다. 여기서 주의해야 할 점은 대한제국 법령은 조선인에게만, 일본국 법령은 일본인에게만 적용되었다는 것이다. 예컨대 동일한 출판 관련 행위라도 조선인에게는 '출판법', 일본인에게는 '출판규칙' 등 각각 다른 법령이 적용되었다.[21]

넷째, 조선총독이 발하는 조선총독부령과 경무총장이 발하는 경무총감부령, 지방관인 도장관이 발하는 도령(道令) 등이 있었다. 조선총독부령은 1년 이하의 징역·금고·구류, 200원 이하의 벌금·과료를 부과할 수 있는 명령이다. 경무총감부령은 헌병경찰의 총수인 경무총장이 발하는 명령으로, 1910년대 무단통치를 뒷받침하다가 3·1운동 이후 폐지되어 조선총독부령으로 흡수되었다.

이 법령들은 일본에서 시행되는 법령과 내용상 유사하거나 일본의 제반 제도에 상응하게끔 조정된 것이 대부분이고, 일부는 조선에만 "특수하게 존재한다"고 인정된 상황에 맞추어 제정되었다는 점에서 동화주의 측면이 우선적이고 차별주의 측면이 부차적이었다고 할 수 있다.

그러나 이러한 법체계는 심각한 문제점이 있었다. 첫째, 조선에는 일본 헌법이 적용되지 않았기 때문에 일본 국민에게 부여된 언론·집회·결사·출판의 자유나 참정권 등 기본권이 조선인에게는 보장되지 않았다.

둘째, 경무총감부령이나 도경무부령 같은 경찰 입법이 국무총리격인 정무총감이나 지방 도지사가 발하는 명령보다 실질적으로 우위

---

21) 스즈키 게이오(鈴木敬夫)는 일본법인 '보안규칙', '신문규칙' 등이 조선인에게도 적용되었다고 주장하지만(鈴木敬夫, 《법을 통한 조선 식민지 지배에 관한 연구》, 고려대학교 민족문화연구소, 1989, 61~84쪽), 원칙적으로 이 법령들은 재조 일본인에게만 적용되었다. 이에 대해서는 朝鮮總督府 法務局, 《朝鮮の司法制度》, 1936, 72·73쪽; 外務省 編, 앞의 책, 61·62쪽 참조.

에 있어서 1910년대는 '반군정(半軍政)'이라고 해도 과언이 아닌 상태가 계속되었다.[22)]

셋째, "병합 당시 그 효력의 존속을 인정한 대한제국 법령 및 일본국 법령"과 '조선태형령' 등 몇몇 제령을 제외하고 나머지 법령 대부분이 조선인은 물론 조선에 거주하는 일본인(이하 '재조 일본인')에게도 동일하게 적용되었다는 점이다. 이로 인해 재조 일본인들은 조선총독부의 통치에 대해 많은 불만을 토로했고, 일본 기자들은 1910년대 조선총독부의 통치를 '무단통치'라고 칭했다.[23)]

넷째, 위와 같은 차별주의 정책으로 인해 일본 본토와 일본의 식민지였던 조선, 타이완, 관동주 사이에는 동일한 내용의 법령을 적용할 때 복잡한 문제가 발생했다. '칙령으로 시행한 일본 법률'이나 '특별히 조선에만 시행할 목적으로 제정한 일본 법률' 들은 일본 본토와 조선에 공통적으로 적용할 수 있었다. 반면, 제령은 총독이 일본 법률의 위임에 기초해 공포하는 것이라 그 효력이 조선에만 한정되었다.

이로 인해 특정한 제령이 일본 본토의 특정 법률과 내용상 동일하더라도 형식상으로는 별개의 법령으로 간주되었다. 예컨대 일본인이 본토에서 일본 '형법'상 죄를 범하고 조선에 건너와도 조선총독부재판소는 '조선형사령'으로 이를 처벌할 수 없었다. 조선형사령은 조선에만 효력이 한정된 제령이므로 조선 밖의 일본 본토에서 온 범죄자에게는 적용할 수 없었기 때문이다. 마찬가지로, 조선인이 조선에서 조선형사령상 죄를 범하고 일본으로 건너갔을 경우 역시 본토에서는 이를 처벌할 수 없었다. 동일인이 일본 본토와 조선에서 연속적으로

---

22) 梶村秀樹·姜德相, 앞의 글.

23) 이에 대해서는 小熊英二, 앞의 책, 195~208쪽 참조.

여러 개의 죄를 범한 경우 본토 및 조선에서는 동일인이 각각의 지역 내에서 행한 범죄에 한해서만 처벌할 수 있었다. 또 조선총독부재판소에서 형벌을 언도받고 형을 마친 후 일본 본토에서 동일한 죄를 범하더라도 이를 누범(累犯)으로 가중처벌할 수 없으며, 일본 본토의 재판소에서 처벌받은 자가 조선에 와서 동일한 범죄를 저지르더라도 누범으로 가중처벌할 수 없었다.[24)]

일본 법조계에서는 이처럼 법역(法域)이 달라 범죄자를 효율적으로 처벌하지 못하는 문제점을 해결하기 위해 제령 같은 위임입법제도를 철폐하고 모든 지역에 일본 법령을 통일적으로 시행하자는 의견을 제기했다. 그러나 조선총독부와 일본 정부는 조선, 타이완 등 식민지 주민이 일본 본토인과 동일한 수준으로 완전히 동화될 때까지 제령 제정권을 철폐할 수 없다는 입장을 견지했다. 그 대신 일본 정부는 각 지역 법령을 별도의 법체계하에 존속시키면서도 그 효력은 동일하게 하는 정책을 채택해 1911년부터 '공통법' 제정에 착수했다. 여러 차례 수정을 거친 끝에 1918년 4월 공포해 6월부터 시행했다.[25)]

'공통법'의 형사 관련 규정만 보면 우선 한 지역, 예컨대 조선에서 죄를 범한 자를 타이완이나 일본 등 다른 지역에서도 처벌할 수 있게 하여(제13조) 법역이 달라서 범죄자를 처벌하지 못하던 문제를 해결했다. 즉, 조선에서 실시되는 법령 내에 "일본 법령에 의할 것"을 규정한 경우에는 조선과 일본이 서로 법령을 같이하는 것으로 간주해 일본에서 죄를 범하고 온 자를 조선총독부재판소에서 '조선형사령'을 적용해 처단할 수 있게 했다. 또, 태형이 실시되지 않는 일본에서

24) 司法部長官 國分三亥, 〈共通法に就て〉, 《朝鮮彙報》, 1918년 6월호.

25) 위의 글; '공통법' 전문은 김병화, 《속근대한국근대재판사(續近代韓國近代裁判史)》, 한국사법행정학회, 1976, 379~381쪽 참조.

범죄를 저지른 조선인을 태형이 존재하는 조선에서 처단할 경우 태형 언도를 할 수 있게 했다. 그러나 '형법'상 죄를 범하지 않은 타이완인을 조선에서 처단할 경우 타이완에 '태형령'이 있더라도 그에 대해서는 '조선태형령'을 적용하지 못하게 했다(제14조). 그리고 한 지역에서 형사소송이나 즉결처분 또는 가출옥에 관하여 한 재판, 처분, 기타 수속상의 행위는 각 지역 상호 간 그 효력을 인정하는 것으로 해, 일본에서 징역형 언도를 받고 그 집행을 마친 자는 조선에서도 역시 전과자로 인정되고 다시 죄를 범할 때에는 누범으로 형을 가중할 수 있게 했다(제18조). 이처럼 법규 적용의 통일성을 확보함으로써 일본은 제국 내의 각각 다른 법역에서 일어나는 형사 범죄에 대한 처벌이나 기타 법률 해석에 통일을 기할 수 있게 되었다.[26]

2) 조선인의 국적상 지위와 재판 관할

조선의 법체계가 일본과 다르게 구성되었기 때문에 조선인의 국적상 지위와 재판 관할 문제 역시 일본 본토인과 다를 수밖에 없었다. 앞서 보았듯이 일본은 병탄 이후부터 조선인을 일본인으로 간주한다는 대원칙을 세웠지만, 실제로는 차별정책을 취했다. 우선 병탄 직후부터 조선총독부는 조선인 관리, 경찰관, 통역 등이 일본인과 유사한 성명을 만들어 민적에 등록하는 행위를 금지했다. 일본인과 혼동하기 쉬운 성명으로의 개칭은 혼인, 입양에 의해 일본인 가(家)에 들어가는 경우에 한정하고 그 이외는 인정하지 않음으로써 조선인과 일본인을 이름을 통해 구별하고자 했다.[27]

---

26) 司法部長官 國分三亥, 〈共通法に就て〉(承前完), 《朝鮮彙報》, 1918년 7월호, 33~37쪽.

27) 水野直樹, 〈朝鮮植民地支配と あ名前の'差異化'〉, 山路勝彦·田中雅一 編, 《植民地主義と人類學》, 關西學院大學出版會, 2002, 147~160쪽.

조선 국내의 일본인과 조선인을 구분하는 문제는 민적제도의 성명 등록 절차를 통해 해결했지만, 조선총독부가 정책적으로 심각하게 고려한 것은 간도나 연해주에 거주하는 조선인, 특히 청국이나 러시아에 귀화한 조선인 문제였다. 이 문제는 이미 이토 히로부미(伊藤博文)가 초대 통감으로 재직할 때부터 제기되었다. 그는 1908년 중반 대한제국 각 재판소로 부임하는 일본인 사법관에 대한 훈시에서 러시아나 청국에 귀화한 한국인이라고 주장할지라도 그들에게 치외법권의 특전을 인정하지 말고 모두 한국인으로 취급해 재판해야 한다고 지시했다.[28]

이러한 방침은 한국병탄 직전인 1910년 7월 8일 일본 내각에 의해 한국인의 국법상 지위에 관한 원칙으로 확정되었다.[29] 첫째, 한국인은 원칙적으로 일본 본토인과 동일한 지위를 갖는다. 둘째, 1909년 일본과 청국이 체결한 '간도에 관한 일청협약'에 의해 간도 지역 중 용정촌(龍井村), 국자가(局子街), 두도구(頭道溝), 백초구(百草溝) 같은 상업 지역은 외국인에게 개방된 곳이므로 이 지역 한국인에 대해서는 일본이 영사재판권을 행사한다. 나머지 간도 지역은 청국의 영토이므로 이 지역 한국인에 관한 민형사소송은 청국 관헌이 관할한다.[30] 셋째, 한국인 중 미국 또는 러시아에 귀화해 이중국적을 취득한 경우 무조건 일본 신민으로 간주하겠다고 했다. 이는 한국인의 외국 귀화

28) 남기정 역, 《일제의 한국 사법부 침략 실화》, 육법사, 1978, 96·97쪽.

29) 〈朝鮮施政方針及施設經營〉, 《寺內正毅關係文書》, 180·181쪽.

30) '간도협약'에 따르면, 이 상업 지역들은 외국인의 거주 및 무역을 위해 개방한 곳이므로 영사재판 관할 지역이 되고, 나머지 간도 지역은 청국의 영토이므로 한국인에 관한 민형사소송은 청국 관헌이 관할하게 되었다. 다만 인명과 관련한 중대 사건이 발생했을 때에는 청국 관헌이 일본영사관에 조회해야 하며, 일본영사관에서 청국 관헌이 불법적인 재판을 했다고 판단할 경우 따로 관리를 파견해 복심(覆審)할 것을 청국에 청구할 수 있다고 했다(外務省, 〈間島に關する日淸協約〉, 《日本外交年表竝主要文書》 上, 原書房, 1965, 324·325쪽).

를 인정하지 않겠다는 것으로, 혹시라도 한국인이 미국·러시아 국적을 취득하고 한국에 들어와 범죄를 저지르거나 독립운동을 하더라도 처벌할 수 있는 여지를 마련한 것이었다.

이러한 원칙은 1915년 중국과 '남만주 및 동부 내몽골에 관한 조약'을 체결한 이후 부분적으로 변화가 있었다. 즉, 간도 지역 일본영사관에서 조선인을 재판할 때, 이 영사재판에 대한 상소나 영사관이 예심을 한 죄의 공판을 조선총독부재판소가 담당할 경우에는 일본 본토 법규, 즉 일본 형법이나 일본 민법 등을 적용하지만, 재판 절차는 '조선민사령', '조선형사령'이 정한 바에 따르도록 했다.[31]

이로써 조선인은 간도의 상업 지역에서는 일본인과 거의 동일한 법적 지위를 가졌지만, 일단 조선 내로 들어오면 조선인으로서 차별적 지위를 갖게 되었다. 즉, 일본은 청, 러시아, 미국 등 외국에서의 조선인은 일본 국민으로 대우했지만 제국 내부에서는 조선인으로 차별 대우하는 이중적 법적 지위를 부여한 셈이다.[32]

조선인의 국적 문제와 마찬가지로 문제시되었던 것은 조선의 최고재판기관을 어떻게 할 것인가였다. 일본 정부가 조선을 일본의 영토로 흡수한 이상, 재판 시 법령을 적용하거나 해석할 때 통일성을 기하기 위해서는 상고심을 관할하는 최고재판소가 오로지 하나의 기관으로 존재해야 했다. 그러나 조선에서는 일본 본토의 형법이나 민법 등을 시행하면서도 조선에 한한 특별 조항들을 포함한 제령을 실시

---

31) 朝鮮總督府法務局, 〈間島ニ於ケル領事裁判ニ關スル件〉(1920. 12. 民第85號 拓植局 次長에게 보내는 法務局長 回答), 《朝鮮司法例規》, 大成印刷社, 1922, 3쪽.

32) 山田三良, 〈併合後における韓國人の國籍問題〉(1910. 7. 15), 山本四郎 編, 《寺內正毅關係文書》, 62쪽. "종래 한국 신민이었던 자가 병합에 의해 당연히 일본 국적을 취득한다고 하더라도 그로 인해 한국인은 전혀 일본인과 동일하게 되는 것이 아니고 다만 외국에 대해 일본 국적을 취득한 데 불과하다는 것을 주의해야 한다."

하는 등 법역이 달라 조선고등법원은 일본 본토의 대심원과 관련 없는 기관으로 존속하고 있었다. 이로 인해 동일한 민형사사건에 대한 법률 해석과 적용이 조선고등법원과 일본 대심원에서 각각 달리 이루어졌다.

병탄 직후부터 조선에서의 심급은 지방재판소-공소원의 2심제로 하고 최종심은 일본 본토의 대심원에서 관할하게끔 해야 한다는 요구가 일어났다. 그러나 조선총독부는 조선에서의 현행 지방재판소-공소원-조선고등법원의 3심제가 일본 본토나 유럽 국가들과 유사하므로 조선 주재 외국인들이 치외법권을 요구할 수 있는 명분을 갖지 못하도록 현행 3심제를 변경해서는 안 된다고 하며 그 요구를 기각했다.[33] 이처럼 조선총독부가 최종심을 일본 대심원에 맡기지 않고 조선고등법원에서 관할하게 한 것은, 조선총독이 일본 정부의 통제를 받지 않는 독자적 통치권을 유지하려고 했기 때문이다. 즉, 조선의 상급심 관할을 일본 대심원으로, 조선총독부재판소의 판사·검사에 대한 감독권을 일본의 사법대신 관할로 하게 되면 조선총독의 통치권이 위축되고 총독정치의 일원성을 깨뜨리게 되므로 조선총독으로서는 이를 수용할 수 없었던 것이다.[34]

---

33) 남기정 역, 앞의 책, 203~219쪽.

34) 이 점에서 볼 때 식민지 조선에 대한 통치정책은 일본 본토의 정부가 먼저 결정하는 것이 아니라 일차적으로는 조선총독을 정점으로 하는 조선총독부 관료층에 의해 수립된다고 파악할 수 있다.

2. 형사재판 절차상의 동화와 차별

1) 조선의 재판기관과 즉결심판기관

1910년 일본의 한국병탄 직후 조선인에 대한 재판 관할은 일본과 마찬가지로 구재판소-지방재판소-공소원-고등법원의 4급 3심제를 취했다. 구재판소는 ① 1년 이하의 징역·금고 또는 벌금에 해당하는 죄, ② 구류 또는 과료에 해당하는 죄, ③ 조선 법규에 의해 1년 이하의 징역·벌금·태형 또는 구류형에 해당하는 죄, ④ 관물(官物)·분묘석물(墳墓石物)·곡물 등의 절도, 절도범의 와주, 강도의 공모·주모, ⑤ 유실물 사취죄(詐取罪) 등의 제1심을 담당했다. 구재판소는 1909년 '통감부재판소령'을 시행할 때 103개소였는데, 이 중 35개소를 폐지해 68개소로 축소되었다.[35]

지방재판소는 3인의 판사가 합의부를 구성해 ① 구재판소의 권한 및 고등법원의 특별 권한에 속하지 않는 형사소송의 제1심을 맡으면서도, ② 구재판소 판결에 대한 공소(控訴)와 구재판소의 결정·명령에 대한 항고(抗告) 등 제2심을 관장했다. 경성·공주·함흥·평양·해주·대구·부산·광주 등 8개소에 설치되었으며, 지방재판소 지부는 인천·춘천,·청주·원산·청진·진남포·신의주·마산·진주·목포·전주·군산 등 12개소에 설치되었다.[36]

공소원은 3인의 합의부로 ① 지방재판소가 내린 제1심 판결에 대한 공소, ② 지방재판소가 제1심으로 내린 결정·명령에 대한 항고를

---

35) 이하는 外務省 編, 〈朝鮮總督府裁判所令〉, 《制令 前篇》, 外務省, 1960, 188쪽; 《朝鮮法令輯覽》(大正 9年版) 第14輯 〈裁判所構成法〉 및 第15輯 〈刑法〉에 의함.

36) 조선총독부령 제10호 〈인천, 춘천, 청주, 원산, 청진, 진남포, 신의주, 마산, 진주, 목포, 전주 및 부산의 구재판소에 소속 지방재판소의 지부를 설치하는 건〉, 《조선총독부 관보》, 1910년 10월 1일자, 16쪽.

담당했고, 경성·대구·평양 등 3개소에 설치되었다.

고등법원은 5인의 판사로 합의부를 구성해 ① 지방재판소나 공소원의 제2심 판결에 대한 상고, ② 지방재판소가 제2심으로 내린 결정·명령 및 공소원의 결정·명령에 대한 항고를 담당함으로써 최종심을 관장했다. 다만, 일본 황족에 대한 위해(危害) 또는 위해 미수죄, 내란 및 내란 예비음모죄, 조선 왕족이 범한 금고형 이상 또는 조선 법규상 금옥 이상의 형에 해당하는 죄를 단심제로 관장했다.

그 결과 1910년 10월 초 조선총독부재판소의 명칭 및 위치를 보면 〈표 1〉과 같다. 이 같은 재판소 조직은 제1심을 구재판소 또는 지방재판소가 관장하고, 이 두 재판소가 행한 판결·명령·결정에 대한 제2심을 지방재판소 또는 공소원이 관장하는 복잡한 구조였다. 이러한 구조는 식민지 통치를 간단·편리하고 신속하게 행하고자 했던 조선총독부로서는 매우 불만스러운 것이었다.

조선총독부는 이러한 4급 3심제의 재판제도가 복잡해 조선의 사정에 적합하게 간소화할 필요가 있다는 지적에 따라 1912년 3월 18일 '조선총독부재판소령'을 대폭 개정했다. '재판소'라는 명칭을 '법원'으로 바꾸고, 구재판소를 폐지해 지방법원·복심법원·고등법원의 3급 3심제로 고쳤으며, 지방법원 사무의 일부를 처리하기 위해 지방법원 지청을 설치했다.

지방법원은 민사 및 형사에 대한 제1심 재판과 비송사건에 관한 사무를 취급했고, 복심법원은 지방법원의 재판에 대한 공소 및 항고, 고등법원은 복심법원의 재판에 대한 상고 및 항고 재판을 담당했다. 종전의 지방재판소가 3인의 판사로 구성된 합의부에서 재판을 했던 데 비해, 개정 이후 지방법원은 판사 단독으로 재판하는 것을 원칙으로 하되 특히 중요한 사건에 한해서만 3인의 판사로 구성된 합의부에

고등법원	공소원 (3개소)	지방재판소 (8개소)	구재판소(68개소)
고등법원 (경성)	경성	경성	경성, 개성, 여주, 수원, 인천(지부), 춘천(지부), 철원, 원주(8)
		공주	공주, 대전, 강경, 홍산, 홍주, 서산, 천안, 청주(지부), 영동, 충주 (10)
		함흥	함흥, 북청, 원산(지부), 영흥, 강릉, 울진, 청진(지부), 경성(鏡城), 성진, 회령, 경흥(11)
	평양	평양	평양, 안주, 덕천, 진남포(지부), 재령, 송화, 신의주(지부), 의주, 정주, 영변, 강계, 초산(12)
		해주	해주, 서흥, 황주(3)
	대구	대구	대구, 금천, 상주, 안동, 의성, 경주, 영덕(7)
		부산	부산, 울산, 마산(지부), 밀양, 용남, 진주(지부), 거창(7)
		광주	광주, 순천, 목포(지부), 장흥, 제주, 전주(지부), 금산, 남원, 군산 (지부), 고부(10)

※ 출전: 조선총독부령 제9호 〈조선총독부재판소의 명칭, 위치 및 관할 구역〉, 《조선총독부 관보》, 1910. 10. 1, 14~16쪽; 조선총독부령 제10호 〈인천, 춘천, 청주, 원산, 청진, 진남포, 신의주, 마산, 진주, 목포, 전주 및 부산의 구재판소에 소속 지방재판소의 지부를 설치하는 건〉, 《조선총독부 관보》, 1910년 10월 1일자, 16쪽.

※ 구재판소 지명 다음에 '지부'라고 표기한 것은 그 구재판소에 지방재판소 지부가 설치되어 있다는 뜻이다.

표 1. 1910년 10월 1일 조선총독부재판소의 명칭과 위치(관할 구역 생략)

서 재판하게 했고, 복심법원은 3인의 판사, 고등법원은 5인의 판사로 구성된 합의부가 재판을 했다.

이와 아울러 각급 재판소에는 검사국을 병치해 복심법원 검사국에는 복심법원검사장, 지방법원 검사국에는 지방법원검사정, 지방법원 지청에는 검사를 두되 지방법원검사정의 명령에 따라 지청검사분국을 관장하도록 했다.[37]

1912년 개정된 이 3급 3심제가 일제강점기 동안 유지되었다. 재판

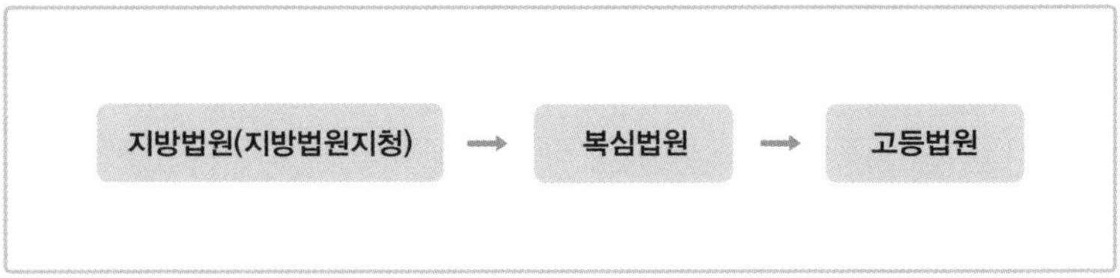

지방법원(지방법원지청) → 복심법원 → 고등법원

그림 1. 1912년 이후 재판 관할

소 조직 말단에 해당하는 지방법원지청에 대해서는 전국의 군과 면을 대폭 통폐합한 직후인 1914년 3월 26일 총독부령 제24호와 제25호로 상세한 규정이 반포되었다. 이에 따르면 모두 55개 지청을 4월 1일부터 설치한다는 것인데, 이를 3개 그룹으로 구분해 ① 신의주·마산·진주·목포·전주 등 5개 지청은 지방법원에 속하는 모든 사무를 취급하고, ② 수원·인천·춘천·청주·원산·청진·진남포·서흥·안동·장흥·정읍·군산 등 12개 지청은 지방법원에 속하는 사무 중 합의부 담당 사건을 제외한 것을 관장하며, ③ 그 밖의 38개 지청은 합의사건뿐 아니라 형사 예심까지 제외한 사건들만 관장하게 했다.[38]

이렇게 해서 구성된 재판소 조직의 명칭과 위치를 1919년 3·1운동 직전에 한해서 보면 지방법원지청이 1개가 더 늘어 〈표 2〉와 같다.

1910년대에는 재판기관의 판사·검사가 원고·피고의 민족별로 관할을 달리하는 차별정책을 실시했다. 즉, 조선인 판사·검사는 원고와 피고 모두 조선인인 민사사건, 피고인이 조선인인 형사사건만 취급

---

37) 〈朝鮮施政方針及施設經營〉, 《寺內正毅關係文書》, 245쪽; 남기정 역, 앞의 책, 156~158쪽; 제령 제4호 〈조선총독부재판소령 중 개정건〉, 《조선총독부 관보》 1912년 3월 18일자(호외), 1·2쪽.

38) 조선총독부령 제24호 〈조선총독부재판소의 명칭, 위치 및 관할 구역표〉; 조선총독부령 제25호 〈조선총독부 지방법원지청의 명칭, 위치 및 사무취급 구역건〉, 《조선총독부 관보》, 1914년 3월 26일자, 341~343쪽.

고등법원	복심법원 (3개소)	지방법원 (8개소)	지방법원지청(56개소)
고등법원 (경성)	경성	경성	개성, 수원, 여주, 인천, 춘천, 철원, 원주(7)
		공주	대전, 강경, 홍성, 서산, 천안, 청주, 충주, 예산(8)
		함흥	북청, 원산, 영흥, 강릉, 청진, 성진, 회령, 경흥(8)
	평양	평양	안주, 덕천, 진남포, 의주, 정주, 영변, 강계, 초산(8)
		해주	서흥, 재령, 송화(3)
	대구	대구	김천, 상주, 안동, 의성, 경주, 영덕, 울진(7)
		부산	울산, 마산, 밀양, 통영, 진주, 거창(6)
		광주	순천, 목포, 장흥, 제주, 전주, 금산, 남원, 정읍, 군산(9)

※ 출전: 조선총독부, 《조선총독부 및 소속 관서 직원록》, 1918; 국사편찬위원회, 한국사데이터베이스 조선총독부 직원록 사이트 http://db.history.go.kr/item/level.do?itemId=jw&types=1918-12-107-1164(2017. 9. 24 검색).

※ 밑줄 친 '예산'은 추후 설치된 지방법원지청이다.

표 2. 1918년 조선총독부재판소의 명칭과 위치(관할 구역 생략)

하도록 했다. 따라서 일본인 사이 또는 조선인·일본인 사이의 민사사건, 일본인이 피고인인 형사사건은 일본인 판사·검사만 담당할 수 있었다(조선총독부재판소령 제25조). 이러한 조선인 판사·검사에 대한 차별은 1910년대 내내 유지되다가 3·1운동 이후인 1920년 3월 24일 제령 제3호 '조선총독부재판소령 중 개정'으로 폐지되었다.[39)]

이처럼 재판기관이 일본과 달리 3급 3심제로 변경된 것과 아울러, 또 한 가지 주목해야 할 차별정책이 헌병경찰이 즉결심판을 담당하는 제도였다. 즉결심판은 통감부 시기인 1909년 10월 16일 칙령 제

39) 外務省 編, 앞의 책(1960), 188~194쪽.

240호 '조선에 재(在)한 범죄즉결령'으로 도입되었다가 1910년 12월 15일 제령 제10호 '범죄즉결례'에 의해 처벌 대상이 확대되었다.

즉, 1909년에는 처벌 대상이 ① 구류 또는 과료형에 처해야 할 죄, ② 조선 법규에 의해 태형, 구류 또는 30원 이하 벌금에 처해야 할 죄였다. 1910년의 제령에서는 ① 구류 또는 과료형에 해당하는 죄, ② 3개월 이하 징역 또는 100원 이하 벌금 또는 과료에 처해야 할 도박죄, 구류 또는 과료형에 처해야 할 '형법' 제208조에 규정된 가벼운 폭행죄,[40] ③ 구재판소 관할사건으로 3개월 이하 징역형에 처해야 할 '형법대전' 제5편 제9장 제17절 및 20절의 타인이나 친속에 대한 폭행죄[41] ④ 구재판소 관할사건으로 3개월 이하 징역, 금고, 금옥 또는 구류, 태형 또는 100원 이하 벌금 또는 과료에 처해야 할 행정법규 위반죄로 확대되었다.[42]

이는 즉결 대상 범죄에 일본 형법상 도박죄·상해죄, 대한제국 시기에 빈번했던 타인이나 친속에 대한 폭행죄 등이 추가된 데다가, 식민통치를 위한 수많은 행정법규 위반죄까지 포함한 것이다. 이후 1912년 3월 18일 제령 제12호 '범죄즉결례 중 개정'으로 즉결 대상 행위 중 '형법대전' 관련 조항은 삭제되었지만,[43] 조선총독부는 이로써 한국병탄 직후 정책 수행을 원활하게 할 수 있는 공적 물리력을 확보했다.

---

40) '형법' 제208조의 죄란, "폭행을 가하였으나 타인을 상해하는 데까지 이르지 않았을 때에는 1년 이하 징역 또는 50엔 이하의 벌금 또는 구류 또는 과료에 처한다. 이 항의 죄는 고소를 받아야 죄를 논한다"라 해 사람을 죽이거나 중상을 입히지 않은 경미한 상해죄로서 친고죄였다(朝鮮總督府 編, 〈刑法〉, 第208條, 《朝鮮法令輯覽》 第15輯, 1924).

41) 《형법대전》 제17절은 싸움으로 인해 다른 사람을 구타한 행위, 사사로이 타인을 묶거나 사가(私家)에 감금한 행위 등에 관한 규정이고, 제20절은 조부모, 부모, 자손, 남편이나 남편의 친속을 구타해 상해한 행위 등에 관한 규정이다.

42) 外務省 編, 앞의 책(1960), 260~262쪽.

43) 제령 제12호 〈범죄즉결례 중 개정건〉, 《조선총독부 관보》, 1912년 3월 18일자 (호외), 9·10쪽.

여기서 주목할 점은 즉결심판의 주체가 헌병경찰이라는 것이다. 법규상 즉결심판은 "경찰서장 또는 그 직무를 취급하는 자"(범죄즉결례 제1조)가 할 수 있다고 되어 있는데, 조선총독부는 1910년 6월 29일 공포한 '통감부경찰관서 관제'를 그대로 계승해 조선에 헌병경찰제를 시행했다. 즉, 경찰관서를 중앙에 경무총감부, 지방에 경무부(각 도) 및 경찰서(각 군)로 구성하고, 경무총감부의 우두머리인 경무총장은 조선주차헌병대장인 육군 장관으로 임명했다. 경무부장은 각 도 헌병대장인 헌병좌관(佐官)으로 임명하며,[44] 그 산하의 경시 또는 경부는 헌병장교 또는 헌병준사관·하사관으로 특별 임용할 수 있다고 해 헌병대장이 모든 경찰 업무를 지휘·총괄하는 체제로 구성했다.

즉결심판은 군 단위 이하의 경찰서장 또는 경찰분서장을 맡은 일본 헌병분대장 또는 분견대장이 피고인의 진술을 듣고 증빙을 조사한 후 즉시 판결을 언도하는 방식으로 이루어졌다. 피고인을 호출할 필요가 없거나, 호출해도 출두하지 않을 때는 즉시 언도서 등본을 본인 또는 그 주소로 송달했다. 즉결 언도를 받은 자가 이에 불복할 때는 즉결 언도일로부터 3일(출석 즉결의 경우) 또는 5일(궐석 즉결의 경우) 내에 언도한 관서에 의견서를 제출해 관할 재판소에 정식재판을 청구할 수 있었다. 그리고 구류 언도를 한 경우 필요 시 위 정식재판 청구 기한 안에 피고인을 구류할 수 있었다(범죄즉결례 제2조~제5조).

이로써 경찰서 또는 경찰분서는 정식 재판기관은 아니지만 조선인에게는 사실상 재판기관이나 마찬가지 역할을 했으며, 조선총독부 통치의 최말단 기구로 기능했다는 점에서 주목할 필요가 있다.

---

44) 좌관(佐官)이란 일본군 장교 중 장관(將官)과 위관(尉官)의 중간 계급이다.

2) 형사재판 절차상의 차별

1910년대 조선인은 어떤 절차를 거쳐 재판을 받았는가? 이를 통해 조선인의 인권이 어느 정도 보장되었는지를 알 수 있다. 일본의 병탄 직후 조선인에 대한 형사재판은 대한제국 시기에 공포된 '형법대전', '민형소송규칙', '형사재판비용규칙' 등에 규정된 절차에 따라 이루어진 반면, 재조 일본인에 대한 형사재판은 일본 본토의 '형법'과 '형사소송법' 등에 규정된 절차에 따라 이루어졌다. 조선총독부의 통치 준비가 충분히 이루어지지 않았기 때문이다. 이 법령들에 의해 조선의 형사재판 절차는 일본의 그것과 유사한 형태로 구성되었다. 공소(公訴)·사소(私訴)의 구분과 각각의 시효, 재판 관할, 제척·기피제도, 예심 절차, 각급 법원의 공판 절차, 공소(控訴)·상고·항고 등의 상소 절차, 고등법원의 특별 권한에 속하는 소송, 재판 집행, 변호인제도 등이 도입되었다.

조선총독부는 1912년 3월 18일 '조선형사령'을 공포하면서 일본 본토에는 없는 몇 가지 차별적 형사재판 절차를 도입했다. 총독부 측은 이에 대해 "조선의 풍속, 관습, 감정 등이 일본과 달라 곧바로 일본 본토의 법규로 다스리기 어려운 점이 적지 않아서" 이러한 특례를 둔다고 했다. 이 같은 특례가 "피고인에 대해 상당히 불리한 점을 면할 수 없으나 어쩔 수 없는 바로서 조선에서 민도의 향상, 문화의 진전 등에 따라 가까운 장래에 철폐되어야 할 성질의 것"이라고 조선인의 인권에 대한 탄압을 인정하고 있었다.[45]

이 같은 특례는 어떤 것을 말하는가? 이는 예심제도하에서 사법경찰관의 권한 강화, 공판 절차의 간소화 등 인권보다 형사재판의 신속

---

45) 朝鮮總督府 法務局, 앞의 책(1936), 82·83쪽,

화를 목표로 한 것들이 대부분이었다. 예심제도는 1909년 '통감부재판소 사법사무취급령'에 따라 도입되었다가 1912년 조선형사령이 공포되면서 전면적으로 실시되었다.[46] 일본 형사소송법에서 예심제도를 도입한 목적은 피고인을 보호하기 위해서였다. 즉, 검사나 피고인으로부터 독립한 제3자인 예심판사가 사건을 공판에 회부할지 여부를 심리한 뒤 범죄 성립의 확신을 얻은 경우에만 공판을 시작하게 함으로써 검사가 함부로 기소하는 것을 방지해 피고인을 보호하고자 하는 것이었다. 따라서 검찰이나 사법경찰관은 현행범 등 극히 제한된 경우가 아니면 독자적인 강제수사를 할 수 없었다.

이같이 인권 보호를 위해 시행된 예심제도가 조선에서는 일본의 식민지 지배를 위해 변용되었다. 조선에서는 예심판사가 아니라 검사 또는 사법경찰관 등 수사기관이 예심판사에 준하는 강제처분권을 갖고 있었고, 이로 인해 예심제도는 원래의 목적인 인권 보호가 아니라 인권 탄압을 위한 제도로 변용되었다.

일본의 형사소송법에서는 현행범인 경우에만 제한적으로 검사가 범죄 현장에 임검해 예심판사에게 속하는 강제처분을 하도록 되어 있었으나, 조선형사령에서는 현행범 수사의 경우 검사뿐만 아니라 사법경찰관도 예심판사에 준하는 처분을 할 수 있었고, 또 임검도 생략할 수 있었다(동령 제11조). 비현행범 수사의 경우에도 검사 또는 사법경찰관은 "수사의 결과 급속한 처분을 요하는 것으로 생각할 때" 공소 제기 전에 영장을 발하여 검증, 수색, 물건 차압을 하고 피고인, 증인을 신문하거나 감정을 명할 수 있었다(동령 제12조). 검사는 구류장을 발해 피의자의 신병을 확보한 후 20일 이내에 공소를 제기하면

46) 이하 예심제도 운영에 관해서는 신동운, 〈일제하의 예심제도에 관하여〉, 《서울대학교 법학》 27-2, 1986 참조.

되었고(동령 제15조), 사법경찰관은 구류장을 발할 권한은 없었으나 14일간 피의자를 유치할 수 있었다(동령 제13조).

조선총독부 검찰·경찰의 강제수사 처분에 대해서는 일본 형사소송법 중 예심에 관한 규정이 준용되었기에(제14조), 수사기관이 작성한 각종 조서가 예심판사의 조서와 동일한 법적 효력을 가졌다. 그리고 일본 형사소송법에서는 예심 청구 의무를 엄격히 규정하고 있었으나, 조선에서는 "구류 또는 과료에 처할 사건 이외에 번잡한 사건의 경우에는 예심을 구할 수 있다"고 규정함으로써(제16조 단서) 예심 청구 여부를 검사의 재량에 맡겼다. 아울러 일본 형사소송법 규정상 예심판사가 피의자를 무기한 구류할 수 있었으므로 조선에서 예심판사에 준하는 강제처분권을 가진 검찰 또는 사법경찰관 역시 피의자를 무기한 구류할 수 있었다. 이러한 상황에서 인권이 보호받을 수 없었던 것은 당연한 일이었다.

예심제도의 차별적 운영 외에도, 일본의 형사소송법에 없는 여러 가지 특례를 규정해 재판을 신속하게 진행할 수 있도록 했다. 일본의 형사소송법에서는 중죄사건 피고인이 변호인을 선임하지 못했을 때 재판장 또는 판사가 직권으로 당해 재판소 소속의 변호사 중에서 변호인을 선임하게 되어 있었으나, 조선형사령에서는 이 규정을 적용하지 않았다(동령 제25조). 또한 상소는 변호인이 하지 못하고 오로지 피고인만 할 수 있었으며, 상소 권리를 포기할 수도 있다고 했다(동령 제28조·제29조). 1년 이하의 징역이나 금고 또는 300원 이하의 벌금을 언도한 제1심 판결문에서는 증거에 관한 이유를 생략할 수 있도록 하는 등 문서 작성을 간소화했다(동령 제26조).

이처럼 '조선형사령'은 일본 형사소송법을 거의 그대로 실시하되 조선총독부의 통치 편의를 위해 사법경찰관과 검사에게 일본에는 없는 강제처분권을 부여함으로써 형사재판을 신속하고 효율적으로 진행하고자 했으며 공판 절차 역시 간소하게 진행시키고자 했다. 대한제국 시기의 재판제도와 비교해보면 절차가 합리화·신속화되었다는 점은 분명하다. 대한제국 정부 스스로도 인정할 만큼 재판이 지체되고 고문과 남형이 일상적으로 이루어지고 있었기 때문이다.

그러나 조선인은 물론 일본인까지 조선의 형사재판에 대해 문제 삼았던 것은 예심판사에 준하는 사법적 강제처분권을 가진 사법경찰관, 즉 헌병경찰의 폭압이었다. 1910년대 조선을 여행한 일본의 자유주의 지식인 나카노 세이고(中野正剛)는 헌병경찰의 문제점을 다음과 같이 말했다.[47]

> 각 지방재판소에 판사는 있어도 검사는 없다. 헌병은 실로 검사의 직무를 위탁받은 것이다. 하사에서 특진한 헌병 위관은 법률 소양이 전혀 없이 사법관 직무를 행한다. 그 위험은 미루어 알 수 있을 것이다. 제국 신민은 헌법에 의하여 "법률에 정한 재판관의 재판을 받을 권리"를 보증받고 있다. 그러나 조선에서 일본 신민은 일종의 변태적인 헌병 재판에 굴종하지 않으면 안 된다. …… 조선의 헌병이라는 자는 행정·사법 양부에 걸쳐서 그 권력을 떨칠 뿐 아니라 학자의 영역에 속해야 할 언론의 지도, 교육가의 영역에 속해야 할 사회 풍속의 개선, 흥신소 영역에 속할 신용 조사, 실업가 영역에 속해야 할 경제계의 연구 등 모든 일에 대해 그 힘을 기울이지 않으면 안 된다. 게다가 그들은 군사적 정신에 의해 명령으로 그 직무를 집행해야 하는 자이며 그 지식의 천박함에도 불구하고 정말 글자 하나에 눈앞의 공을 급히 세우지 않으면 안 되는 자

47) 中野正剛,《我が觀たる滿鮮》, 政教社, 1915, 51·52쪽.

이다. 이 때문에 그들은 자연히 위에서 명령한 바를 즉시 인민에게 강요하고 한번 내린 명령은 결코 돌이키지 않는 것이 어쩔 수 없는 것이다.

이처럼 형사재판 절차는 조선인·일본인에게 각기 달리 적용되다가 1912년 4월 1일 이후로 '조선형사령'에 의해 조선인·일본인 차별 없이 동일하게 적용되었다. 대한제국 시기 재판 절차에 비하면 매우 합리화·효율화되었다고 할 수 있으나, 조선형사령에 규정된 식민지적 특례, 특히 헌병경찰의 사법권에 대한 반발은 조선인과 일본인 모두에게서 나타나고 있었다.

3. 형사법상의 동화와 차별

1) 일본 형사법의 차별적 적용: '조선형사령'과 '경찰범처벌규칙'

조선총독부는 조선인의 어떤 행위를 범죄시하고 어떤 형벌을 내렸던가? 이는 일본이 조선인과 조선 사회를 식민지적 근대사회로 형성시켜나가는 통제의 방향을 보여주는 기준이라 할 수 있다. 조선총독부는 1910년 8월~1912년 3월까지 1년 6개월 동안 민족 간 적용 법규를 달리했다. 조선인에게는 대한제국 시기에 제정된 형법, 일본인에게는 일본의 형법을 적용했다. 즉, 조선인 형사 피고인에게는 대한제국 시기에 제정된 '형법대전'과 '철도사항범죄처단례', '신문지법', '보안법', '출판법'을 적용했다. 재조 일본인 형사 피고인에게는 일본 본토의 '형법', '형사소송법' 등 각종 형사법 및 통감부가 제정한 '보안규칙', '신문지규칙', '출판규칙'을 적용했다.[48]

이러한 이원적 구조는 1912년 3월 18일 '조선형사령' 및 3월 25일 조선총독부령 제40호 '경찰범처벌규칙'이 공포된 이후 사라지고, 같은 해 4월 1일부터 일본 형사법을 의용한 일원적 형사법 체계로 바뀌었다. '조선형사령'은 "형사에 관한 사항은 본령 기타 법령에 특별한 규정이 있는 경우를 제외하고 다음 법률들에 의한다"라고 하여 '형법', '폭발물단속벌칙', '형법시행법', '형사소송법', 메이지 22년(1889) 법률 제34호 '결투죄에 관한 건', '통화 및 증권 모조 단속법', 메이지 38년(1905) 법률 제66호 '외국에서 유통하는 화폐·지폐 은행권 위조·변조 및 모조에 관한 건', '인지(印紙) 범죄 처벌법', 메이지 23년(1890) 법률 제101호 '상법에 따라 파산선고를 받은 자에 관한 건', '해저 전신선 보호 만국연합조약 벌칙', '보통치죄법·육군치죄법·해군치죄법 교섭의 건 처분법', '외국 재판소 촉탁으로 인한 공조법' 등 일본국 법률에 의해 재판한다고 했다(동령 제1조).

다시 말해서, '조선형사령'은 일본의 현행 형법, 형사소송법, 경제 관련 법률과 군법 등을 거의 대부분 조선에 실시하되 여러 식민지적 차별 조항을 추가한 것이다. 이에 따라 조선인과 재조 일본인은 동일한 죄를 범했을 경우 동일한 형벌을 선고받으나, 조선인에게만 적용되는 차별적 조항 또는 법령이 있었다.

첫째, 조선총독부는 '조선형사령' 부칙에서 '철도사항범죄처단례', '형사재판비용규칙', '형법대전'을 폐지한다고 하면서도,[49] 몇몇 범죄에 대해서는 '당분간' 일본 형법을 적용하지 않고 '형법대전'의 처벌

48) 1910년 8월 29일 제령 제1호 〈조선에서의 법령의 효력에 관한 건〉, 1910년 10월 1일 제령 제5호 〈조선총독부재판소령〉, 동년 동월 동일 칙령 제238호 〈한국인에 계(係)한 동법(司法)에 관한 건〉 등의 법령에 의한 것이다〔朝鮮總督府 法務局, 앞의 책(1936), 72·73쪽〕.

49) 앞서 서술했듯이, '조선형사령'에 명시되지 않은 '전보사항범죄인처단례', '우체사항범죄인처단례', '신문지법', '보안법', '출판법', '학회령' 등 대한제국 시기 형사 관련 법령 중 상당수가 폐지되지 않았다.

규정을 존속시킨다고 단서를 달았다. 조선인 중 사람을 모의 살해한 자, 고의로 살해한 자, 부모·조부모 등 존속을 살해한 자, 강도나 절도할 때 살인하거나 상해를 입힌 자, 강도나 절도할 때 부녀를 겁간한 자, 재산을 약탈하려고 인가에 들어가 병기를 사용한 자, 무리를 지어 무기를 들고 민가에 난입한 자, 분묘를 파헤치거나 시신을 숨긴 자, 노인·유아를 유인하거나 끌고 가 숨긴 자, 방화하거나 분묘를 파헤치거나 빈소를 파괴한다고 위협한 자 등이다. 그리고 이러한 범죄를 재판할 때 마땅히 적용할 법조항이 없을 경우에는 다른 법조항 중 가장 가까운 것을 끌어와 적용하는 인율비부(引律比附) 조항까지 존속시켰다(동령 제41조).

일본 형법에서는 위와 같은 범죄에 대해 최고형인 사형부터 무기징역, 10년 이하, 3년 이상 등의 징역에 처한다고 규정한 데 반해, 대한제국의 '형법대전'에서는 이 범죄들의 형량을 한결같이 교수형 아니면 무기징역 같은 극형으로 규정했다.[50] 이처럼 '형법대전'의 극형을 남겨두었을 뿐 아니라 근대형법의 원칙 중 하나인 죄형법정주의를 무시하고 조선왕조 때 사용하던 "인율비부" 조항까지 존속시킨 이유에 대해 조선총독부 사법부 장관 고쿠부 산가이(國分三亥)는 다음과 같이 언급했다.

> 이 시대에 조선의 특종 범죄로 제일 먼저 손꼽을 만한 것은 분묘에 관한 범죄라고 하는데, …… 대부분은 암장(暗葬)이다. 둘째, 분묘와 관련된 강도범을 들 수 있다. 즉, 타인의 시신 또는 유골을 파헤쳐 그 생수(生首) 또는 두골을 탈취하여 은닉하고 그 자손 또는 부형에게 통고하여

50) 각 범죄에 대해 정범(正犯)과 종범, 조력자와 수행자(隨行者), 미수범 등에 대한 형량이 각각 다르지만 여기서의 형량은 정범에 대해 규정한 형량을 의미하는 것으로 했다.

금전을 강탈하는 행위, 셋째는 과부 강탈 범죄이며 …… 넷째로 조선에 특히 많은 것은 간부간부(姦婦姦夫)가 공모하여 본남편을 살해하는 범죄이다. 내지(일본 본토-인용자)에서도 이러한 종류의 범죄가 전혀 없다고 할 수 없으나 극히 드물어 몇 년을 통하여 겨우 한 건을 헤아리기에 불과한데 조선에서는 1년에 수십 건이나 많음에 달함은 놀랄 만하다.[51]

당시 집단적 흉도가 무리를 지어 각처를 횡행하는 자가 상당히 많고 불령배가 이곳저곳에서 출몰하고 혹은 창검을 들고 인가에 돌입하거나 혹은 외딴 곳에서 행인을 습격하고 살육 겁취를 자행하고 범죄 양상이 잔인을 극함이 적지 않은 상황이었다. 이에 이들 범인에 대해 곧바로 내지(일본 본토-인용자) 형법을 적용·처벌해도 도저히 징치 목적을 달할 수 없을 것이라는 우려가 있어 잠시 동안 중형으로 이를 다스려야 일반 민중의 생명, 재산을 안전하게 할 수 있으리라는 취지였다.[52]

조선총독부는 위와 같은 잔혹 범죄, 즉 유골을 이용한 강도범, 본남편 살해범, 강도범 등으로부터 치안을 확보하고 잔인한 범죄를 근절하기 위해 대한제국 시기의 극형 조항을 유지했다는 것이다.

조선인의 법의식 측면에서 보더라도 이 범죄들에 대해서는 극형을 요구하는 것이 일반적이었다. 대한제국 시기 1901~1904년간 민인들이 법부에 올린 소장을 분석한 결과에 따르면, 총 975건 중 260건이 살인 관련 소장인데 이 중에서 가장 많은 비중을 차지하는 것은 자신의 가족·친족을 살해한 혐의를 받는 피의자들을 시급히 처결해달라

51) 司法部長官 國分三亥, 〈司法事務上より觀たる社會的事物の變遷〉, 《朝鮮彙報》, 1915년 5월호, 8~11쪽.

52) 司法部長官 國分三亥, 〈朝鮮刑事令改正の要旨〉, 《朝鮮彙報》, 1918년 1월호, 48쪽.

는 내용이다. 이는 소장 내용 중 '목숨으로 갚아야 한다(償命)'라는 개념에서도 보이듯이, 사람을 죽인 자는 반드시 죽여야 한다는 일반적인 법감정을 바탕에 깔고 있었다.[53] 판결 집행 과정에서 종신 이하의 역형으로 감면하더라도 범인에게 사형 판결을 내리라는 요구가 대부분이었다. 또, 자살로 처리된 사건에서도 자살 사망자 친족들이 한결같이 죽은 사람을 자살하게 만든 관련자들의 생명을 처단하라고 요구하고 있어, 총독부의 조치는 조선인의 법감정에도 부합하는 측면이 있었다.

그러나 이러한 '형법대전' 조항을 적용하는 것은 많은 무리를 낳았다. '형법대전'에 정해진 형은 각 죄가 사형을 법정형으로 하기 때문에 감형할 수 있는 범위가 상당히 좁고 실제 운용을 할 때도 범죄의 질과 양형의 균형을 맞추기 곤란한 문제가 자주 발생했다. 즉, 범죄 피해가 극히 경미하고 범죄수단이 매우 유치하더라도 기수범(旣遂犯)인 이상 형량을 경감해도 대개 징역 10년 이하로 처벌할 수 없었으며, 미수범이라고 해도 징역 5년 이하로 경감할 수 없었다. 이에 반해 일본 형법 규정에 의할 때는 형벌의 범위가 광범하고 기수범은 사형 또는 2년 이상의 징역, 미수범은 무기 또는 1년 이상의 징역에 처벌할 수 있으므로 범죄의 경중에 따라 그에 합당한 형벌을 결정하기 때문에 죄와 형벌에 불균형이 없도록 할 수 있었다.[54]

총독부는 이러한 이유를 들어 1917년 12월 8일 제령 제3호 '조선형사령 중 개정'으로 위의 '형법대전' 규정과 인율비부 조항을 삭제

53) 도면회, 〈해설〉, 《법부소장(法部訴狀)》 5, 규장각, 2003, 17·18쪽.

54) 司法部長官 國分三亥, 앞의 글(1918), 49~51쪽. 단, 원문에는 "기수범은 사형 또는 2년 이하의 징역"이라고 되어 있으나 그 근거가 된 통계를 살펴보고 미수범 양형과 비교해볼 때 원문은 "기수범은 사형 또는 2년 이상의 징역"의 오식으로 판단되어 고쳐 적었다.

했다.[55] 물론 총독부는 이러한 개정의 또 다른 이유로 "경무기관의 정비와 제반 제도의 개혁과 맞물려 민심이 점차 안정하고 그 이전과 같이 집단적 강도 또는 잔학수단의 살인도 사라졌기 때문"이라고 설명했다.[56] 예컨대 강도죄의 경우 1911년 범인 수가 1,219명이고 이 중 사형에 처해진 자가 62명인데, 1916년에는 각각 554명, 7명에 불과한 정도로 치안 상태가 양호해졌다고 했다.[57]

두 번째 차별 사례는, 즉결심판으로 처벌할 수 있는 행위를 일본에서보다 훨씬 다양하고 폭넓게 규정한 점이다. 이로 인해 조선인과 재조 일본인이 훨씬 더 강력한 일상적 감시망 안에 놓이게 되었다. 조선총독부는 치안 규제를 강화하기 위해 1912년 3월 25일 조선총독부령 제40호 '경찰범처벌규칙'(이하 '처벌규칙')을 공포해 4월 1일부터 시행했다. '처벌규칙'은 일본의 '경찰범처벌령'을 모방해 만든 1908년 통감부령 제44호 '경찰범처벌령'(이하 '처벌령') 규정을 확대 강화한 것이다. 따라서 '처벌령'은 식민지화 이전 재조 일본인을 대상으로 제정된 것이고, '처벌규칙'은 식민지화 이후 일본인·조선인 모두에게 적용되었기 때문에 양자의 내용을 비교해볼 필요가 있다.[58]

우선, '처벌령'에는 구류 또는 과료형 부과 대상이 79개 항목인 데 비해, '처벌규칙'에는 87개 항목으로 되어 있어 통감부 시기보다 처벌 대상이 확대되었다. 그리고 '처벌규칙' 87개 항목 중에는 '처벌령'에 없던 24개 항목이 추가되어 조선인과 재조 일본인에 대한 경찰의

55) 《조선총독부 관보》 제1603호, 1917년 12월 8일.

56) 朝鮮總督府 法務局, 앞의 책(1936), 82쪽.

57) 司法部長官 國分三亥, 앞의 글(1918), 48쪽.

58) 鈴木敬夫, 앞의 책, 77~93쪽; 국회도서관, 《통감부법령자료집(統監府法令資料集)》 중, 1973, 360·361쪽; 野村調太郎 編, 《改訂 朝鮮民刑事令》, 松山房, 1932, 41~48쪽.

감시 방향을 가늠해볼 수 있다. 경찰범을 언론·집회, 관권 도전, 위생 문란, 공공건조물·사유물 침해, 사회질서·도로교통 교란, 경제질서 교란, 부랑 행위, 무허가 의료, 맹수·가축류 방치, 방화·화재 등으로 나누고, '처벌령'에 규정되어 있던 것과 '처벌규칙'에 새로 추가된 것을 나누어보면 〈표 3〉과 같다. 언론·집회와 관권 도전 행위가 가장 많이 추가되었고, 그다음으로 사회질서·도로교통 교란, 경제질서 교란 행위가 다수 추가되었다.

'처벌규칙'은 위생과 도로교통은 물론 "불온한 행동"과 집단행동을 막기 위한 항목, 일본인과 조선인 간의 이해관계 충돌이나 언어 소통 문제에 대처하기 위한 여러 항목이 중첩된 방대한 구조를 지니고 있다. 그러한 의미에서 '처벌규칙'은 '처벌령'과 달리 식민지 지배를 위해 필요한 치안 강화와 조선인·일본인 사이의 경제·문화적 갈등에 대처하는 항목이 추가되었다고 할 수 있다. 특히 '처벌규칙'은 조선총독부의 통치 편의를 위해 매우 편리한 수단으로 활용되었다. 즉, 대한제국 시기에 제정되었던 보안법, 출판법, 신문지법 등의 치안법과는 별도로 단체 가입 권유(8호)나 문서 등의 게시·낭독·반포(20호), 관공서의 소환 불응(30호), 경찰관서의 지령이나 명령 위반(32호) 등의 행위까지 단속 대상으로 규정해, '조선형사령'만으로 단속이 불가능한 미세한 정치적·사회적 행위까지 즉결심판으로 처벌할 수 있었다.[59)]

이처럼 '처벌규칙'은 조선을 식민지로 통치하기 위한 추가 조항을 다수 담고 있었지만, 조선 사회를 일본 근대사회와 유사한 일상적 감시망 안에 가두어놓고 있었다. 즉, 구걸 행위에 대한 규제(7호), 이른바 '미신' 및 '유사종교'에 대한 규제(22호·23호), 출판물·광고 규제(13~

59) 李鍾旼, 〈輕犯罪の取締法令に見る民衆統制〉, 淺野豊美·松田利彦 編, 《植民地帝國日本の法的構造》, 信山社, 2004, 335~347쪽.

	'경찰범처벌령'에 규정된 행위	새로 추가 규정된 행위
언론·집회	-남을 유혹하는 유언비어 또는 허위 보도를 하는 자(21호) -신청하지 않은 신문, 잡지, 기타 출판물을 배부하고 그 대금을 요구하거나 또는 억지로 그 구독 신청을 강요하는 자(14호) -신청하지 않은 광고를 하고 그 대금을 요구하거나 또는 억지로 광고를 신청하도록 요구하는 자(15호) -과대 또는 허위 광고를 해서 부정한 이익을 꾀하는 자(16호)	-단체 가입을 강요하는 자(8호) -타인의 사업 또는 개인사에 관하여 신문, 잡지, 기타 출판물에 게재하지 않을 것을 약속하거나 또는 허위 사실을 게재하거나 또는 게재할 것을 약속하고 금품을 받고 그 밖의 부정한 이익을 꾀하는 자(13호) -함부로 다중을 취합하여 관공서에 청원 또는 진정을 남용하는 자(19호) -불온한 연설을 하거나 불온한 문서, 도화, 시가를 게시, 반포, 낭독하거나 큰 소리로 읊는 자(20호)
관권 도전	-관공직, 서훈, 훈작, 학위, 칭호를 조작하거나 법령이 정한 복식, 휘장을 참용(僭用)하고 혹은 이와 유사한 것을 사용하는 자(27호) -관공서에 대해 부실한 진술을 하거나 혹은 진술의 의무가 있는 자가 이유 없이 진술을 하지 않거나 또는 사정을 알고서 부실하게 대서(代書)한 자(28호) -관공서가 게시하거나 또는 관공서의 지휘에 의해 게시된 금조를 범하거나 그 설치에 관련된 표지를 훼손 또는 철거하는 자(31호)	-이유 없이 타인의 금전 거래 등에 간섭하고 또는 함부로 소송, 쟁의를 권유, 교사하고 기타 분쟁을 야기하게 할 만한 행위를 하는 자(18호) -고의로 허위 통역을 하는 자(25호) -자기 또는 타인의 업무에 관하여 관허가 있다고 사칭하는 자(26호) -본적, 주소, 씨명, 연령, 신분, 직업 등을 사칭하고 투숙 또는 승선하는 자(29호) -이유 없이 관공서의 소환에 응하지 않는 자(30호) -경찰관서에서 특별히 지령 또는 명령하는 사항에 위반하는 자(32호) -부정한 목적으로 타인을 은닉하는 자(33호)
위생 문란	-함부로 짐승 시체 또는 오염물을 내버리고 그 제거를 게을리하는 자(59호) -자기가 점유한 장소 내에서 노유의 불구 또는 질병으로 인해 구조를 요청하는 자 또는 사람의 시신, 죽은 태아가 있음을 알고 속히 경찰관 또는 그 직무를 행하는 자에게 신고하지 않는 자. 전항의 시신, 죽은 태아에 대해 경찰관 또는 그 직무를 행하는 자의 지휘 없이 그 현장을 변경하는 자(74호) -사람의 사시(死屍) 또는 사태(死胎)를 은닉하거나 다른 물건과 혼동하도록 위장하는 자(75호) -허가를 얻지 않고 사람의 사시 혹은 사태를 해부하거나 이를 보존하는 자(76호) -일정한 음식물에 다른 물질을 섞어 부정한 이익을 꾀하는 자(77호) -병폐한 금수의 육류 또는 덜 익은 과일, 부패한 음식물 등 건강을 해칠 음식물로 영리를 꾀하려고 하는 자(78호)	-매장한 말, 양, 돼지, 개 등의 시체를 파헤치는 자(79호) -굽거나 삶거나 세척하거나 가죽을 벗기지 않고 그대로 먹을 수 있는 물건에 뚜껑을 덮지 않고 상점 앞에 진열하거나 행상하는 자(80호)
	-사람이 마실 정수를 오염시키거나 사용을 방해하거나 그 수로를 막는 자(60호) -하천, 도랑 또는 하수로의 소통을 막을 수 있는 행위를 하는 자(61호) -도랑, 하수로를 훼손하거나 관서의 독촉을 받고도 그 수선 내지 준설을 소홀히 하는 자(62호)	-관서의 독촉을 받고도 굴뚝의 개조, 수선 또는 소제를 게을리하는 자(64호) -전주, 교량, 게시장 혹은 기타 다른 건조물에 함부로 말이나 소를 매어놓는 자(70호)

공공건조물·사유물 침해	-관서의 독촉을 받고도 도로 청소 또는 살수(撒水)하지 않거나 제지에 응하지 않고 결빙기에 도로에 물을 뿌리는 자(63호) -함부로 타인의 표등(標燈) 또는 사사(社寺), 도로, 공원, 기타 공중용 상등(常燈)을 끄는 자(65호) -신사(神祠), 불당, 예배소, 묘소, 비표(碑表), 형상(形像), 기타 그와 유사한 물건을 손상하는 자(66호) -함부로 타인의 가옥이나 공작물을 더럽히거나 거기에 첩지(貼紙), 장찰(張札) 등을 붙이거나 또는 타인의 표찰(標札), 초비(招碑), 매대가찰(賣貸家札), 기타 방표류(榜標類)를 더럽히거나 철거하는 자(67호) -함부로 타인의 전야(田野), 원유(園囿)에서 채소, 과일을 따거나 화훼 등을 꺾어 가져가는 자(68호) -타인이 소유 혹은 점유한 토지를 침범하여 공작물을 설치해 처마나 기둥을 내고 목축이나 경작을 하는 등 현상(現狀)에 변경을 가져올 만한 행위를 하는 자(69호) -교량 또는 제방을 훼손할 우려가 있는 장소에 배, 뗏목을 매는 자(71호) -함부로 타인이 매어놓은 우마, 기타 짐승류 또는 배, 뗏목을 풀어놓는 자(72호) -함부로 타인의 전포(田圃)를 통행하거나 거기에 우마차 등을 침입시키는 자(73호)	
사회질서·도로교통 교란	-밀매음을 하거나 매개 혹은 기거하는 자(3호) -극장, 연예장, 기타 공중이 모인 장소에서 모인 사람들을 방해하는 자(38호) -공중이 자유로 통행할 수 있는 장소에서 떠들고, 드러눕고 또는 취해서 배회하는 자(39호) -공중이 자유로 통행할 수 있는 장소에 함부로 수레, 우마나 배, 뗏목 등 물건을 두거나 또는 교통 방해가 되는 행위를 하는 자(40호) -공중이 자유로 통행할 수 있는 장소에서 위험이 발생할 우려가 있을 때 점등(點燈) 등의 예방 장치를 하는 것을 게을리하는 자(41호) -복잡한 장소에서 제지에 응하지 않고 혼란을 가중시키는 행위를 하는 자(43호) -출입이 금지된 장소에 함부로 출입하는 자(44호) -수재, 기타 사변이 일어나 제지를 받아들이지 않고 그 현장에 들어가거나 또는 그 장소에서 퇴거하지 않거나 또는 관리로부터 도와달라는 요구를 받고서도 고의로 이에 응하지 않는 자(45호) -가로에서 야간 등화하지 않고 수레 또는 우마를 사용하는 자(46호) -허가를 얻지 않고 길가나 바닷가에서 노점 등을 여는 자(47호) -제지에 응하지 않고 길가에 음식물 또는 상품을 진열하는 자(48호)	-제사, 장의, 축의 또는 그 행렬에 대해 장난하거나 방해하는 자(36호) -한밤중이나 일출 전에 함부로 가무음곡이나 떠들썩한 행위를 하여 타인의 안면을 방해하는 자(37호) -관서의 독촉을 받고도 붕괴 우려가 있는 건조물을 수선하거나 또는 무너질 우려가 있는 물건을 다시 쌓는 일을 게을리하는 자(42호) -석전(石戰)이나 기타 위험한 놀이를 하거나 또는 하게 하거나 가로에서 공기총 등을 갖고 놀거나 놀게 하는 자(50호) -전선 근처에서 종이연을 날리거나 또는 기타 전선에 장해가 될 만한 행위를 하거나 또는 하게 하는 자(49호)

	–공중의 눈에 띄는 장소에서 어깨나 몸을 드러내거나 둔부나 다리를 노출하는 등 추태를 보이는 자(56호) –길거리에서 대소변을 보거나 보게 하는 자(57호) –자기 또는 타인의 신체에 문신을 새기는 자(81호)	
경제질서 교란	–협력, 기부를 강요하고 억지로 물품 구매를 요구하며 혹은 기예를 보이거나 노동력을 공급해서 보수를 요구하는 자(5호) –이익을 취할 목적으로 억지로 물품, 입장권 등을 배부하는 자(6호) –입찰을 방해하고 공동입찰을 강요하고 낙찰인에 대해 그 사업 이익의 분배 혹은 금품을 강요하거나 또는 낙찰인에게 이유 없이 이를 받는 자(10호) –타인의 업무 또는 기타 행위에 대해 장난하거나 방해하는 자(17호) –도제, 직공, 비복, 기타 노역자 또는 피고용자 등에 대해 이유 없이 그 자유를 방해하거나 가혹한 취급을 하는 자(34호) –허가를 받지 않고 극장 등 흥행장을 여는 자(86호) –나룻배, 교량 등의 장소에서 정액 이상 통행료를 청구하거나 정액 통행료를 지불하지 않고 통행하거나 또는 이유 없이 통행을 방해하거나 배의 통행 요구에 응하지 않는 자(87호)	–함부로 시장 또는 이와 유사한 장소에서 업자의 출품 또는 입장을 강요하고 또는 물품 매매 위탁을 강요하는 자(9호) –입찰자와 공모하여 경쟁 입찰 취지에 반하는 행위를 하는 자(11호) –재물을 매매하거나 노력을 수급할 때 부당한 대가를 청구하거나 상당한 대가를 지불하지 않고 부정한 이익을 꾀하는 자(12호)
부랑 행위	–이유 없이 남의 주거 또는 보호 중인 저택, 건조물 및 선박 내에 잠복하는 자(1호) –일정한 주거 또는 생업 없이 이곳저곳 배회하는 자(2호) –이유 없이 면회를 강요하고 또는 억지, 협박 행위를 하는 자(4호) –구걸을 하거나 또는 시키는 자(7호) –함부로 타인의 신변을 가로막거나 따라다니는 자(35호)	
무허가 의료	–망령스럽게 길흉화복을 말하거나 기도, 부적, 주문 등을 하거나 또는 부적류를 수여하여 사람을 현혹시키는 행위를 하는 자(22호) –병자에 대해 금압, 기도, 부적, 주문 또는 정신요법 등을 실시하거나 신부(神符), 신수(神水) 등을 주고 의료를 방해하는 자(23호) –함부로 최면술을 실시하는 자(24호)	
맹수·가축류	–함부로 개나 기타 짐승류를 풀어놓거나 사람을 놀라게 하는 자(51호) –맹수, 광견 또는 사람을 무는 습성이 있는 짐승이나 가축을 묶어놓기를 게을리하는 자(52호) –공중의 눈에 띄는 장소에서 우마, 기타 동물을 학대하는 자(54호) –위험한 정신병자의 감호를 소홀히 하고 옥외에 배회하도록 하는 자(55호)	–투견(鬪犬) 또는 투계(鬪鷄)를 시키는 자(53호)

방화·화재	-타인의 신체나 물건에 해가 미칠 만한 장소에서 물건을 태우거나 방사(放射)하는 자(58호) -가옥, 기타 건조물 또는 인화하기 쉬운 물건의 근처 또는 산야에서 함부로 불을 피우는 자(82호) -석탄, 기타 자연발화 우려가 있는 물건의 취급을 소홀히 하는 자(83호) -함부로 총포 발사를 하거나 화약 등 폭발할 만한 물건을 가지고 장난하는 자(84호) -허가를 받지 않고 봉홧불을 제조하거나 판매하는 자(85호)	

※ 출전: 국회도서관, 《통감부법령자료집(統監府法令資料集)》 중, 1973, 360·361쪽; 野村調太郎 編, 《改訂 朝鮮民刑事令》, 松山房, 1932, 41~48쪽.

표 3. '경찰범처벌규칙' 처벌 대상

16호), 노동자나 동물 학대에 대한 규제(34호·54호) 등이 있을 뿐 아니라, 부랑자(혹은 '위험인물', 1호·2호)나 밀매음(3호), 각종 단체 행위 등으로 문제를 일으키는 자(4호)에 대한 단속 등 조선 사회를 일본과 같은 근대적 구조로 바꾸기 위한 사회통제 기능까지 있었음을 확인할 수 있다.

2) 특별 형사 입법: '조선태형령', '정치에 관한 범죄 처벌의 건'

조선총독부는 일본 형사법규의 차별적 적용 외에 조선의 상황에만 적용하기 위한 특별 형사법을 제정·실시했다. 그 첫 번째 사례로 들 수 있는 것이 1912년 3월 18일 공포된 제령 제13호 '조선태형령'이다. 이는 즉결심판에서 선고된 구류 또는 과료형을 조선인에 한해 태형으로 바꾸어 실시할 수 있다고 한 것이다.[60] 즉, 조선인에게는 다음과 같은 세 가지 경우에 정상에 따라 태형으로 바꾸어 처벌할 수 있다고 했다. 첫째, 3개월 이하의 징역 또는 구류에 처해야 할 자, 둘째, 100원 이하의 벌금 또는 과료에 처했으나 조선 내에 일정한 주소가 없거나 자산이 없다고 인정된 경우, 셋째, 100원 이하의 벌금 또는 과료를 언도받은 자가 그 언도 확정 5일 내에 완납하지 않았을 때이다. 징역, 구류 또는 벌금, 과료를 태형으로 바꿀 때는 1일 또는 1원을 태 1대로 환산했다.[61]

태형은 조선시대 이래 조선인에게 익숙한 형벌이었다. 1908년 편찬된 《증보문헌비고》의 〈형고(刑考)〉를 보면 조선시대에 태형·장형에 처해야 할 범죄 종목이 832개, 유형·도형에 처해야 할 범죄 종목이 841개에 달했다.[62] 1894년 형벌 개혁 과정에서도 태형은 폐지되지 않고 장형과 통합되었으며, 유형·도형을 역형으로 통합하고 역형 1년 이상에는 태형을 병과했으므로 앞의 《증보문헌비고》〈형고〉의 유형·도형에 해당하는 범죄에 모두 태형을 부과했다고 할 수 있다. 따라서 태형을 부과할 수 있는 범죄 종목은 위의 두 종류를 합친 총 1,673개나 된다.

이후 1905년 5월 공포·시행된 '형법대전'에서는 역형 1년 이상에 태형을 병과하던 조항은 삭제되었으나 태형에 처하는 범죄 항목이 200개를 넘으며, 1908년 통감부 시기에 개정된 '형법대전'에도 태형 적용 조항이 백수십 개를 헤아린다. 태형 대신 속전(贖錢)을 받는 제도가 있었으나 가난한 민인들은 속전을 내기 어려워 태형을 감내했

---

60) '조선태형령'에 대한 연구는 태형 실시 배경과 상황, 식민지 통치수단으로서의 효과 등에 관해 많은 사실이 밝혀져 있다. 이 연구들은 대체로 일제의 야만적 차별정책이라는 관점 또는 식민지형 사법제도라는 관점에서 이루어져왔다. 전자는 문정창, 《군국일본조선강점36년사(軍國日本朝鮮强占三十六年史)》 상, 백문당, 1965, 81~84쪽; 김용덕, 〈3·1운동 이전의 태형〉, 동아일보사 편, 《3·1운동 50주년 기념논집》, 동아일보사, 1969 참조. 후자는 문준영, 앞의 글; 염복규, 〈1910년대 일제의 태형제도 시행과 운영〉, 《역사와 현실》 53, 2004 참조. 여기서는 이를 조선시대 이래의 태형 운영 구조, 일본 본국의 빈약한 재정 상황 및 식민지 통치정책과 연관시켜 검토한다.

61) 제령 제13호 〈조선태형령〉, 《조선총독부 관보》, 1912년 3월 18일자(호외).

62) 심재우, 〈《심리록》 연구-정조 대 사형범죄 처벌과 사회통제의 변화〉, 서울대 박사학위논문, 2005, 44쪽.

다. 이뿐만 아니라 갑오개혁 이래 민형사재판에서 신문할 때 사실을 진술하지 않는 피고에게 추(箠, 작은 태笞)와 가죽채찍으로 고신을 가할 수 있었으므로[63] 민사든 형사든 피고인은 일상적으로 태형에 노출되어 있었다.

그렇다면 일본 통치하 조선인에게만 실시된 태형은 대한제국 시기에 일상적이었던 태형과 어떤 차이가 있었을까? 우선, 태형은 십자형 형틀에 눕혀 태로 볼기를 치는 방법으로 16세 이상 60세 이하 남자에게만 하루 1회 30대까지 집행하도록 규정했다는 점에서[64] 1일 태형 도수 제한이 없었던 대한제국 시기에 비해 강도가 약화되었다. 태의 규격 면에서는 대한제국 시기의 태에 비해 길이가 3척 5촌(약 105센티미터)에서 1척 8촌(54센티미터)으로 줄고 무게도 30돈(약 102그램)에 불과했지만, 타격부 끝의 폭은 2푼 7리(0.81센티미터)에서 7푼(2.1센티미터)으로 넓어졌다.[65]

조선총독부가 조선인에게만 태형을 실시한 이유는 조선인 죄수 대부분이 영예심이나 수치 관념이 없는 열등한 자들이라 구류와 같은 자유형으로는 형벌 집행 효과를 볼 수 없었기 때문이라고 했다.

> 교육을 못 받은 죄수 대부분은 영예심이나 수치 관념이 없는 열등자이기 때문에 이 같은 범인에 대해 단기 자유형을 부과하더라도 완전히 행형의 효과를 거두기 어려움은 명백하다. 이들 범인에 대해 효과가 있는 형벌을 찾으려면 오로지 본 제도의 채용이 있을 뿐이다. 왜 그런가?

---

63) 법률 제3호 〈형법대전〉 제100조, 제121조, 《구한국 관보》, 1905년 5월 29일자.

64) 제령 제13호 〈조선태형령〉 제5조, 제6조, 제7조.

65) 〈형법대전〉 제98조 및 〈笞刑に就て〉(承前完), 《朝鮮彙報》, 1917년 11월호, 84쪽. 여기서 타격부란, 대한제국 시기에는 태 단면의 지름을, 일제 시기에는 폭을 말하는 것으로 다소 차이가 있을 수 있다.

정신적 고통을 늦게 느끼는 자에게는 신속히 고통을 실감할 수 있는 체형을 과하는 방법밖에 없다.[66]

그러나 이보다 더 중요한 이유는 그들 스스로 밝히고 있듯이, "감옥에서 행형비의 절약 및 구금 밀도의 완화"를 위한 것이었다. 조선총독부 측 계산에 따르면, 감옥시설을 늘리지 않은 상태에서 재판사건 및 즉결사건에 태형을 적용한 결과 행형비 절약액은 1914~1916년 3개년 평균액이 50만 3,677원 38전으로, 같은 3개년 평균 감옥비 124만 6,615원의 40.4%에 해당했다. 만일 태형을 실시하지 않고 노역장 유치를 위해 이들을 감옥에 구금하려면 감옥 11개소를 신설해야 하며 그 비용은 최소한 275만 원이 될 것으로 추산되었다.[67]

따라서 조선총독부는 되도록 징역형이나 금고·구류형보다 태형으로 환형하는 것을 선호했다. 이는 1915년 6월 데라우치 총독이 사법관회의에서 훈시한 내용을 통해서도 확인된다. 그는 옥사 설비를 개선하고 죄수를 범죄의 질과 종류에 따라 엄정하게 분리 수용하는 것이 필요하지만, 재정 관계상 갑자기 옥사를 증축·신설할 수 없으므로 금고나 징역형 같은 자유형을 부과할 때 그 효과에 유의해 가능하면 단기 자유형이 아니라 태형을 실시할 것을 간접적으로 지시하고 있다.[68]

태형을 실시할 수 있는 영역은 엄청나게 넓었다. 대한제국 시기에 제정되었으나 일본 통치하에서도 존속한 신문지법·보안법·출판법

---

66) 〈笞刑に就て〉(承前完), 《朝鮮彙報》, 1917년 11월호, 83쪽.

67) 위의 글, 81·82쪽. 275만 원은 1917년 조선총독부 경상세출 총액 3,900만 원의 7%에 해당하는 액수이며, 같은 해 재판·감옥비 274만 6,167원과 거의 비슷한 액수였다(《朝鮮總督府施政年報》, 大正 六年度, 19쪽). 당시 1910년대 조선총독부의 재정은 이같이 막대한 액수를 감내할 만큼 여유가 충분하지 않았다.

68) 〈司法官ニ對スル寺內總督訓示〉, 《朝鮮彙報》, 1915년 8월호, 8쪽.

연도	정식재판 선고					즉결심판 선고			
	사형	징역·금고·구류	벌금·과료	태형	합계	징역·금고·구류	벌금·과료	태형	합계
1911	91 (0.8)	8,580 (74.2)	484 (4.2)	2,406 (20.8)	11,561 (100)	995 (4.8)	4,728 (22.7)	15,065 (72.5)	20,788 (100)
1912	70 (0.5)	9,074 (62.1)	1,153 (7.9)	4,314 (29.5)	14,611 (100)	2,274 (6.3)	15,451 (42.7)	18,434 (51.0)	36,159 (100)
1913	53 (0.3)	10,557 (55.7)	2,120 (11.2)	6,218 (32.8)	18,943 (100)	2,569 (5.6)	23,320 (50.9)	19,959 (43.5)	45,848 (100)
1914	53 (0.3)	10,972 (54.9)	1,805 (9.0)	7,170 (35.9)	20,000 (100)	3,280 (6.7)	22,464 (46.1)	23,019 (47.2)	48,763 (100)
1915	51 (0.2)	11,725 (51.2)	2,138 (9.3)	8,997 (39.3)	22,911 (100)	4,452 (7.5)	8,187 (47.4)	26,797 (45.1)	59,436 (100)
1916	53 (0.2)	12,299 (43.3)	2,756 (9.7)	13,320 (46.9)	28,428 (100)	4,951 (6.1)	36,960 (45.6)	39,226 (48.3)	81,137 (100)

(단위: 명)

※ 출전: 〈笞刑に就て〉(司法部監獄課), 《朝鮮彙報》, 1917년 10월호, 54·55쪽.

※ 정식재판 선고에서 벌금·과료 인원은 제1심 판결 선고 결과이며, 정식재판에서 1912년 3월 31일까지의 태형은 대한제국 《형법대전》에 의한 것이다.

※ 괄호 안은 백분율이다.

표 4. 1911~1916년 정식재판 및 즉결심판 집행 형벌과 인원

등의 법률, '조선형사령'에 의용된 일본 형사법, 삼림령 등의 제령, 경찰범처벌규칙·도로취체규칙·하차(荷車)취체규칙 등의 '조선총독부령', 요리옥음식점영업취체규칙·숙옥(宿屋)영업취체규칙 등 '경무총감부령' 등에는 3개월 이하의 징역 또는 구류, 100원 이하의 벌금·과료에 처할 수 있는 항목이 부지기수였다. 물론 이 모든 항목을 일본이 태형으로 바꾸어 집행하지는 않았다.

1910년대 태형이 전체 형벌에서 차지하는 비중을 정식재판과 즉결심판으로 나누어 보면 〈표 4〉와 같다.

우선, 정식재판에서는 징역·금고·구류형의 비율이 1911년 74.2%, 1912년 62.1%로 과반을 차지하지만 시간이 갈수록 감소해 1916년 무렵에는 43.3%로 감소했다. 반면, 태형의 비율은 초기의 20.8%에서 점증해 1916년 말에는 46.9%로 징역, 금고, 구류의 비율과 맞먹는다.

이에 비해 즉결심판 집행 결과는 태형의 비중이 크게 줄어들었다. 즉결심판에서는 1911년 태형이 압도적으로 72.5%를 차지하다가 1912년부터 51%로 감소하기 시작해 1916년까지 45% 전후에 머물고 있다. 이와 아울러 주목할 것은 벌금·과료형이 정식재판에서는 1910년대 내내 10% 미만을 차지한 데 비해 즉결심판에서는 같은 기간 40~50%를 점한다는 점, 징역·금고·구류의 비중은 이와 달리 7%를 넘지 않는다는 점이다. 이를 보면 즉결심판을 담당한 헌병경찰이 조선인에게 태형만 집중적으로 집행했다고 보기는 어렵다. 즉결심판 중 40~50%가 벌금·과료형을 받았기 때문이다.

그렇다면 태형 집행을 범죄 종류별로 검토해보면 어떻게 될까? 〈표 5〉는 1915~1916년 2년간 정식재판과 즉결심판으로 태형을 집행한 인원을 범죄 종류별로 분류한 결과이다.

정식재판에서 태형 처벌이 가장 많이 집행된 범죄는 절도·강도, 도박·부첨(富籤), 사기공갈·횡령, 살인·상해 등의 형법 위반죄이고, 그 다음으로 많은 것이 삼림령과 조선광업법 위반 등 특별법 위반죄이다. 특별법 위반죄를 제외하고는 이 범죄들은 대한제국 시기 범죄 양상과 큰 차이가 나지 않는다. 1895~1908년간 서울의 범죄 양상을 형명부를 바탕으로 분석한 결과에 따르면 범죄 빈도가 절도죄(35.6%), 강도죄(10%), 폭행·살인죄(8.3%), 아편·도박죄(6.3%), 사기공갈죄(5.5%) 순으로 나타난다.[69]

그러나 즉결심판에서는 조금 상황이 달라졌다. 태형이 도박·부첨

	정식재판		즉결재판	
	1915년	1916년	1915년	1916년
공무집행 방해·도주·범인 은닉	29	35		
소요·방화·실화	177	109		
수리범(水利犯)·왕래 방해·주거 침해	87	155		
아편죄·음료수에 관한 죄	45	90		
화폐·문서 등 위조	71	77	1	
위증·무고	65	83		
외설·간음	81	104		
도박·부첨	1,496	3,188	20,225	29,587
예배소·분묘	70	64		
독직	31	33		
살인·상해	1,342	1,830	372	364
유기·감금·협박·유괴	94	161		
명예·신용	18	20		
절도·강도	2,718	4,081		
사기공갈·횡령	1,321	1,844		
장물 훼기·은닉	161	267		
기타('형법대전'상의 범죄)				
삼림령	966	575	1,151	3,252
도수규칙		32	1,382	1,244
경찰범처벌규칙	4	25	1,243	1,665
묘지화장장매장급화장취체규칙	13	24	716	783
수렵규칙			223	240
민적법	4	5	215	299
도로취체규칙			152	154
조선광업법		330		144
도량형법규	17	108	60	63
의사·의생(醫生)규칙			65	129
기타	189	37	1,091	1,801
총계	**8,999**	**13,277**	**26,896**	**39,725**

(단위: 명)

※ 출전: 司法部監獄課, 〈笞刑に就て〉, 《朝鮮彙報》, 1917년 10월호, 57·58쪽.

표 5. 태형 집행 범죄 종류별 비교

죄,[70] 삼림령, 경찰범처벌규칙, 도수(屠獸)규칙, 묘지화장장매장급화장취체규칙(墓地火葬場埋葬及火葬取締規則) 순으로 집행되었다. 그중에서도 도박·부첨죄는 가히 압도적으로 많아 1915~1916년간 즉결심판 태형 집행 범죄의 75%를 차지하고 있다. 이어서 삼림령이 평균 6.2%, 경찰범처벌규칙 4.4%, 도수규칙 4.1%, 묘지화장장매장급화장취체규칙 2.4% 정도이다. 즉, 태형이 가장 많이 선고된 범죄는 대한제국 시기부터 문제시되어왔던 도박죄였다. 그리고 나머지는 병탄 이후 조선총독부가 조선 사회의 민도와 치안을 끌어올린다고 강요했던 제반 법령, 즉 삼림령, 경찰범처벌규칙, 도수규칙, 묘지화장장매장급화장취체규칙 등의 위반죄였다. 그럼에도 불구하고 태형은 조선인들에게 일상적 감시와 간섭, 폭력으로 인식되었기에 3·1운동 이후 여론조사에서 태형이 불평 사항으로 제기되었던 것이다.[71]

조선총독부가 조선의 상황에 적용하기 위해 제정한 또 하나의 특별 형사 입법은 제령 제7호 '정치에 관한 범죄 처벌의 건'이다. 이는 1919년 3·1운동 직후 관련 조선인들을 신속하게 처벌하기 위해 1919년 4월 15일 제정한 것이다. 3·1운동 직후 만세시위와 관련된 조선인들을 대한제국 시기의 보안법 등으로 처벌해왔으나, 보안법은 규정이 불비해 이와 같은 운동을 진압하기에 적당하지 않아서 제령 제7호를 새롭게 공포한 것이었다.[72] 그것은 "정치의 변혁을 목적으로 하여 다수가 공동으로 안녕질서를 방해하거나 방해하려고 한 자는 10

69) 도면회, 〈1895~1908년간 서울의 범죄 양상과 정부의 형사정책〉, 《역사와 현실》 74, 2009, 497~503쪽.

70) 부첨죄(富籤罪)란 오늘날의 경품권을 발매 또는 중개, 수수한 죄를 말한다.

71) 도면회, 〈3·1운동 원인론에 관한 성찰과 제언〉, 《역사와 현실》 109, 2018, 478쪽.

72) 장신, 〈삼일운동과 조선총독부의 사법 대응〉, 《역사문제연구》 18, 2007, 149~151쪽.

년 이하의 징역 또는 금고"에 처할 것을 규정했다. 단, 일본 형법 제2편 제2장의 규정(내란에 관한 죄)에 해당하는 때에는 적용하지 않았다(동법 제1조). 특히 "본령은 일본 이외의 지역에서 제1조의 죄를 범한 제국 신민에게도 적용"한다고 해 외국에서 독립운동을 하는 조선인에게도 적용할 것을 분명히 했다(동법 제3조).

보안법과 비교하면 제령 제7호의 법적 특성을 잘 파악할 수 있다. 보안법 제7조는 "정치에 관하여 불온한 언동과 동작 또는 행위, 타인의 행위에 간섭하여 치안을 방해한 자는 50대 이상의 태형, 20개월 이하의 금옥 또는 2개년 이하의 징역"에 처하도록 했다. 이에 비해 제령 제7호 제1조는 10년 이하의 징역 또는 금고에 처한다고 하여 형량을 대폭 강화했다. 이뿐만 아니라 이 제령은 "방해한 자"와 함께 "방해하려는 자"까지 처벌할 수 있는 법적 근거를 마련했다. 즉, 구체적 행위와 결과가 없어도 조선총독부가 판단할 때 '의도(예비, 음모)'만 있어도 처벌할 수 있도록 한 것이다.

이처럼 조선인의 만세시위를 시급히 진압하기 위해 제정되었지만, 제령 제7호는 조선총독부의 기대에 부응하지 못했다. 일선 경찰서에서 3·1운동 피검자 1만 9,000여 명을 검사국으로 송치하는 과정을 분석한 결과 70%에 가까운 인원이 보안법 위반으로 송치되었고, 24%가 소요죄 위반 혐의를 받았다. 3·1운동 대응책으로 제정된 제령 제7호 위반죄로 송치된 비율은 6.2%에 불과했다.

제령 제7호가 의도한 것만큼 위력을 발휘하지 못한 이유는 그 범죄 구성요건이 보안법과 동일했기 때문이다. 범죄 구성요건이 동일하면 당시 형법 제6조에 의해 "범죄 후 법률에 의해 형량 변경이 있을 경우" 둘 중 가벼운 형량을 적용하게 되어 있었다. 따라서 제령 제7호가 제정된 1919년 4월 15일 이전에 발생한 시위나 행위는 보안법

을 적용해 처벌할 수밖에 없었다.[73]

차별의 약화와 억압의 강화

1910년대 일본은 한국을 병탄하고 한국인을 일본 국민으로 편입했음에도 불구하고 전면적인 동화정책을 실시하지 않았다. 헌법을 실시하지도 않았으며 법률 대신 '제령'이라는 법령을 제정·실시했다. 제령은 일본 현행 법령을 의용하거나 조선의 사정에 맞추어 일본 법령을 부분적으로 변용한 형태로 실시되었다.

형사재판 분야 역시 법제적 측면에서는 동화주의를 표방하면서도 조선의 특수성을 반영한 차별정책을 실시했는데, 이러한 차별은 그들의 표현에 따르면 항상 "동화를 위한" 기초 전략이었다. 즉, 1910년대 조선인은 대한제국 시기의 극형 존속과 경찰범 대상의 확대 등을 제외하면 형사법에서는 일본인과 거의 동일한 법령을 적용받았던 반면, 형사재판 절차상으로는 본토의 일본인에 비해 매우 차별적인 대우를 받았다. 이는 조선인에 대한 헌병경찰의 자의적인 즉결심판, 태형의 적용, 헌병경찰에 대한 사법권 부여와 예심제도의 변용, 변호인의 조력을 받을 권리 제한, 상소권 제한 등으로 나타났다.

이러한 차별 속에서도 3·1운동 시기에 체포된 종교계 대표 48인에 대한 재판은 형사소송법에 규정된 절차에 따라 진행되고 양형도 일본 형법 또는 대한제국 시기의 보안법 등에 의해 이루어졌다. 또한 만세 시위 과정에서 체포되어 유죄 판결을 받은 7,800여 명 중에도 5년 이

73) 위의 글, 153쪽.

상 징역형을 받은 사람은 69명으로 전체의 0.9%밖에 안 되고, 나머지 거의 대부분은 2년 이하 징역 또는 태형 선고를 받았다. 그런 면에서 1910년대 조선의 형사재판제도는 법치주의의 외형을 띠었다고 할 수 있다.

3·1운동 이후 일본의 조선 통치정책은 '문화정치'로 전환되었다. 1919년 9월 신임 총독으로 부임한 사이토 마코토(齋藤實)는 조선인에게 일본 본토인과 같은 수준의 생활을 누리게 해주는 내지연장주의를 실시한다고 했다. 이에 따라 태형제도와 헌병경찰제도를 폐지하고 문민경찰제도를 도입하는 등 차별을 약화시키기는 했지만 형사재판 측면에서는 억압이 강화되었다.

1922년 일본에서 형사소송법을 전면 개정함에 따라 조선총독부도 '조선형사령'을 대폭 개정해 1924년 1월 1일부터 시행했다. 개정된 '조선형사령'은 검사의 피의자 구류 기간을 20일에서 10일로, 사법경찰관의 유치 기간을 14일에서 10일로 단축하는 등 개선 사항이 있었다. 그러나 개정된 일본 형사소송법에서 예심에서의 미결 구류 기간을 2개월로 하고 1개월마다 갱신할 수 있었던 데 비해, 개정 '조선형사령'에서는 예심에서의 구류 기간이 3개월이고 2개월마다 갱신할 수 있었다. 조선총독부 검찰은 이를 이용해, 피의자에 대한 예심을 청구한 후 장기간 미결 구류 상태로 둔 채 예심판사를 통해 숱한 고문을 가해 유죄 증거를 수집할 수 있었다. 또한, 일본과 달리 조선에서는 수사기관이 작성한 조서에 절대적 증거 능력을 부여했기 때문에 조선총독부 경찰은 피의자의 자백을 받아내기 위해 무자비한 고문을 자행했다.[74]

---

74) 문준영, 《법원과 검찰의 탄생》, 역사비평사, 2010, 587·588쪽.

'조선형사령'과 함께 식민지 조선의 치안을 담당한 주요 법령으로서 1925년 5월 8일 일본국 칙령 제175호로 치안유지법이 공포되었다. 일본은 치안유지법을 일본, 조선, 타이완, 사할린 등 일본제국 전체에 시행했다. 동법 제1조는 "국체를 변혁하거나 사유재산제도를 부인하는 것을 목적으로 결사를 조직하고, 또는 그 정(情)을 알고 이에 가입한 자는 10년 이하의 징역 또는 금고에 처한다"고 규정했다. '국체 변혁' 행위에는 천황제 통치체제를 공화국이나 사회주의 국가로 바꾸려고 하는 행위를 비롯해 조선의 독립을 꾀하는 행위도 포함되었다. '사유재산제도의 부인'은 전면적 공산주의 혁명은 물론, 사유재산제도를 위태롭게 할 부정적 행위 일반도 포함했다. 따라서 치안유지법이 주로 겨냥한 대상은 무정부주의와 공산주의, 그리고 식민지의 민족해방운동이었다.[75]

치안유지법을 적용하는 과정에서 빼놓을 수 없는 정책 시행의 초점은 전향의 강제와 결부되어 있었다. 치안유지법은 전향제도와 결부됨으로써 행위에 대한 통제에서 사상에 대한 통제로 비약했다. 초기에는 치안유지법에 위해되는 행동의 포기에만 그쳤다가 사상의 형식적 포기를 강요했고, 1936년 제정·공포된 '사상범보호관찰법' 단계에 이르면 사상의 실질적 포기와 일본 정신의 체득을 강요하는 단계로까지 나아갔다.

일본에서 사상범보호관찰법이 시행된 지 6개월 후인 1936년 12월 12일 조선총독부는 '조선사상범보호관찰령'을 제정·시행했다. 전향

---

75) '치안유지법'은 일본제국 전역에 걸쳐 시행되었는데 조선에서는 사회주의는 물론 독립운동에까지 전방위적으로 적용되었고 일본과 달리 사형 집행까지 실시되었다. 이러한 차별적 적용 측면에 대해서는 장신, 〈1920년대 민족해방운동과 치안유지법〉, 《학림》 19, 1998; 미즈노 나오키(水野直樹) 지음, 이영록 옮김, 〈조선에 있어서 치안유지법체제의 식민지적 성격〉, 《법사학연구》 26, 2002 참조.

을 강제하기 위해 일본에서보다 훨씬 혹독한 고문과 인권 유린이 자행되었고, 그 과정에서 수많은 민족운동가가 옥사하거나 반신불수가 되었다.[76]

따라서 3·1운동 이후 일본이 조선에도 언론·출판·집회·결사의 자유를 허용하고 본토의 형사법을 거의 동일하게 적용하는 것으로 개선했지만, 그러한 자유와 개선은 '조선형사령' 개정과 치안유지법에 의해 걸핏하면 억압되었다. 이러한 일본의 억압은 1931년 이후 만주 침략, 1937년 중일전쟁 도발, 1941년 아시아태평양전쟁 도발 등으로 더욱 강화되어갔다.

---

76) 한인섭, 〈치안유지법과 식민지 통제 법령의 전개〉, 《박병호교수환갑기념 II: 한국법사학논총》, 박영사, 1991.

3장

'무단정치기' 조선의 헌병경찰과 위생행정

마쓰다 도시히코

식민통치와 위생정책

일본 다큐멘터리 작가 우시야마 준이치(牛山純一)가 제작한 〈그 눈물을 잊지 말자! 일본이 조선을 지배한 36년간(あの涙を忘れない! 日本が朝鮮を支配した36年間)〉(1989)이라는 다큐멘터리가 있다. 3·1운동에 참가한 경기도 화성군 주민들의 인터뷰로 구성된 이 다큐멘터리는 3·1운동에 이르는 1910년대 '무단정치기'의 일본 지배에 관한 귀중한 증언들을 담고 있다. 그 가운데 주재소 순사가 엄격한 '청결 검사'에서 먼지가 남았다든가 변소가 더럽다는 이유로 닥치는 대로 조선인들의 빰을 때린 일, 순사가 청결 검사를 나오면 무서워서 숨도 제대로 쉬지 못했다는 증언이 있다.[1] 실제로도 번잡한 위생행정을 포함한 일상생활에 대한 간섭이 민중의 불만을 낳았고 3·1운동의 규모를 키운 하나의 요인이었다는 사실은 조선헌병대와 중의원 의원들도 인지하는 바였다.[2]

이 글에서는 1910년대 '무단정치기'에 헌병경찰의 위생행정이 지역사회에 어떻게 침투했는지를 밝히고자 한다. 특히 헌병경찰의 주도 아래 주로 면 단위에 조직된 위생조합 단체를 주목할 것이다.

메이지유신 이후 일본이 근대화와 제국주의의 길을 걷기 시작한 19세기 후반, 의학계에서는 세균이 감염증의 원인임이 규명되었고, 이에 따라 각종 감염증을 일으키는 원인균의 조사가 한창이었다. 세균설의 확립은 근대국가의 통치 및 식민지 지배의 형태에도 영향을 끼쳤다. 감염증 방지는 단순히 개인의 신체 관리만으로는 불가능하며, 세균의 만연을 막기 위한 집단적인 대책이 필요하다는 점이 밝혀졌기 때문이다. 그 결과 위생은 개인적 양생의 차원을 넘어서 민중의 일상생활에 국가적 관리가 파고드는 계기를 제공했다. 집단적으로 감염을 예방하거나 그 확대를 막는 것에 목적을 둔 위생조합은 근대적 국가 관리와 공중위생의 관계를 상징했다.

일본에서는 1887년 전염병 예방법에 따라 위생조합이 공인되었고, 조선에서도 강제병합 이전에 일본인 거류지 등에서 위생조합이 만들어졌다. 강제병합 이후 1915년 전염병 예방법을 통해 법적 근거가 마련되었고, 1910년대 중반에는 위생조합의 수가 약 500개에 달했다.

지금까지 식민지 조선의 위생조합을 본격적으로 다룬 연구는 없었다. 하지만 최근 여러 제국주의 국가의 식민지 통치에서 의료·위생정

---

1) 우시야마 준이치 감독, 〈그 눈물을 잊지 말자! 일본이 조선을 지배한 36년간〉(1989년 8월 14일. TV아사히 방영)에 수록된 우인환의 인터뷰. 폭력을 행한 사람은 화수리 주재소 순사 가와바타 도요타로(川端豊太郎)였다고 한다. 가쿠타(角田), 〈가와바타 순사의 절필(川端巡査の絶筆)〉(《조선공론》 제7권 제5호, 1919년 5월)을 통해 가와바타가 3·1운동 때 사망한 사실이 확인되므로, 위 인터뷰 내용은 3·1운동 이전의 상황을 전하는 것임에 틀림없다.

2) 朝鮮憲兵隊司令部 編, 《朝鮮騷擾事件概況》(1919), 嚴南堂書店, 1969(복각판), 76쪽; 《요미우리신문(讀賣新聞)》, 1919년 4월 18일자, 모리야 고노스케(守屋此助, 헌정회 소속 중의원 의원)의 담화.

책이 현지 사회와의 중요한 통로 구실을 했다는 사실이 새롭게 주목 받고 있다.[3] 일제의 조선 지배에 관해서도 식민지 통치와 위생사업을 둘러싼 중요한 논점이 제기된 바 있다. 선행 연구에 따르면 일본은 식민지 조선에 서양의학을 보급하면서 전통적인 한의학을 주변으로 밀어냈다.[4] 그럼에도 불구하고 병원과 의사 등 의료자원은 특히 농촌부에서 부족 현상을 겪었으며, 일본 본국과도 커다란 격차를 보였다.[5]

서양식 의료시설이 지역사회에 충분히 보급되지 못했다는 사실은 식민지 조선의 의료·위생정책이 지닌 중요한 특징 중 하나임에 틀림없다. 하지만 조선 민중이 근대적 의료에서 소외되었다는 점만으로는 앞서 소개한 것처럼 왜 식민지 위생정책에 대해 민중이 불만을 가졌는지 설명할 수 없다. 이런 물음을 통해 분명해지듯이, 근대적 의료 설비 및 자원의 보급이 충분치 못했기 때문에 식민지 권력은 강제적으로라도 사회 말단까지 감염증 예방을 부담시켰다는 점에도 주의를 기울일 필요가 있다. 그러나 자료가 많지 않은 가운데 지역사회를 중심으로 위생정책의 구체적인 전개 과정을 고찰하는 연구는 부진을 면하지 못하고 있다. 이러한 와중에 박윤재는《한국 근대의학의 기원》을 통해 식민지 의료제도의 형성 과정을 꼼꼼히 추적하고 조선총독부의 의료·위생정책에 대한 조선인 사회의 반응을 소개함으로써 이 분야의 연구 수준을 크게 향상시켰다. 경찰이 주도한 위생정책에서 조선인 주민들의 동의는 뒷전이었다는 박윤재의 지적에 필자도

---

3) 飯島涉·脇村孝平,〈近代アジアにおける帝国主義と医療·公衆衛生〉, 見市雅俊ほか 編,《疾病·開発帝国医療: アジアにおける病気と医療の歴史学》, 東京大学出版会, 2001; 飯島涉,《マラリアと帝国: 植民地医学と東アジアの広域秩序》, 東京大学出版会, 2005 등을 참조.

4) 신동원,〈1910년대 일제의 보건의료정책: 한의학정책을 중심으로〉,《한국문화》제30집, 2002.

5) 松本武祝,〈植民地期朝鮮農村における衛生·医療事業の展開:〈植民地的近代性〉に関する試論〉,《商経論叢》第34巻 第4号, 1999; 박윤재,〈조선총독부의 지방 의료정책과 의료소비〉,《역사문제연구》제21집, 2009.

동감하는 바이다.[6)]

박윤재의 연구 성과를 참조하면서 이 글에서는 주로 경찰 측 자료를 이용하여 위생조합을 분석하고 조선의 지역사회에서 위생정책이 어떻게 펼쳐졌는가를 살펴볼 것이다. 그리고 이를 통해 박윤재의 연구에서 상세히 다루어지지 못한 1910년대 위생정책의 시기별 전개 과정을 검토하고, 지방행정기관과의 관계에 대해서도 분석할 것이다.

1. 한일강제병합 이전의 위생사업과 주민의 조직화

1) 경찰조직의 세 계통과 위생사업

개항 이래 조선에서 일본의 세력 확장은 영사관, 군(헌병), 일본인 고문 등 여러 갈래를 통해 이루어졌다. 위생사업을 담당한 경찰기관 또한 여럿 존재하여 러일전쟁 때에는 이 경찰기관들 사이에 이합집산과 주도권 경쟁이 벌어졌다.[7)]

〈표 1〉에 따라 정리하자면 우선 한국 정부의 기관인 경찰이 있다(이하 '한국경찰'). 갑오개혁 이후 한국경찰은 근대화를 도모했지만 러일전쟁을 거치면서 일본인 고문과 차관 들에게 점차 실권을 빼앗겼다. 일본은 1880년부터 조선에 자국 경찰기관인 외무성 계통의 영사관 경찰을 설치했다. 영사관 경찰은 청일전쟁부터 러일전쟁 시기까지 약 130명의 규모를 유지했다. 1905년 을사협약에 따라 통감부(統

6) 박윤재, 《한국 근대의학의 기원》, 혜안, 2005, 355쪽. 그 밖의 위생경찰에 관한 연구로 정근식, 〈식민지 위생경찰의 형성과 변화, 그리고 유산〉, 《사회와 역사》 제90집, 2011; 金穎穗, 〈朝鮮1911年: 総督府と満洲ペスト流行の脅威〉, 永島剛·市川智生·飯島渉 編, 《衛生と近代: ペスト流行にみる東アジアの統治·医療·社会》, 法政大学出版局, 2017 등이 있다.

7) 松田利彦, 《日本の朝鮮植民地支配と警察: 1905~1945年》, 校倉書房, 2009, 제1부 제1장을 참조.

한국경찰	영사관 경찰	한국 주둔 일본 헌병대
1894년 6월 갑오개혁에 따른 경무청 설치 (1904년 2월 제1차 한일협약) 1905년 2월 고문경찰 설치 (1905년 11월 제2차 한일협약)	(1876년 2월 조일수호조규) 1880년 4월 영사관 경찰 설치 1905년 12월 이사청 경찰로 개편	1896년 1월 임시헌병대 1903년 12월 한국주차헌병대로 개편 1906년 10월 제14헌병대로 개편
1907년 2월 한일경찰공조협정		1907년 10월 제14헌병대를 한국주차헌병대로 재개편/아카시 모도지로(明石元二郎) 한국주차헌병대장에 취임
(1907년 7월 제3차 한일협약) 1907년 10월 고문경찰 폐지		
1909년 7월 사법경찰권 위탁 협약		
1907년 11월 한국경찰에 이사청 경찰을 흡수		
1910년 6월 한국경찰 사무위탁에 관한 각서 통감부 경찰관서 관제(헌병경찰제도 완성)		

※ 주: 〈표 1〉에서 언급한 것 외에 조선과 국교를 맺은 구미 각국의 공동조계 및 청국 전관조계에서 각각의 치외법권 아래 경찰을 두고 있었지만, 여기에서는 생략한다.

표 1. 한일강제병합 이전 조선에서의 경찰기구 변천(1876~1910)

監府)와 이사청(理事廳)이 설치되자 영사관 경찰은 이사청으로 이관되었으며, 1907년에 한국경찰로 통합되었다. 그리고 이 문관경찰과는 별도로 일본군으로 구성된 한국 주둔 헌병대가 있었다. 1896년에 설치된 임시헌병대가 그 효시였는데, 한일강제병합 직전인 1910년 6월 한국경찰(문관경찰)이 여기에 흡수, 합병되었다. 이처럼 세 계통의 경찰조직이 최종적으로 헌병대에 통합되었고 헌병경찰제도가 생겨났다.

그러면 이 세 계통의 경찰조직에서는 각각 어떤 위생사업을 진행했을까?

먼저, 이른 시기부터 기반을 다져온 영사관 경찰을 살펴보자. 개항 초기 의료기관의 역할도 겸한 영사관은 재조 일본인 사회의 공중위생사업을 추진했는데, 이러한 활동은 부분적으로 조선인 사회와도 관련을 맺고 있었다.

우선 병원을 설립했다. 1880년을 전후해 영사관은 부속 병원을 설립해 일본에서 파견된 군의를 통해 일본인 거류지에 의료 혜택을 제공하기 시작했다. 이후 거류민에게 보조금을 지원해 이를 민간 병원으로 이관하는 역할을 담당했다. 이러한 과정은 부산, 한성, 원산, 인천의 각 공사관 및 영사관에서 대체로 동일하게 나타난다.[8]

그리고 영사관령(후에 '이사청령') 공포를 통해 거류지 내 위생사업을 추진하고자 했다. 개항 초기에는 전염병 대책 및 성병 관리 법령이 주로 눈에 띄는데, 일본 본국과 마찬가지로 전염병 대책에 관해서는 콜레라를 중심으로 소독·격리·통보 등을 규정했다.[9] 상하수도 등 기반시설을 정비해서 감염증을 예방하기보다 주민들이 지역의 위생 관리를 통해 스스로 예방하게 하고, 전염병 발생 시에는 확산 방지에 주안점을 두었다. 이를 위해 청결법(가로 및 가옥의 청소 등. 후술)과 오물 처리 법령이 마련되었다.[10]

나아가 청일전쟁 이후 거류민의 조직화가 이루어짐에 따라 부산,

8) 상세한 설명은 박윤재, 앞의 책(2005), 57~68쪽 참고.

9) 釜山領事館令, 〈コレラ予防ノ為入港船取締規則〉(1879); 釜山領事館令, 〈コレラ病予防取扱規則〉 1879. 이하 영사관령의 인용은 荻野富士夫 編,《外務省警察史》第2巻(원전은 1939년경 편집. 복각판, 不二出版, 1996), 353~357쪽; 荻野富士夫 編,《外務省警察史》第3巻, 229~364쪽; 朝鮮総督府警務総監部衛生課 編刊,《朝鮮衛生法規類集》, 1917, 416~419쪽(이하 '《朝鮮衛生法規類集》, 1917년판'으로 약칭함).

10) 釜山領事館令, 〈市街掃除規則〉(1881); 釜山領事館令, 〈清潔方取締規則〉(1891); 京城領事館令, 〈掃除規則〉(1891); 京城理事庁令, 〈除穢規則〉(1908); 京城理事庁令, 〈除穢規則施行区域〉(1908).

한성, 목포 등지에서 위생회, 위생조합의 이름을 내건 단체가 생겨났다.[11] 1895년에 만들어진 부산 거류지 위생회는 일본영사의 자문에 응해 공중위생·수축(獸畜)위생에 관한 심의 및 건의 역할을 담당했다. 부산 거류지 위생회 회장은 영사관원이, 위원은 영사관보(補)·경부·거류민회 총대(總代) 및 거류민 위생위원이 맡았다. 영사관 관계자가 대표를 맡고 영사관원·영사관 경찰관·거류민 유력자가 참가하는 형태는 다른 거류지의 위생회(위생조합)에서도 동일하게 나타났다.

이와 같은 영사관(경찰)의 의료 활동은 조선인 사회와도 일정한 관계를 맺었다. 한성공사관은 1880년 이후 조선인에게 무상으로 약을 나눠주었으며, 한성공사관이 보조금을 낸 한성병원에서는 조선인 외래환자 접수를 받았다.[12] 원산에서도 "거류민만 치료하는 것이 아니라 의술상 그들의 신용을 얻기" 위해 조선인 환자들을 적극적으로 진료했다.[13]

공중위생 활동 역시 조선인 주민이 포함되었다. 내무성 방역과장 노다 다다히로(野田忠廣)는 1904년 조선의 위생 상황을 시찰한 적이 있는데, 인천 내 "일본인 거류지의 조선인 부락에서 일본경찰의 독촉"을 받고 쓰레기 등의 오물을 치우는 광경을 보았다. 평양에서는 일본영사가 "군수 및 감리 등과의 협의를 거쳐 일본순사의 지원과 조선순사의 동원을 지시하고, 각 호에서 개인의 자금과 노력을 들여 청결법"을 실시하게 했다고 한다.[14] 물론 영사관 경찰이 거류지 외 지역에서

11) 釜山領事館令, 〈居留地衛生会規則〉(1895); 京城領事館令, 〈京城衛生会規則〉(1896); 木浦領事館令, 〈木浦日本人衛生会規則〉(1902); 釜山領事館令, 〈衛生組合規則〉(1904).

12) 〈漢城病院状況ノ件〉, 荻野編前掲, 《外務省警察史》 第3巻, 210쪽.

13) 〈海軍軍医副戸田玄雄昇等ノ議上申〉, 荻野編前掲, 《外務省警察史》 第3巻, 190쪽.

14) 野田忠廣, 〈韓国衛生状況〉(《医海時報》 539호, 742쪽; 542호, 795쪽; 544호, 835쪽).

위생사업을 시행하거나 한국경찰을 지휘하는 일은 내정간섭에 해당했다. 그러나 노다의 시찰 보고는 한국 정부의 행정 능력 결여나 조선인의 위생 관념 미발달을 누차 강조했을 뿐, 내정간섭에 관한 문제에는 신경 쓰지 않았다. '불결'한 조선인을 '청결'한 일본인이 지도해야 한다는 문명화의 논리를 식민지 시기 내내 내세웠는데, 그것은 이미 개항 이후부터 조선인 사회에 대한 개입을 정당화하는 역할을 했다.

그런데 이러한 위생사업의 성과에 영사관 경찰이 만족한 것은 아니었다. 1905년 영사관 경찰 강화를 위해 본국에서 파견된 가메야마 리헤이다(亀山理平太) 경시는 시찰 보고를 통해 "위생에 관한 경찰의 활동이 심히 유치"하다며, 전염병원의 시설이 부족한 점과 주민 개개인의 위생의식이 저급한 점을 지적했다. 그리고 "위생조합을 설치해 개인의 자영을 도모하고, 의사조합을 조직해 은폐의 악습을 잘라내는 일이 가장 시급하다"는 결론을 내렸다. 의료·위생사업을 통한 주민의 본격적인 조직화는 과제로 남겨졌다.

다음으로, 군·헌병의 의료·위생 활동을 살펴보자. 군의 독자적인 위생 활동이 활발하게 이루어지기 시작한 것은 러일전쟁 시기였다. 잘 알려진 것처럼 병사의 위생 관리를 중시했던 러일전쟁은 근대 일본의 대외전쟁 중 처음으로 전사자 수가 병사자 수를 상회한 전쟁이기도 했다. 한국주차군(1904년 3월 편성)에 의한 군사 지배 및 경찰 활동에서 실질적인 역할을 한 것은 헌병이었는데, 이들의 주요 업무에는 '군율'에 기초한 치안 유지, 군율 위반자에 대한 처분 등의 사법 처분과 함께 '위생에 관한 사항'이 포함되었다.[15)]

이처럼 러일전쟁 이후 한반도에서의 위생사업은 일본군의 건강 관

---

15) 《大谷喜久蔵日記》, 1905年 7月 4日(福井県立歴史博物館 所蔵).

리 측면에서도 중시되었다. "우리나라 사람의 세력이 나날이 증가하고 있는바 군대의 주차 및 출입 등에서 하루도 위생을 등한시해서는 안 될 것"이었다.[16] 1907년 후지타 쓰구아키라(藤田嗣章) 주차군 군의부장은 조선에 건너온 부대에 '군대 위생의 주의 사항〔軍隊衛生心得〕'을 전하면서 숙영지에서는 청결법을 시행해 배수와 쓰레기 소각에 유의할 것을 훈시했다. 이에 더해 "부락의 청결법을 지키기 위해서는 일한 관민을 권유해 위생위원을 두고, 가급적 일본인 위원에게 이를 지도시키는" 편이 좋다며 조선인을 포함한 주민 동원을 언급했다.[17] 실제로 한성, 평양, 전주 등지에서는 한국 정부 및 영사관 경찰의 위생업무를 한국주차군의 각 지역 병참사령부가 지휘했으며, 일본인과 조선인 주민에게 청결법 및 하수구 준설을 지시하기도 했다.[18]

이러한 활동에서 알 수 있듯이, 러일전쟁 시기 주차군은 군사적 색채가 짙은 조선 지배를 구상했다.[19] 그렇지만 1906년 3월 초대 한국통감으로 부임한 이토 히로부미(伊藤博文)는 주차군·헌병대를 통한 군사적 지배보다 일본인 고문을 활용해 한국경찰에 개입하는 방식을 선호했다. 다음으로, 이 고문경찰의 위생 활동을 검토해보자.

1905년 2월 경시청 제1부장 마루야마 시게토시(丸山重俊)가 한국경무고문에 취임했다. 이토 통감은 헌병의 인원과 분견소(分遣所)를

---

16) 丸山警務顧問, 〈警務改善ニ関スル状況〉, 荻野編前掲, 《外務省警察史》 第3巻, 148쪽. 참고로 같은 자료에서 진남포 영사가 "수만의 군대와 수천의 마필을 이동시킬 때 여름의 더위를 맞게 되면 전염병 및 그 외 유행성 질환의 발병률이 필연적으로 증가한다"고 논하고 있듯이, 이러한 위생 문제를 일으킨 원인은 군대의 진주 그 자체에 있기도 했다.

17) 青木袈裟美 編, 《陸軍軍医中将 藤田嗣章》, 陸軍軍医団, 1943, 80쪽.

18) 野田前掲, 〈韓国衛生状況〉, 《医海時報》 第542号, 1904年 10月 29日, 795쪽; 〈在韓林公使宛平壌新庄分館主任報告要旨〉(1905年 5月 23日), 荻野編前掲, 《外務省警察史》 第2巻, 308쪽; 〈加藤補佐官報告〉(1905年 7月 5日), 荻野編前掲, 《外務省警察史》 第3巻, 166쪽.

19) 이에 관한 상세한 연구는 松田利彦, 앞의 책, 38~42쪽 참고.

축소하는 한편, 일본인 고문을 활용해 한국경찰을 확충하는 동시에 이를 일본에 종속시키려는 계획을 가지고 있었다. 1906년과 다음 해 두 차례에 걸쳐 확장이 이루어져 일본인 경찰관 약 1,200명, 조선인 경찰관 약 1,000명이 증원된 결과 주한 일본헌병 수를 웃돌았다. 지방 경찰력의 증강은 기존 지방관을 중심으로 한 전통적 지방 지배체제를 재편하는 조선 식민지화 공작의 일환이었다. 통감부는 군수가 경찰권·재판권·징세권 등을 쥐고 있는 사실을 탐탁지 않게 여겼으며, 각각의 권한을 경무·사법·재무 고문의 관할로 옮기고자 했다.[20)]

지방에 침투하는 과정에서 고문경찰은 행정경찰로서의 직무를 크게 확대했는데, 위생사업도 그중 하나였다. 1905년 2월 경무고문은 한국 정부에 권고해 한성 시내의 청결 유지를 경시청이 담당토록 했다.[21)] 같은 해 12월 경무청령 제2호 '가로 관리규칙'을 통해 주민의 도로변 청소를 의무화했으며, 변소가 아닌 곳에서는 분뇨 배출을 금지했다. 1906년 3월에는 '임시대청결법'을 실시했다. 경무청과 한성위생회(후술)가 인부와 차량을 동원해 고문경찰관이 각 가정을 검사했다. 임시대청결법이 종료된 이후에는 경무청에 소예계(掃穢係)가 설치되었는데, 고문경찰 보조원과 조선인 순검이 쉼 없이 관내를 순시·감독했다. 한성의 고문경찰은 한국경찰관을 지휘하면서 사회의 말단에 이르기까지 위생사업을 폈던 것이다.

지방에서도 고문경찰은 지부에 내린 훈령을 통해 각 도의 관찰사 소재지에 "청결 방법의 집행을 명하고 특히 일본인 거주 지방에 이를 장려"했다. 1906년 봄, 함경북도 고문경찰(함흥 경무고문 지부)이 조선

20) 위의 책, 49~51쪽.

21) 岩井敬太郎 編, 《顧問警察小誌》, 韓国内部警務局, 1910, 226·227쪽.

분류	활동 내용	건수
도로 유지·보전	도로 수리 독촉	1,105
	도로 청소 독촉	1,027
도로 환경 정비	도로에 우차를 세우는 일 제지	928
	노상에 자갈 뿌리기 독촉	498
	오물 제거 독촉	446
	상품의 노상 배열 제지	371
	노상에 물 뿌리기 독촉	234
	적설 청소 독촉	212
	노상에 물품을 쌓는 일 제지	137
	진흙탕 청소 독촉	27
	도로의 화톳불 제지	14
위생	하수 청소·준설 독촉	1,203
	변소 설치 독촉	434
	쓰레기를 치우도록 독촉	405
	가옥 내외 청소 독촉	366
	우물 주변 청소 독촉	214
	노상 쓰레기 투기 제지	82
	동물 사체 제거 독촉	66
	하수를 파도록 독촉	24
	변소 청소 독촉	12
	음식물을 뚜껑으로 덮도록 주의	11
싸움·오락 단속	노상에서 아동의 장난 제지	232
	노상에서 아동의 유사 도박놀이 제지	116
	노상 말다툼 제지	70
경범죄 단속	길 한편에서의 방뇨 제지	408
	걸식 추방	106
	발가벗은 자를 타이름	12
방화	굴뚝 청소 독촉	36
기타	전선의 장애물 제거	16
	길 안내	8
합계		8,820

※ 주: 원전 〈표〉 합계의 오류를 정정했다.

※ 출전: 鈴木重民咸鏡北道咸興在勤警視, 〈地方状況報告〉(1906年 7月)(〈韓国ニ於テ警務顧問傭聘並同国警察制度改革一件〉 第4巻, 《外務省記録》 3-8-4-31, 外務省外交史料館 所蔵).

표 2. 함흥 경무고문 지부의 활동 상황(1906년 1~6월)

인 경찰관과 함께 관내를 순찰하면서 주민들에게 준 주의 사항을 살펴보면 〈표 2〉와 같다.

〈표 2〉를 통해 고문경찰이 사람들의 일상에 파고드는 통로로 위생 문제 및 노상 환경 정비에 커다란 비중을 두었음을 알 수 있다.[22] 그 후 1907년 정미협약에 따라 일본인이 한국 정부의 관리가 될 수 있는 길이 열리자 고문경찰은 폐지되었다. 일본인 경무국장 관할 아래 한국경찰은 일본의 조종을 받는 꼭두각시에 불과한 존재가 되었다.

2) 헌병경찰제도의 성립과 위생사업

고문경찰을 주체로 한 위생사업체제는 곧 군·헌병을 주축으로 하는 체제로 전환되었다.

1907년에 유행한 콜레라가 그 첫 번째 계기였다. 메이지시대 일본의 위생사업 역사에서도 보이듯, 콜레라의 유행으로 위생정책 및 그 담당 주체가 바뀌게 되었다. 당시의 콜레라는 9월에 의주에서 처음으로 발생했는데, 마침 황태자의 방한이 예정되어 있어서 통감부는 철저한 대책을 강구했다. 10월 4일 이토 통감은 "계엄에 가까운 정책이 불가피"[23]하다며 하세가와 요시미치(長谷川好道) 주차군사령관에게 콜레라 방역을 일임했다(실제로 평양에는 계엄령이 내려졌다). 따라서 군 주도의 방역 활동이 교통 차단, 불량 우물 폐쇄, 식품 판매 통제, 오물의 반출·소각 등 광범하게 이루어졌다.[24]

두 번째 계기는 경찰기구 전면 개편에 따라 헌병을 중심으로 한 헌

---

22) 青木編前掲, 《陸軍軍医中将 藤田嗣章》, 90쪽.

23) 상세한 내용은 정근식, 앞의 글, 227~229쪽; 박윤재, 〈한말·일제 초 한성위생회의 활동과 식민지배〉, 《서울학연구》 제22집, 2004, 69~74쪽 참조.

24) 松田利彦, 앞의 책, 51~79쪽.

병경찰제도가 창설된 일이었다. 콜레라 유행과 거의 같은 시기에 의병투쟁이 활발해지자 이토 통감은 한국헌병대를 증강해 대응하고자 했다. 더욱이 1908년 헌병보조원제도가 도입되자 헌병 수는 약 6,600명까지 급속히 늘어났다. 1910년 5월에 취임한 데라우치 마사타케(寺內正毅) 통감은 한국병합을 준비하면서 헌병을 중심으로 경찰기구의 통합을 꾀했다. 6월 '한국경찰 사무위탁에 관한 각서'를 통해 한국경찰권을 빼앗고, 이어서 '통감부 경찰관서 관제'(칙령 제296호)를 통해 헌병이 중앙과 지방의 경찰 지휘권을 독점하는 헌병경찰제도를 완성했다.[25]

이처럼 경찰기구가 개편되는 시기에 한성에서는 위생행정에 조선인을 포섭하는 주민의 조직화가 시도되었다. 1907년 10월 설립된 한성위생회를 살펴보자. 한성위생회는 내무차관(일본인)을 회장으로 추대했으며, 경무국장·주차군 군의부장·경시총감·경성이사청 이사관(모두 일본인)과 경성 거류민 대표, 한성부윤 총대가 평의원을 맡았다. 분뇨 및 쓰레기 운반, 도랑 준설, 공동변소 설치 등이 주된 사업 내용이었다. 상세한 분석은 선행 연구에 맡기고[26] 여기에서는 한성위생회가 일본인과 조선인을 조직하여 공중위생사업을 펼치는 상설 기구였으며, 조선인을 포함하는 본격적인 위생사업의 효시가 되었다는 점을 지적하는 데 그치겠다.[27]

다만 한성위생회처럼 주민을 조직화하는 경우는 예외였다. 헌병경찰제도가 창설됨에 따라 한국헌병대에 흡수된 한국경찰(문관경찰)은

---

25) 위의 책, 51~79쪽.

26) 박윤재, 앞의 글(2004), 78~82쪽; 박윤재, 앞의 책(2005), 212~225쪽. 한편, 한성위생회는 병합 후 헌병경찰이 주관하게 되었고(1911년 한성위생회 회장은 경무총장이었다), 1914년 부제(府制)가 시행되자 경성부로 이관되었다.

경무국장 마쓰이 시게루(松井茂)를 중심으로 군사적 경찰제도에 반대하며 "경찰행정의 근본 의의는 직접 민중을 기초"로 삼아야 한다고 주장했다.[28] 그러나 '민중 경찰'을 표방하던 문관경찰도 위생사업과 위생조합 설치에 관해서는 모호한 태도를 취했다. 종래 문관경찰은 평안남도 성천과 진남포, 경상북도 대구 등 일본인 집주 지역을 중심으로 위생조합을 만든 적이 있는데, 이를 그 이상 확대하는 일에는 소극적이었다. 1909년 9월 경찰부장 회의에서 위생조합에 대한 자문이 이루어졌는데, 각 도의 경찰부장들은 입을 모아 "한국의 현재 민도는 위생조합이 필요할 만큼 발전하지 못했으며 전도 역시 아직 요원하다"며 위생조합의 보급은 시기상조라고 했다. 위생조합 설치 또한 경찰서 소재지나 주요 시가지에 한정하고, 설치 방법도 강제가 아닌 임의단체로 하자는 의견이 대다수였다. 그 이유로 조선인의 '민도'와 '위생사상'을 들었다. 청결법은 일본인이 스스로를 위해 실시하는 것인 데 반해 조선인들에게는 '번거로운 일'로 여겨진다는 지적도 있었다. 그리고 격리병사나 약품이 부족한 상황에서 위생조합을 설치해본들 실효가 없을 것이라는 의견도 있었다.[29]

---

27) 다만 한성위생회가 설립되기에 앞서 한국 정부가 위생조합제도를 만든 적이 있다. 대한제국은 1899년 전염병 예방규칙(내부령 제19호)을 공포하고 법정전염병에 관한 예방규칙을 정한 적이 있는데, 콜레라(虎列拉) 예방규칙(내부령 제20호) 제2조에 "호열납(虎列拉) 발생한 시(時)는 병가(病家) 근방(近傍)의 각 가(家)에서 공동하여 좌(左)의 여방법(予防法)을 수(守)할지니 단(但) 위생조합을 설(設)한 지방에는 위생조합장이 기여(其予) 방법을 각 가에 고지할 사(事)"라는 구절이 보인다. 위생조합장이 고지한다는 예방법은 환자 집과의 교통 차단, 우물 공용 금지, 쓰레기 모으는 곳 청소, 하수구 개수, 음식물 끓여 먹기, 환자 치료, 소독 등을 가리켰다. 장티푸스(腸窒扶私) 예방규칙(내부령 제21호), 적리(赤痢) 예방규칙·디프테리아(實布垤里亜) 예방규칙(내부령 제22호), 발진티푸스(発疹窒扶私) 예방규칙(내부령 제23호), 두창(痘瘡) 예방규칙(내부령 제24호) 등에도 위생조합에 관한 동일한 조문이 있다(《관보》, 1899년 8월 31일자~9월 6일자). 일본이나 조선의 위생조합과 달리 경찰의 관할이 명시되어 있지 않은 점이 흥미롭지만, 위생조합의 실상에 관한 신문 기사 등이 거의 없기 때문에 자세한 활동 내용은 파악하기 어렵다.

28) 松井茂,《極秘 韓国警察ニ関スル意見書》, 1910年 2月, 国立公文書館 所蔵, 185쪽.

2. '무단정치기'의 위생사업

1) 헌병경찰제도와 위생사업

헌병경찰제도가 창설된 이후 위생행정의 일원화가 추진되었다. 1910년 7월 경무총장(헌병경찰조직의 최고기관인 경무총감부의 장)과 내무차관 사이에 이루어진 지방 위생사무처리에 관한 합의를 통해 경무총감부 위생과와 내무부 위생국의 담당 업무가 결정되었다. 조선총독부 개청에 따라 1910년 10월 경무총감부 사무분장 규정이 정해지고, 다음 해 4월에 개정되었는데, 이를 통해 경찰이 관장하는 위생 관련 사항이 대폭 증가했다. 1912년 해항(海港) 검역·이출우(移出牛) 검역이 내무부에서 경무총감부로 이관되면서 모든 위생업무가 경찰로 일원화되었다.[30]

이와 같은 '무단정치기' 의료·위생체제는 당시의 지방행정 전반에 대한 경찰행정 우위의 분위기를 반영하는 것이었다. 충청남도 장관 오바라 신조(小原新三)는 데라우치 총독에게 보낸 보고서를 통해 전임 도장관(박중양) 시절에 도청이 경무부를 상대로 "다른 도에 비해 정당한 권한을 방기한 부분이 많은바" 위생, 시장 관리, 시가 정리 등을 경찰관헌이 도맡아 하고 있다고 불만을 늘어놓았다.[31]

헌병경찰에 권한이 집중되었던 위생사업체제의 특징은 일본 본국과 비교해보면 더욱 뚜렷이 드러난다. 일본에서 위생사업체제 구축

---

29) 韓国内部警務局 編刊, 《韓国警察一斑》, 1910, 368~371쪽.

30) 박윤재, 앞의 책(2005), 331~336쪽; 정근식, 앞의 글, 232쪽. 위생경찰의 제도적 확립과 병행하여 의료·위생사업에 필요한 전문적 의료인으로서 군의가 투입되었다. 통감부 시절에 창설된 경찰의에는 주로 동인회 소속의 일본인 민간 의사가 동원되었지만(각주 22 참조), 강제병합이 이루어지고 얼마 지나지 않아 경찰의는 대개 군의가 겸하게 되었다(〈韓国警察と軍医〉, 《医海時報》, 838号, 1910年 7月 9日; 山根正次, 〈朝鮮の衛生現状〉(2), 《医海時報》, 1003号, 1913年 9月 13日).

은 지방행정기구 정비와 밀접한 관련이 있었다. 1878년 이른바 지방삼신법〔地方三新法, 군구정촌(郡区町村) 편제법, 부현회(府県会) 규칙, 지방세 규칙〕이 공포되었고, 이에 따라 관치적(官治的) 지방행정제도의 틀이 확립되었다. 위생행정 분야에서도 기존 지역에 근거한 위생위원을 대신해 행정당국이 강제적으로 설치한 위생조합이 지역의 기반조직이 되었고, 1887년에 전염병 예방법이 시행된 이후 위생조합 결성이 전국적으로 진행되었다.[32] 사회 말단의 감염증 예방을 비롯한 위생업무는 경찰의 몫이었지만 위생조합의 설치 및 감독은 지방행정기관에서 담당했다.

한편, 조선에서는 통감부 시기에 이토 통감이 지방제도의 개정을 구상한 적이 있으나 의병투쟁이 고양됨에 따라 진전되지 못했다. 특히 말단의 지배에 대해 통감부는 친일적 대지주를 중심으로 면제(面制)를 운용할 계획이었으나 실제로는 촌락 내 유력자를 면 행정에 동원하는 데 실패했으며, 더욱이 의병이 면장에게 자금을 요구하는 일이 빈번히 벌어지는 등 많은 과제가 산적한 상태였다.[33] 식민지에서 경찰이 광범한 지방행정사무를 끌어안게 된 요인은 이와 같은 지방행정기구의 미정비, 현지민의 저항 등이었다.[34] 경찰이 식민지 조선 위생행정의 중심이 되었다는 사실은 지금까지의 연구에서도 지적된

---

31) 寺内宛小原書簡, 1915年 5月 3日〔《寺内正毅関係文書》, 236-2, (日本)国会図書館憲政資料室所蔵〕. 당시 지방행정관과 헌병경찰관의 갈등에 관해서는 졸고, 〈朝鮮総督府初期の日本人官吏: 形成過程·構造·心性〉(《東洋文化研究(学習院大学東洋文化研究所)》 第17号, 2015年 3月, 129·130쪽) 참조.

32) 小栗史朗, 《地方衛生行政の創設過程》, 医療図書出版社, 1981, 110~120·169~182쪽.

33) 이상찬, 〈1906~1910년의 지방행정제도 변화와 지방자치 논의〉, 《한국학보》 제42호, 1986. 3, 66쪽; 윤해동, 《지배와 자치》, 역사비평사, 2006, 62~71쪽.

34) Chin-chih Chen, "Police and Community Control Systems in the Empire", R. H. Myers and M. R. Peattie eds., *The Japanese Colonial Empire*(Princeton, N.J.: Princeton University Press, 1984), pp. 227~232.

바 있으나, 거기에는 일본의 예를 따른다면 본래 위생행정을 주관해야 했을 지방행정기구가 잘 정비되지 못했다는 배경도 있었다고 생각된다.

다음으로, 이러한 체제 안에서 위생사업을 위한 주민의 조직화가 어떻게 추진되었는가를 살펴보자.

2) 위생조합의 설치

식민지 조선에 설치된 초기 위생조합의 수를 알려주는 통계 자료는 많지 않다. 여기에서는 비교적 상세한 데이터가 남아 있는 강원도 경무부와 춘천헌병대의 자료를 중심으로 위생조합의 전개를 추적해보겠다. 다음 〈표 3〉은 1913년 말로 추정되는 위생조합 일람표이다.

위생조합은 언제부터 생겨났을까? 〈표 3〉에 의거해 강원도에 총 65개가 존재했던 위생조합의 설립 시기를 구분해보면 1909년 1개, 1911년 2개, 1912년 19개, 1913년 43개가 생겨났음을 알 수 있다. 1912, 1913년 무렵에 새롭게 설치를 추진한 것으로 추정된다. 이는 아마 식민지 조선 전체의 경향과도 일치할 것이다. 경무총감부 사무분장 규정(1910년 10월 제정)은 1912년 3월 개정을 통해 처음으로 '위생조합에 관한 사항'을 규정 안에 포함시켰다. 이러한 사실들을 통해 식민지 시기 위생조합이, 앞 절에서 개관한 강제병합 이전 일본인 거류지를 중심으로 만들어진 영사관 관할의 위생회·위생조합 및 한국경찰이 설치한 소수의 위생조합과 반드시 연속성을 가지지는 않는다는 점을 추측할 수 있다(앞서 소개한 한성위생회는 강제병합 이후에도 지속된 예외적 경우이다).[35]

위생조합 설치를 주도한 것은 헌병경찰이었다. 1913년 6월에 개최된 강원도 경무기관 회의에서 강원도 경무부장(춘천헌병대장이 겸임)은

번호	조합명	관할 기관	설립 연월	조합원(민족별)		비고
				일본인	한국인	
1	춘천위생조합	춘천경찰서	1913년 8월	283	545	도살장 경영을 통한 이익으로 유지
2	금성읍위생조합	금성경찰서	1912년 6월	14	138	거출금(조합비)으로 유지
3	창도리위생조합		1912년 6월	1	130	
4	평강청결조합	평강경찰서	1913년 5월	85	193	
5	평창위생조합	평창경찰서	1913년 3월	19	160	
6	강릉위생조합	강릉경찰서	1913년 9월	97	594	
7	남이리면위생조합		1913년 7월		339	
8	남일면위생조합		1913년 7월		533	
9	덕방면위생조합		1913년 7월		467	
10	신리면위생조합		1913년 7월		762	
11	옥계면위생조합		1913년 7월		1,244	
12	북일리면위생조합		1913년 8월		502	
13	정동면위생조합		1913년 8월		645	
14	성산면위생조합		1913년 8월		823	
15	북이리면위생조합		1913년 8월		263	
16	자하곡면위생조합		1913년 8월		1,087	
17	사촌면위생조합		1913년 9월		635	도살장 경영을 통한 이익으로 유지
18	장전점위생조합	고성헌병분대	1909년 6월	36	0	
19	양원면위생조합		1913년 9월		361	
20	산남면위생조합		1913년 9월		486	
21	○○면(불명)위생조합		1913년 9월		491	
22	수동면위생조합		1913년 10월		578	
23	남면위생조합		1913년 10월	3	394	
24	임도면위생조합		1913년 10월	2	467	
25	준양위생조합회	준양헌병분대	1912년 10월	15	63	거출금으로 유지
26	통구면내위생조합		1913년 7월		968	구체적 유지 방법 없음

27	도납리위생조합	준양헌병분대	1913년 8월		79	도살장 경영을 통한 이익으로 유지
28	미휘리위생조합		1913년 6월		108	
29	하북점리위생조합		1913년 6월		139	
30	광리·무지리위생조합		1913년 6월		130	
31	장연면위생조합		1913년 6월		91	
32	상신원리위생조합		1913년 6월		111	
33	하신원리위생조합		1913년 6월		94	
34	봉현리위생조합		1913년 6월		35	
35	이천위생조합	이천헌병분견소	1913년 8월	24	468	거출금으로 유지
36	금화위생조합	금화헌병분대	1911년 8월	34	421	
37	삼척읍위생조합	삼척헌병분대	1913년 10월	36	157	
38	출성면위생조합	간성헌병분견소	1913년 11월		993	도살장 경영을 통한 이익으로 유지
39	죽도면위생조합		1913년 11월		486	
40	이지면위생조합	고성헌병분대	1913년 12월	7	430	
41	일북면위생조합		1913년 12월		437	
42	화천위생조합	화천헌병분대	1913년 2월	13	363	거출금으로 유지
43	유미리위생조합		1913년 12월		280	
44	계성리위생조합		1913년 12월		126	
45	원천리위생조합		1913년 12월		150	
46	권오지리위생조합		1913년 12월		146	
47	하군면위생조합	울진헌병분대	1911년 8월	31	414	
48	상군면위생조합		1911년 8월		601	
49	근남면위생조합		1911년 8월		1,030	
50	달화면위생조합		1911년 8월	7	1,185	
51	달남면위생조합		1911년 8월	12	66	
52	근북면위생조합		1911년 8월	15	494	
53	서면위생조합		1912년 7월	1	580	
54	북하면리위생조합	평해헌병분견소	1912년 9월		348	
55	상리면위생조합		1912년 9월		262	

56	남하면리위생조합	평해헌병분견소	1912년 9월		260	거출금으로 유지
57	남면위생조합		1912년 9월		384	
58	근서면위생조합		1912년 9월		469	
59	원서면위생조합		1912년 9월		659	
60	근북면위생조합		1912년 9월		556	
61	근원면위생조합		1912년 9월		670	
62	부론면위생조합	원주헌병분대	1913년 4월		1,035	
63	수입면위생조합	양구헌병분견소	1913년 2월			
64	동면위생조합	고성헌병분대	1913년 9월	18	504	도살장 경영을 통한 이익으로 유지
65	○○면(불명)위생조합	(불명)	(불명)		96	
합계				753	27,725	

(단위: 명)

※ 출전: 春川憲兵隊·江原道警務部, 《参考諸表》(《朝鮮駐箚憲兵隊資料》, 法政大学図書館多摩分館所蔵). 이 자료에 수록된 다른 표를 통해 1913년 말의 수치를 기록한 것으로 추정된다.

표 3. 강원도 위생조합 일람(1913년 말 추정)

인제헌병분대 안에 아직 위생조합이 설치되지 않은 점을 지적하고 다음과 같이 자신의 의견을 밝혔다.[36]

인제헌병분대장 호수가 가장 많은 곳에 우선 (위생조합을) 만들 생각

35) 한국병합 이전과 이후의 위생조합이 연속성을 지니지 않는다는 점은 다음 사례들을 통해서도 추정할 수 있다. 부산영사관이 관할했던 위생조합은 1912년 3월 종래의 영사관령 '위생조합 규칙'을 폐지했다(《조선총독부 관보》, 1912년 3월 30일자). 전주에서는 1908년 이래 선인민회(鮮人民会)가 청결비를 명목으로 의원금(義援金)을 모금했으며, 1909년에는 청결사(清潔社)를 세워 청소사업을 진행했다. 하지만 민회는 1910년 해산되었고 1912년 전주경찰서가 위생조합을 설치했다(《매일신보》, 1912년 6월 15일자). 그리고 후술하듯이 1915년 전염병 예방령에 의해 병합 이전 한국 내부·각 영사관·이사청이 명령한 전염병 예방 및 위생조합에 관한 규정은 모두 자연 소멸한 것으로 간주되었다(《朝鮮衛生法規類集》, 1917, 498쪽).

36) 《警務機関会議管内状況報告諮問摘要》(《朝鮮駐箚憲兵隊資料》 수록, 法政大学図書館多摩分館所蔵), 7~10丁.

이었습니다.

강원도 경무부장 그것은 순서를 지켜야만 하는 일인가? 분대장이나 파견소장에게 시키면 단숨에 만들어지지 않겠는가? …… 조합이 …… 필요하다면 관내 전부에 실행하면 된다. 군아(郡衙)와 협의를 정리하지 못해서 꾸물댈 일이 아니다. …… 선인(鮮人)의 조합비 징수는 군청에 기댈 수밖에 없을지도 모르겠지만, 정리하고 말 것도 없이 하겠다고 마음만 먹으면 방법은 얼마든지 있다.

도 경무부장이 자신의 의향을 헌병분대장에게 하달하는 방식으로 위생조합의 설치가 추진된 점, 그리고 지방행정관청과의 합의가 생략 가능한 것으로 여겨진 점을 위의 인용문에서 읽어낼 수 있다.[37]

〈표 3〉을 보면 위생조합이 면 단위에 42개, 리 단위에 14개, 읍 단위에 2개가 설치되었다. 대체로 면과 리가 위생조합의 설치 단위인 듯한데 실제 운용에서는 면과 리를 더욱 작은 구로 세분화하여 관리했을 것이다.[38]

---

37) 이외에도 헌병분견소나 경찰서장 등의 주장에 따라 위생조합이 설치된 사례가 보인다. 재조 일본인 개업의가 없었고 의생(醫生)의 투약도 단속 대상이었던 함경북도 종성에서는 의료에 관련해 주민들이 불편을 겪고 있었다. 이에 종성헌병분견소는 촉탁 경찰의(군의가 겸임)와 면 유력자의 협의를 주선해 위생조합을 설치했다(〈咸北鐘城に於ける衛生組合〉, 《警務彙報》, 第48号, 1913年 5月). 경상남도 거창에서는 수속 과정을 잘 몰랐던 면 직원을 대신해 헌병분대가 위생조합을 결성했다(《매일신보》, 1913년 6월 3일자). 의주위생조합의 경우 원래 의주헌병분대가 사무를 맡아보다가 학교조합장(일본인) 등에게 이관했다(《매일신보》, 1916년 4월 10일자).

38) 같은 시기의 경성·남부위생조합(조선인 주민을 조직)은 20호를 1구로 삼고 각 구에 한 명의 위원을 두었다(《매일신보》, 1913년 10월 14일자). 일본 본국에서도 20~30호를 1구로 나누고 있었으므로 이를 따른 것으로 추측된다.

통감부는 자연촌락에 기초한 구 동리의 자치 기능을 부정하고, 면을 말단의 관치행정기관으로 삼고자 했다. 한국병합 이후 '면에 관한 규정'(1910년 10월)을 통해 면의 행정기관으로서의 성격이 법제화되었다. 나아가 1914년 군·면·동·리의 통폐합에 따라 면과 리는 절반 정도의 수로 줄어들었는데, 헌병경찰 측도 지방행정구역의 개편에 대응해 관할 지역을 조정했다.[39] 위생조합을 면 단위에 설치한 것은 이와 같은 행정구획의 정리 및 경찰력에 의한 말단 행정지배의 강화와 연동하는 것이었다.

조합원의 일본인·조선인 비율을 보자. 〈표 3〉에 따르면 조선인 조합원은 약 2만 8,000명으로 일본인 조합원 753명의 약 40배에 달한다. 위생조합은 전체적으로 조선인을 방역·위생사업의 담당자로 포섭하기 위한 지역단체로서의 성격이 강했다(이는 같은 시기 지역 공공단체인 소방조(消防組)에도 동일하게 나타났다). 다만 여기에는 지역에 따른 차이가 있었으며, 일본인 집주 지역에서는 일본인이 주체가 되거나 일본인·조선인의 합동으로 이루어진 위생조합도 존재했다.[40]

마지막으로, 위생조합의 재원에 대해 살펴보자. 〈표 3〉에 따르면 강원도의 총 65개 조합 가운데 조합원의 거출금(조합비)으로 유지되는 곳이 41군데, 도살장 경영 이익금으로 운영되는 곳이 22군데이다. 거출금은 재조 일본인과 조선인을 나누고 각각의 등급을 매겨 부과되는 방법이 일반적이었던 것 같다.[41] 다만 부과금만으로는 운용이 어

39) 《朝鮮憲兵隊歷史》 第4卷(원자료 간행 연도 불명), 不二出版, 2000(복각판), 163·164쪽.

40) 재조 일본인이 위생조합 설치를 주도하고 여기에 조선인을 끌어들인 사례로 후술할 진해위생조합을 들 수 있다. 일본인·조선인 합동 발기로 설치된 위생조합으로는 황해도 사리원(《매일신보》, 1912년 5월 18일자), 평안남도 신안주(《매일신보》, 1913년 10월 30일자), 평안북도 창성(《매일신보》, 1914년 5월 22일자), 경상북도 김천(《부산일보》, 1915년 8월 27일자·10월 10일자)의 위생조합이 확인된다.

려워서 도살장이나 나룻배를 경영해 그 수익을 이용하는 조합도 많았다.[42] 당시 강원도에는 201곳의 도살장이 있었는데, 그중 12곳을 위생조합에서 경영했다.[43] 참고로 당시 강원도 위생조합에 대한 지방행정기관의 보조는 달리 없었던 것으로 짐작된다.[44]

한편, 위생조합은 1910년대 중반 이후 더욱 증가한 것으로 보인다. 1914년 9월 총독부는 각 도장관에게 관통첩 제329호 '위생조합 등 조정의 건'을 내려 위생조합(및 소방조)의 조합명·구역·재원·설치 연월을 보고하고, 이와 함께 조합원이 조선인만으로 이루어져 있는지 일본인도 포함하고 있는지 여부를 알리라고 지시했다.[45] 이후 1915년에 전염병 예방 관련 법적 근거가 마련되어 위생조합 설치에 더욱 박차를 가했다.

1915년 6월 제령 제2호 '전염병 예방령', 부령 제69호 '전염병 예방령 시행규칙'이 공포되었다. 전염병 예방령은 일본 본국의 '전염병 예방법'(1887)과 마찬가지로 전염병의 종류를 규정하고 청결 방법·소독 방법·예방 처치를 지시하는 내용으로 이루어졌다. 다만 조선의 경우에는 동 법령의 운용을 지방장관이 아닌 경찰에 맡겼다는 점에서

---

41) 경상남도 의성위생조합의 경우 재조 일본인은 학교조합 부과율을 기준으로 1~5등급, 조선인은 면비 부담률을 기준으로 1~8등급으로 나뉘었다(《부산일보》, 1916년 10월 10일자).

42) 《매일신보》, 1913년 5월 28일자·10월 31일자. 후술할 1915년 전염병 예방령 공포에 의거해 위생조합이 공인을 받게 되자 도살장 및 나룻배 경영을 신속하게 정리하라는 내훈이 떨어졌다. 그러나 재원 문제를 고려해 당분간은 존속해도 좋다는 내용 역시 함께 담겨 있었다(〈衛収 第12149号 衛生組合ニ関スル疑義ノ件〉, 《朝鮮衛生法規類集》, 1917년판, 499쪽).

43) 江原道警察部, 〈屠獣場及屠獣数調査表〉, 春川憲兵隊·江原道警務部, 《参考諸表》(《朝鮮駐箚憲兵隊資料》 수록).

44) 1913년 강원도 경찰기관 회의에서 강원도 경무부장은 법인격을 가지는 학교조합과 달리 "위생조합은 사물(私物)이므로 보조금 등은 없다"고 발언한다(《警務機関会議管内状況報告諮問摘要》, 38丁).

45) 《조선총독부 관보》, 1914년 9월 8일자.

일본과 차이가 있었다. 일본의 전염병 예방법 제2조는 "전염병이 유행하거나 유행의 우려가 있을 시 지방장관은 …… 이 법률의 전부 또는 일부를 적용할 수 있다"고 규정하고 있는데, 조선의 전염병 예방령에는 '지방장관' 대신 '경무부장'으로 적혀 있다. 식민지 조선에서 경찰이 지방행정기관을 대신하고 있었다는 사실이 여기에서도 여실히 드러난다.

예를 들면 황해도 사리원위생조합의 규약에 조합장과 부조합장의 선임은 헌병분견소장의 권한이고(제6조), 그 이동에 관해서도 경무부에 보고하도록(제11조) 명시되어 있다.[46] 함경남도 남산면 제2위생조합규약은 조합이 집행하는 사업 중 하나로 "헌병의 요구에 근거한 경찰 집행상 원조에 관한 일"을 명기하고 있으며, 이에 더해 예산, 결산, 결의 사항에는 소관 헌병분대장의 승인이 필요함을 분명히 밝혔다.[47]

그리고 전염병 예방령과 동시에 공포된 시행규칙 제12조에는 "전염병의 예방 구치(救治)에 관해 필요하다고 인정되는 경우 경무부장은 도장관의 승인을 받아 지역을 지정하고, 그 지역 내의 인민들에게 위생조합을 설치하게 할 수 있다"고 규정되었다. 위생조합에 관한 이 규정 역시 일본의 '지방장관'이 조선에서는 '경무부장'으로 바뀌었다. 위생조합을 경찰이 주관하는 이러한 체제는 일본 본국과 식민지 타이완에는 없는 조선 특유의 시스템이었다.[48]

또한 전염병 예방령 시행규칙에 따르면 위생조합은 조합의 명칭·지역·사무소 위치, 조합비 수지, 조합 활동 등을 정한 조합규약을 작

46) 《매일신보》, 1912년 6월 25일자.

47) 〈南山面第二衛生組合規約〉(작성 시기 1915년으로 추정), 《参考書類綴》에 수록, 쓰지다 후지오(辻田文雄) 소장. 《参考書類綴》은 경성(鏡城)헌병대(함경북도) 회령헌병분대 관하 헌병파견소에서 근무했던 후지타 모이치(藤田茂一) 헌병 상등병이 남긴 것으로 추정되는 일군의 집무 자료이다.

성해 경무부장의 인허를 받아야 했다(제13조). 경찰부장에게는 도장관의 승인을 받아 조합규약을 변경하고(제14조), 임원이나 평의원의 선임, 수지를 인허하는 역할이 주어졌다(제14, 15조). 위생조합의 활동으로는 조합규약을 통해 "오물 청소, 종두의 보급, 화장실 및 오수 구덩이 등의 개선, 기타 전염병 예방 처치"가 정해졌다(제12조). 그리고 위생조합은 경무부 등의 지시에 따라 구역 내 청결법, 소독에 종사할 것이 규정되었다(제17조).[49] 이렇게 위생조합의 법적 근거가 전염병 예방령 시행규칙에 의해 마련되었다. "종래 위생조합 및 소방조는 준거할 법규가 갖추어지지 않아 실행상 불편을 피할 수 없던" 상황에서 "조직 및 유지에 관한 방법을 정하고 그 기초를 확실"히 한 것이다.[50]

이러한 법적 정비와 함께 위생조합이 각지에서 신설되었다. 위생조합의 총수를 알려주는 자료는 현재 1915년과 1916년의 경찰 통계뿐이다.[51] 이 통계에 따르면 1915년 당시—앞서 소개한 전염병 예방령이 시행된 이후—조선 전체에서 위생조합 82개가 신설되었고(폐지 0), 총수는 83개에 이르렀다.[52] 다음 해인 1916년에는 417개의 위생조합이 증설되어(폐지 2), 총 498개에 이르렀다(〈표 4〉 참조).

---

48) 일본의 전염병 예방령은 "지방장관은 위생조합을 설치하고 청결 방법, 소독 방법, 그 외 전염병 예방 처치에 관한 규약을 정해 이를 이행할 수 있다"고 규정했다. 식민지 타이완에는 일본과 조선의 위생조합에 해당하는 '방역조합 또는 보갑(保甲)'이 있었고 설치 주체는 지방장관(청장)이었다(〈律令 第8号 台湾伝染病予防令〉, 1914年 5月).

49) 《朝鮮衛生法規類集》, 1917년판, 477쪽.

50) 〈総内訓 第11号 衛生組合及消防組ノ設置ニ関スル件〉, 1915年 8月, 帝国地方行政学会 編刊, 《朝鮮地方行政例規》, 1927, 493·494쪽(이하 '《朝鮮地方行政例規》, 1927년판'으로 약칭).

51) 조선주차헌병대사령부·조선총독부 경무총감부 편간, 《경찰 통계》(1915년판), 259·260쪽; 같은 책(1916년판), 303·304쪽(모두 복각판, 고려서림, 1997). 참고로 이 통계는 1917년판도 존재하는데, 여기에는 위생조합의 통계가 실려 있지 않다. 후술했듯이 위생조합이 면에 이관되었기 때문일 것이다.

52) 여기서 기존에 설치된 조합이 단 하나만 더해진 것은 전염병 예방령 시행규칙에 따라 인가된 조합만을 게재했기 때문이라고 생각된다(같은 표의 주에 의함).

경상남도는 1915년 9월에 내려진 경상남도 경무부 고시에 근거하여 위생조합을 43개 지역에 면 단위로 설치했다.[53] 충청남도에는 위생조합이 1913년 당시 공주위생조합(1911년 8월 설립)뿐이었지만[54] 1915년에 48개, 1916년에 9개 조합이 신설되었다. 전라북도에서도 전염병 예방령 발포와 함께 약 40개의 위생조합을 신설한다는 기사가 보도되었다.[55]

다만 위생조합의 숫자가 500개 가까이 늘어났다고 해서 이를 과대평가할 수는 없다. 당시 면의 수(약 2,500개)를 감안하면 위생조합이 망라할 수 있는 범위는 한정적이었다. 모든 호의 가입이 원칙이었으며, 전체 조합의 수가 16만 개에 달했던(1896년 시점) 일본 본국에 비하면[56] 그야말로 하늘과 땅 차이였다. 게다가 조합 경영을 위한 예산은 늘 빠듯했다. 〈표 4〉를 보면 1916년 당시 조선 내 위생조합 중 약 70%가 수입이 없었으며, 4분의 1이 재원 확보를 위해 도살장을 운영했다. 전염병 예방령 시행규칙 공포 이후에도 도살장 이외에 시장, 나룻배, 화장터 등을 경영하거나 도청의 보조금을 받는 경우가 많았다.[57]

3) 위생조합의 사업

위생조합에서는 어떤 사업을 담당했을까? 1915년 전염병 예방령이 공포되기 이전에는 통일적인 규약이 없었다. 초기 위생조합의 규

---

53) 《조선총독부 관보》, 1915년 9월 22일자.

54) 忠清南道 編刊, 《朝鮮総督府 忠清南道統計年報》, 1913년판(1914).

55) 《매일신보》, 1916년 2월 25일자.

56) 小栗史朗, 앞의 책, 182쪽.

57) 시장 등의 경영에 대해서는 〈衛収 第12149号 衛生組合ニ関スル疑義ノ件〉 및 〈衛収 第1147号 衛生組合ノ墓地火葬場経営ニ関スル件〉(《朝鮮衛生法規類集》, 1917년판, 468, 499쪽) 참조. 지방관청의 보조금을 받는 경우는 경상남도(《부산일보》, 1915년 8월 30일자), 함경남도(《매일신보》, 1916년 5월 18일자)의 사례가 확인된다.

지역		1915년	1916년
경기도			
충청북도			20
충청남도		48	56
전라북도			47
전라남도		16	156
경상북도		15	34
경상남도		1	76
황해도			
평안남도		2	
평안북도		1	16
강원도			
함경남도			64
함경북도			29
합계		83	498
위 조합 중	영리사업을 경영하는 조합	49	121
	수입이 없는 조합	34	334

※ 출전: 조선헌병대사령부·조선총독부 경무총감부 편간, 《경찰 통계》(1915년판), 경인문화사, 1989(복각판), 259·260쪽; 같은 책(1916년판), 303·304쪽.

※ 주: 원자료의 합계 오류를 정정했다.

표 4. 조선의 위생조합 수(1915, 1916년)

약으로 ① 황해도 사리원위생조합(1912년 5월), ② 전라북도 김제군위생조합(1913년 7월), ③ 함경남도 종성면 남산면 제2위생조합규약(1914년 4월)의 사례를 보자.[58] 공통된 내용으로 정기적인 혹은 임시청결법,

변소·우물 및 가로의 쓰레기와 오물의 청소, 하수구 개량과 준설, 종두 보급 활동이 확인된다. 그 외에 헌병경찰 보조(③), 감염증을 매개하는 곤충 구제(③), 위생 관련 법령 보급(③), 위생 강담회 실시(②) 등이 포함되었다. 또한 ③의 경우 전염병 유행 시 대책으로 의사의 진단과 계출, 교통 차단, 음식물 및 음료수의 단속(제9조)까지 지시하고 있다.

이후 전염병 예방령이 시행됨에 따라 1915년 8월 조합규약의 시범적 모형이 만들어졌다. 위생조합은 부와 면을 단위로 할 것(제2조), 조합원의 비용 부담(제3조), 조합장 이하 임원의 직무(제8~13조) 및 평의원회의 역할(제14~21조)이 제시되었고, 다음과 같은 '조합원 엄수 사항'(제32조)을 통해 활동 내용이 정해졌다.[59]

1. "가옥 내외 및 근처 도로의 청결을 유지할 것"
2. "쓰레기 용기를 설치하고 반드시 여기에 쓰레기를 수집할 것"
3. "택지 내와 기타 자기 부담에 속하는 하수 도랑의 준설과 개수를 게을리하지 않을 것"
4. "뒷간을 청소하고 다량의 오물을 쌓아두지 말 것"
5. "우물을 준설, 개수하고 부근에 오수나 오물을 쌓아두지 말 것"
6. 전염병으로 생각되는 환자나 사망자가 발생한 경우 "신속하게 의사의 진단이나 검안을 받고", 가난하여 의사를 부를 돈이 없는 경우에는 "곧장 이를 조합장에게 알릴 것"

---

58) 《매일신보》, 1912년 6월 25일자; 《매일신보》, 1913년 3월 27일자; 〈南山面第二衛生組合規約〉, 《参考書類綴》.

59) 警務部, 〈訓令 甲第41号 衛生組合取扱ニ関スル件〉, 1915年 8月; 《警務彙報》 第103号, 1915年 9月, 211~216쪽.

7. "조합원은 상호 간 환자의 유무에 주의하고", 전염병의 의심이 있는 환자 및 사망자를 발견하거나 그 소식을 들었을 때는 "경찰관서 또는 조합장에게 알릴 것"
8. 전염병 유행의 징조가 보이는 경우 "다중의 집합"을 피하고 "각자 섭생"에 주의할 것
9. "전염병 예방과 그 외 위생에 관련된 일의 지시 명령"을 실행할 것
10. "조합원은 서로 권유하여 종두에 힘쓰고 만약 이유 없이 종두를 하지 않는 자가 있으면 …… 조합장에게 알릴 것"

위생조합 활동이 위의 규정에 근거해 실제로 실시되는 상황을 살펴보자.

청결법은 일반 민중의 일상생활에 많은 영향을 끼쳤다. 청결법은 일본에서 1880년 내무성의 '전염병 예방 주의서(心得書)·청결법 대의'(달을(達乙) 제36호)를 통해 시작되었고, 1891년 내무성 훈령 '청결법'으로 정리되었다. '전염병 예방 주의서'에 따르면 전염병은 독물(세균)이 땅속 혹은 수중에 침투하거나 공기 중에 혼입됨으로써 만연하므로 가옥의 청결, 도랑·쓰레기장·변소의 청소 같은 청결법이 반드시 필요하다고 한다.[60] 식민지 조선에서는 1912년 2월 경무총감부령 제3호 '춘추 이계 청결 방법 시행 건'에 의해 부지와 가옥 내외 청소, 깔개와 창호를 햇볕에 쬐일 것, 마루 아래에 바람을 통하게 할 것, 우물 준설, 변소와 하수구 수선 등이 지시되었고, 청결법을 행할 때마다 각 도의 경무부장은 경무총감부 위생과장에게 시행 기일, 호수, 소독 시행, 우물 준설, 하수구 수축, 도로 교량 수선 등의 상황을 보고하도

60) 新村拓,《健康の社会史: 養生, 衛生から健康増進へ》, 法政大学出版局, 2006年, 169·170·174쪽.

록 규정되어 있었다.[61]

함경북도 방원진헌병출장소에서 근무했던 후지타 모이치(藤田茂一) 헌병 상등병은 청결법에 관해 다음과 같이 서술했다.[62] "위생조합장이 일반 인민에게 전달하고 위원에게 감독을 맡기며, 검사 시에는 그 위원이 입회"한다. 이러한 검사의 결과 여러 문제점이 드러났다. 가령 침구 및 의류는 햇볕을 쬐이긴 하지만 세탁이 불충분하다. 창고 안의 통기가 나빠서 냄새가 나며 집기에는 먼지가 쌓여 있다. 가옥에 딸린 건물이나 빈집이 방치되어 있다. 대피소 및 변소는 청소가 되어 있긴 하지만 사용한 흔적이 거의 없다. 우물은 드물며 샘물을 공동으로 사용하지만 준설하지 않았다'는 등의 내용이 그것이다.

감시의 눈길이 작은 곳까지 미쳤음을 알 수 있다. 감시의 눈이 번뜩일수록 만족스럽지 못한 부분들이 드러났고, 후지타 상등병은 조선인 주민들이 "겉만 대충 꾸며놓아서 아직 유감이다"라는 감상을 남겼다.

일상적인 환경위생 관리는 그 외에도—앞서 위생조합규약의 시범적 모형에서 보았듯이—공동변소 설치,[63] 공동우물의 설치와 관리,[64] 똥오줌 처리,[65] 하수도의 개수·준설,[66] 법령 고지 및 위생 강화 등을 포함하고 있었다.

이러한 환경 정비에 더해 직접적인 감염증 대책도 중요시되었다.

---

61) 《朝鮮衛生法規類集》, 1917년판, 649쪽.

62) 防垣鎭憲兵出張所 陸軍憲兵上等兵 藤田茂一, 〈問題 答解〉, 1915年 10月(《参考書類綴》 수록).

63) 《매일신보》, 1912년 8월 16일자; 1913년 1월 16일자, 11월 28일자; 1914년 4월 26일자, 5월 1·22일자; 1917년 3월 3일자.

64) 《매일신보》, 1913년 4월 16일자; 1917년 2월 18·21일자, 7월 19일자.

65) 매일신보》, 1913년 6월 3일자; 1917년 2월 20일자.

66) 《매일신보》, 1917년 2월 25일자, 3월 3일자.

예방책으로 종두 및 감염증 예방접종,[67] 해충(파리) 구제,[68] 피병원(避病院, 감염증 환자 격리시설)과 전염병실의 건설[69]이 각지에서 시행되었다. 감염증 유행 시에는 앞서 본 '조합원 엄수 사항' 7항처럼 "조합원은 상호 간 환자의 유무에 주의"하고 상호감시가 장려되었다.

1916년 가을 콜레라 유행 시의 대응을 보자. 경상남도 진해위생조합은 부두에 소독기를 설치했으며 통영위생조합도 도착한 선객을 대상으로 진찰을 시행했다.[70] 그 외에도 경상남도 각지의 위생조합이 교통 차단(진주), 피병원 증축(진해), 예방접종(방어진)을 실시했다.[71] 한편, 당시 진해위생조합은 위생조합비를 시외의 조선인에게도 부담할 것을 가결했다.[72] 감염증 유행을 계기로 조선인을 위생조합에 끌어들인 것이다.

같은 시기에 경성에서는 종로서가 관할 지역을 70개 구역으로 나누고 임시위생조합 설치를 결정했다. 임시위생조합의 구장과 부구장은 모두 조선인이었다.[73] 사직동 구장(조선인)은 콜레라가 발생하자 지구의 교통을 차단했는데, 빈곤한 노동자들의 거주 지역이어서 주민들이 곤궁에 빠졌다는 신문 보도도 있었다.[74] 경성 본정(本町)서

67) 《매일신보》, 1914년 4월 29일자; 1916년 8월 11·23일자. 참고로 총독부의 종두정책과 조선인의 반응에 대해서는 박윤재, 〈조선총독부의 우두정책과 두창의 지속〉, 《의사학(醫史學)》 21권 3호, 2012 참조.

68) 《매일신보》, 1912년 6월 16·28일자, 8월 1일자, 10월 13일자; 1913년 6월 27일자; 1917년 6월 12일자.

69) 《매일신보》, 1915년 7월 21일자; 1916년 8월 29일자, 9월 19일자; 1917년 1월 20일자.

70) 《부산일보》, 1916년 9월 22일자; 《매일신보》, 9월 25일자.

71) 《부산일보》, 1916년 10월 10·12·31일자.

72) 《부산일보》, 1916년 10월 10·31일자, 12월 7일자.

73) 《매일신보》, 1916년 9월 27·28일자. 《매일신보》 사설(9월 27일자)은 이를 임시가 아닌 상설 조직으로 만들 것을 강조했다.

74) 《매일신보》, 1916년 10월 21일자.

의 위생조합은 전염병 환자의 진료비를 대신 내주기로 했는데 이는 환자의 은닉을 막기 위한 장치이기도 했다.[75] 일본에서와 마찬가지로 감염증 환자의 대부분은 피병원 등에 격리된 채 죽음을 기다릴 수밖에 없었기 때문에 발병 환자의 신고에 주민들이 협조적이었다고는 보기 힘들다.

4) 조선인의 반응

지역사회에서 위생조합은 어떤 위치를 차지했을까? 〈표 5〉는 1910년대에 위생조장·부조장·평의원 등을 지냈던 위생조합 간부의 직업과 임무를 정리한 것이다.

각종 인명록에서 추출한 정보인 탓에 '명사' 이외에는 분석이 불가능한 자료지만, 부족한 대로 그들의 직업 및 다른 지역 공공단체에서의 임무를 살펴보자. 재조 일본인의 경우 '상업·실업' 관계자가 많은 것은 조선으로 이주한 일본인들의 전체적 경향을 반영하고 있지만, 전직 헌병과 군인, 군속 및 재향군인회 임원 등 군 관계 경력을 가진 자가 많다는 점은 특징적이다. 그리고 거류민단과 학교조합의 임원, 소방조의 간부 등 지역 공공단체의 유력자도 많았다. 한편, 조선인의 경우에는 대한제국 관리나 향교 사무 담당자〔장의(掌議)·유사(有司)〕 경력을 지닌 신흥 엘리트가 비교적 많았다. 사실 이들 가운데는 강제병합 후 공사립학교의 설립 및 운영에 관계하거나 면장 또는 이장을 지낸 자가 적지 않았으며, 소방조나 금융조합 등 지역 말단의 관제 조직에 관계한 자들도 있었다. 참고로 재조 일본인과 조선인 모두 의사는 각각 1명뿐이었다.

---

75) 《매일신보》, 1916년 6월 8일자.

재조 일본인 (42명)	직업				지역 사회단체에서 맡은 임무		
	상업·실업	군 관계	농업	총독부 관리	학교조합 임원	거류민단 임원	소방조 간부
	31	10	3	1	24	11	11

조선인 (25명)	경력		직업				지역 사회단체에서 맡은 임무	
	대한제국 관리	향교 장의·유사	사립학교 관계	공립학교 관계	면장·이장	실업	소방조 간부	금융조합 간부
	12	3	6	4	7	5	3	4

※ 출전: 〈역사정보통합시스템〉에서 위생조합 관계자를 검색하고, 1910년대 이외 시기에 위생조합에 관계한 것이 분명한 자들을 제외하고 집계했다. 원자료는 《朝鮮紳士大同譜》(1913), 《朝鮮在住內地人 實業家人名辭典》 第1編(1913), 《朝鮮紳士寶鑑》(1914), 《在朝鮮內地人紳士名鑑》(1917), 《京城府町內之人物と事業案內》(1921), 《京城市民名鑑》(1922), 《忠北産業誌》(1923), 《朝鮮功勞者銘鑑》(1935), 《朝鮮總督府施政二十五周年記念表彰者名鑑》(1935), 《朝鮮人事興信錄》(1935), 《大京城公職者名鑑》(1936), 《新興之北鮮史》(1937), 《倭政時代人物史料》(출판 시기 불명).

※ 주: 경력·직업·지역 사회단체에서 맡은 임무에는 한 사람을 여러 번 집계한 경우가 있다.

표 5. 위생조합 간부의 직업과 임무

이처럼 재조 일본인과 조선인을 불문하고 그 고장의 유력자가 지역 공공단체의 하나인 위생조합의 임원이 되는 경우가 많았다. 그런데 질병 대책이 역할로 주어진 탓에 임원 취임을 기피하는 사례도 생겨났다.[76] 더욱이 조선인의 경우 지역의 유력자를 말단 행정기관에 흡수하기란 쉽지 않았다는 점(후술)을 감안하면, 위생조합 간부가 과연 얼마나 주민을 대표할 수 있었을지 의문스럽다. 가령 황해도 은율군에서 위생조합장을 지냈던 홍돈한(1871년생)은 "1919년 만세소동에서는 뭐라 말할 수 없는 마음고생을 했으며 그 후에는 부역을 내는 것에 고심을 했다"고 회고했다.[77]

---

76) 위에서 소개한 1916년 콜레라 발병 때 방어진위생조합에서 여러 명의 일본인 구장이 사임한 것에 대해 비판이 있었다(《부산일보》, 1916년 10월 12일자).

실제로 총독부의 위생정책에 대해 조선의 일반 민중이 협조적이었다고 보기는 힘들다. 박윤재는 신문 기사 분석을 통해 위생사업에 대한 조선인들의 반응을 검토했는데,[78] 현장의 목소리를 들어보기 위해 공주헌병대·충청남도 경무부가 1911, 1913, 1914년에 실시한 조사 결과를 정리한 《주막담총(酒幕談叢)》을 살펴보자. 이 자료는 조선인 헌병보조원이 장날 주막에 잠입해 조선 민중의 생생한 목소리를 옮긴 것이다.[79]

《주막담총》을 보면 조선인 주민들도 당연히 위생의 중요성 자체는—정도의 차이는 있을지언정—이해하고 있었다. 이전에는 주막의 음식에 파리가 많이 꼬여서 불결했는데 "요즘은 되게 깨끗해서 …… 기분이 좋다",[80] 읍내에 결성된 "소방위생조합은 일선청(日鮮淸)인 모두가 대찬성"이라서 금세 기부금이 모였다는[81] 이야기 등이 기록되어 있다. 총독부 위생고문 야마네 마사쓰구(山根正次)의 위생 강화를 듣고 감탄했다는 사람도 있다.[82]

다만 이러한 감각이 반드시 헌병경찰이 일상적으로 실시했던 위생

---

77) 국사편찬위원회, 〈한국 근현대 인물 자료〉, http://db.history.go.kr/item/level.do?levelId=im_114_10233(2018년 12월, '한국역사정보통합시스템'에서 검색). 원자료는 《조선공로자명감(朝鮮功勞者銘鑑)》(1935).

78) 박윤재, 앞의 책(2005), 344~372쪽.

79) 현존하는 《주막담총》(국회도서관 소장)에는 다음과 같은 세 종류가 있다.
① [무제](1911년 10~12월 조사, 1912년 2월 간행. 이하 '1912년판'으로 약칭)
② 공주헌병대본부·충청남도 경찰부, 《주막담총》 제3권(1913년 12월 조사, 1914년 2월 간행. 이하 '1914년판'으로 약칭)
③ 공주헌병대본부·충청남도 경찰부, 《주막담총》 제4권(1914년 10~12월 조사, 1915년 2월 간행. 이하 '1915년판'으로 약칭)
이 자료에 대한 전반적인 분석으로 졸저, 〈《주막담총》을 통해 본 1910년대 조선의 사회 상황과 민중〉, 김동노 편, 《일제 식민지 시기의 통치체제 형성》, 연세대학교 국학연구원, 2006 참조.

80) 《주막담총》, 1912년판, 공주헌병분대, 6정(丁).

81) 《주막담총》, 1912년판, 공주헌병분대, 9정.

82) 《주막담총》, 1914년판, 대전경찰서, 42정.

사업에 대한 호의적인 평가로 이어진 것은 아니었다. 공중위생사업의 대부분은 즉각적인 효과가 잘 드러나지 않는 예방적 조치였기 때문이다. 천안헌병분대의 기록을 보면 어떤 조선인은 헌병이 주구장창 청결을 시끄럽게 떠들어대지만 "우리는 태어나서 …… 단 한 번도 병에 걸린 적이 없다"며 잘라 말했다고 한다.[83] "경찰이 하루에도 네댓 번씩 도로 수선이나 청소를 점검하러 오는 것"은 "자기 실적을 올리기 위해서"라는 냉정한 견해도 보인다.[84] 또한 "근래 들어서 관리들이 청소로 까다롭게 구는데, 조선에는 옛날부터 유행병이 없었어. …… 내지인만 나쁜 병에 걸린다고 생각하지"라며 총독부의 위생사업이 재조 일본인만을 위한 것이 아니냐며 의심하는 자도 있었다.[85] "내지인이나 서양인 의사는 외상을 치료하는 데는 명수지만 내과는 한약이 좋지"라고 할 정도로 전통 한의학에 대한 뿌리 깊은 신뢰도 총독부 의료정책의 침투를 가로막고 있었다.[86] 종두에 관해서는 긍정적인 편이었지만 여자들은 겁이 나서 도망친다거나, 왜 봄가을에 행하는지 그 까닭을 모르겠다는 의견도 있었다.[87]

효과를 느낄 수 없는데도 강제적으로 시행되는 위생사업은 대개 조선인에게 부담으로 다가왔다. 한 조선인이 "청결이니 어쩌니 하며 헌병대가 짜증 나게 떠드는 것"에 불만을 토로하면서 "뒷간이 도로변에 있었는데 헌병이 검사를 와서는 당장 철거하라며 화를 냈다"고 하자 함께 있던 다른 사람도 "모든 마을이 똑같은 일을 겪고 있다"

83) 《주막담총》, 1912년판, 천안헌병분대, 15정.

84) 《주막담총》, 1914년판, 당진경찰서, 48정.

85) 《주막담총》, 1915년판, 부여헌병분대, 32정.

86) 《주막담총》, 1915년판, 부여헌병분대, 31정.

87) 《주막담총》, 1912년판, 공주헌병분대, 18정; 《주막담총》, 1912년판, 서산경찰서, 8정; 《주막담총》, 1914년판, 대전경찰서, 42정.

며 동의했다고 한다.[88] 또 순사주재소가 신설된 뒤로 "매일 청결 방법이 너무 엄격해서 아침 일찍부터 집사람과 함께 거리, 변소 등"을 청소해야 하는 바람에 농상을 겸업하는 시장 상인은 "대부분 곤란"을 겪고 있다고 말하는 자도 있었다.[89] 농민 역시 "한창 바쁜 농사철에 …… 청결법이나 다른 부역을 강제하니 정말 괴롭다"며 투덜거렸다.[90] 그 외에도 빈번한 청결법 시행이 "민력의 피폐"를 가져온다거나, 경찰이 도로 청소로 유난을 떤다는 불만 등이 적지 않았다.[91]

조합비 부과에 대한 불만도 높았는데, 한 조선인에 따르면 공주위생조합은 9월 중 한 차례도 쓰레기 청소를 하지 않았으면서 "청결비는 징수한다고 해서 사람들의 불평을" 샀다.[92] 학교위생조합을 만든다며 기부금을 내라고 졸라대서 난처하다는 사람도 있었다.[93] 일본 위생사업사 연구에 따르면 위생조합 운영 방식에는 조합원 스스로의 노력을 통해 위생사업을 실시하는 방법과 조합원에게서 징수한 돈으로 사람을 고용해 위생사업을 위탁하는 방법이 있었다.[94] 전자의 일상생활 관리는 물론, 후자의 경제적 부담 역시 조선인 주민들이 불만을 품는 원인이었다.

88) 《주막담총》, 1912년판, 공주헌병분대, 39정.

89) 《주막담총》, 1912년판, 홍산경찰서, 5정.

90) 《주막담총》, 1912년판, 아산경찰서, 1정.

91) 《주막담총》, 1912년판, 강경경찰서, 2정; 《주막담총》, 1914년판, 홍주경찰서, 38정.

92) 《주막담총》, 1912년판, 공주경찰서, 6정.

93) 《주막담총》, 1914년판, 천안헌병분대, 18정.

94) 尾崎耕司, 〈衛生組合に関する考察: 神戸市の場合を事例として〉, 《人文科学部論集(大手前大学)》第6集, 2006.

5) 면제의 시행과 위생사업

헌병경찰이 위생을 포함한 여러 사업에 폭넓게 관여하는 지방 지배체제는 영속적인 시스템으로 구상된 것이 아니었다. 일본 본국의 육군성과 정우회(政友會), 조선총독부 내 문관 관료들과 정무총감은 각기 나름의 헌병경찰제도 개편에 대한 복안을 가지고 있었는데, 이는 3·1운동 이후 보통경찰제도를 도입하는 데 밑거름이 되었다.[95] 이미 1910년대 후반부터 '헌병 만능'의 지방행정을 둘러싼 변화의 조짐이 감지되었다. 1915년 9월에 열린 헌병대장·경무부장 회의에서 데라우치 총독은 훈시를 통해 "최근 지방행정기관이 점차 정비"되고 있으므로 앞으로는 지방행정에 대한 "경무기관의 관여 정도를 다소 수정하고 …… 본 업무의 정돈과 충실을 한층 기하라"고 지시했다.[96] 그 영향 때문인지 같은 해 민적 사무가 경찰에서 부면으로 이관되었다.[97]

이와 같은 방향성을 제도적으로 구체화한 것이 1917년 6월에 공포되고 같은 해 10월에 시행된 면제였다. 면제를 통해 말단 행정기관 단위 인 면에 사업 능력이 부여되었는데, 면의 사무 중에는 "묘지, 화장터, 도살장, 상수, 하수, 전염병 예방, 오물 처리"(면제 시행규칙 제1조) 같은 위생사업도 포함되었다. 한편, 총독부는 면제가 조선의 '특수한 법제'로서 일본 본국의 시정촌(市町村) 제도처럼 '자치주의'에 근거한 것과는 전혀 다르다는 점을 강조했다.

---

95) 松田利彦, 앞의 책, 221~231쪽.

96) 《朝鮮憲兵隊歷史》第5卷, 不二出版, 2000(복각판), 109쪽.

97) 다만 가령 종두 접종의 경우에서 알 수 있듯이 민적 사무가 이관된 후에도 실제로는 지방행정과 위생업무를 경찰에 의존하는 일이 지속되었다(各道警務部長宛衛生課長, 〈衛収 第5259号 民籍事務引継後に於ける種痘事務取扱方の件〉, 1915年 4月, 《朝鮮衛生法規類集》, 1917년판, 548쪽).

면제가 실시된 이후 위생조합을 비롯해 경찰이 관여하던 위생사업은 어떻게 되었을까? 경무총감부 위생과장이 각 도의 경무부장에게 보낸 다음 통첩을 보자.[98]

"종래 조합에서 행해왔던 오물 청소, 하수 시설 등은 이제 면이 담당하며, 또한 전염병 예방 구치(救治)에 관한 사항도 주로 면이 처리할 것을 결정"했다. 그 인계 방법에 관해서는 "상응하는 계획을 세울 것." 기존에 위생조합이 경영했던 "도살장, 시장, 나룻배, 격리병사, 화장터 및 공동우물, 공동변소 등의 시설"은 면이 인수한다. 장래에 위생조합은 "경찰관서의 감독을 받으며, 전염병 예방에 관해 주로 조합원의 자위 수단에 속하며 많은 경비를 필요로 하지 않는 사항"을 담당할 것이다.

위생조합과 도살장 같은 부대사업을 면에 인계하니 그 계획을 세우라는 것이었다. 그러나 이는 결코 간단한 일이 아니었다. 종종 지적되듯이, 면제 실시와 함께 조선인 신흥유력자가 면장에 등용되었지만 지역의 명망가(유지)를 포섭하는 일은 성공을 거두지 못했다.[99] 게다가 위생사업을 새로 면의 사업으로 지정하면서도 총독부는 주민들의 부담이 늘어나는 일을 꺼렸다.[100]

유력자로서의 덕망이 부족하고 경찰과 같은 강제력도 행사하지 못했던 면의 행정 담당자에게 예산 지원도 없이 위생행정을 추진하라는 것은 매우 모순적인 요구였음에 틀림없다. 헌병경찰관이 면장을 "자못 건방지게 위압했던"[101] 면제 시행 이전부터의 상하관계를 하루

---

98) 各道長官宛内務部長通牒, 〈内一 第1160号 衛生組合の事務を面に引継の件〉(1917), 《朝鮮地方行政例規》, 1927년판, 495·496쪽.

99) 金翼漢, 《植民地期朝鮮における地方支配体制の構築過程と農村社会変動》, 東京大学大学院人文社会系研究科 博士学位論文, 1996, 79~86쪽.

100) 〈大正六年七月第一部長に対する総督訓示〉, 黄海道第一部地方係 編, 《黄海道地方行政例規》, 1918, 983·984쪽.

아침에 바꾸는 것도 녹록지 않았을 터이다. 한마디로 말해 면장을 지방행정의 주역으로 삼으려는 방침 앞에는 아직도 해결되지 못한 여러 문제가 산적해 있었다. 실제로 면제가 시행된 이후 전주에서는 "요즘 위생조합의 청소부들은 영리하지 못하다"는 말들이 나왔는데, 전주면장(일본인)의 감독을 받던 위생조합은 이에 대응할 만한 별다른 힘을 갖추지 못했기에 "위생조합에 대한 비난은 시 전체 모든 곳"으로 퍼져나갔다.[102] 강원도에서는 각 면이 위생사업을 위한 예산 지출을 늘렸지만 도청으로부터 면 경비의 투입을 제약하는 통첩이 내려온 탓에 이러지도 저러지도 못하는 상황이 발생했다.[103]

이러한 문제들이 존재하는 가운데 위생사업을 경찰에서 지방행정기관으로 이관하기란 현실적으로 쉽지 않았다. 각 도에서 이관 문제를 놓고 시간을 끈 사실이 이를 방증한다.[104] 애초에 면제가 시행될 당시 전염병 예방, 오물 처리 등은 "위생조합이 담당해왔던 일이며 면으로서는 처음 접하는 사업에 속하므로 필요에 따라 경찰관헌과 협의"하도록 상정되었다.[105] 1918년 3월 헌병대장·경무부장 회의에서

---

101) 朝鮮総督府 編,《内務部長会同諮問事項答申書》(1911~1914년 무렵 작성된 것으로 추정), 7쪽.

102) 《부산일보》, 1917년 10월 17일자.

103) 江原道 編刊,《江原道例規集》(1922년 추정), 314쪽. 또한 위생업무가 면내 일원에서 시행되고 있지 못한 경우에는 주민들로부터 어떻게 부과금을 징수할 것인가라는 문제도 발생했다(平安南道長官宛内務部長通牒, 〈内一 第1666号 面制に関する疑義の件〉,《朝鮮地方行政例規》, 1927년판, 572쪽).

104) 강원도에서는 1917년 10월(춘천에서만 1918년 4월) 위생조합의 인수인계가 이루어졌는데, 위생조합이 경영하던 도살장 60곳의 인계가 끝난 것은 1920년에 접어든 이후로 보인다(各郡守宛第一部長通牒,〈地 第1643号 衛生組合の事務引継方法の件〉, 江原道 編刊, 앞의 책, 309쪽). 충청북도에서도 1918년 4월이 되어서야 위생조합의 면으로의 이관이 완료되었다(政務総監宛忠清北道長官照会,〈地 第646号 面制施行後衛生組合新設の件〉, 1918年 5月,《朝鮮地方行政例規》, 1927년판, 498쪽).

105) 〈大正六年七月第一部長会同指示事項〉 中,〈衛生警備に関する事項〉(黄海道第一部地方係 編, 앞의 책, 1000쪽).

하세가와 요시미치 총독은 훈시를 통해 "위생조합 사무의 대부분을 면이 관할하게 되었지만 사무 집행에 아직 깔끔하지 못한 측면이 있다"며, 헌병경찰관은 "현지의 상황을 잘 고려하고 면을 독려해 필요한 원조를 행하라"고 지시했다.[106] 위생사업은 법령을 통해 경찰의 소관에서 분리되었지만 사회 말단에서는 경찰의 관여가 계속되었을 것으로 보인다. 이러한 상황에서 이윽고 3·1운동을 맞이한 것이다.

'무단정치기'의 위생조합

이 글에서는 1910년대 '무단정치기' 헌병경찰의 주도하에 조직된 위생조합의 전개 과정을 추적하고 식민지 위생정책이 지역사회에 침투하는 양상을 살펴보았다. 자료가 부족하여 충분히 검토하지 못한 부분도 있지만, 대강의 논점을 정리하면 다음과 같다.

조선 개항 이후, 조선반도에 진출하는 일본 세력의 첨병이 되었던 영사관 경찰, 고문경찰, 헌병 등은 위생사업을 통해 조선인의 일상생활에 개입하기 시작했다. 하지만 조선인 주민을 위생조합 같은 지역단체로 포섭하는 작업은 별다른 진전을 보지 못했다.

한일강제병합이 이루어진 1910년대 초기부터 헌병경찰의 주도 아래 조선인 주민을 조직하고 위생조합을 만들려는 움직임이 나타났다. 1915년 6월에 공포된 전염병 예방령 및 동 시행규칙에 따라 위생

---

106) 《朝鮮憲兵隊歷史》第5巻, 不二出版, 2000(복각판), 201·203·204쪽. 같은 자리에서 헌병대 사령관(경무총장이 겸임) 역시 전염병 예방과 단속을 논하면서 적리와 장티푸스가 아직도 감퇴하지 못한 점을 지적하고, 각 부대에 "그러한 병을 대함에 있어서 항상 실수가 없도록 만전을 기하라"고 지시하는 바, 위생사업은 여전히 경찰이 주관한다는 전제가 존재함을 읽어낼 수 있다.

조합의 법적 근거가 마련되자 위생조합 설치가 활발해졌다. 사업 내용은 청결법 실시, 쓰레기와 오물 처리, 하수시설 준설, 파리 등의 구제 같은 일상적인 환경위생에서 공동변소와 공동우물 설치 같은 기반시설 정비 혹은 종두나 예방접종 같은 전염병 예방 및 전염병 발생에 대한 처치 등으로 이루어졌다. 헌병경찰은 청결법을 시작으로 일상생활의 작은 곳까지 침투했지만, 위생사업의 효과와 목적에 의심의 눈초리를 거두지 않았던 조선인들은 비협조적인 태도를 취했다.

1917년부터 실시된 면제를 통해 위생사무는 경찰에서 면으로 이관되었다. 다만 외형적인 지방행정제도의 정비에도 불구하고 면 행정에 지역의 유력자를 포섭하지 못했고, 위생사업의 실시를 비롯해 말단에 이르는 지배를 경찰권력에 의존하는 상황이 계속되었다. 이 글의 처음에 경찰의 강권적 위생사업에 대한 불만을 소개했는데, 이것이 응어리진 채 3·1운동을 일으키는 하나의 도화선으로 이어지는 상황이 이렇게 생겨난 것으로 보인다.

한편, 3·1운동 이후 1919년 8월 헌병경찰제도가 폐지되었다. 보통경찰제도가 시행되고 위생조합은 식민지 시기를 통해 그 활용이 계속 모색되면서 많은 전환을 겪었다. 1920년대에는 이른바 '경찰의 민중화, 민중의 경찰화' 캠페인을 통해 조선인 민중에 의한 자경단체 조직이 장려되었다. 1930년대 농촌진흥운동 시기에는 각종 관제 자치단체가 만들어졌다. 전시기의 건강 관리 강조도 위생조합을 다시 바라보는 계기가 되었다. 다만 이러한 흐름 속에서 위생조합이 얼마나 많은 조선인 주민을 조직하고 동원했던가에 관해서는 여전히 밝혀지지 않은 부분이 많다. 이에 대한 해명은 앞으로의 과제로 남겨둔다.

4장

3·1운동과 조선총독부의 사법 대응

장 신

먼저 나온 연구들

1919년 3·1운동은 조선총독부가 미처 예측하지 못한 사건이었다. 1910년대의 강력한 무단통치에도 불구하고 치안상의 허점이 여실히 드러난 사건이었다. 3·1운동이 발발하자 총독부는 우선 사태의 확산을 막고자 노력했다. 총독을 비롯해 각 도장관의 유고가 발표되었고, 각지에서 반관반민(半官半民)의 성격을 띤 자제단(自制團) 등이 조직되어 민심을 되돌리려고 애썼다.[1] 만세운동이 전국에서 진행되고 확산됨에 따라 총독부의 대응은 폭력화되었다. 결국 3·1운동은 군과 경찰

1) 강동진, 《일제의 한국침략정책사》, 한길사, 1980, 156~164쪽; 김동명, 《지배와 저항, 그리고 협력》, 국학자료원, 2006, 94~97쪽; 황민호, 〈《매일신보》에 나타난 3·1운동의 전개와 조선총독부의 대응〉, 《한국독립운동사연구》 26, 독립기념관 한국독립운동사연구소, 2006; 윤주한, 〈3·1운동기 자제단(自制團)의 등장과 활동〉, 한양대학교 사학과 석사학위논문, 2017; 이양희, 〈3·1운동기 일제의 한국인 자위단체 조직과 운용〉, 《한국근현대사연구》 83, 한국근현대사학회, 2017.

의 무자비한 진압 속에서 일단락되었다.[2] 이후 총독부는 지배체제 개편을 통해 조선 통치의 안정화를 꾀했다. 여러 조치 중에서 헌병경찰제도에서 보통경찰제도로의 전환은 치안 대책의 핵심이었다.[3] 이전보다 더 많은 경찰기관과 경찰을 바탕으로 감시망을 촘촘히 편성해 3·1운동 같은 사태의 재발을 막겠다는 의도였다.

총독부는 3·1운동을 폭력적으로 진압하면서 수많은 조선인을 검거해 재판에 넘겼다. 검거된 조선인들은 혐의 사실을 놓고 경찰과 검찰에서 '고통스러운' 시간을 보낸 뒤에야 재판에 회부되었다. 그런데 총독부는 피검자들에게 법을 적용하는 과정에서 기존 치안법령들의 한계를 발견하게 되었다. 형량과 법률 적용의 대상 문제뿐 아니라 단순히 처벌하는 데서 나아가 앞으로 전개될 새로운 형태의 운동들을 대비해야 할 필요성이 제기되었다. 따라서 경찰의 치안 대책뿐 아니라 사법부의 움직임도 주시해야 한다.

그러나 이 주제를 본격적으로 다루기보다는 다른 주제를 다루면서 부분적으로 언급한 경우가 대부분이다. 우선, 정광현은 3·1운동 참가자에게 적용한 법률과 관련 조항을 검토했다.[4] 주요 적용 법령은 '보안법', '출판법', '정치에 관한 범죄 처벌의 건'(이하 '제령 제7호'로 약칭) 등이었으며, 기타 형법과 형사소송법의 유래, 각 법령의 주요 조항을 검토했다. 그리고 몇 가지 중요한 사건의 개요를 설명하고 관계자 개인에게 적용된 법률을 확인했다. 자료는 주로 고등법원 판결록과 개

---

2) 윤병석, 〈3·1운동에 대한 일본 정부의 정책〉, 동아일보사 편, 《3·1운동 50주년 기념논집》, 동아일보사, 1969; 原口有夫, 〈三·一運動彈壓事例の研究-警察局日次報告の批判的檢討を中心として〉, 《朝鮮史研究會論文集》 23, 1986; 채영국, 〈3·1운동 전후 일제 조선군〉, 《한국독립운동사연구》 6, 1992.

3) 松田利彦, 〈日本統治下の朝鮮における警察機構の改編-憲兵警察制度から普通警察制度への轉換をめぐって〉, 《史林》 74-5, 京都大學, 1991.

4) 정광현, 〈3·1운동 관계 피검자에 대한 적용 법령〉, 동아일보사 편, 앞의 책.

별 판결문을 이용했다.

스즈키 게이후(鈴木敬夫)는 3·1운동의 확산 도중에 긴급히 공포된 1919년 제령 제7호의 의미를 살폈다.[5] 제령 제7호는 일제로부터 독립하려는 3·1운동을 진압하는 데 적합한 치안법으로 구상되었음이 밝혀졌다. 또 기존 치안법인 보안법의 조항과 제령 제7호를 비교했다. 이를 통해 제령 제7호가 3·1운동의 대표적 형태인 '다수공동(多數共同)'한 행위에 주목해 형량을 보안법의 최고 2년보다 높은 10년으로 삼았으며, 또 해외에서 전개된 만세운동을 탄압하기 위한 규정을 삽입했음도 밝혀졌다. 미즈노 나오키(水野直樹)도 1925년 치안유지법 제정 이전 조선에서 시행된 치안법령을 검토하면서 보안법과 제령 제7호를 다루었다.[6] 특히 제령 제7호의 제정 이유와 제정 과정을 입안자의 회고를 발굴해 밝혀냈다.

한편, 사사가와 노리가쓰(笹川紀勝)는 3·1운동 판결문 1,200여 건을 조사한 뒤 기존의 통념에 대한 새로운 해석을 제시했다.[7] 그는 조선에서 사법권의 존재 방식에 관심을 가진 뒤 사실인정에서 하급심이 파악한 바를 상급심이 재심한 사례가 많음에 주목했다. 이를 토대로 조선에서 법치주의의 가능성을 시사하면서 식민지에서는 법치주의가 적용되지 않았다는 기존 일본 학계의 견해를 비판했다. 또 그는 3·1운동을 비폭력으로 인정해 내란죄 적용을 거부한 고등법원의 사례를 들어 조선총독부재판소의 사법권이 검사로 대표되는 총독부와 반드시 일치하는 것은 아니라고 주장했다.

---

5) 스즈키 게이후(鈴木敬夫), 《법을 통한 조선 식민지 지배에 관한 연구》, 고려대학교 민족문화연구소, 1989.

6) 水野直樹, 〈治安維持法の制定と植民地朝鮮〉, 《人文學報》 83, 京都大學 人文科學研究所, 2000.

7) 사사가와 노리가쓰(笹川紀勝), 〈3·1운동과 행정법학〉, 《법사학연구(法史學研究)》 26, 한국법사학회, 2002.

기존 연구를 검토하면서 이 주제에 관한 대략적인 윤곽은 밝혀졌지만 재검토하거나 세밀한 분석이 필요한 부분도 적지 않다. 이 글에서는 기존 논의에 의거하면서 다음 두 가지에 중점을 두었다. 우선 3·1운동 피검자들에게 적용된 법률과 형량의 관계에 주목했다. 특히 3·1운동을 조직한 '48인 사건'을 중심으로 관련자의 형량이 다른 이유를 분석했다. 둘째로 총독부의 피검자에 대한 사법 처분 원칙을 살피고, 그 결과를 검토했다. 특히 '48인 사건'의 내란죄 적용 시도와 제령 제7호의 공포에 따른 반응과 영향을 살폈다.

1. 3·1운동의 적용 법률과 형량

3·1운동은 3월 1일 시작되어 도시에서 농촌으로, 국내에서 국외로 확산되었다. 일제는 3·1운동의 확산을 저지하기 위해 폭력적으로 진압했다. 전체 인구의 10%나 되는 약 200만 명이 만세시위에 참가해, 그중에서 공식 집계만으로도 7,500여 명이 살해되고 1만 6,000여 명이 부상했다. 그리고 교회와 학교 49개소, 민가 715호가 불탔다. 경찰의 검거자 수는 무려 4만 6,000여 명에 이르렀다. 만세시위에 참가한 교사는 해직 또는 면관되었고, 학생은 퇴학을 당하거나 진급을 하지 못했다.[8] 1919년 3월부터 12월까지 검거된 사람들 중에서 1만 9,054명이 검찰로 송치되었고, 이 중 7,816명이 유죄 판결을 받았다.[9] 〈표 1〉은 유죄 판결을 받은 이들의 죄명과 형량을 나타낸 것이다.

보안법 위반이 전체 유죄 판결의 71.7%를 차지했고 형법의 소요죄

8) 朝鮮總督府 學務局,《騷擾と學校》, 朝鮮總督府, 1921, 13~15쪽.

형량 죄명	무기형	유기형								벌금	구류	과료	태형	합계
		10년 이상	5년 이상	2년 이상	1년 이상	6개월 이상	6개월 미만	**합계**	집행유예					
불경죄(不敬罪)				1				**1**						**1**
공무집행 방해					1	1		**2**					1	**3**
범인 은닉						1		**1**	1	1			1	**3**
증거인멸								**0**					1	**1**
소요			35	416	412	494	66	**1,423**	104	75			202	**1,700**
방화		10	4	2				**16**						**16**
강간				1				**1**						**1**
도박						1		**1**						**1**
살인	5	11	2			3		**21**						**21**
협박					3	5		**8**					1	**9**
업무 방해					1	2		**3**						**3**
절도					1	1		**2**					1	3
강도			1					**1**						**1**
사기			1			1		**2**						**2**
공갈						1		**1**						**1**
횡령					1			**1**						**1**
훼기(毁棄)					1	4		**5**					1	**6**
보안법				163	1,093	2,535	355	**4,146**	434	15	6	6	1,428	**5,601**
출판법				74	84	89	16	**263**	8				13	**276**
제령 제7호				13	32	67	14	**126**	18				25	**151**
경찰범처벌규칙								**0**			2	1		**3**
도수(屠獸)규칙								**0**		2				**2**
합계	5	21	43	670	1,629	3,205	451	**6,024**	565	93	8	7	1,674	**7,806**

(단위: 명)

※ 출전: 조선총독부 법무국, 《망동사건 처분표(妄動事件處分表)》, 1920.

※ 비고: 집행유예는 유기형을 받은 사람 중에서 집행유예를 받은 사람의 수이므로 합계에서 빠졌다.

표 1. 3·1운동 참가자의 죄명과 형량

가 21.8%로 뒤를 이었다. 출판법과 제령 제7호는 각각 3.5%와 2.1%였다. 곧 3·1운동 참가자에 적용된 22개의 죄명 중 보안법과 소요죄가 93.5%를 점하고 출판법과 제령 제7호를 포함하면 99%를 상회했다. 나머지 위반 사항은 시위 과정에서 우발적으로 발생한 것이었다.

3·1운동 참가자에게 적용된 법률 조항은 보안법 제7조, 형법 제106조·107조의 소요죄, 출판법 제11조, 제령 제7호의 제1조 등이었다. 보안법 제7조는 '정치'에 관해 불온한 언동이나 동작, 타인을 선동·교사하는 행위 등을 규제했다. 독립만세를 부르거나 시위에 참여하는 게 대표적이었다. 최고 형량은 징역 2년이었다. 출판법 제11조는 허가를 얻지 않고 출판한 저작자와 발행자를 처벌했다.[10] 주로 독립선언서를 인쇄하거나 반포한 행위가 해당했다. 최고 형량은 징역 3년이었다. 소요죄는 "다중취합(多衆聚合)하여 폭행 또는 협박"을 한 경우 최고 10년의 징역에 처할 수 있었다. 보안법에 해당하더라도 폭력시위로 전화되었을 경우에 적용되었다.[11]

형량을 보면 41%가 6개월 이상에서 1년 미만의 옥살이를 경험했고, 태형에 처해진 이도 21.4%나 되었다.[12] 최고 형량이 징역 2년인 보안법 위반자 중에서 2년 이상 옥고를 치른 이들도 적지 않은데, 대

---

9) 朝鮮總督府 法務局, 《妄動事件處分表》, 1920년 1월. 이 자료는 1919년 3월 1일부터 12월 말까지 각 재판소에서 처리한 사건 중 조선총독부에 보고된 것을 조사·정리한 것이다. 크게 11가지 항목으로 나누어 조사했다. 검사 처분, 예심 처분, 제1심 판결, 제2심 판결, 제3심 판결, 유죄 확정 판결, 피고인의 연령, 종교, 교육 정도, 직업, 범죄지 및 범죄 시기 등이다.

10) 제1항 국교(國交)를 저해하고 정체(政體)를 변형시켜 붕괴케 하거나 국헌(國憲)을 문란시키는 문서 및 도서를 출판했을 때는 3년 이하의 역형(役刑)에 처한다. 제2항 외교 및 군사의 기밀에 관한 문서 및 도화를 출판했을 때는 2년 이하의 역형에 처한다 등이었다.

11) 평양복심법원장의 표현대로 3·1운동 피검자들은 "폭행을 가한 자는 소요죄로, 운동에 가담한 자는 보안법 위반"으로 처리되었다. 〈평양 검사장의 소요관(騷擾觀)〉, 《매일신보》, 1919년 3월 16일자, 4면.

12) 윤병석은 앞의 글(1969)에서 일제가 체포된 자들에게 "멋대로 태형 내지 사형(私刑)을 가"했으며 검찰에 송치된 자들도 약 50%가 태형을 당했다고 주장하나 자료로 뒷받침된 것은 아니다.

개 이들은 다른 죄와 병합된 결과였다. 특히 방화죄나 살인죄가 병합될 경우 형이 무거워졌다.[13)]

예를 들어, 출동한 순사나 헌병을 살상한 경기도 수원군 송산면 사강리 만세운동의 경우 피검자들에게 보안법, 소요죄, 살인죄 등이 적용되었지만 최종적으로는 형이 무거운 형법 제199조의 '살인죄'가 적용되어 징역 3년 이상의 처벌을 받았다.[14)] 마찬가지로 시위에 참가했다가 주재소와 면사무소 등을 방화한 경기도 안성군 원곡면·양성면 만세운동의 경우에도 보안법, 기물 파손, 소요 등에 해당되었지만 형량이 최소 징역 2년 이상인 형법 제108조·109조의 방화죄가 적용되었다.[15)]

그렇다면 행위에 따른 법률의 적용과 형량은 어떻게 결정되었을까? 〈표 2〉는 독립선언서에 서명한 33인과 3월 1일 시위를 계획한 15인을 포함한 이른바 '48인 사건'의 형량과 적용 법조항을 분석한 것이다.

48인에게 적용된 법률은 보안법 제7조와 출판법 제11조였다.[16)] 형량은 출판법에 규정된 최고 징역 3년에서 무죄까지 다양했다. 출판법 제11조 위반은 독립선언서, 곧 허가받지 않은 문서의 작성과 출판에 관여

---

13) 제108조 불을 질러 현재 사람이 주거로 사용하거나 사람이 현재하는 건조물, 기차, 전차, 함선 또는 광갱(鑛坑)을 소훼(燒燬)한 자는 사형 또는 무기 혹은 5년 이상의 징역에 처한다.
제109조 불을 질러 현재 사람이 주거로 사용하지 않거나 사람이 현재하지 않는 건조물, 함선 혹은 광갱을 소훼한 자는 2년 이상의 유기징역에 처한다.
제199조 사람을 살해한 자는 사형 또는 무기 혹은 3년 이상의 징역에 처한다.
山口吸一 編,《改訂 朝鮮制裁法規 全》, 朝鮮圖書出版株式會社, 1939, 338·345쪽.

14) 독립운동사편찬위원회 편,《독립운동사 제2권: 3·1운동사(상)》(이하 '《독립운동사》 제2권'), 독립유공자사업기금운용위원회, 1975, 165~167쪽; 독립운동사편찬위원회 편,《독립운동사자료집 5: 3·1운동 재판 기록》(이하 '《독립운동사자료집》 5'), 독립유공자사업기금운용위원회, 1971, 378~399쪽.

15) 《독립운동사》 제2권, 175~177쪽;《독립운동사자료집》 5, 422~482쪽.

16) 제령 제7호 제1조와 함께 형법 제6조의 규정에 따라 보안법의 형이 적용되었다.

인명	적용 법조항		형량	비고
	출판법	보안법		
손병희, 최린, 권동진, 오세창, 한용운	제11조 제1호 제1항	제7조	징역 3년	형법 제54조 제1호 후단
이종일	제11조 제1호, 제2호	제7조	징역 3년	
함태영	제11조 제1호		징역 3년	
이인환(이승훈)		제7조	징역 3년	형법 제56조 제1호
최남선	제11조 제1호		징역 2년 6개월	
이갑성, 김창준, 오화영	제11조 제1호 제1항	제7조	징역 2년 6개월	
신홍식, 최성모, 나인협, 홍기조, 나용환, 김완규, 이종훈, 홍병기, 박준승, 이필주, 박동완, 신석구, 백상규, 권병덕, 양전백, 이명룡, 임예환, 노기덕, 김원벽, 유여대		제7조	징역 2년	
정춘수, 이경섭		제7조	징역 1년 6개월	
김홍규	제11조 제2호		징역 1년	형법 63조
한병익		제7조	징역 1년	
박인호, 노헌용, 송진우, 현상윤, 정노식, 김도태, 길선주, 임규, 안세환, 김지환, 김세환			무죄	증거 불충분

※ 출전: 정광현, 〈3·1운동 관계 피검자에 대한 적용 법령〉, 동아일보사 편, 《3·1운동 50주년 기념 논집》, 동아일보사, 1969.

표 2. 손병희 등 '48인 사건' 관련자들의 형량과 관련 법조항

했는지, 독립선언서를 교부·반포했는지에 따라 6개월의 형량 차이를 보였다. 손병희 등 전자의 경우는 징역 3년에, 이갑성 등 후자는 징역 2년 6개월에 처해졌다. 이들은 모두 출판법과 보안법에 저촉되었지만 "범죄의 수단 또는 결과인 행위가 다른 죄명에 저촉될 때는 가장 무거운 형으로써 처단"한다는 형법 제54조 제1항에 따라 출판법이 적용되었다. 또 최남선은 독립선언서를 작성했지만 태화관 모임에는 참석하지 않았기 때문에 징역 2년 6개월의 형량을 받았다.

또 보안법만 적용했을 경우 신홍식 등처럼 태화관 집회에 참석하면 징역 2년, 정춘수와 이경섭처럼 각각 원산과 곡산에서 참여한 경우는 징역 1년 6개월에 머물렀다. 강기덕과 김원벽은 태화관 집회에 참석하지 않았지만 당일 학생시위 주동자로서 대열을 선동했기 때문에 징역 2년형을 받았다. 한편, 태화관 집회 대신 의주에서 독립선언서를 배포·낭독하고 선언식을 거행한 유여대는 징역 2년형에, 다른 사람과 함께 독립만세를 불렀던 한병익은 징역 1년형에 처해졌다.

한편, 독립선언서에 서명을 했지만 독립선언서의 저작·출판·교부·반포에 관여하지 않고 태화관 집회에도 참석하지 않은 이들은 모두 무죄로 처리되었다. 이인환은 보안법에만 저촉되었지만 재범[17]이었기 때문에 징역 3년형을 받았다. 김홍규는 독립선언서를 인쇄했지만 이종일의 명에 따른 종범(從犯)이었기 때문에 형법 제63조에 따라 징역 1년형으로 감형되었다.[18]

이처럼 보안법의 형량은 집회의 성격뿐 아니라 집회에서의 역할과 행동 등에 따라서 달라졌다. 또 출판법의 최고 형량이 징역 3년이었지만 출판물을 불법으로 간행·반포했다고 해서 모두가 최고형을 받지는 않았다. 3·1운동의 경우 그 출판물이 주로 독립선언문이었고, 독립선언문의 간행·반포에 관여하는 경우 대부분 주모자였기 때문에 보안법보다 높은 형량을 선고받았다.

---

17) 징역형을 받고 그 집행을 마치거나 면제된 날로부터 5년 이내에 다시 죄를 범하여 유기징역에 처해질 때는 이를 재범으로 한다. 山口吸一 編, 앞의 책, 335쪽.

18) 종범(從犯)의 형(刑)은 정범(正犯)의 형에 비추어 감형(減刑)한다. 위의 책, 335쪽.

2. 보안법의 한계와 제령 제7호

1) 제령 제7호의 제정과 적용

총독부는 3·1운동을 강경하게 진압했을 뿐 아니라 검거된 이들에게는 법이 허용하는 범위에서 되도록 중형을 가해 처벌의 효과를 높이고자 했다. 이러한 방침은 3·1운동에 대한 보도 금지가 해제된 3월 7일 이후 《매일신보》와 《경성일보》에 나란히 실렸다. 우선 고쓰 유우야(鄕津友彌) 경성지방법원 검사국 검사정의 발언을 살펴보자.

> 법은 엄정하다. 이번 소요사건은 보통 사건과는 전혀 취지가 달라서 사회와 국가에 많은 해독을 끼치기 때문에 무조건 근절해야 한다. 따라서 이들 소요에 참가한 무리에게는 법이 허락하는 한도에서 어디까지든지 엄벌에 처하는 것이 마땅하다. 재판소는 조금도 가차 없이 혹독하게 처분할 계획이다. …… 감옥은 이미 수백 명이라도 수용될 수 있도록 준비가 완료되었으니 취조받는 자는 누구든지 수감할 것이다.[19]

같은 날 고쿠부 산가이(國分三亥) 사법부 장관도 남녀, 학생 여부를 불문하고 엄중히 처분할 것을 밝히면서 조선의 감옥 설비는 이들을 수용하기에 충분하다고 강조했다.[20] 또 마쓰데라 다케오(松寺竹雄) 평양복심법원 검사장은 한두 학교의 폐교를 볼지언정 운동에 가담한 모든 학생을 검거할 뜻을 밝혔다.[21] 이 발언들은 3·1운동 가담자에 대

19) 〈호불가차(毫不假借) 고쓰(鄕津) 검사(檢事) 정담(正談)〉, 《매일신보》, 1919년 3월 8일자, 2면; 〈法は嚴正寸毫も假借せぬ〉, 《경성일보(京城日報)》, 1919년 3월 7일자, 3면.

20) 〈국법(國法) 엄존 고쿠부(國分) 사법부 장관 담(談)〉, 《매일신보》, 1919년 3월 8일자, 2면.

21) 〈평양 검사장의 소요관〉, 《매일신보》, 1919년 3월 16일자, 4면.

한 사법부의 엄벌 방침을 공개적으로 밝힘으로써 또 발생할지 모를 운동의 참가자들에게 경고해 운동을 미연에 방지하려는 의도였다.

이처럼 징역형을 강하게 시사하는 한편으로 형량의 강화를 꾀했다. 그 구체적 시도가 제령 제7호의 제정과 3·1운동 참가자에 대한 내란죄 적용이었다. 3·1운동에 효과적으로 대처하기엔 기존 법령의 허점이 드러났기 때문이다.

이에 따라 3·1운동을 직접적으로 겨냥한 새로운 치안법이 구상되었다. 3·1운동 당시 조선총독부 사법부 법무과장이었던 야마구치 사다마사(山口貞昌)는 사법부 장관에게 총독의 책임으로 처벌에 필요한 긴급제령 발포를 진언했다. 그러나 장관은 긴급제령안을 승인하지 않고, 보통제령안의 작성을 야마구치에게 명했다. 야마구치는 안을 작성한 뒤 도쿄로 가서 법제국과 교섭해 제령 제7호를 만들었다.[22] 이 법은 4월 15일 '정치에 관한 범죄 처벌의 건'으로 공포·시행되었다.[23]

이 법은 아래에서 보듯이 전문 3조의 매우 거칠고도 간략한 법이었다. 법의 제안에서 공포까지 한 달이 채 걸리지 않았던 것을 감안하면 기존 법에서 보완이 필요한 부분만 신설했음을 알 수 있다.

> 제1조 정치의 변혁을 목적으로 다수공동하여 안녕질서를 방해하거나 또는 방해하려는 자는 10년 이하의 징역 또는 금고에 처한다. 형법 제2편 제2장의 규정(내란죄-인용자)에 해당하는 자는 본령(本令)을 적용하지 않는다.

---

22) 水野直樹, 앞의 글, 105쪽.

23) 이 법의 정식 명칭은 '대정 8년 제령 제7호 정치에 관한 범죄 처벌의 건'이었지만 제정 당시에는 3·1운동의 대응이라는 의미에서 '소요처벌령'으로도 불렀다. 〈소요처벌령〉, 《매일신보》, 1919년 4월 16일자, 2면.

제2조 전조(前條)의 죄를 범한 자가 발각 전에 자수하였을 때는 그 형을 감경(減輕) 또는 면제(免除)한다.

제3조 본령은 제국 밖에서 제1조의 죄를 범한 제국 신민에게도 이를 적용한다.

그렇다면 기존 보안법의 한계는 무엇이었나? 우선, 보안법은 최고 형량이 2년이었다. 형법의 소요죄가 목적에 관계없이 최고 10년을 규정했지만 '다수가 모여 폭행이나 협박을 하는' 것을 전제로 했다. 다수가 모이더라도 평화적 시위는 적용 대상이 아니었다. 따라서 조선총독부는 2년의 징역형으로는 법률로 제재하는 의의를 충분히 살릴 수 없다고 판단했다.[24]

또 제령 제7호 제3조에 따라 일본의 영토 밖, 곧 간도나 노령에서 전개되던 각종 독립운동을 탄압할 수 있었다. 이 조항은 비단 해외에서의 3·1운동뿐 아니라 3·1운동 이전부터 활발하게 활동하던 독립운동단체를 겨냥한 것이었다.[25] 게다가 보안법이 조선인만을 대상으로 하던 것을 넘어서 '제국 신민'인 일본인과 '외국인'에게도 효력을 미쳤다.[26]

보안법은 1907년에 만들어진 법이었다. 자강단체가 활발하게 활동하던 한말의 정치적 상황을 반영한 법이었다. 곧 개개인의 정치적 언설과 행동을 통제하는 법이었다. 그런데 3·1운동은 개인이 아닌 다

24) 〈신처벌령(新處罰令)에 취(就)하야-고쿠부 사법부 장관 담〉, 《매일신보》, 1919년 4월 17일자, 2면.

25) 강덕상은 이 법의 제정 이유를 "민족주의자가 상하이에 대한민국임시정부를 수립하고 그 지하공작이 조선으로 침투하는 것에 대한 대응책의 하나"라고 보았다(姜德相 編, 〈資料解說〉, 《現代史資料(25): 朝鮮(一) 三·一運動(一)》, みすず書房, 1966년, 35쪽). 그러나 이 견해는 대한민국임시정부의 수립 시기와 제령 제7호의 제안 시점을 고려하면 설득력이 떨어진다.

26) 〈신처벌령에 취하야-고쿠부 사법부 장관 담〉, 《매일신보》, 1919년 4월 17일자, 2면.

수가 공동의 목적을 향해 정치적 발언과 행위를 쏟아내었다. 단순히 다수가 모인 데서 나아가 동일한 목적을 향유하는 것을 전제로 했다. 이는 이전과 다른 새로운 운동 방식이었고, 제령 제7호는 이와 같은 운동 형태에 시급히 대응하기 위한 법이었다.

일제는 제령 제7호의 공포와 함께 조선인들의 반응을 살폈다. 경성에서는 10년형에 처할 수 있는 준엄한 규정에 지식인을 중심으로 동요가 일었고, 나아가 손병희 등에게도 소급 적용되지 않을까 걱정하는 분위기가 탐지되었다.[27] 반면에 이 법의 제정이, 군대를 증파해 타이완의 생번(生蕃, 타이완 원주민을 낮춰 부르던 명칭)을 토멸(討滅)했던 것처럼 조선인을 멸망시키려 한다면 조선인은 더욱 반항심을 갖게 되어 오히려 도움이 되지 못할 거라는 경고도 있었다.[28]

함북에서는 새 법의 형량에 놀라면서도 제2조의 자수 조항을 둔 것으로 볼 때 총독부의 목적은 처벌보다 겁을 주기 위한 것이므로 제령 제7호를 전혀 신경 쓸 필요가 없다고 했다.[29] 또 평남에서도 동법의 제정이 3·1운동 참가자에 대한 위협용이라면서 이미 운동이 소강상태에 접어든 만큼 당분간 제령 제7호를 적용할 일이 없을 것으로 전망했다.[30]

실제로 제령 제7호는 조선인들이 예상했던 것처럼 총독부의 기대에 부응하지 못했다. 〈표 3〉은 경찰서에서 검사국으로 넘긴 사람들에 대한 검사국의 처분 결과이다. 전체의 70%에 가까운 인원이 보안법 위반으로 송치되었고, 다음으로 24%가 소요죄 혐의를 받았다. 3·1운

27) 姜德相 編, 〈騷密 第475號(1919. 4. 19), 騷擾事件ニ關スル民情彙報(第4報)〉, 앞의 책, 392쪽.
28) 姜德相 編, 〈騷密 第432號(1919. 4. 18), 騷擾事件ニ關スル民情彙報(第3報)〉, 위의 책, 391쪽.
29) 姜德相 編, 〈騷密 第911號(1919. 4. 26), 騷擾事件ニ關スル民情彙報(第9報)〉, 위의 책, 404쪽.
30) 姜德相 編, 〈騷密 第694號(1919. 4. 23), 騷擾事件ニ關スル民情彙報(第7報)〉, 위의 책, 403쪽.

적용 법	수리 인원(%)	종국(終局)		타 청 송치	합계	미종국(未終局)
		기소(기소율)	불기소			
보안법	13,096(68.7)	6,527(49.8)	5,533	995	13,055	41
제령	1,180(6.2)	355(30.1)	697	37	1,089	91
소요	4,566(24.0)	2,275(49.8)	1,399	890	4,564	2
기타	212(1.1)	98(46.2)	83	31	212	
합계	19,054(100.0)	9,255(48.6)	7,712	1,953	18,920	134

(단위: 명)

※ 출전: 조선총독부 법무국, 《망동사건 처분표》, 1920.

표 3. 3·1운동 피검자의 검사 처분 결과

동의 대응책으로 제정된 제령 제7호 적용 대상자는 6.2%에 불과했다.

경찰이 피의자들을 제령 제7호 위반으로 송치했지만 검사의 기소율은 30%에 그쳤다. 50%에 육박하는 보안법 위반이나 소요죄에 비하면 상당히 낮은 수치였다. 불기소의 주된 이유는 증거 불충분이었다.[31]

또 보안법 제7조와 제령 제7호 제1조는 범죄 구성요건을 같이했다. 고등법원은 "동시에 양자의 구성요건을 구비한 행위가 제령 실시 이전에 행해지고 그 실시 후에 처단"될 경우에는 형법 제6조를 따르도록 판시했다.[32] 형법 제6조는 "범죄 후의 법률에 의해 형의 변경이 있는 경우" 가벼운 것을 적용하는 조항이었다. 예를 들어, 1919년 3월 1일을 전후해 발생한 '48인 사건'은 보안법 제7조뿐 아니라 4월 15일 공포된 제령 제7호 제1조에도 해당되었다.[33] 이 경우 형법 제6

31) 朝鮮總督府 法務局, 《妄動事件處分表》의 '검사 처분' 참조.

32) 朝鮮高等法院 書記課 編, 《朝鮮高等法院判決錄》 제6권, 215쪽.

33) 스즈키 게이후, 앞의 책, 183쪽.

조에 따라 최고 10년형의 제령 제7호가 아닌 최고 형량 2년의 보안법을 적용해야 했다. 역으로 이것은 제령 제7호로 처벌하기 위해서는 4월 15일 이후에 시위가 발생했을 때만 가능함을 의미했다.

2) 내란죄 적용 시도

보안법은 일본 본토의 치안경찰법을 모방해 제정되었지만, 3·1운동 이전까지 활발하게 적용되지는 않았다.[34] 오히려 1910년대에는 '형법대전'의 제195조 "정부를 전복하거나 또는 기타 정사(政事)를 변경하기 위해 난을 일으킨 자는 교(絞)에 처"한다는 규정을 이용해 항일의병운동을 탄압했다.[35] 1910년대만 하더라도 의병운동이 잔존해 있었기 때문에 최고 형량이 2년에 불과한 보안법보다 사형까지 가능한 '형법대전' 규정을 더 선호했다.

그런데 이 '형법대전'은 1918년에 폐지되었기 때문에 지역의 소소한 사건은 별개로 치더라도 3·1운동 주모자에겐 '형법대전'을 대신할 만한 규정이 필요했다. 그 대안이 형법 제77조·제78조에 규정된 내란죄였다. 내란죄는 "정부를 전복하거나 방토(邦土)를 참절(僭竊)하고, 기타 조헌(朝憲)을 문란시키는 것을 목적으로 하여 폭동을 일으킨 자"를 대상으로 했다. 목적과 행위가 일치하는 것을 요건으로 했다. 형량은 주모자의 경우 사형 또는 무기징역, 모의에 참여하거나 군중을 지휘하면 무기 또는 3년 이상의 금고, 기타 제반 직무에 종사하면 1년 이상 10년 이하의 금고에 처해졌다. 또 부화뇌동해 단순히 폭동

---

34) 1918년까지 경성지방법원 관내에서 보안법이 적용된 사례는 1912년 1명, 1915년 15명, 1917년 13명에 불과했다. 村崎滿, 〈保安法の史的素描〉, 《朝鮮司法協會雜誌》 제22권 제11호, 1943. 11, 29·30쪽.

35) 스즈키 게이후, 앞의 책, 72~74쪽.

에 가담하기만 해도 3년 이하의 금고에 처해질 정도로 가혹한 조항이었다.[36)]

내란죄에 대한 최초의 언급은 제령 제7호의 공포 즉시 나왔다. 제령 제7호 제1조에 단서 조항으로 형법 제2조 제2항, 곧 내란죄에 해당하는 자는 제령 제7호를 적용하지 않는다는 것을 부기했다. 당시 경성지방법원 검사국에서 소요 관계 주임검사를 맡고 있던 가와무라 세이스이(河村靜水)는 "금회의 소요사건이 내란죄를 구성하는지에 대해 확실히 말하기는 어렵지만 어디까지나 재판소는 엄정하게 대처할 것"[37)]이라고 입장을 밝혔다. 모호한 표현이지만 제령 제7호의 제정 목적이 3·1운동 참가자 처벌에 있었으므로 이 단서 조항의 삽입은 3·1운동 참가자, 특히 '48인 사건'을 염두에 두고 본격적인 법률 검토에 들어갔음을 보여준다.

그 뒤 1919년 8월 1일 경성지방법원은 예심 결정서에서 손병희 등이 "대정 8년(1919) 2월 중 공모하여 제국 영토의 일부분인 조선을 제국의 통치에서 이탈시켜 그 지역으로써 독립국을 건설할 것을 목적"으로 조선인들에게 평화 교란을 선동하고 나아가 "조헌을 문란케 할 불온문서를 공표함으로써 각지에 조선독립운동을 개시"케 하고, 더욱이 그 독립운동이 폭동을 일으킬 요소가 있음을 "미리 알면서"도 독립선언서를 다수 인쇄·배포함으로써 도처에서 많은 군중이 조선독립시위운동을 일으키게 했으며, 피고들의 선동에 응해 "황해도 수안군 수안면, 평안북도 의주군 옥상면, 경기도 안성군 양성면 및 원곡면 등에서 조선독립을 목적으로 하는 폭동을 야기한 사실"을 적시

36) 山口吸一 編, 앞의 책, 336쪽.

37) 〈今回の騷擾事件が內亂罪を構成するか〉, 《경성일보》, 1919년 4월 18일자, 2면; 〈정치범과 내란죄-신처벌령의 부적용죄(不適用罪)에 대하야〉, 《매일신보》, 1919년 4월 18일자, 2면.

했다.[38] 이 사건은 단순히 출판법과 보안법 위반으로 볼 것이 아니라 '조헌 문란의 목적으로 폭동을 일으킨' 형법의 내란죄에 해당한다는 것이었다.

전국 각지에서 일어난 3·1운동 중 일제가 시위 참가자에게 내란죄를 적용한 사례는 '48인 사건', '안성 사건', '의주 사건', '수안 사건' 등이었다.[39] '수안 사건'은 3월 3일 황해도 수안군에서 천도교도를 중심으로 시위를 전개하고 헌병분대를 습격해 헌병대의 철수를 주장하다가 헌병의 사격으로 다수의 사상자가 발생한 사건이었다.[40]

또 '안성 사건'은 4월 1일 경기도 안성군 양성면과 원곡면에서 2,000여 명의 시위 행렬이 주재소를 불태우고 우편소를 파괴했으며, 양성면사무소의 호적 원부 등 문서와 기물을 파괴하고 일본인 상점을 부순 사건이었다.[41]

그리고 '의주 사건'은 4월 2일에 의주군 옥상면민 2,000여 명이 시위 중 "우리는 이미 독립을 집행했으니 금일 이후 면사무소를 마땅히 폐지하고 우리가 새로 조직할 자치민단(自治民團)에 면사무소 청사와 비품, 재산 등을 일체 넘겨라"라고 선언한 뒤 옥상면사무소를 접수해 십여 일간 자치민단 사무를 집행한 사건이었다.[42]

내란죄가 성립하기 위해서는 독립을 달성한다는 '조헌 문란'의 뚜렷한 목적 아래 '폭동'이 일어났음을 밝혀야 했다. 곧 내란죄 구성요건은 독립을 목적으로 시위를 전개했는지, 독립을 달성하기 위해 '폭

---

38) 《독립운동사자료집》 5, 13쪽.

39) 〈內亂罪の決定期〉, 《조선신문》, 1919년 10월 11일자, 2면.

40) 《독립운동사》 제2권, 263~265쪽.

41) 위의 책, 175~177쪽.

42) 위의 책, 466쪽.

동'을 일으켰는지의 여부였다. 그리고 둘 다 직접 연관이 있어야 했다.

'48인 사건'과 '안성 사건', '수안 사건'은 법리적으로 서로 연관되어 있었기 때문에 이 사건들에 대한 고등법원 판결은 모두 1920년 3월 22일 결정되었다. 고등법원은 세 사건 모두 내란죄의 성립을 인정할 수 없다는 취지에서 사건을 경성지방법원으로 돌려보냈다. 특히 '48인 사건'에 대해 고등법원은 내란죄로 보기 힘들며 보안법 제7조, 제령 제7호 제1조, 출판법 제11조 제1항을 위반한 것으로 결정했다.[43]

이를 자세히 살펴보면, '48인 사건'의 경우 독립선언서에서 "단지 조선 민족 된 자는 최후의 일인, 최후의 일각까지 독립의 의사를 발표하여 서로서로 분기하여 제국의 기반을 벗어나 조선독립을 도모하지 않으면 안 될 것을 격려·고무"한 데 그쳤을 뿐이므로 내란교사죄를 적용할 수 없다고 보았다. 또 간혹 '폭동'이 일어났다고 해도 그것은 그 '폭동'을 일으킨 자의 자발적 의사로, 격려·고무한 사람에게 내란교사의 죄를 물을 수 없다고 보았다.[44]

또 폭동을 일으키더라도 '조헌 문란'의 목적을 달성할 수단으로서 행한 것이 아닐 때에는 내란죄를 구성하기 힘들다고 보았다. 예를 들어, '수안 사건'에서 시위대가 수안헌병분대 사무실에 몰려든 행위는, '조헌 문란'의 목적은 분명하나 조선인으로서 "조선독립의 희망이 치열함을 세상에 보이기 위한 수단"일 뿐 조선독립을 달성하기 위한 수단으로 실행한 것이 아니라고 보았다. 단지 과격했을 뿐이었다. 따라서 이것은 소요죄는 몰라도 내란죄를 구성할 수 없었다.[45]

'안성 사건'의 판결에서는 '폭동' 자체를 인정하지 않았다. 안성의

---

43) 鈴木敬夫, 앞의 책, 181~183쪽.

44) 《독립운동사자료집》 5, 26·27쪽.

45) 위의 책, 26·27·701·702쪽.

경우도 그 목적은 뚜렷하지만 "다수가 공동으로 조선독립만세를 부르면서 관공서에 방화하거나 파괴하고, 공문서나 집기류를 훼손한 행위" 등은 폭동 행위가 아니라 주거 침입, 기물 파손 등 형법의 각 조항에 해당하는 사항이었다. 이러한 행위의 목적은 '수안 사건'과 마찬가지로 조선독립의 희망을 세상에 선전함에 있으며 '조헌 문란'의 목적은 아니라는 게 고등법원의 판결이었다.[46]

요컨대 3·1운동이 거세게 확산되던 1919년 4월에 경성지방법원은 3·1운동 참가자에게 법정 최고형을 내릴 수 있는 내란죄를 적용함으로써 시위를 진정시키고자 했다. 이러한 시도는 고등법원의 결정에서도 드러나듯이 신중하고 엄격한 법 해석의 결과이기보다 시급한 정세에 대응하는 정치적 판단이었다. 그 결과 전국 각지에서 전개된 3·1운동이 손병희 등의 고무·격려에 힘입은 바 크지만, 그것은 촉매제로 작용했을 뿐 억눌려 있던 조선인들이 자발적으로 확대해갔음을 일제는 인정할 수밖에 없었다.

민족운동과 사상통제법의 관계

총독부는 주로 보안법 제7조, 제령 제7호 제1조, 형법 제106조·107조의 소요죄, 출판법 제11조를 적용했다. 3·1운동 참가자에 대한 형량은 시위의 폭력성 여부, 독립선언서의 제작·배포 유무에 크게 좌우되었다. 그 외의 시위 참가자에게는 주도성, 적극성 여부가 주요한 판단 기준으로 작용했다. 이 때문에 3·1운동을 기획한 33인을 포함한

46) 위의 책, 432쪽.

48인보다 시위 중에 주재소를 방화하거나 출동한 순사·헌병을 살상하는 등 폭력성을 드러낸 다수의 민중이 더 엄한 처벌을 받았다. 보안법의 최고 형량인 2년 이상을 선고받은 피검자의 경우 대부분 소요죄나 출판법 위반 등으로 병합 처리되었다.

그런데 총독부는 피검자들에게 법을 적용하는 과정에서 기존 치안 법령들의 한계를 발견하게 되었다. 그 한계는 형량의 문제뿐 아니라 새로운 운동 형태에 적절하게 대응하지 못하는 데서 비롯되었다. 총독부는 3·1운동의 주모자인 '48인 사건' 관계자에게 내란죄를 적용하려 했지만 무리한 법 해석으로 인해 사법부 내에서 철회되었다.

또 제령 제7호를 적용했지만 충분하지 않은 증거, 예측하지 못한 법률상의 문제 등으로 인해 법 제정의 취지를 제대로 살리지 못했다. 제령 제7호는 여러 한계를 지니긴 했지만 이후 총독부 치안 관련 법안의 입법 활동에 많은 영향을 끼쳤다. 총독이 명령을 발하는 긴급제령의 형식은 이루어지지 않았지만, 이후 총독부는 총독의 제령권을 폭넓게 사용하고자 했다. 노동운동과 농민운동이 한층 격렬해지고 공산주의운동이 세력을 확산시켜가던 1924년에 치안경찰령을 제령으로 공포하고, 1925년 치안유지법 통과가 애매할 때 제령으로 조선에 실시하려던 시도는 모두 이러한 경험에서 비롯되었다.[47]

---

47) 장신, 〈1920년대 민족해방운동과 치안유지법〉, 《학림》 19, 연세대학교 사학연구회, 1998 참고.

5장

3·1운동과 일본군 동향, 그리고 제국 운영

신주백

조선 통치에서 일본군의 의미와 연구 동향

일본의 해외 영토 개척 방식은 영국 등과 달랐다. 군대가 먼저 가서 현지 주민을 무력으로 제압해 상황을 정리한 이후 관료들이 취임하고 이민을 실시하는 방식이었다. 영국처럼 종교인, 상인 등 민간인이 미지의 영토에 먼저 건너가고, 이어 그들을 보호한다는 명분 아래 군대가 출동한 경우가 많았던 사례와 확연히 다른 진출 방식이다.

무력을 갖춘 군대가 먼저 가서 현지를 장악했으니 당하는 사람의 처지에서는 저항이 불가피하다. 달리 말하면 상처가 깊을 수밖에 없다는 것이다. 침략자는 이를 경계하기 위해 더욱 강한 완력을 동원한다. 1910년 이전 대한제국의 상황이 딱 그랬다. 그때까지 보여준 일본군의 모습에서 한반도 침략의 선봉대였음을 확인하기는 어렵지 않다. 동시에 일본군은 다른 민족을 지배하고 통치를 지속하기 위한 최후의 보루였다. 이 역시 1919년 3·1운동 때 보여준 일본군의 모습에서 쉽게 확인된다.

주지하듯이 3·1운동은 조선인의 만세시위를 중심으로 전개된 독립운동이었다. 3·1운동은 한반도 구석구석에서 일본의 지배에 저항한 움직임이었을 뿐만 아니라 조선인이 거주하는 거의 모든 해외에서 독립을 열망하는 의사 표현이었다. 일본으로서는 식민지 조선을 지배하고 통치할 수 있는 근간이 뿌리째 흔들리는 사건이었다. 또한 제국의 운영 능력에 의문을 제기하는 사건이기도 했다. 일본의 입장에서 3·1운동 당시 동요와 불안을 일거에 제거할 수 있는 수단이 군대를 동원한 무력 진압이었다.

그런데 식민지 조선에서 군대가 차지하는 의미, 특히 1910년대 일본의 식민통치를 '헌병경찰통치'라고까지 말하면서도 정작 3·1운동 당시 일본군의 움직임에 대해 제대로 정리하거나 연구한 성과가 없다. 이는 자료가 부족해서가 아니라 일본군의 편제와 위치에 관한 기초적인 파악조차 제대로 이루어지지 않았던 데 기본 이유가 있다.

일례로 3·1운동 때 일본군의 대표적인 잔혹행위로 자주 언급되는 4월 15일 제암리 학살사건만 보아도 알 수 있다. 제암리 학살사건을 일으킨 부대는 조선군 산하 제20사단 제40여단의 보병 제79연대였다.[1] 제79연대의 본부는 오늘날 전쟁기념관이 자리하고 있는 용산병영에 있었다. 방화와 학살의 주모자는 아리타 도시오(有田俊夫) 중위와 11명의 군인이었다. 이를 정확히 언급한 글도 있지만, 한국민족문화대백과사전을 비롯해 문화관광 정보를 소개하는 공공 사이트와 언론매체 등에서 잘못 언급하는 경우가 여전히 많다. 아리타 중위가 이

1) 〈有田中尉に係る裁判宣告の件〉,《密大日記》 4冊の内 2(大正 8年 8月 21日). 제암리 학살사건의 주모자인 아리타 도시오(有田俊夫)는 당시 '살인 및 방화' 혐의로 기소되었지만, 1919년 8월 21일에 조선군 용산 육군군법회의에서 무죄 선고를 받았다.

끌던 부대가 보병 제78연대라거나 제39여단 소속의 보병 제79연대라고 서술하는 글도 있고, 헌병 제78연대 또는 헌병이 사건을 주도했다고 언급한 글도 있다.

조선인의 저항에 대한 일제 탄압의 실상을 알기 위해서는 헌병경찰만이 아니라 군부대의 동향도 파악해야 한다. 3·1운동 전개 과정과 맞물려 일본군의 대응 방식은 크게 세 차례, 곧 만세시위 직후, 3월 12일자 분산 배치 명령, 그리고 본토에서 파견된 마지막 병력이 도착한 4월 13일 이후로 구분할 수 있다. 먼저, 제1절에서 1910년대 한반도에서의 일본군 상황을 정리하고, 이어 제2, 3절에서 세 차례 바뀌는 조선인에 대한 일본군의 탄압 양상을 고찰했다. 다만 여기서는 헌병경찰을 제외한 군대의 동향을 살피되 헌병경찰의 움직임을 염두에 두고 접근하겠다. 조선군의 움직임을 정리할 때는 일본의 식민지 조선에 대한 지배정책과 제국 운영 전략도 함께 파악하고자 한다.

1. 3·1운동 이전 조선군의 현황

한반도에 주둔한 일본군은 여러 차례 명칭을 바꾸었다. 일본은 1904년 2월 러일전쟁을 일으킨 직후인 3월에 '한국주차군'을 편성했고, 한국병합 이후 '조선주차군'으로 명칭을 바꾸었다. 여기에서 말하는 '주차(駐箚)'란 말은 본토 주둔군이 1, 2년 동안 잠시 조선에 건너와 파견 근무를 한다는 의미이다. 하지만 1907년 제국 국방 방침에서 제1 적을 러시아로 상정한 일본 군부는 최전선인 조선에서 안정된 군사 전략을 펼치고 싶었다. 그래서 1915년 제국의회는 2개 사단을 조선에 상주시키고 조선군사령부를 두는 예산을 통과시켰다.[2)]

상주 사단인 제19사단은 1916년 4월 용산병영에서 사령부를 창설하고 산하 부대의 편성을 3·1운동 직전인 1919년 2월까지 끝마쳤다. 제20사단의 편성은 1916년 4월 용산병영에 본부를 둔 제40여단을 편성하면서 시작되어 1921년 4월에야 완료되었다. 용산병영에 사령부를 둔 제20사단은 3·1운동이 일어난 와중인 4월 1일부터 공식 업무를 시작했다. 이에 따라 제19사단 사령부는 4월 10일 함경북도 나남으로 이전해 함경도와 강원도 지방을 위수지역(衛戍地域)으로 삼았으며, 러시아 및 동만주 지역과 인접한 국경 수비도 담당했다. 제19, 20사단을 창설하는 일을 추진하던 중인 1918년 6월, 일본은 2개 사단을 지휘할 지휘부를 조선주차군사령부에서 조선군사령부로 개편한 데 이어 조선주차헌병대도 조선헌병대로 개편했다. 조선군사령부는 용산병영에, 조선헌병대사령부는 오늘날 충무로 한옥마을이 자리한 곳에 있었다.

조선군은 식민지 조선만이 아니라 베이징-만주-블라디보스토크까지를 작전권역으로 설정했다.[3] 또한 식민지 조선의 통치와 관련해서는 조선총독의 직접 지휘를 받았다.[4] 달리 말하면 대륙 침략의 최전선 부대인 조선군과 진해에 있는 해군방비대는 민간인 신분의 조선총독이 조선 통치와 관련해 출동을 명령하면 이를 따라야 했다. 1919년 시점에 7,900명이 넘는 헌병경찰과 헌병보조원이 있었음에도 불구하고 3·1운동 첫날부터 군대가 개입한 이유도 여기에 있다. 3·1

---

2) 1910년대 식민지 조선에서의 일본군, 헌병경찰의 동향에 관해서는 신주백, 〈1910년대 일제의 조선 통치와 조선에 주둔한 일본군〉, 《한국사연구(韓國史硏究)》 109, 2000 참조.

3) 일본이 대륙으로 향하는 길목에서 육군을 어떻게 운영하려고 했는지, 그에 따라 식민지 조선을 어떻게 운영하려고 했는지 짐작할 수 있는 대목이다. 이에 대한 자세한 설명은 추후 관련 부분에서 다루겠다.

4) 〈陸軍省受領 密受 第320號 朝鮮總督御委任ノ件(1910. 9. 1)〉, 《密大日記》 M43-1, 278·279쪽.

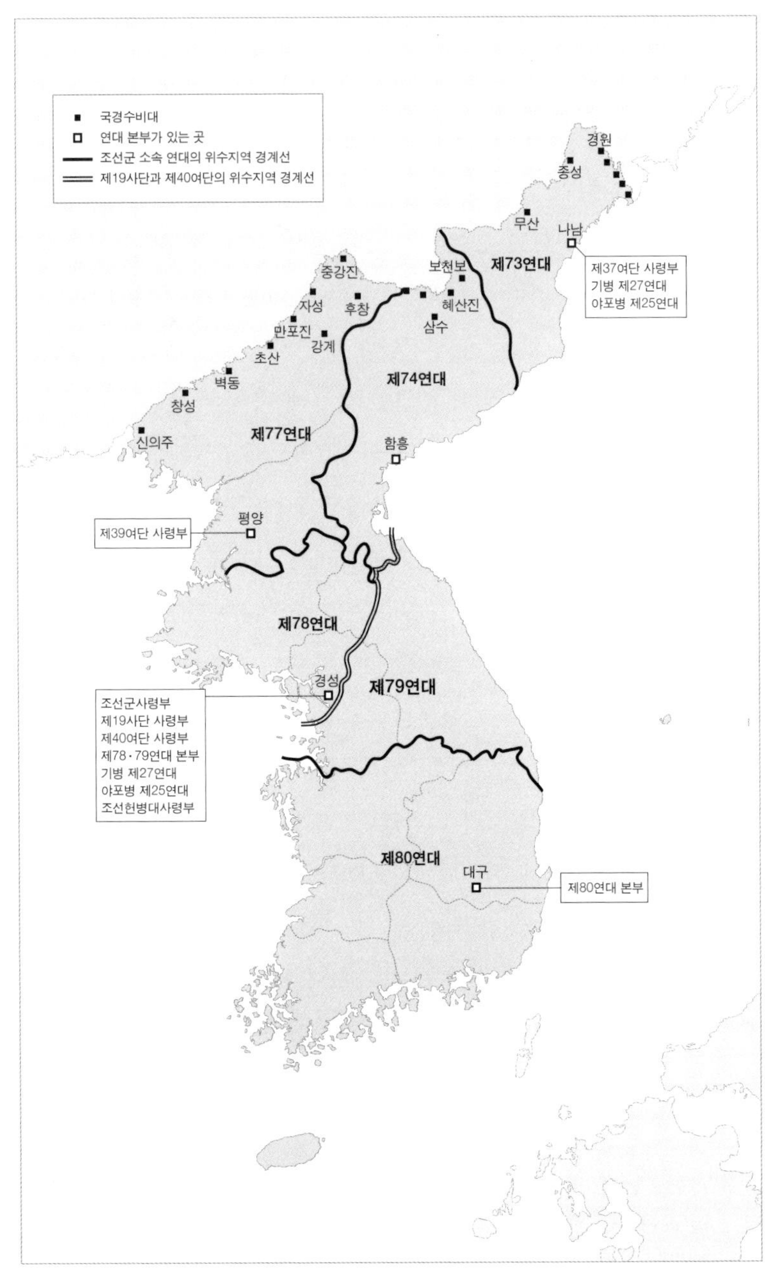

지도 1. 3·1운동 직후 조선군 배치도(1919. 3. 12)

운동 직후 조선군의 기본적인 배치 상황은 〈지도 1〉과 같다.

일본은 식민지 조선에 2개 사단을 상주시킬 목적으로 부대를 편성하는 도중에 조선인의 독립만세시위에 직면했다. 〈지도 1〉에서 알 수 있듯이, 조선군은 3·1운동이 일어날 당시까지 경성을 포함하는 일부 경기도를 비롯해 함경도, 평안도, 황해도를 19사단에서 관할하고 있었다. 1919년 4월 제20사단 사령부가 창설될 때까지 한반도의 남부 지방은 제40여단의 관할 구역이었다. 후술하겠지만, 이러한 경계 구분 방식은 〈지도 2〉에서 확인할 수 있듯이 크게 바뀌었다.

2. 만세시위의 확산과 일본군의 분산 배치

1) 독립만세시위의 시작과 조선군의 수동적 대응

3월 1일, 오후 1시경 평양에 이어 2시경 경성에서 만세시위가 일어났다. 만세시위 당시 일본군 장교였고, 이후 연해주로 망명한 김경천은 당시 파고다공원(지금의 탑골공원) 인근의 종로 풍경을 다음과 같이 회고했다.

> 하늘이 우리에게 자유를 주심을 우리가 공포하는 오늘! 오후 2시 30분쯤 된다. 문득 파고다공원에서 대한독립만세……. 쇠를 치는 듯한, 뼈가 저린, 숨이 찬, 불평이 가득한 청년들의 피소리가 난다. 종로 대로가 미어터지도록 청년 학생들이 구보로 몰려온다. 그 회관〔조선기독교청년회관(YMCA)-인용자〕 실내에 갇혀 있던 사람들이 모두 얼굴색이 변하고 부들부들 떤다. 종로는 끓는 소리가 나며 한편으로는 날카로운 칼을 든 일본 순사들이 우리의 피가 끓는 청년들을 잡아서 종로경찰서 안으로 끌

고 간다.

청년회관 안에 갇힌 사람은 모두 몸수색을 받고 풀려났다. 나는 곧 시내를 돌아다니며 관찰하여보니 피눈물을 금할 수 없다. 청년단은 종로에서 경운궁 앞으로 가더니 그 대한문 안까지 진입했다가 거기서 진고개의 일본인 거주지로 들어갔다. 남자뿐만 아니라 여학생도 많다. 그들은 조국이 망한 것을 분히 알며 남자와 동등한 권리를 지녔음을 자신한다. 성공회에 있는 어떤 여학생도 진고개까지 갔다가 머리를 풀어헤치고 나온다.[5)]

하지만 만세시위 당일에는 재조 일본인뿐 아니라 본국의 집권층에서도 조선인의 독립을 향한 열망에 주목하지 않았다. 하라 다카시 총리도 만세시위가 시작된 다음 날 일기에 조선인이 민족자결에 현혹되어 사태가 일어났다고만 적었다.[6)]

하라 총리는 만세시위가 시작된 지 일주일이 지나서야 다시는 3·1운동과 같은 일이 재발하지 않도록 엄중하게 처리하는 한편, 대외적으로는 외국에 가벼운 사안으로 보이도록 주의를 기울인다는 기본 방침을 세웠다.[7)] 3월 11일 그는 조선총독에게 지급 전보로 이러한 대응 지침을 하달했다.[8)] 육군성 차관도 3월 11일자 전보로 마찬가지 대응 지침을 조선헌병대사령관에게 명령했다.[9)] 마침 제1차 세계대전을 마무리하는 파리강화회의가 진행되고 있던 상황이라 하라 총리 입장

---

5) 김경천 지음, 김병학 정리 및 현대어 역, 《경천아일록(擎天兒日錄)》, 학고방, 2012, 62·63쪽.

6) 《原敬日記》, 1919년 3월 2일.

7) 《原敬日記》, 1919년 3월 8일.

8) 姜德相 編, 《現代史資料(25): 朝鮮(一) 三·一運動(一)》, みすず書房, 1966, 105쪽.

9) 위의 책, 87쪽.

에서는 이를 의식할 수밖에 없었을 것이다. 더구나 파리강화회의를 주도하고 있는 미국에서 파견된 선교사가 많았던 탓에 더욱 주의를 기울일 수밖에 없었다.

일본 정부가 만세시위에 기민하게 대처하지 않는 사이 조선인의 저항은 꾸준히, 그리고 지방으로까지 확산되었다. 만세시위의 확산 과정은 〈표 1〉을 통해 확인할 수 있다.

〈표 1〉에서 3월 1일부터 8일까지의 만세시위는 경성을 중심으로 경기도, 황해도, 평안도, 함경도에서 있었다. 만세시위가 전국화하는 마중물 역할을 한 이 지역의 만세시위에서는 기독교와 천도교 네트워크가 큰 역할을 했다. 특히 제39여단의 관할 구역인 평안도에서 만세시위가 많이 일어났으니 예하의 보병 제77연대가 여러 곳에 파견될 수밖에 없었다. 이 때문에 3월 6일 용산병영에 있던 보병 제78연대 소속 100명이 병력이 부족한 평양으로 파견될 정도였다.[10]

그런데 이때까지 조선군은 선제적으로 만세시위에 대응하지 않았다. 부대를 여러 지역으로 나누어 배치하지도 않았다. 시위가 일어나면 부대가 출동하여 헌병과 함께 탄압하는 방식이었다. 가령 3월 11일 평안도 성천 지역에서 만세시위가 일어나자 제39여단 사령관이 평양의 일부 부대를 출동시켰고, 같은 날 황해도 곡산 등지에서 시위 징후가 있자 용산병영에 있던 보병 제78연대의 일부를 파견해 대응했다.[11] 파견된 병력은 만세시위를 진압한 뒤 소속 부대로 복귀했다.

10) 위의 책, 116쪽.

11) 위의 책, 101~103쪽.

		경기	황해	평남	평북	함남	함북	강원	충남	충북	경북	경남	전북	전남	계 1 (횟수)	계 2 (곳)
3월	1일	4	1	2	4	1									12	5
	2일	2	2	3						1					8	4
	3일	1	11	7	4	1						1			25	6
	4일	1	3	8	4	2		1							19	6
	5일	4	1	9	6										20	4
	6일	1	2	7	2	4									16	5
	7일		2	5	8	2									17	4
	8일	1	1		5	4					1				12	5
	9일	2	5	2		2			1		2	1			15	7
	10일	3	4	2	1	6	2	1	2	1	2			3	27	11
	11일	1	4	1	2	5	2	1	1		3	1		1	22	11
	12일	2	4		1	7	1	1	1		1				18	8
	13일	2	1		1	5	3	1	1		4	4	1	2	25	11
	14일	3	1		1	8	3		3	1	2	4	1	1	28	11
	15일	2	1		2	2	4		1		1	4		1	18	9
	16일	2	2		2	4	2		2		1	4	1	2	22	11
	17일		5		4	9	1	2			1	1	3		26	8
	18일	1	2		1	1	1				8	8		1	23	8
	19일	3	1		1	3	1		1	2	4	5	2		23	10
	20일	1	1			3			1	1	4	9	2	1	23	9
	21일	2			1	2			1	1	4	3	2	1	17	9
	22일	5				3					2	5	1	1	17	6
	23일	19	1	1	2	1		1			5	3	4	1	38	9
	24일	11	2		1		1			1	4	2		1	23	7
	25일	6			2	1				1	2	3	1		16	7
	26일	19	2		1		1				2	2		1	27	7
	27일	14	1		1				1	1	1	2		1	22	8
	28일	19	3	1	4		1	4	1	1		5	1		40	10
	29일	22	1		2			3	2	2	2	4		1	39	9
	30일	16	4		4				5	2		3		1	35	7
	31일	17	6	7	20		1		4	3		4	2		64	9
4월	1일	24	2	1	21		2	3	10	4	1	3			71	10
	2일	20	7		10			4	3	11	2	6			63	8

4월	3일	12	8		3			2	7	8	2	17	1	1	61	10
	4일	6	4		7		1	5	9	3	2	4	2	2	45	11
	5일	4	5	1				3	6	3	1	5			28	8
	6일	4	6		6	1		3	5	1	1	4	1	1	33	11
	7일	3	12		2			9	2	4		1	1	1	35	9
	8일		9		1	2	3	8	8	6	2	2		2	43	10
	9일	1	6				1	2			3	2			15	6
	10일	2						3	2	8		2		1	18	6
	11일	1	3			1				1	1	1			8	6
	12일								1	1	1	2		2	7	5
	13일		1					2	1	1	1			1	7	6
	14일													1	1	1
	15일		2					4							6	2
	16일		2	1				1		1	1	1			7	6
	17일									1		2			3	2
	18일							1				2			3	2
	19일								1			1			2	2
	20일															
	21일			2		1		2	1						6	4
	22일		1												1	1
	23일															
	24일															
	25일															
	26일						1				1	1			3	3
	27일	1													1	1
	28일															
	29일															
	30일				1										1	1
계															1,205	

※ 출전: 일본 육군성, 〈朝鮮騷擾事件一覽表에 關한 件(1919. 10. 2)〉, 《大正8年乃至同10年 朝鮮騷擾事件關係書類 共7册 其1(1919. 3. 3~1921. 5. 3)》.

※ 비고 1: 〈표 1〉은 출전의 자료를 도별·날짜별로 합산한 것이다. 필자는 출전의 자료를 그대로 입력한 최우석의 데이터를 활용했다.

※ 비고 2: '계 1'은 날짜별 총 시위 횟수이다. '계 2'는 도별로 총 시위 발생 지역의 수를 밝혀놓은 수치이다.

표 1. 헌병경찰이 파악한 도별·날짜별 만세시위(1919. 3. 1~1919. 4. 30)

2) 조선군의 적극적·선제적 대응과 분산 배치 시작

〈표 1〉에서 알 수 있듯이 3월 9일경부터 만세시위 지역과 횟수가 늘어갔다. 앞에서 언급한 하라 총리의 지급 전보는 만세시위의 지역과 횟수가 늘어가기 시작한 직후에 조선총독에게 전달된 것이었다. 이에 조선총독은 3월 12일 밤 7시 35분 척식국장이 접수한 전보를 통해 하라 총리에게 다음과 같은 내용을 보냈다.

> 이번 소요(騷擾)에 관하여 군대의 사용은 가급적 소요 구역 안으로만 한정할 방침을 고수해왔으나, 소요는 점차 각 지방에 파급되는 징후로서 이를 미연에 방압(防壓)하기 위해 군대 사용을 소요 구역 이외에까지 미치게 할 필요를 인정하고 내일 군사령관에게 이에 관해 필요한 지시를 주려고 한다.[12]

조선군사령관은 3월 12일자로 분산 배치에 관해 제19사단장과 제40여단장에게 구체적인 지침을 내린 후,[13] 다음 날 육군대신에게 다음과 같은 내용의 전보를 보냈다.

> 총독의 명령에 따라 폭동을 미연에 방알(防遏)할 목적으로 일시 분산 배치를 취하기로 결정하고 12일 다음과 같이 배치하도록 명한다.
>
> 성진(보병 제73연대에서 1중대)
>
> 북청(보병 제74연대에서 각 1중대)
>
> 춘천(보병 제79연대에서 1중대)

12) 위의 책, 109쪽.

13) 위의 책, 119쪽.

공주, 안동(보병 제80연대에서 각 1소대)

충주, 이리, 송정리, 진주(보병 제80연대에서 각 1중대)

평안남도 및 황해도는 제19사단장으로 하여금 보병 제39여단〔제78연대 본부 및 2대대 흠(欠)〕을 활용하여 현황에 따라 시의적절한 배비(配備)를 결정하게 한다.[14]

〈표 1〉에서 알 수 있듯이 함경남도의 만세시위가 첫날부터 꾸준히 이어지고, 함경북도에서도 뒤늦게 시위가 일어나자 두 지역을 위수지역으로 하는 보병 제74, 73연대의 본부에서 멀리 떨어져 있는 성진과 북청에 병력을 배치한 것이다. 이러한 부대 배치는 점차 시위가 늘어가고 있던 영호남과 충청 지역에서도 마찬가지였다. 대구에 연대 본부를 두고 있던 보병 제80연대도 교통과 지역 연계망의 또 다른 중심 지점들에 병력을 미리 배치했다.

함경남북도, 강원도에서의 만세시위는 3월 중순을 지나며 줄어들었다. 3월 초에 만세시위를 주도했던 경기도, 황해도, 평안남북도에서도 3월 중순을 지나며 만세시위가 많이 줄어들었다. 특히 평안남도가 그러했다. 그래서 일본 스스로도 모든 도에서 한때 만세시위가 있었지만 3월 중순을 지나며 군부대가 주둔하고 있던 곳보다는 교통이 불편하고 경계가 엄밀하지 않는 "외지고 먼 곳"을 제외하면 대체로 평온해졌다고 진단했다.[15] 이러한 진단은 본국에서 근무하던 육군성 차관이 조선군에 보낸 전보에서 밝힌 내용인데, 상황을 제대로 파악하지 못하고 한 발언이었다.

---

14) 위의 책, 107쪽.

15) 위의 책, 138쪽.

〈표 1〉에서 알 수 있듯이, 3월 중순을 지나며 영호남과 충청 지역을 중심으로 만세시위가 꾸준히 늘었다. 3월 10일까지 일어난 만세시위가 총 171회였는 데 비해, 3월 11일부터 20일 사이에 일어난 만세시위는 228회였다. 특히 영남 지역에서 만세시위가 가장 활발했다. 가령 의령에서 시작되어 함안 그리고 진주 방향으로 확산되고 있던 만세시위는 군경에게 투석전으로 맞설 만큼 항일투쟁 의지가 높았다.[16] 이에 조선군은 육군성 차관이 전보로 상황을 낙관하던 전날인 3월 22일에 이미 만세시위가 "남선 지방에 만연할 조짐"이라면서 군대의 분산 배치를 추가했다. 원주와 거창에 보병 각 1개 중대를 배치하고, 안동에는 보병 1개 중대를 더 배치했다.[17] 3월 25일에도 조선군 사령관의 지시에 따라 26일부터 30일 사이에 남부 지방, 특히 영남을 중심으로 보병 제80연대 소속 부대를 분산 배치했다.

> 경남: 부산·울산·창녕 1중대, 거창·함양·협천 1중대, 진주·의령·하동 1중대
> 경북: 상주·문경·예천 1중대, 안동·도계·의성 1중대, 경주·영해·영천 1중대
> 충남: 공주·홍성·온양 1중대
> 전북: 전주·남원·고창·진안·이리 1중대
> 전남: 광주·순천·해남·송정리 1중대
> 이외에 필요에 따라 군대를 임시 배치한다.[18]

---

16) 위의 책, 144쪽. 일본군 측 보고에 따르면, 일본군 경상자 13명, 조선인은 10명이 사망했고, 부상자는 확인할 수 없다.

17) 앞의 책, 143쪽.

18) 〈朝參密 第349號 騷擾事件二關スル續報(第53)(1919. 3. 26)〉. 안동의 경우 3월 22일의 조치가 분산 배치 명령인지 분산 배치를 추가한 명령인지 확인하지 못했다.

3. 만세시위 제압과 전환 모색

1) 본토에서 파견된 병력과 분산 배치의 재조정

영호남과 충청도, 강원도, 그리고 되살아난 경기도와 평안북도에서의 만세시위는 진정될 기미를 보이지 않았다. 오히려 3월 하순~4월 초에 이르러 시위가 더욱 확대되었다. 실제 3월 11일부터 20일 사이에 일어난 만세시위가 228회였는 데 비해, 21일부터 31일까지 일어난 만세시위는 338회였다. 더구나 4월 1일부터 10일 사이에는 시위가 더 늘어나 412회에 달했다. 하루 평균 41회가량의 만세시위가 있었던 것이다. 이러한 폭발적인 증가 양상은 〈그림 1〉, 〈그림 2〉를 통해 한눈에 볼 수 있다. 또한 만세시위의 양상도 전체 1,205건 가운데 332건(27.6%)이 '폭행', 곧 폭력투쟁이었는데, 그중 절반이 넘는 145건이 4월 상순에 집중되었고, 3월 하순이 91건으로 다음을 차지했다. 이는 일제의 통치기관 또는 물리력과 직접 충돌하는 만세시위가 늘어가고 있었음을 의미한다. 조선인 대중이 식민지배를 직접 부정하는 행동을 표출하고 있었음을 시사한다.

이에 따라 일본 정부와 조선총독부는 특별한 대책을 세울 수밖에 없었다. 마음이 더 급한 쪽은 조선군보다 일본 정부였다. 4월 1일 본국에 가 있는 정무총감이 총독에게 "조선의 망동을 신속하게 진압하기 위한 병력 증강의 필요 유무"를 알려달라는 전보를 보냈다.[19] 이에 총독은 그날 밤 10시에 조선군사령관과 전화로 협의했다. 조선군사령관은 지금의 병력만으로도 만세시위를 진압할 수 있지만, 신속히 진입하기 위해서는 증병이 필요하다고 답변했다. 4월 2일 이러한 내

---

19) 宇都宮太郎關係資料研究會 編, 《日本陸軍とアジア政策 陸軍大將宇都宮太郎日記》 3, 岩波書店, 2007, 238쪽. 4월 1일과 2일자 일기에 적힌 내용이다.

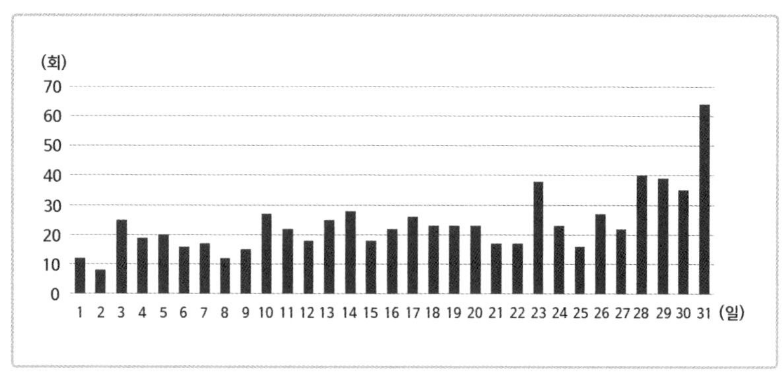

그림 1. 1919년 3월 1~31일 시위 횟수

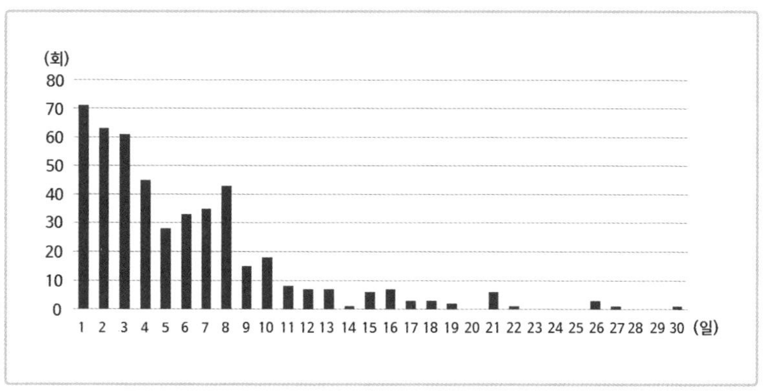

그림 2. 1919년 4월 1~30일 시위 횟수

용의 전보문을 작성해 조선군사령관이 직접 총독을 만났고, 총독의 이름으로 본국 정부에 발송했다. 전보 내용에는 보병 5, 6개 대대를 보내달라는 구체적인 지원 요청이 있었다. 여기에 헌병 200명도 임시로 파견해달라는 내용도 포함되었다. 그리고 바로 그날 조선군사령관은 조선군참모장을 도쿄에 보내 상세한 내용을 협의하고 오도록 지시했다.

조선군참모장은 본국 정부와 협의하고 조선으로 돌아오는 도중에 병력을 요청하게 된 이유를 다음과 같이 밝혔다.

> 조선의 소요는 점차 악화하여 운동 방법도 격렬하게 된 까닭에 속히 진정케 할 필요상 병력에 의하여 토멸하기로 된 것이며, 특히 서백리아(西伯利亞, 시베리아)에는 과격파에 투입한 다수 조선인이 있고 이전부터 쭉(過般來) 간도 방면으로 남하하려는 정세도 있어 차제에 급속히 토벌하기로 하였다.[20]

만세시위가 진정되기는커녕 늘어나는 데다 참가자들이 '격렬'한 방법까지 동원하자 일본으로서는 부담을 느낄 수밖에 없었다. 더구나 시베리아 내전에서 무장투쟁 경험이 풍부한 조선인이 동만주 지역에 집결할 수 있는 정세도 통치에 부담을 주었다. 결국 일본이 우려했던 점은 고조되고 있는 국내의 만세시위와 동만주의 무장독립군이 결합하는 독립운동 양상이었음을 알 수 있다. 이미 시베리아 내전에 대규모 병력을 파견하여 깊이 개입하고 있는데 또다시 본토의 병력을 빼내야 하는 다급함이 있었던 것이다. 그럼에도 일본 정부는 '급속'하게 진압할 필요성을 느끼면서도 "토벌"이 아니라 "양민 보호"라는 명분을 내세워 병력 파견을 공포했다.[21] 조선인의 인권과 자주권보다 외국의 이목을 더 중시했던 일제의 시선을 확인할 수 있는 대목이다.

일본 정부는 4월 6일 다음과 같이 조선에 추가 파병을 결정했다.

---

20) 《매일신보》, 1919년 4월 13일자.

21) 《原敬日記》, 1919년 4월 4·8일.

제2사단 보병 제32연대의 1대대

제5사단 보병 제71연대의 1대대

제8사단 보병 제5연대의 1대대

제9사단 보병 제36연대의 1대대

제10사단 보병 제10연대의 1대대

제13사단 보병 제16연대의 1대대[22)]

조선총독은 만세시위를 완전히 제압하지 못하는 원인을 병력 부족에서 찾고 있었으므로 아무리 늦어도 4월 15일까지 병력을 적절히 분산 배치하고 신속하게 만세시위를 진정시킬 심산이었다.[23)] 실제 4월 10, 11일에 부산항에 4개 대대, 13일에는 원산항에 2개 대대가 상륙했다. 제2사단에서 파견된 부대는 제19사단장이 직할해 지휘했고, 나머지 5개 대대는 제20사단 지휘 아래 들어가 제39, 40여단장 예하에 있는 연대의 지휘를 받았다.[24)]

파견된 보병까지를 포함해 1919년 4월 12일 당시 일본군의 배치 구역을 정리하면 〈지도 2〉와 같다.

〈지도 2〉의 병력 배치를 보면, 러시아 및 중국과 국경을 맞대고 있는 함경도와 평안북도의 경비는 조선군이 맡았다. 본국에서 파견된 임시 부대에 맡길 수는 없었을 것이다. 조선군은 서울과 경기도의 경비도 용산병영에 연대 본부를 둔 보병 제78, 79연대에 맡겨 한강을 경계로 촘촘히 배치했다. 그만큼 경성부와 경기도의 확보가 중요했

---

22) 姜德相 編, 앞의 책, 178쪽.

23) 姜德相 編, 위의 책, 201쪽. 조선총독이 육군대신에게 보낸 전보 내용의 일부이다.

24) 〈朝參密 第477號 增加派遣部隊ノ行動及之カ配置二關スル件報告(1919. 4. 12)〉. 육군대신에게 보고한 문서의 일부이다.

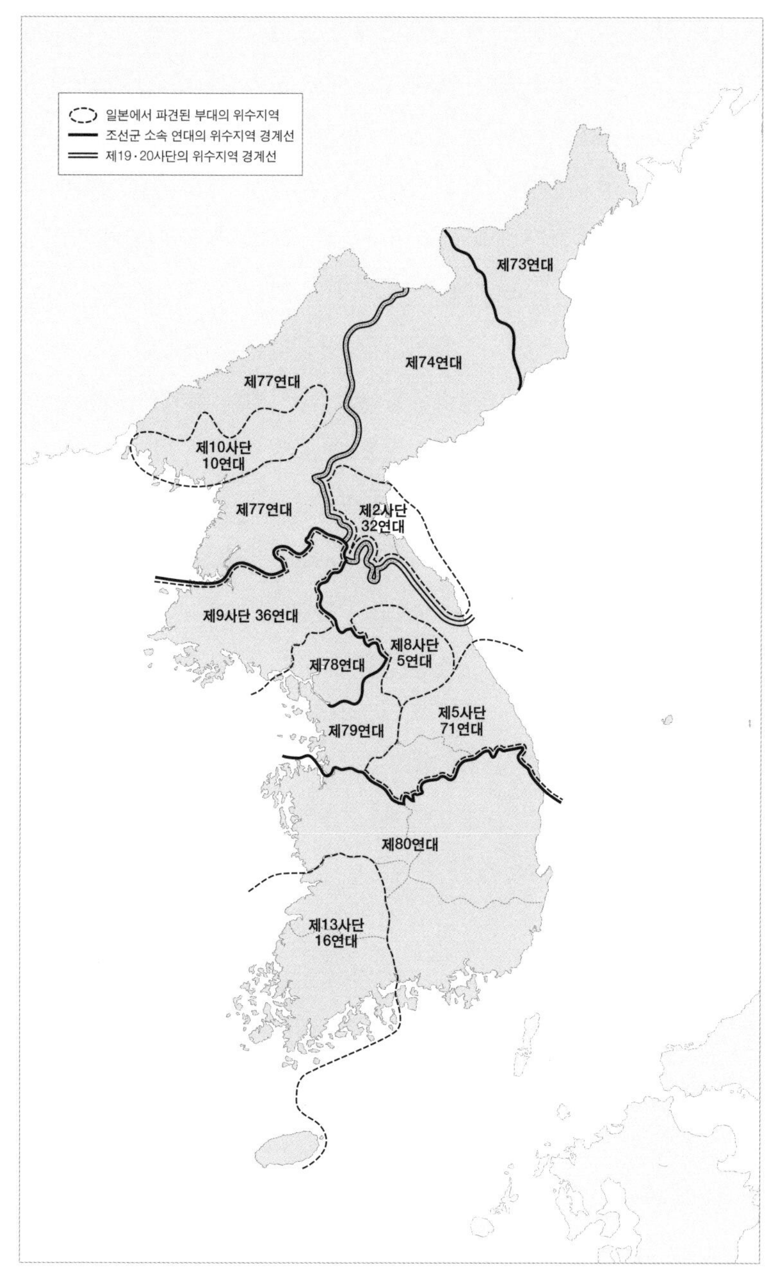

지도 2. 조선군 분산 배치도(1919. 4. 12)

기 때문일 것이다. 이는 당시 분산 배치 때 조선군사령관 직할로 보병 제78연대에서 2개 대대, 보병 제79연대에서 1개 대대, 기병 중대의 2분의 1 정도의 병력으로 경성을 집중 경비했던 사실에서도 알 수 있다.[25] 또한 철도를 지키던 철도엄호대도 폐지하고, 위수지역에 있는 철도시설은 해당 부대에서 책임지도록 지휘 계통을 일원화했다.

일본은 6개 대대를 비롯해 헌병과 헌병보조원도 400명을 식민지 조선에 파견했다. 이들은 조선헌병대사령관의 지휘를 받았다. 일본이 헌병까지 늘린 의도는 군 병력으로 조선인 사회에 위압을 가하는 동시에, 경무기관이 수색과 검거 활동을 자유롭게 할 수 있도록 함으로써 효과적으로 "화근을 일소"하기 위해서였다.[26] 시위대 해산에 그치지 않고 만세시위 주모자를 검거하고 정보 수집 활동을 강화하고, 만세시위의 재현을 차단하겠다는 의도도 있었다.

새로운 부대를 분산 배치하고 병력을 추가해서였을까? 4월 9일경부터 만세시위 기세가 꺾이기 시작하더니 반전의 기회를 잡지 못한 채 저항하려는 분위기는 계속 가라앉아갔다.

2) 지배정책의 전환 모색과 조선군의 재집결

하라 총리는 본토의 병력을 식민지 조선에 파견하는 문제를 구상할 때 조선에 대한 지배정책도 크게 바꾸기로 마음을 먹었다. 만세시위를 신속하게 진압하는 한편, 조선인 시위대에 굴복했다는 인상을 주지 않기 위해 하세가와 요시미치(張谷川好道) 총독을 당분간 유임했다.[27] 그러면서 식민지 조선에 실시하고 있는 군인 출신 총독제도를

25) 〈朝參密 第477號 增加派遣部隊ノ行動及之カ配置二關スル件報告(1919. 4. 12)〉.

26) 姜德相 編, 앞의 책, 201쪽. 조선총독이 육군대신에게 보낸 전보 내용의 일부이다.

27) 《原敬日記》, 1919년 5월 2·6일.

'문관 본위의 제도'로 바꾸고, 일본과 같은 학교교육을 실시하며, 헌병경찰제도를 고쳐 보통경찰제도를 도입하는 등 통치 방침을 개선할 구상을 가다듬었다. 하라 총리는 조선을 내지, 곧 일본의 연장이라는 내지연장주의를 바탕으로 조선인을 동화시키고자 했다.[28] 이러한 그의 구상을 종합적으로 정리한 비밀문서가 바로 〈조선통치사견(朝鮮統治私見)〉이다.[29] 1919년 9월 신임 조선총독으로 부임한 사이토 마코토(齋藤實)는 〈조선통치사견〉을 공개하지 않은 채 〈훈시〉와 〈유고〉를 발표해 이를 구체화하기 시작했다.

조선군은 1919년 6월 10일자 훈령을 통해 분산 배치된 부대의 병력을 제1차로 결집시키기 시작했다. 지방의 상황을 고려해야 했지만 하사 또는 상등병이 '장'으로 있는 소규모 분견대는 가급적 장교의 지휘 아래 집결시키는 방침으로 전환했다.[30]

이에 따라 500여 개소에 달하던 분산 배치된 부대가 8월 1일 당시 280여 개소로 줄어들었다. 숙소와 교육, 위생 문제 등으로 인해 가급적 중대 단위로 결집하되, 그렇지 못한 경우에는 장교가 지휘하는 부대가 분산 주둔한다는 방침의 결과였다. 이어 9월까지 조선군 예하의 부대는 애초의 위수지역으로 집결이 완료되었으며, 분산 배치는 본토에서 파견된 대대에만 해당되었다. 이를 지도에 표시하면 〈지도 3〉과 같다.

---

28) 《原敬日記》, 1919년 4월 9일. 야마가타 이사부로(山縣伊三郎) 정무총감에게만 "내시(內示)"한 사항이다.

29) 〈조선통치사견(朝鮮統治私見)〉은 《사이토 마코토 문서(齊藤實文書)》 13(고려서림, 1999)에 수록되어 있다. 〈조선통치사견〉의 자세한 내용과 제도화와 관련된 부분은 신주백, 〈일제의 새로운 식민지 지배 방식과 재조 일본인 및 '자치'세력의 대응(1919~22)〉, 《역사와 현실》 39, 2001, 제2장; 신주백, 〈일본의 '동화'정책과 지배 전략-통치기구 및 학교교육과의 관계를 중심으로〉, 강만길 편, 《일본과 서구의 식민통치비교》, 선인문화사, 2004, 제4장 3절 참조.

30) 〈鮮內外一般ノ狀況(1919. 6. 1~6. 21)〉.

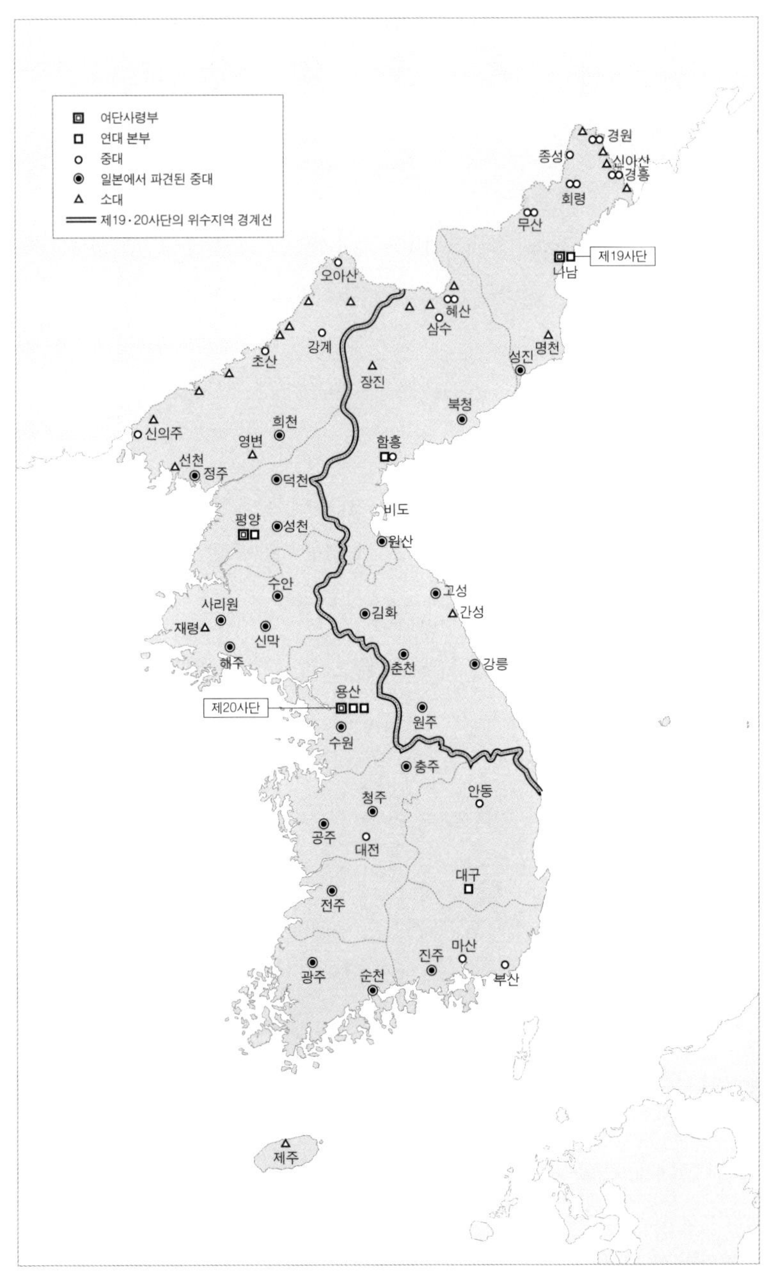

지도 3. 조선군 분산 배치도(1919. 10. 1)

조선군의 변화에서 또 한 가지 주목할 점은 사단 사이의 위수지역이 조정되었다는 사실이다. 조선군은 1919년 4월 1일자로 제20사단 사령부가 업무를 시작했으므로 제19, 20사단의 위수지역도 재조정했다. 경성을 기준점으로 남북을 나누어 관할 구역을 구분하지 않고, 제19사단은 함경남북도와 강원도를 위수하고 나머지 지역은 제20사단이 관할하게 되었다. 앞의 〈지도 1〉에서처럼 경성을 경계로 남북으로 구분하던 방식은 한국주차군 시절부터 대한제국(식민지 조선)을 관리해오던 위수지역 운영 방식을 변경한 결과였다. 이에 따라 13개도 가운데 10개도를 제20사단이 관장했다. 제19사단은 시베리아 내전의 전개에 신경을 집중해야 하고, 한인이 밀집해 있는 동만주 지역을 주시해야 하는 임무를 맡고 있어 제20사단에 비해 위수지역이 좁게 설정되었다. 사단의 위수지역이 재조정됨에 따라 본토에서 파견된 대대 가운데 제8, 9, 10, 13사단 소속 부대는 제20사단 예하로 들어가고, 나머지 대대는 제19사단 예하로 변경되었다.[31]

만세시위와 같은 상황이 일어났을 때 군 병력을 동원하는 문제와 관련해서는 1920년 2월 17일자로 조선군사령부에서 지침을 마련했다. 내지연장주의 통치 방침에 맞추어 조선군은 직접 또는 곧장 개입하지 않고 현지의 관헌에게 위임하며, 그것이 어려울 때는 헌병 또는 보조헌병이 출동해 협력하고, 병력 출동은 가급적 지방 관헌의 요청을 기다려 실시한다고 예하 부대에 지시했다.[32]

다른 한편에서 조선군은 장기적인 대안도 본국 정부에 제안했다. 조선군은 2개 사단으로는 만세시위 같은 돌발 상황에 적절히 대처할

---

31) 이상은 〈鮮內外一般ノ狀況(1919. 8. 1~8. 31)〉, 姜德相 編, 《現代史資料(26): 朝鮮(二) 三·一運動(二)》, みすず書房, 1967, 272·273쪽 참조.

32) 〈鮮內外一般ノ狀況(1920. 2. 1~2. 29)〉, 위의 책, 299쪽.

수 없음이 3·1운동으로 증명되었다면서, 12개 대대로 독립수비대를 분산 배치함으로써 국경 경비와 만세시위에 대비해야 한다고 제안했다. 독립수비대에는 '용병'으로 구성된 '조선인 부대'도 편성해 운영함으로써 장차 징병령 시행에도 대비해야 한다고 주장했다. 마지막으로, 러시아를 상대하는 군사 작전이 제1 임무인 조선군은 북쪽에 편중되게 배치할 수밖에 없다고 진단하며, "수비 근무상 불편할 뿐만 아니라 위압을 느끼게 하기에도 불충분"하므로 장차 군단을 편성하거나 사단을 늘려 한반도 전체에 "보편적으로 배치"할 필요가 있다고 주장했다.[33)]

조선군의 동향과 제국 운영

이상으로 3·1운동의 전개 과정과 맞물려 일본군의 대응 방식의 변화를 크게 세 시기로 구분해 살펴보았다. 이 과정에서 일본 정부의 식민지 조선에 대한 지배정책과 제국의 운영 전략도 함께 검토했다.

일본에게 군대는 해외 침략의 선봉대이자 식민지 지배의 최후 보루였다. 의병투쟁에 대한 탄압이 전자의 특징을 가장 잘 보여주는 사례라면, 3·1운동은 후자의 특징을 가장 잘 드러낸 역사적 사건이었다.

3·1운동 당시 만세시위의 양상에 따라 조선군의 대응도 바뀌었다. 조선군은 3월 중순에 접어들면서 만세시위가 북부 조선에서보다 중부와 남부 조선에서 활발하게 일어나자 군 병력의 분산 배치를 실시했다. 선제적이고 적극적으로 대비한다는 차원에서 만세시위가 일

33) 조선군사령부, 〈騷擾ノ原因及朝鮮統治ニ注意スベキ件並軍備ニ就テ〉, 위의 책, 653·654쪽.

어나지 않았더라도 주요 지역에 군대를 미리 분산 배치했다. 특히 남부 조선을 위수지역으로 하는 대구의 보병 제80연대가 그 대상이었다. 시베리아 내전을 직접 상대해야 하는 함경도의 주둔 병력이나, 평안북도 국경 부근에 주둔 중인 부대를 남쪽으로 이동할 수는 없었다. 더구나 본국 정부는 만세시위와 만주의 독립군이 연계할 가능성을 우려해 신속하게 조선인의 저항을 제압하고자 했다.

본국 정부는 조선총독에게 병력을 파견할지 여부를 먼저 결정하도록 요구했다. 조선군사령관은 신속하게 만세시위를 진압하기 위해 본국 정부의 제안에 동의했다. 파견된 6개 대대와 400명의 헌병은 4월 13일까지 모두 조선에 들어왔다. 이들이 들어오기 직전부터 만세시위의 기세가 꺾이는 분위기였는데, 파견 부대가 오면서 만세시위는 반전의 기회를 잡을 수 없었다.

일본 정부를 이끌고 있던 하라 총리는 만세시위를 진압하기 위한 군대를 파견하는 특단의 조치를 취하는 한편, 식민지 조선에서의 지배정책을 전환하기 위해 움직이기 시작했다. 점진적 내지연장주의를 조선에서 실시하려는 준비에 착수한 것이다. 1919년 9월 신임 총독이 부임하면서 시작된 '문화통치'가 그것이었다. 이미 1918년 관동주에서 문관 본위제를 실시한 하라 총리가 3·1운동에 대한 진압을 빌미로 원로의 동의를 얻어내고 육군의 반발도 약화시키며 식민지 조선에서도 자신의 식민지 운영 방식을 관철한 것이다. 하라 총리로서는 마치 울고 싶은데 누군가 갑자기 뺨을 때려준 모양새와 비슷했다.

조선군도 6월부터 분산 배치를 철회하고 점차 부대를 중대 단위로 집중하기 시작했다. 조선군은 부대를 집결시키면서 위수지역을 재조정함으로써 조선군의 제1 임무인 시베리아 내전을 비롯해 연해주 일대를 주시해야 하는 상황과 만주의 독립군을 의식해 국경 경비를 강화하기 위한 조치를 취했다. 그래서 1921년 워싱턴회의를 기점으로 열강 사이에 군축이 추진되고 있었지만, 조선군이 국경수비대의 병력을 편제보다 더 많이 유지할 수 있었던 명분도 3·1운동에 있었다.[34] 또한 새로 조정한 위수지역은 1945년 2월 '본토결전'이 추진될 때까지 크게 바뀌지 않았다.

---

34) 이에 관해서는 신주백, 〈조선군과 재만(在滿) 조선인의 치안 문제(1919~1931)-제국의 운영 방식 및 만주사변의 내재적 배경과 관련하여〉, 《한국민족운동사연구》 40, 2004, 참조.

2부

저항의 정치 역학

3·1운동
100주년
총서

6장

3·1운동의 네트워크와 조직, 다원적 연대[1)]

허영란

독립선언에서 3·1운동으로

3·1운동은 1919년 3월 1일 독립선언까지 조직적 준비 및 실행 단계와 3월 중순 이후 전국화 단계로 구분된다. 파리강화회의를 앞두고 각각 독립선언을 모색하던 천도교계와 기독교계는 1919년 2월 중순경 상호연대를 도모하면서 불교계 및 유림과도 접촉을 시도했다. 독립선언서에 서명한 주도자들은 처음 독립선언식 장소로 예정했던 파고다공원(지금의 탑골공원) 대신 명월관 지점(태화관)으로 급거 변경함으로써 일반 대중과 직접적 결합을 회피했다.[2)] 파고다공원에는 "많

1) 이 글은 필자의 논문 〈삼일운동의 네트워크와 조직, 다원적 연대〉(《사학연구》 132, 2018. 12)를 약간 수정하여 재수록한 것이다.

2) 〈김형기 등 210명 판결문 예심 종결 결정〉(1919. 8. 30), 국사편찬위원회 소장 자료 등록번호 CJA0000401-7/국가기록원 문서철번호 772245-165~289. 판결문은 국사편찬위원회 홈페이지 한국사데이터베이스를 이용했다. 이하 개별 문서에 날짜를 병기하는 대신 소장 기관의 등록번호 및 문서철번호는 생략한다.

은 사람이 모일 모양으로 소요를 일으켜서는 안 된다"는 이유로 내려진 민족 대표의 이 결정은,[3] 그들이 닥칠 체포와 구금을 피하지 않았음에도 이후 그들의 '대표성'을 의심하게 만드는 빌미를 제공했다. 더욱이 그들의 우려와는 정반대로 다수 민중이 (심지어 폭력을 행사하면서) 독립만세 행렬에 적극 참여함으로써, 3월 1일의 독립선언은 비로소 20세기 한국 역사에 거대한 족적을 남긴 역사적 사건으로 완성될 수 있었다. 이런 점에서 '민족 대표'의 초기 역할과는 별개로, 그들이 민중과의 결합을 회피할 목적으로 독립선언 장소를 변경한 것은 3·1운동을 '역사'로 만든 동력이 일반 민중에게서 분출되었다는 사실을 명확하게 확인시켜준다.

독립선언의 계획과 준비는 상대적으로 정형화된 조직을 가진 종교계나 체계적인 네트워크를 갖춘 학생층이 주도했다. 당시 국내에서 집단행동을 계획할 수 있는 조직을 보유한 곳은 종교계뿐이었다. 식민 상태에 놓인 1910년대 한반도에서 정치적 실천이나 모색은 '비밀결사'의 형태를 띨 수밖에 없었고 그조차도 전국적 차원으로 조직된 경우는 매우 드물었기 때문이다.[4] 지금까지 발표된 수많은 논문은 천도교계와 개신교계에 의해 독립선언이 준비되는 과정을 상세하게 밝혔다. 또한 당시에 체포된 참가자들을 대상으로 조선총독부의 경찰과 사법부가 남겨놓은 방대한 신문조서와 판결문에도 해당 내용은 (특별히 더 편견으로 가득한) 통치자 관점의 법률 서사 형식으로 정리되어 있다. 이런 것들을 바탕으로 3·1운동의 이야기 구조는 엘리트에서

---

3) 〈손병희 신문조서(제2회, 1919. 4. 11)〉, 《한민족독립운동사자료집 11: 삼일운동 I》, 국사편찬위원회, 1990. 《한민족독립운동사자료집》은 국사편찬위원회 홈페이지 한국사데이터베이스를 이용했으며, 이하 인용에서는 '《한민족독립운동사자료집》'으로 약칭한다.

4) 강영심, 〈조선국민회연구(朝鮮國民會硏究)〉, 《한국독립운동사연구》 3, 1989, 172·173쪽.

민중으로, 서울에서 지방 각지로 퍼져나간 거족적 독립운동으로 수렴되어왔다. 전국 각지에서 다양한 사람들이 주도하고 참여한 구체적인 사건들은 전형적인 서사구조와 유형화에 의거해 표준적으로 서술되어왔으며, 다원적 맥락과 중층적 의미에 대한 관심은 상대적으로 미약했다.

3월 중순 이후 3·1운동은 전국 각지에서 동시다발로 일어났다. 기존 연구에 따르면 서울과 평양 등지에서 시작된 만세시위는 시차가 있기는 하지만 각지로 '확산'되었다. 공간적으로는 서울과 평안도 등 서북부에서 남부와 동북부로, 교통이 편리한 철도 연변에서 산간 지역으로 '전파'되었으며, 참여층 역시 초기 종교인과 학생이 주도하던 데서 농민과 노동자 등 모든 계층으로 확대되었다.[5] 그런데 이러한 서사는 기본적으로 서울 중심, 지도부 중심의 관점을 따르고 있다. 전국 각지에서 전개된 3·1운동이 인적으로든 이념적·경험적으로든 서울로부터 '파급'된 것이라는 가정을 바탕에 깔고 있기 때문이다.[6] 지역에서 전개된 3·1운동의 주된 참여자는 농민들이었다.[7] 이들은 마을이라는 전통적 공동체에 강하게 결합되어 있었기 때문에, 이들의 참여에 대해서는 '공동체적 동원'이라는 관점에서 바라보는 것이 일반적이다.[8] '서울로부터의 전파'와 '공동체적 동원'이라는 구도는 서울에서 열린 민족 대표의 독립선언과 학생들이 주도한 3월 초의 만세

---

5) 정연태·이지원·이윤상, 〈3·1운동의 전개 양상과 참가 계층〉, 《3·1민족해방운동연구》, 청년사, 1989, 232·233쪽.

6) 허영란, 〈3·1운동의 지역성과 집단적 주체의 형성〉, 박헌호·류준필 편, 《1919년 3월 1일에 묻다》, 성균관대학교출판부, 2009, 316·317쪽.

7) 3·1운동으로 인해 입감된 사람 중 58.4%가 농민이었다. 近藤釼一 編, 《萬歲騷擾事件(三·一運動)》 (1), 友邦協會, 1964, 223~227쪽(정연태·이지원·이윤상, 앞의 글, 238쪽에서 재인용).

8) 배성준, 〈3·1운동의 농민봉기적 양상〉, 박헌호·류준필 편, 앞의 책, 289~293쪽.

시위, 그리고 3월 중순부터 활발해져 3월 하순에서 4월 초 사이에 절정을 보이는 지방의 만세운동을 연결시키고 설명하는 가장 일반적인 방식이었다.

그러나 구체적인 사건들을 살펴보면 주도층, 준비 과정, 시위의 직접적 계기, 진행 방식과 양상, 참여층 등 모든 면에서 매우 다원적이다. 만세시위에 관한 소문들이나 독립선언서의 전달이 계기가 되었지만, 각각의 조건에 따라 자율적이고 주체적으로 실천하고 있음을 알 수 있다. 독립선언서가 천명한 '비폭력 원칙'이 처음부터 시위 현장에서 지켜지지 않은 것이 그런 사실을 웅변하고 있다. 일장기를 불태우고 일본인을 구타하며 동사무소나 주재소, 우편소 등을 습격하고 상점문을 닫는 철시를 강요하는 등 '폭력화' 양상의 원인과 의미를 이해하기 위해서는 개별적인 또는 지역적인 맥락에 관심을 가져야 한다.

'3·1운동'은 종교계가 주도한 초기 준비 단계와 3월 1일에 있었던 각지의 독립선언, 그 뒤의 다양한 만세시위, 철시, 동맹휴교 등을 아우르는 호명이다. 이 글에서는 그것을 성사시킨 네트워크, 조직, 연대에 초점을 맞추어 접근해보고자 한다. 3·1운동의 전개 과정은 계급과 계층, 종교, 마을과 지역 사이의 활발한 연대투쟁으로 정리할 수 있기 때문이다. 다원적 연대의 양상과 특징을 살펴보기 위해 동질성보다는 이질성, 보편성보다는 특수성에 유의할 것이다. 구체적으로 제1절에서는 종교계 및 학생 대표 사이에 이루어진 조직적 연대의 과정과 논리, 제2절에서는 민중적 자율성과 연대의 역동성이라는 관점에서 사건들의 다원성을 제시하고자 한다.

당시 판결문과 신문조서, 헌병경찰의 보고 등은 국사편찬위원회 홈페이지의 한국사데이터베이스에서 제공하는 자료를 활용했다. 필기체로 쓰인 원본 상태의 판결문은 원본 이미지 자료를 활용했다. 해방 이후 집필된 3·1운동 관련 2차 기록들은 사후적 과장이 섞여 있고 근거 자료를 일일이 확인하기가 어려워서 소극적으로 참고했다. 사건의 배경과 전체 맥락을 이해하기 위해 서울, 평양, 의주, 원산 등 3월 1일의 독립선언 경과를 상세하게 살폈고, 경기도 개성군과 안성군, 경상남도 울산군에 대해서는 3·1운동의 전체 과정을 포괄적으로 검토했다.

1. 다중적 네트워크와 연대

1) 종교계의 조직적 준비와 연대의 논리

모든 정치단체가 해산된 1910년대에는 정치활동은 말할 것도 없고 집회, 결사, 출판 및 언론활동도 금지되었다. 조직적인 활동을 하려면 비밀결사의 형태를 취하지 않을 수 없었다. 그것도 혈연, 지연, 학연, 종교적 집회 등을 이용해야 했기 때문에 조직과 활동 범위가 극히 제한되었다. 일제에 검거되는 바람에 드러난 경우이기는 하지만 비밀결사는 대부분 20~30명 정도로 소규모였으며, 전국에 걸쳐 회원을 규합한 조직은 매우 드물었다.[9] 이런 상황에서 독립선언을 조직적으로 준비하고 전개하기까지 종교계의 역할이 결정적이었다. 당시 종교계는 전국적 조직과 재력을 갖춘 유일한 조선인 세력이었기 때문이다.

그러나 종교계라고 해서 한일강제병합 이후 일제의 통제로부터 자유로울 수는 없었다. 1910년대에 총독부는 종교 관련 법규의 정비, 헌

9) 강영심, 앞의 글, 173쪽. 전국적 조직으로는 200여 명의 회원을 규합했던 대한광복회를 들 수 있는데, 이렇게 조직 결성에 성공한 사례는 거의 없었다.

병경찰 활용을 통해 종교계 전반에 대한 억압과 통제를 꾀했다.[10] 조선총독부가 가장 먼저 통제에 성공한 종교는 불교계였다. 억불정책에 시달리던 불교계는 한말에 일본 불교가 들어오면서 도성 출입 금지령이 해제되는 등 이전보다 활동의 자유가 확대되었다. 일본 불교 각 교파가 활발하게 포교 활동을 펴는 가운데 조선총독부는 '사찰령'을 공포해 직접 통제했다. 불교계는 선교 양종으로 통합되고 30본산체제로 정비되어 총독부 정책에 대체로 순응했다. 천주교 역시 1909년 10월 안중근 의거 이후 정교분리정책을 강화해 조선총독부와 별다른 마찰을 일으키지 않았다. 한말 의병투쟁 등에 참가해 일제에 격렬하게 대항했던 유교에 대해서도 총독부는 강점 초기부터 대응책을 마련했다. 조직 장악을 시도하는 한편으로 은사금 지급 등으로 유림을 회유했다. 조선독립의군부나 대한광복회의 경우처럼 비밀결사를 조직해 저항하거나 강제병합에 불만을 품고 해외로 떠난 유림 유생이 있었지만 이들은 소수였다. 유교계 역시 3·1운동 이전까지는 별다른 불만을 표출하지 못한 채 소극적으로 순응하고 있었다.[11]

3·1운동 준비 단계에서 결정적인 역할을 했던 개신교도 총독부의 억압적인 통제정책을 피할 수는 없었다. 기독교 신앙이 '천황제' 이데올로기와 정면으로 대립되었고, 기독교인이 한말의 항일민족운동과 국권회복운동에 연루되는 경우도 많았기 때문이다. 외국인 선교사들은 자국 정부와 선교본부의 방침에 따라 정교분리와 엄정 중립을 표방하면서 기본적으로 총독부에 협조적인 태도를 보였다. 기독

10) 김승태, 〈무단통치기 조선총독부의 종교정책과 한국 종교계의 동향〉, 《한국기독교와 역사》 47, 2017, 32~36쪽. 1912년 3월 공포된 '경찰범처벌규칙'에 따르면 종교 활동도 경찰의 단속 대상에 포함되었다.

11) 위의 글, 40~48쪽.

교계 스스로도 교인들이 개인적인 신앙과 전도 활동에 힘쓰도록 하여 교세를 확장하고 내적 조직을 강화하는 데 집중했다.[12] 이런 상황에서도 국외 독립운동과 인적으로 연계되어 있던 청년 기독교도들은 국권회복운동을 목적으로 '조선국민회' 같은 비밀결사를 조직하기도 했다. 1915년부터 조직화에 착수해 1917년 3월 평양에서 결성된 '조선국민회'는 평양신학교와 숭실학교 등에 다니는 개신교도 학생들이 중심이 된 조직이었다. 당시 평양에는 기독교계 중등학교가 있어서 전국 각지에서 진학을 위해 개신교 청년들이 모여들었다. 1918년 2월경 당국에 발각되어 체포된 회원이 25명이었는데, 대부분 평양의 기독교계 학교에 다니는 학생이거나 졸업생, 교사였다.[13] 이 조선국민회 회원들은 1919년 3·1운동 당시 학생 동원과 독립선언서 배포 등 평양과 평안도 일대의 만세운동에 주요한 역할을 담당했다.[14] 이런 비밀결사를 통해 순종하는 듯 보이는 겉모습과는 달리 개신교계의 조직적 역량이 응축되고 있었음을 짐작할 수 있다.

독립선언운동을 위해 평안도 지역 개신교 지도자들이 움직이기 시작한 것은 '민족자결주의'와 파리강화회의에 관한 소식이 국내로 전해진 1918년 가을부터였다. 정주 오산교회의 이승훈 등 이 지역 기독교계가 중심이 되고 상하이의 신한청년단, 한말의 구(舊)신민회계 인사 등이 연계해 독립운동의 방법을 모색했다. 파리강화회의 한국 대표 파견과 자금 모집을 위해 신한청년단에서 정주 출신 선우혁이 1919년 초 국내로 파견되었다. 그가 평안도의 개신교 인사들과 접촉하면서 국내외에 독립을 선언하고 청원하기 위한 모의가 본격화되었다.[15]

---

12) 위의 글, 37쪽.

13) 강영심, 앞의 글, 177~186쪽.

14) 위의 글, 192쪽.

한편, 독립선언의 기획을 주도한 천도교는 조선총독부에 종교단체로 공인조차 받지 못한 상태였다. 총독부는 헌병경찰을 동원해 제재하고 탄압했으며, 노골적인 분열책을 쓰기도 했다. 그럼에도 불구하고 교인이 꾸준히 늘어나서 교세가 확장되었으며, 개신교보다 더 응집된 중앙조직을 갖추고 있었다. 신교와 구교를 합해서 대략 35만 명 정도로 추산되는 기독교도에 비해 수적으로도 월등히 많았다.[16] 적어도 100만여 명으로 추산되는 천도교도들은 대교구제를 구축해 튼튼한 교단을 형성하고 조직화를 이루었다.[17] 이것은 천도교가 재정적으로도 여유로웠다는 것을 의미한다.

천도교는 강점 직후부터 국권회복운동을 위해 조직화를 시도했다. 천도교 인쇄소인 보성사 대표 이종일은 실패하기는 했지만 대중집회를 도모했고, 기독교계 및 불교계와 연대를 구상하기도 했다. 그런 시도가 여의치 않자 1912년 10월에는 '민족문화수호운동본부'라는 비밀결사를 조직해 손병희가 총재, 자신이 회장을 맡았다. 1914년 8월에는 '천도구국단'을 결성했는데 회원은 '민족문화수호운동본부'와 겹쳤다.[18] 일제의 통제와 탄압에도 불구하고 천도교계 역시 독립선언을 주도할 수 있는 조직 역량과 경험을 꾸준히 축적했던 것이다.

1919년 1월 20일 권동진, 오세창, 최린 등 서울의 천도교 지도부는 손병희를 찾아가 독립선언을 하기로 합의하고, 전문학교 학생들과도 접촉하기 시작했다. 천도교 지도부로부터 외부 교섭을 위임받은 최린은 1월 말경 최남선에게 계획을 알리고 동의를 얻었다. 최남선은

---

15) 이윤상, 〈평안도 지방의 3·1운동〉, 《3·1민족해방운동연구》, 청년사, 1989, 272쪽.

16) 장석만, 〈3·1운동에서 종교는 무엇인가〉, 박헌호·류준필 편, 앞의 책, 195쪽.

17) 김승태, 앞의 글, 49~54쪽.

18) 박걸순, 〈1910년대 비밀결사의 투쟁 방략과 의의〉, 《한국독립운동사연구》 46, 2013, 31~33쪽.

선언서를 직접 작성하기로 하는 한편, 유력자들의 참여가 필요하다고 여겨 대한제국의 구관료들과 접촉했지만 참여를 성사시키지 못했다. 한편, 평양에서는 개신교 인사들이 2월 초에 신한청년당 선우혁과 만나 독립운동을 협의하고 논의를 본격화했다. 최남선은 기독교 측의 독립운동 계획을 최린에게 알리는 한편, 평북 정주의 이승훈을 서울로 불러 천도교 측의 계획을 알리고 합류를 요청했다. 이승훈은 2월 11일부터 서울에서 출발해 평북 선천과 평양 등지를 순회하면서 천도교 측의 독립운동 계획을 알리고 양측의 공조에 대해 찬성을 얻어냈다. 2월 17일 다시 서울로 온 이승훈은 서울 개신교 지도자들과도 협의했다. 이때 개신교 측은 천도교와 별개로 독립청원서를 제출하는 방식으로 논의를 모아가고 있었다. 2월 21일 최남선과 함께 이승훈을 만난 최린은 기독교계와 천도교계의 통합 추진에 대한 필요성을 거듭 강조했다. 2월 24일 이승훈과 함태영 두 사람이 기독교 측 대표 자격으로 최린과 만나 천도교 측과의 연대를 최종적으로 확약했다. 천도교 측은 자금 곤란을 겪고 있던 기독교 측에 5,000원의 운동자금을 융통해주었다. 한편, 최린은 불교계와도 접촉했는데 시일이 촉박해서 한용운과 백용성 두 사람의 합류만을 이끌어냈다. 유림 측과도 접촉했지만 소극적인 태도와 시일 부족으로 독립선언에 참여시키지 못했다.[19] 상호공조하기로 합의한 천도교계와 기독교계는 각각 독립선언서에 서명 날인할 대표 규합에 나섰다. 최남선이 작성한 독립선언서의 인쇄는 천도교 측이 맡고 배포는 기독교 측이 맡기로 역할도 나누었다. 이종일은 2월 27일 보성사에서 독립선언서 2만 1,000

19) 〈손병희 등 48명 판결문〉(1920. 10. 20, 문서번호 大正 9年 刑控 第522·523號); 〈최린 신문조서(1919. 4. 7)〉, 《한민족독립운동사자료집》 11; 이정은, 〈일제의 무단통치와 3·1운동〉, 《한국사》 47, 국사편찬위원회, 2001, 320~324쪽.

매를 인쇄했고, 천도교와 기독교의 조직 및 네트워크를 활용해 전국으로 배포했다.[20]

종교계의 독립운동은 정교분리라는 규범을 어기고 정치 영역으로 나서는 일이었으며, 기독교와 천도교의 연대는 종교 간 장벽을 넘어서는 결단이었다. 기독교계에는 정교분리와 충실한 신앙생활을 강조하면서 독립선언을 강력하게 비판하는 관점이 있었다. 예를 들어, 윤치호는 3·1운동에 대해 줄곧 냉랭한 태도를 취하면서 일본이 "조선인들을 정치에서 떼어낸 것"은 잘한 일이라며, 우매한 민중을 선동해 만세를 부르도록 만든 자들을 비판했다.[21] 2월 하순 기독교 네트워크를 통해 독립선언서에 서명·날인할 것을 권유받은 남감리파 개성 북부예배당 목사 강조원은 "나는 목사이므로 찬성을 하지 않"는다고 했다.[22] 선언서를 배포해달라는 요청에 대해서도 "사안이 교회에 관한 문제가 아니고 일반인에 대한 문제인 만큼 예배당에서 배부할 성질의 것이 아니라 하여 동의하지 않았다."[23] 독립 자체를 반대하지는 않더라도, 일반 성직자들 사이에 교회가 정치적인 문제에 나서는 것을 꺼리는 분위기가 뚜렷하게 존재했던 것이다.

천도교 측 역시 정교분리를 기본 원칙으로 삼고 있었으므로 독립선언에 나서는 것에 부담이 없지 않았다. 1917년 10월 이래 천도교 도사로서 활동해온 이인숙은 "조선의 독립을 희망하고 있는가?"라는 검사의 물음에 "그런 일은 없다. 나는 종교에 몸을 던지고 있는 자이기 때문에 그런 정치상의 생각은 전혀 없다"라며 정교분리의 원리를

20) 〈손병희 등 48명 판결문〉(1920. 10. 20, 문서번호 大正 9年 刑控 第522·523號).

21) 장석만, 앞의 글, 190쪽.

22) 〈강조원 신문조서(제2회, 1919. 4. 24)〉, 《한민족독립운동사자료집》 13.

23) 〈이만규 신문조서(1919. 5. 1)〉, 《한민족독립운동사자료집》 15.

앞세워 자신을 변호했다.[24] 신도들의 성미금을 모아 독립운동 자금으로 제공한 혐의를 받은 천도교 함흥교구장 홍성운도 똑같은 질문에 "나는 종교가로서 국사는 어떻게 되어도 좋고 종교 방면에 전심하여 진력하고 있다"고 답했다.[25] 이처럼 신문조서에서 드러난 천도교인들의 정교분리론은 대개 체포된 뒤에 자신들의 무죄를 주장하기 위해 인용한 방어 논리였다. 교주였던 손병희 역시 공식적으로는 종교와 정치의 분리를 선언했다.[26] 그렇지만 독립선언 이후 예심판사 앞에서 "종교가 만족스럽게 행해지지 못하는 동안은 아무래도 종교가가 정치에 관계하게 된다고 생각"한다고 말했다. "국가가 종교를 도와주면 정치에 관계하지 않고 자립할 수 있는데 그렇지 않는 한에는 종교는 정치에 붙어가서 그 목적을 달성하도록 하지 않으면 안 된다고 생각"했으며, "조선이 독립국이 되더라도 벼슬길에 나아갈 생각은 없"지만 "종교의 목적을 달성하기 위해서 조선의 독립을 기도"했다고 밝히고 있다.[27]

정교분리의 원칙을 넘어서서 독립운동에 나선 종교계 앞에는 타 종교와의 연대라는 또 하나의 과제가 놓여 있었다. 천도교와 기독교의 공조를 성사시키는 데 결정적인 역할을 했던 최린은 신문 과정에서 다음과 같이 연대의 논리를 설명했다.

> 이승훈에게 어젯밤 예수교에서는 조선의 독립운동을 할 것을 결의했다는데 진실이냐고 물었더니 진실이라고 하므로 왜 우리와 별도로 운동

---

24) 〈이인숙 신문조서(제2회, 1919. 5. 30)〉, 《한민족독립운동사자료집》 10.

25) 〈홍성운 신문조서(제2회, 1919. 5. 30)〉, 《한민족독립운동사자료집》 10.

26) 장석만, 앞의 글, 206쪽.

27) 〈손병희 신문조서(제3회, 1919. 7. 14)〉, 《한민족독립운동사자료집》 11.

하기로 했느냐고 물었다. 이승훈은 그것은 자기 혼자 생각이 아니고 모두가 천도교와는 종파가 다르고 인물도 모르므로 진정한 의사를 모르니 별도로 운동하는 것이 좋지 않겠느냐고 해서 그렇게 결의했던 것이라고 했다. 나는 이 일은 종교상의 문제가 아니고, 또 일부분의 문제도 아니고 조선 민족 전체의 일이므로 종교는 비록 다르다 하더라도 지장이 없으니 별도로 운동하는 것은 좋지 않으니 합동하여 운동하지 않겠느냐고 했다. 이승훈은 동지들에게 협의해보겠다고 하면서 돌아갔다.[28]

기독교계에서는 천도교와는 종교가 다르고 사람도 알지 못하므로 별도로 독립운동을 추진하려는 움직임이 있었다. 이에 대해 최린은 독립운동은 종교의 문제가 아니라 민족 전체의 일이므로 종교 차이는 문제가 되지 않는다고 주장하며 공동으로 행동하자고 권유했다. 기독교 측에서도 "천도교 쪽에서도 마찬가지로 독립운동을 기도하고 있"는데 "목적이 같으니 합의해 하는 것이 어떻겠느냐"는 이승훈의 제안에 "목적이 같으므로 합병해도 좋다"고 결론을 내렸다.[29] 이런 과정을 거쳐 2월 하순에 양측은 "선언서를 만들어 그것을 배부하고 한편으로는 청원서를 일본 정부 및 총독부에 제출"하는 것에 동의했다.[30]

2) 3월 1일의 독립선언: 서울과 지역의 공조

평양, 원산, 선천, 의주 등지에서는 서울과 마찬가지로 3월 1일에 독립선언식을 하기 위해 사전 준비를 진행했다. 2월 28일 또는 3월 1일 서울에서 제작한 독립선언서가 각지에 전달되었다. 평양의 경우 민

28) 〈최린 신문조서(1919. 4. 7)〉, 《한민족독립운동사자료집》 11.

29) 〈이갑성 신문조서(1919. 8. 25)〉, 《한민족독립운동사자료집》 12.

30) 〈이갑성 신문조서(1919. 8. 25)〉, 《한민족독립운동사자료집》 12.

족 대표와 직접 연계해 기독교 및 천도교계가 각각 독립선언식을 준비했으며, 원산과 선천, 의주 등에서도 기독교 네트워크가 중요한 역할을 했다.[31] 준비 단계에서 "선언서에 이름을 올린 사람이 각기 그 지방을 맡아서 배포하기로" 했기 때문에,[32] 서명을 한 민족 대표는 사실상 독립선언서를 지방에 배포하는 책임자이기도 했다. 그래서 자연히 3·1운동 초기의 준비 및 실행은 민족 대표와의 직접적 연계, 기독교 네트워크, 천도교 교단조직을 매개로 이루어졌다.

평양에서는 이승훈이 직접 장로교 목사 길선주, 감리교 목사 신홍식 등과 밀의를 거쳐 거사를 준비했다. 천도교계는 서울의 천도교 중앙총부로부터 직접 연락을 받고 평양에서 대교구장회의를 소집해 대기하던 중, 2월 28일 중앙총부에서 보낸 독립선언서를 전달받아 관내 천도교 기구에 배포했다. 3월 1일 평양 시내에서는 세 곳에서 독립선언식이 거행되었다. 장로교 측 집회는 평양에서 가장 큰 교회인 장대현교회 옆 숭덕학교 교정에서 시작되었으며, 감리교 측은 남산현교회 뜰, 그리고 천도교 측은 설암리 천도교구당에서 집회를 시작했다. 오후 1~2시경 시작된 집회는 세 곳 모두 비슷한 순서로 진행되었다. 공식적으로는 '이태왕 봉도식'을 명목으로 사람들을 모았으며 교사가 학생들을 인솔해 참석하기도 했다. 먼저, 각 종교의 예식에 따라 조의를 표한 다음 곧이어 사전에 준비한 태극기 등을 펼치고 독립선언식을 개최했다. 이어 군중에게 독립선언의 취지를 설명하고 태극기를 배포한 뒤 행렬을 이루어 독립만세를 외치며 거리행진에 나섰는데, 세 곳에서 출발한 행렬은 시내에서 합류해 평양의 전 시가지를

31) 〈손병희 등 48명 판결문〉(1920. 10. 20, 문서번호 大正 9年 刑控 第522·523號).

32) 〈이갑성 신문조서(1919. 8. 25)〉, 《한민족독립운동사자료집》 12.

휩쓸었다. 장로교 측과 감리교 측에서 태극기 제작 등의 사전 준비는 각 교파 소속 사립학교 학생들이 맡았다.[33] 그런데 천도교 중앙총부의 독립선언서 전달과 배포, 설암리 천도교구당에서 열린 봉도식 및 독립선언식에 대해서는 1971년 독립운동사편찬위원회에서 펴낸《독립운동사 제2권: 삼일운동사(상)》에만 나올 뿐 당시의 헌병경찰 보고서, 신문조서나 재판 기록 등에서 확인할 수가 없었다. 그러나 장로파 신도로서 숭덕학교에서 열린 독립선언식과 만세시위에 참가했던 윤원삼이 말하기를 시위에 참가한 사람은 "기독교도와 천도교도로 종교와 관계없는 자는 극히 소수였다"라고 한 것으로 보아 천도교단 역시 조직적으로 3월 1일 집회를 조직하고 참가했음을 알 수 있다.[34]

평안북도 의주의 3월 1일 만세선언식은 민족 대표 중 한 사람인 유여대 목사가 직접 주도하고 민중과 함께 만세시위를 벌인 사례라는 점이 특징적이다. 의주 동교회 목사 유여대는 2월 10일경 선천에서 열린 예수교 평북노회에 출석했다가 양전백의 집에서 이승훈을 만나 독립선언에 대해 들었다. 유여대는 독립선언서에 서명·날인했지만 서울에 가지 않고 근거지인 의주에서 독립선언식을 거행하기로 했다. 2월 말에 인편으로 서울의 거사일이 3월 1일이라는 것을 전해 듣고 교인들이 역할을 나누어 태극기와 선언서를 준비했다. 2월 28일 밤 교회 부설인 양실학원에 스무 명가량의 신도들을 모아 3월 1일 오후 2시 30분에 서교회당 부근 공터로 모일 것을 주민들에게 알리게 하

33) 〈朝鮮人ノ不穩行動ニ關スル件(1919. 3. 2, 朝鮮總督府 內秘補 126; 平南 機密 第118號)〉,《大正 八年 騷擾事件ニ關スル道長官報告綴 七册ノ內二》; 〈김찬홍(김찬흥) 등 15명 판결문〉(1919. 9. 19, 문서번호 大正 8年 刑上 第826·827·828號); 〈송양묵 판결문〉(1919. 5. 15, 문서번호 大正8年 刑上 第74號); 독립운동사편찬위원회 편,《독립운동사 제2권: 삼일운동사(상)》, 독립유공자사업기금운용위원회, 1971, 364·365쪽.

34) 〈윤원삼 신문조서(제2회, 1919. 6. 12)〉,《한민족독립운동사자료집》13.

는 등 거사 준비를 마쳤다. 서울에서 〈3·1독립선언서〉가 도착하지 않아서 따로 선언서를 등사판으로 200매 정도 만들었다. 3월 1일이 되자 사람을 시켜 도청을 비롯한 각 관청에 선언서를 배포하고, 오후 2시 30분경 의주 읍내 서교회당 부근 공터에서 교사가 인솔해온 양실학교 학생들, 신도와 주민 들이 모여 예배 형식으로 독립선언식을 거행했다. 식장에는 미리 준비한 대형 태극기 두 개를 세우고, 종이로 만든 소형 태극기 100여 장을 사람들에게 배포했다. 직접 만든 선언서를 나누어주고 낭독하던 중 서울에서 독립선언서 200매가 도착하자 유여대 목사는 그것을 낭독하고 배포했다. 독립가를 부르며 독립선언식을 거행하는 사이에 군중이 700~800명으로 늘었고, 군중과 함께 조선독립만세를 외치며 의주 거리로 나가던 도중에 유여대 목사는 헌병경찰에 체포되었다. 그러나 군중은 어두워질 때까지 의주 거리를 오가며 시위를 계속했다.[35] 또한 이튿날 의주 남문 밖 광장에서 재개된 시위에는 천도교 신도들과 주변 지역 농민들까지 대거 가세해 시위 군중이 더 늘어났다.[36]

원산의 3월 1일 만세시위는 민족 대표와 직접 연결되어 있기는 하지만 현지의 기독교 조직과 인맥이 실질적으로 주도한 경우이다. 서울의 기독교 지도부와 원산 지역 기독교 신도들을 연결한 사람은 기독교 남감리파 목사이자 독립선언서에 서명한 정춘수였다. 그는 2월 16일경 서울에 와서 박희도에게 독립운동 계획을 듣고 원산부로 돌아갔다. 그 뒤 인편으로 천도교 측과 함께할 것이며 기일은 3월 1일이라는 연

35) 〈유여대 신문조서(제2회, 1919. 3. 7)〉, 《한민족독립운동사자료집》 27; 〈참고인 유여대 신문조서(1919. 5. 6)〉, 《한민족독립운동사자료집》 27; 〈유여대 신문조서(제1회, 1919. 8. 30)〉, 《한민족독립운동사자료집》 12.

36) 김승태, 〈의주에서의 3·1운동과 유여대 목사〉, 《기독교사상》 715, 2018, 108~111쪽.

락을 받았다. 또 오화영으로부터는 서울에서 "3월 1일에 거사하기로 되었고, 또 정부에 청원하는 서면은 인쇄하여 배포하기로 되었는데, 그 서면이 완성되면 보낼 것이니 조치하라"는 편지를 받았다.[37] 정춘수는 2월 21일경 원산의 기독교 신자 이가순(53세, 약종상)과 이순영(37세, 전도사)에게 3월 1일의 독립선언 계획을 전했다. 그들은 원산에서도 선언서를 인쇄·배포하기 위해 별도로 원고를 작성했다. 2월 28일 이가순 등은 진성여학교에 모여 독립운동의 취지에 찬동하고 독립선언서 발표 방법 등을 논의하는 한편, 같은 날 기독교 전도사 곽명리가 서울에서 받아 온 독립선언서 300매를 전달받았다. 이날 밤 이가순과 이순영은 앞서 작성해둔 문서에 '독립선언서'라는 제목을 붙이고 민족 대표의 이름을 기입해 약 2,000매를 인쇄했다. 3월 1일이 되자 이가순은 곽명리가 전해준 선언서 중 약 50매를 함경남도 각 관청에 발송하고, 나머지 선언서와 직접 제작한 독립선언서를 남감리교계 광성학교 학생들을 시켜 배포했다.[38] 이가순과 이순영은 오후 2시경 원산리시장에서 2,000~3,000명의 일반 주민들과 함께 독립만세를 외치며 원산 시가를 행진했다.[39] 원산에서는 서울과 원산의 기독교 네트워크를 통해 독립선언 계획 및 선언서를 전달받았고, 현지에서도 교회와 학교 중심의 기독교 인맥을 활용해서 추가로 선언서를 인쇄·배포하여 만세운동을 실현시켰다.

천도교단의 세력이 강한 황해도 등지에서는 천도교인들이 서울과

---

37) 〈정춘수 신문조서(제2회, 1919. 7. 19)〉, 《한민족독립운동사자료집》 11; 〈정춘수 신문조서(1919. 8. 26)〉, 《한민족독립운동사자료집》 12.

38) 1917년경 원산에는 공립보통학교 1개교와 공립간이학교 1개교, 그리고 광성학교를 포함해서 사립학교 5개교가 있었는데 사립학교는 모두 교회 부설학교였다. 그중에서도 광성학교는 남감리교계 학교였다(오미일, 〈1920년 9월 원산 지역 만세시위와 저항의식 형성의 기제〉, 《역사와 경계》 102, 2017, 208·210쪽).

39) 〈이가순 등 11명 판결문〉(1919. 7. 3, 문서번호 大正 8年 刑上 第304號).

의 공조를 주도했다. 2월 28일 이종일은 국장에 참여한 이경섭에게 독립선언서 약 1,000매를 주면서 황해도 서흥군 천도교구실에 전하되 해주 사리원에 배포하도록 하고 나머지는 수안에 배포하라고 부탁했다. 그리고 "경성에서는 3월 1일 오후 2시를 기하여 손병희 이하 독립을 선언하고 선언서를 배포하며 만세를 부를 것이니 지방에서도 이를 본떠 선언서를 배포하고 다중과 함께 만세를 부르라고 전달하라"고 요청했다. 이경섭은 부탁받은 대로 황해도 일대에 독립선언서와 이종일의 말을 전달했다.[40] 황해도 각지의 만세운동은 3월 2일부터 시작되었다.

황주 읍내에서는 장날인 2일 오후 2시경 독립선언서가 읍내 장터 여기저기에 게시되고, 수백 명의 천도교도가 장터 한가운데서 대한독립만세를 크게 외쳤다. 장에 나왔던 장꾼들이 호응해 대열에 참여했고 군중들은 황주경찰서로 몰려가 유리창을 깨뜨렸다.[41] 수안에서는 3월 3일 새벽 6시에 천도교도들이 헌병분대로 몰려가기도 했다.[42] 황해도에서 전개된 천도교도들의 만세시위는 규모가 크지는 않았지만 천도교단에 의해 조직적 동원이 이루어졌다.

평양과 의주, 원산, 황주, 수안 등지에는 종교계의 네트워크를 통해 독립선언 계획과 독립선언서가 신속하게 전달되었다. 민족 대표들과 직접 연결되어 3월 1일부터 서울과 동시에 만세운동이 시작되었다.

---

40) 〈손병희 등 48명 판결문〉(1920. 3. 22, 문서번호 大正 8年 特豫 第15號); 〈이경섭 신문조서(1919. 3. 4)〉, 《한민족독립운동사자료집》 11.

41) 〈騷擾事件ニ關スル件報告〉(1919. 3. 8, 문서번호 朝鮮總督府 內秘補 150; 秘 第218號), 《大正八年 騷擾事件ニ關スル道長官報告綴 七冊ノ內二》(원본 소장처 국사편찬위원회).

42) 〈電報: 遂安, 義州, 開城, 安州, 咸興 등지의 시위운동 및 파병 상황〉(문서번호 密 第102號 其18/朝特 第12號/第66號), 《大正8年乃至同10年 朝鮮騷擾事件關係書類 共7冊 其1》(원본 소장처 일본 방위성 방위연구소).

3) 학생의 독자적 독립선언 추진과 3·1운동 합류

종교계 네트워크와 교단조직 외에 초기 3·1운동의 조직적 전개에서 결정적 역할을 담당한 것은 학생들이었다. 서울의 전문학교 학생들 역시 다양한 경로로 '민족자결'과 파리강화회의 소식을 접했다. 특히 1919년 2월 도쿄 유학생들의 2·8독립선언에 큰 자극을 받은 전문학교 학생들은 비밀리에 독립운동을 모의하기 시작했다. 같은 시기에 독립선언을 준비하던 종교계에서 학생들에게 접촉해왔다. 기독교계의 박희도와 이갑성이었는데, 이들은 학생들에게 독자적인 독립선언 발표 준비를 중지하고 종교계와 공동보조를 취하자고 설득했다.[43] 중앙기독교청년회 간사였던 박희도는 31세, 세브란스병원 사무원이었던 이갑성은 30세로 학생들과 비슷한 연배였고, 청년 학생들과 관련된 위치에 있었기 때문에 이런 연락 책임을 맡게 되었던 것으로 보인다.[44] 이갑성의 요청으로 중등학교 학생들을 통해 독립선언서 배포 책임을 맡았던 보성법률상업학교 학생 강기덕은 이갑성과 동갑이었다.[45]

박희도와 이갑성은 각각 1919년 1월 중순에서 2월 중순 사이에 전문학교 학생들과 만나 종교계가 추진 중인 독립운동에 참여할 것을 설득하고 해외 독립운동의 정세와 독립 방략에 대해 토론했다. 강기덕 등은 종교계의 준비 상황을 공유하면서 각 전문학교에서 대표가 될 만한 학생을 물색해 조직화를 시도했다. 2월 20일경 서울 승동예배당에 모여 제1회 학생 간부회를 개최하고 학생 독자의 독립운동에

---

43) 〈박희도 신문조서(제3회, 1919. 7. 17)〉, 《한민족독립운동사자료집》 11.

44) 〈이갑성 신문조서(1919. 8. 25)〉, 《한민족독립운동사자료집》 12; 〈박희도 신문조서(1919. 8. 23)〉, 《한민족독립운동사자료집》 12.

45) 〈강기덕 신문조서(1919. 8. 29)〉, 《한민족독립운동사자료집》 12.

대해 상의했다.[46]

학생 측에서는 처음에 학생 주도로 독립선언서를 발표할 계획을 세웠다. 그러나 2월 23일경 "예수교, 천도교 측에서도 독립운동의 계획이 있으므로 하나의 운동에 두 가지 선언서가 있는 것은 우스운 일이므로 자기들의 계획에 학생 측도 합동해달라"는 박희도의 거듭된 요청을 수락했다. 종교계는 3월 1일에 예정된 독립선언과 시위 계획을 학생들에게 알렸다. 그런데 이 과정에서 독자적으로 독립선언을 하겠다는 학생들의 의사가 강경했기 때문에 박희도는 학생들을 설득하면서 다음과 같은 조건을 약정했다.[47]

> 하나, 선언서를 학생 측에서 (독자적으로) 발표하지 않을 것.
> 둘, 중학 정도의 학생 측 사람은 3월 1일의 선언서 발표 때에 모두 참가하도록 할 것.
> 셋, 그 뒤의 운동에 대해서는 학생 측에게 임의의 행동에 맡길 것.
> 넷, 3월 1일의 운동에는 전문학교 학생들은 가급적 나오지 않도록 할 것.

3월 1일에 전문학교 학생들에게 가급적 참가하지 말라고 한 이유는 한 번의 선언만으로 목적을 달성할 수 없으므로 뒤를 이어 독립운동을 기도하기 위해 여력을 남기려는 의도였다. 학생들은 3월 1일의 독립선언과는 별도로 학생들만으로 두 번째 운동을 벌이기로 하고

---

46) 이때 연결된 학생들은 경성전수학교의 전성득과 윤자영, 경성의학전문학교의 김형기와 한위건, 세브란스연합의학전문학교의 김문진과 이용설, 경성공업전문학교의 김대우, 보성법률상업전문학교의 강기덕과 한창환, 연희전문학교의 김원벽 등이었다. 이 자리에서 전성득, 김형기, 김문진, 김대우, 강기덕, 김원벽이 각자 학교를 대표하기로 하고, 이용설, 한위건, 윤자영, 한창환은 대표들이 체포될 경우 뒷일을 처리하며 그 밖의 임무를 담당하고 각 동창학생을 규합하는 데 주력하기로 결정했다(〈김형기 등 210명 판결문 예심 종결 결정〉(1919. 8. 30)).

47) 〈김원벽 신문조서(제1회, 1919. 4. 7)〉, 《한민족독립운동사자료집》 11.

참가 의사를 확인했다.[48] 또 2월 25일과 26일에 정동교회에 모여 3월 1일 당일에 각 전문학교 및 중등학교 학생들이 오후 2시 정각에 파고다공원에 모여 시위운동에 참가할 수 있도록 힘쓰기로 하고, 그 뒤에 다시 형편을 보아 전문학교 학생을 중심으로 제2회 시위운동을 펼치기로 했다. 또한 체포를 면한 사람은 뜻을 굽히지 말고 더욱 독립운동을 계속 행함으로써 최후의 목적을 완수할 것을 결의했다.[49]

강기덕, 한위건, 김원벽은 중등학교 대표자를 물색해 학생들을 규합하는 등 독립운동을 위해 사전 조직화를 추진했다. 향우회나 친목회 등 지연, 학연의 다양한 경로를 이용해 경신학교, 경성고등보통학교, 중앙학교, 선린상업학교, 보성고등보통학교 학생들과 접촉했다. 그들에게 "우리 조선도 국제연맹에서 주창되는 민족자결주의에 따라 독립할 수 있을 것이며 지식계급자 사이에 그 기획이 진행 중이다. 그리고 이 운동의 성공 여부는 전적으로 학생의 결속에 힘입는 바 크다. 여하간 그 기회가 도래할 때는 통보할 터이니 그 뜻을 체득하여 대표자가 될 것이며, 지금부터 각각 자기 학교 학생에게 독립사상을 고취하여 이에 대비함이 긴요"하다고 선동했다. 중등학교 학생들은 동창학생 등에 대해 개인적 또는 집단적으로 "조선독립운동을 일으키는 날에는 분기하여 참가할 것을 설득"하는 방식으로 독립운동에 참가할 학생들에 대한 조직화를 진행했다.[50]

독립선언 전날 인쇄된 〈3·1독립선언서〉를 시내에 배포하는 일은 학생들이 맡았다. 2월 28일 이갑성은 강기덕에게 중등학교 학생을 통해 배포할 것을 부탁했다. 전문학교 대표 학생들이 모인 승동예배당

48) 〈김원벽 신문조서(제1회, 1919. 4. 7)〉, 《한민족독립운동사자료집》 11.

49) 〈김형기 등 210명 판결문 예심 종결 결정〉(1919. 8. 30).

50) 〈김형기 등 210명 판결문 예심 종결 결정〉(1919. 8. 30).

에서 독립선언서 약 1,500매가 교부되었다. "3월 1일 오후 2시를 기하여 파고다공원에서 독립선언을 할 것이며, 다시 계속 학생 측에서 주최하는 제2회 독립운동을 할 터이니 유의"하라는 등 3월 5일에 예정된 학생들의 제2회 시위에 대한 언급도 있었다. 강기덕 등은 교부받은 선언서를 가지고 중등학교 학생들이 모여 있는 정동교회로 가서 다음 날 있을 독립선언식 계획을 전하고 학생들의 참여를 독려했다. 학교를 중심으로 구역을 나누어 독립선언서를 배포해줄 것을 요청하고 학교별로 대표들에게 100매 또는 300매씩 나누어주었다.[51)]

불교계에서도 2월 28일 밤 8시경 한용운의 집에서 중앙학림 학생 몇 명이 독립선언서 약 3,000매를 받아 중앙학림 기숙사로 가져갔다. 그곳에 기숙하는 학생 40명에게 한 장씩 배부하고 이튿날 오후 2시에 탑골공원(파고다공원)에서 조선독립만세를 외치고 시내를 행진한다는 말을 전했다. 독립선언식이 있었던 3월 1일 밤에 학생들은 독립선언서를 시내 각지의 민가에 배포했다.[52)]

중등학교 학생들도 2월 중순부터 교회, 청년회관 등의 예배나 설교에 참석해 "서로 내왕하면서 독립운동을 상의"하거나 "시국 관계 이야기를" 나누는 등,[53)] 다양한 경로로 독립운동에 대한 소문을 접하고 있었다. 이들이 독립선언서를 배포하고 3월 1일 독립선언에 참여하는 과정은 경성고등보통학교 학생들의 경우를 통해 알 수 있다. 이 학교를 대표해 전문학교 학생들과 접촉을 해온 4학년 김백평(20세)은 전문학교 학생들에게서 받은 선언서 200매가량을 가지고 2월 28일 밤

51) 〈김대우 신문조서(1919. 4. 9)〉, 《한민족독립운동사자료집》 15; 〈강기덕 신문조서(제3회, 1919. 7. 7)〉, 《한민족독립운동사자료집》 11; 〈김형기 등 210명 판결문 예심 종결 결정〉(1919. 8. 30).

52) 〈이계창 등 30명 판결문 예심 종결 결정)〉(1919. 8. 30).

53) 〈박쾌인 신문조서(1919. 5. 20)〉, 《한민족독립운동사자료집》 16.

적선동에 있는 동창생 박창수 집으로 갔다. 선언서 배포에 대해 의논하기 위해 미리 그곳에 모이도록 말해두었던 경성고등보통학교 간부 학생 여러 명에게 강기덕의 말을 전하고 선언서를 보여주었다. 그리고 이튿날 학생들을 규합해 파고다공원으로 갈 방법을 의논했다. 3월 1일이 되자 등교한 간부 학생들은 정오의 휴게시간에 전체 학생을 각각 교실로 모았다. 비밀 누설을 막기 위해 복도와 교실 입구 등에 보초를 세우고 각 교실을 순회하며 오후 2시를 기하여 파고다공원에서 조선독립을 선언하니 오후 1시경 박수 등의 신호를 보내면 따라 나오도록 공지했다. 이날 학교 교정에서 고종 국장 참례를 위한 예행연습이 끝나자 대표들은 교문에서 학생들을 모았다. 그들은 학생들을 인솔해 파고다공원으로 가는 도중에 전날 받았던 선언서를 사람들에게 배포했다. 이날 경성고등보통학교에서는 사범과를 제외한 거의 모든 학생이 파고다공원으로 모여들었다. 전날 선언서를 전달받았던 다른 중등학교 학생들도 각자 자기 학교 학생들에게 파고다공원의 독립선언식 참여를 독려했고, 시내의 구역을 분할해 선언서를 나누어주고 파고다공원으로 모여들었다.[54] 물론 김백평은 체포되어 검사에게 신문을 받을 때는 "토요일이어서 산보하러 나갔"다가 "지나가던 사람이 공원에서 선언서를 읽는다고 하"여 가보았을 뿐이라고 발뺌했다.[55]

전문학교 학생들의 독립선언식 참가 과정은 연희전문학교의 경우를 통해 짐작할 수 있다. 연희전문학교 대표로서 사전 모의에 참가했던 김원벽은 3월 1일 수업이 시작되기 전에 10명 또는 20명 정도씩

54) 〈박쾌인 신문조서(1919. 5. 20)〉, 《한민족독립운동사자료집》 16; 〈김형기 등 210명 판결문 예심 종결 결정〉(1919. 8. 30).

55) 〈김백평 신문조서(1919. 3. 6)〉, 《한민족독립운동사자료집》 14.

모아 "오늘 오후 2시 파고다공원에서 독립선언의 발표가 있다"는 것을 알렸는데 소수를 제외하고는 학생들 대부분이 이미 알고 있었다. 또 사전에 협의한 대로 "오늘의 운동은 학생 측에서는 중학교 정도의 사람이 참가하기로 되어 있는데, 벌써 경찰에게 위험인물로 인정되어 있다고 생각하는 사람은 오늘 이후의 운동에 참가하고 오늘은 나가지 않는 것이 좋겠다"는 뜻도 전했다.[56)]

3월 1일 정오를 지나면서 서울 시내 각급 학생들과 군중이 파고다공원으로 모여들었다. 민족 대표를 기다리던 중 오후 2시 30분경에 학생 대표가 나서서 〈3·1독립선언서〉를 낭독했다. 군중은 열광적으로 '조선독립만세', '대한독립만세', '독립만세'를 외쳤으며, 지도부의 지휘에 따라 공원을 나서서 행진하기 시작했다.[57)]

앞서 말했듯이 3월 5일은 전문학교 학생들이 주도하는 제2회 독립시위가 예정되어 있었다. 그것을 성사시키기 위해 한위건 등은 전문학교 학생과 중등학교 대표 들을 3월 4일 오전에 정동 배재고등보통학교 기숙사로 모았다. 그들에게 "내일 3월 5일 오전 9시를 기해 남대문역 앞 광장을 집합지로 삼아 학생 주최의 독립시위운동을 할 것이며, 그 방법으로서 강기덕 및 김원벽을 선정하여 지휘의 임무를 담당하게" 할 것이며, "각자는 형편에 따라 자기 학교 학생이나 잘 아는 사람을 규합하여 참가시키도록 노력하라"고 알렸다.[58)]

3월 5일 오전 8시경 남대문역 앞으로 사람들이 모여들었다. 대다수가 학생들이었으며 고등보통여학교 학생들도 가담했다. 이 시위에 참가하기 위해 기차를 타고 평양에서 온 학생들도 포함되어 있었다.

56) 〈김원벽 신문조서(제1회, 1919. 4. 7)〉, 《한민족독립운동사자료집》 11.

57) 〈김형기 등 210명 판결문 예심 종결 결정〉(1919. 8. 30).

58) 〈김형기 등 210명 판결문 예심 종결 결정〉(1919. 8. 30).

이날의 시위는 그야말로 서울과 인근 학생들이 주도했다. 기차에서 내린 승객을 포함해서 군중이 환호하며 대열에 합류해 수천 명으로 늘어났다.[59] 9시경 강기덕과 김원벽은 인력거를 타고 '조선독립'이라고 크게 쓴 깃발을 휘두르며 제2회 시위운동을 선포했다. 군중은 일제히 독립만세를 외치며 선두에 선 두 사람을 따라 남대문으로 향했다. 이날 일부 사람들은 독립운동에 참여했다는 표시를 하기 위해 붉은 천을 나누어주고 그것을 흔들면서 남대문으로 향했다.[60]

3·1운동 기간에 서울 시내 도처에서는 "조선독립에 관하여 황당무계한 사실을 날조하며 또는 전 조선에 걸쳐 봉기한 독립운동의 소문을 과장하는 등 불온문구로써 독립사상을 고취·선전하는 듯한 문서를 제멋대로 간행·반포하여 그 운동의 위세를 올리려고 하는 자가 빈번히" 나타났다. 그들 대부분은 전문학교나 중등학교 학생들이었다.[61] 평양에서 열린 독립선언식과 만세시위에서도 "집회자의 대부분은 기독교 신자나 천도교 신자라지만 학생이 대부분이었다"라고 할 정도로 초기 도시 지역의 3·1운동에서 학생들의 조직적 역할은 지대했다.[62]

---

59) 〈독립운동에 관한 건(제6보, 1919. 3. 5)〉, 《大正8年乃至同10年 朝鮮騷擾事件關係書類 共7册 其7》(일본 방위청 방위연구소 소장); 〈김형기 등 210명 판결문 예심 종결 결정〉(1919. 8. 30).

60) 〈김형기 등 210명 판결문 예심 종결 결정〉(1919. 8. 30); 〈손병희 등 48명 판결문〉(1920. 10. 20, 문서번호 大正 9年 刑控 第522·523號).

61) 〈김형기 등 210명 판결문 예심 종결 결정〉(1919. 8. 30).

62) 〈윤원삼 신문조서(제2회, 1919. 6. 12)〉, 《한민족독립운동사자료집》 13.

2. 3·1운동의 다원적 전개와 연대의 동학

1) 단일한 3·1운동, 다원적 전개

3월 1일부터 두 달여 동안 전국에서 2,000회 이상 전개된 독립선언과 만세시위의 양상은 다양했다. 그동안 많은 연구를 통해 그것들을 '3·1운동'이라는 '단일한' 이름으로 호명하기 위해 필요한 작업들, 즉 시간적·공간적 추이의 체계화, 주도층 분류와 전개 과정의 유형화를 시도해왔다. 그 과정에서 각 지역적 운동의 구체성과 역동성, 참가자들의 자율성과 능동성이 소거되는 것은 어느 정도 불가피한 결과였다.[63] 3·1운동의 진정한 의미 중 하나는 그러한 차이들에도 불구하고 1919년의 경험을 통해 다원적 참가자들이 '민족'이라는 공동의 정체성을 각성했다는 점이다.[64]

1910년대의 한반도는 철도나 우편 등 근대적 네트워크가 정비되는 한편, 전래의 자기충족적인 지역공동체와 농촌공동체도 강고하게 존속했다. 전체 인구수에 비해 조직된 종교인의 비중이 높지 않았으며, 지방과 농촌으로 갈수록 종교계의 영향력은 미약했다. 따라서 서울과 평양 등지에서 조직적으로 독립선언을 준비했던 종교계 인맥이나 교단조직이 영향을 미치지 못하는 지역이 많았고, 전문학교나 중등학교 학생 대신 보통학교 학생들이 시위 군중의 일익을 차지했다. 균질적이지 않은 지역 네트워크의 특징으로 인해 각지의 만세운동은

---

63) 전국 각지에서 벌어진 3·1운동에 대한 연구는 꾸준히 축적되어왔다. 그런데 3·1운동을 해석하는 지역사적 문제의식이 제대로 정립되지 못해서 지역적 다원성과 자율성을 드러내기는 어려웠다. 또한 영웅적 만세운동과 일제의 무자비한 폭압이라는 3·1운동의 전형적인 서사는 해방 이후 덧붙여진 무용담에 의해 더욱 강화되었다. 그래서 지역의 3·1운동에 대한 연구가 축적될수록 역설적으로 '단일한 3·1운동'의 이미지도 강화되는 경향이 있다.

64) 허영란, 앞의 글, 334~339쪽.

인접한 지역 사이에서도 다양한 양상을 보였다. 양적 추세로는 3월 말에서 4월 초에 각지의 만세운동이 절정에 달했지만, 이 시기에도 주동자, 준비 과정, 참가 규모, 전개 양상 등 만세운동의 여러 측면에서 '3·1운동'이라는 '단일한' 호명으로 담을 수 없는 차이들이 나타났다.

중앙 중심, 엘리트 위주의 정형화된 인식을 지양함으로써 얻고자 하는 것은 이 운동의 참된 주인공이라 할 수 있는 민중에 대한 생생하고 진실한 이해이다. 그러려면 초기 조직화 과정에서 보이는 종교계 인맥과 교단의 주도, 전문학교와 중등학교 학생의 조직적 참여를 지역 3·1운동에 일률적으로 대입해서는 곤란하다. 각지에서 만세운동 소식을 퍼뜨리고 선언서를 제작해서 나눠주며 시위 현장을 주도한 사람들의 다양성을 일상생활 차원에서 드러내기에는 역부족이다. 그렇지만 가능한 수준에서 그 다원성을 살펴보고자 한다.

식민당국의 관변 기록에 목소리를 남긴 사람은 다수가 종교 지도자나 교사, 학생 등이고 그들의 말에는 나름의 논리가 있다. 그에 반해 체포된 민중의 경우, 처벌을 피할 목적으로 '나는 무식해서 모른다'라는 짧은 이유를 알리바이로 내세우는 경우가 많았다.[65] 또 자연스러운 일인데, 재판이 상급심으로 갈수록 자신의 행동을 축소하고 소신을 부인하며 무죄를 주장하는 경향을 보였다. 따라서 신문조서나 판결문 이면에 어떤 다원적 의미가 함축되어 있는지 상상해보는 것이 필요하다.

지역에서 독립선언서를 배포하고 시위를 조직하는 것은 현지 사람들의 몫이었다. 개성에서는 개신교 인맥을 중심으로 2월 말부터 독

---

65) 천정환, 〈소문·방문·신문·격문-3·1운동 시기의 미디어와 주체성〉, 박헌호·류준필 편, 앞의 책, 261~269쪽.

립선언에 대한 논의가 있었고, 2월 28일에는 서울에서 〈3·1독립선언서〉가 도착했다. 그런데 선뜻 나서는 사람이 없었다. "연설은 다수인이 집결한 장소에서 하지 않으면 안 되겠는데 그러한 적당한 기회가 있을지 의문"스러워 아무런 결정을 내리지 못했다.[66] 2월 말 시점에는 대규모 군중 시위가 가능하리라고 상상조차 할 수 없었기에, "누구도 자진하여 그 임무를 담당하겠다고 말하는 사람이 없었"다.[67] 그런 상황에서 독립선언서를 배포하겠다고 나선 사람은 호수돈여자고등보통학교 부속유치원 교사 권애라와 같은 학교 기숙사에 거주하던 여전도인 어윤희였다. 권애라에게 선언서를 건넨 사람은 호수돈여자고등보통학교의 서기 신공량이었는데, 그는 신문 과정에서 "각 방면으로부터 독립운동의 상황을 듣고 당지에서도 우리들이 그 와중에 빠져들 위험성이 있어서 걱정을 하"였으며 자식이 아프다는 "허위의 전보를 형으로부터 쳐달라고" 하는 등 자신은 독립선언에 소극적이었다고 주장하며 선처를 호소했다.[68] 향후 경과를 예측조차 할 수 없는 초기 단계에 독립선언과 만세시위를 결행하는 것은 결코 쉽지 않았다. 우여곡절 끝에 이루어진 독립선언서 배포는, 3월 3일 오후에 호수돈여자고등보통학교 기숙사 학생 수십 명의 만세시위를 촉발했다. 그리고 이 시위가 개성 시내로 확산되면서 2,000명의 군중이 참가하는 대규모 만세운동으로 확대되었다. 이날 시위대는 고종 국장 행사장에 걸려 있던 일장기를 떼어내 파손하고 경찰관파출소로 몰려갔으며, 이 과정에서 일본인 우편배달부를 구타하는 사람도 있었다.[69]

66) 〈최중순 신문조서(1919. 4. 25)〉, 《한민족독립운동사자료집》 13.

67) 〈오진세 신문조서(1919. 4. 24)〉, 《한민족독립운동사자료집》 13.

68) 〈신공량 신문조서(1919. 4. 25)〉, 《한민족독립운동사자료집》 13.

69) 〈이형순 판결문〉(1919. 6. 26, 문서번호 大正 8年 刑控 第377號).

다음 날인 3월 4일에는 송도고등보통학교 학생들이 집단으로 시위를 이끌었다. 전날 시위의 영향으로 술렁이는 학생들에게 불을 붙인 인물은 사감 이만규였다. 민족 대표와 직접 연결되어 있던 그는 독립운동을 위해 "각 도의 각 학교 생도 및 일반과 참으로 교묘한 방법으로 연락을 하여 운동 중에 있다. 일이 성공하느냐 않느냐는 쉽사리 알 수 없으나 이 운동은 반드시 무엇인가 얻을 바가 있을 것"이라고 했다. 그러면서도 어제 "호수돈학교 여학생들은 일시 설득을 해 방면되었으나 금후에 운동을 하는 사람들은 강경한 결심을 필요로 한다"는 점을 강조했다. 이에 "마치 석유에 불이 붙는 것과 같이 점심 후에 운동장으로 집결한 기숙사 생도를 필두로 고등과 생도들의 만세 소리가 독립운동"으로 이어졌다.[70]

각지에서 만세시위가 연쇄적으로 불붙기 이전인 3월 초에는 종교인이나 학생의 조직적 참가가 중심이 될 수밖에 없었다. 3월 3일의 시위에 참가했던 호수돈여자고등보통학교 학생 나은주(28세)는 "전날부터 만국강화회의에서 민족자결이라고 하는 주의의 신문을 보고" "경성 및 각처를 막론하고 3월 1일부터 조선독립 문제에 대해 대운동을 하며 조선독립 희망 막대하다"는 말을 들었다. 이에 "조선인종(朝鮮人種)으로서 어찌 활발히 찬성하지 않겠는가"라며 만세 대열에 동참했다.[71] 송도고등보통학교 3학년생이던 유흥준도 "만세를 부르면 조선이 일본의 손에서 벗어나 독립될 수 있다고 믿고 자기도 함께 만세를 불렀"다.[72] 일단 만세운동이 시작되면 참가자들은 시국과 관련한 여러 정보를 접하면서 '독립'에 대해서도 상당히 낙관적인 생각을

---

70) 〈박광익 신문조서(1919. 4. 17)〉, 《한민족독립운동사자료집》 13.

71) 〈나은주 판결문〉(1919. 8. 21, 大正 8年 刑上 第504號).

72) 〈박치대 등 3명 판결문〉(1919. 4. 15, 문서번호 大正 8年 刑 第847號).

가졌고, 그것은 초기 만세운동의 폭발력을 키우는 데 중요한 작용을 했다.

교단조직을 통해 시위 계획을 사전에 전해 들은 교인들 역시 초기 운동의 중요한 참가자였다. 황해도 각지에서는 3월 초에 천도교도들이 주도한 시위가 여러 곳에서 일어났다. 예컨대 황해도 수안에서 양조업을 하는 한병익(24세)은 천도교단을 통해 사전에 연락을 받고 만세운동에 참가하기 위해 일부러 곡산으로 갔다. 그는 3월 4일 50명가량의 천도교도와 함께 '조선독립'이라고 쓴 기를 들고 조선독립만세를 부르면서 곡산 읍내를 행진했다. 현장에서 체포된 그는 "조선의 독립을 목적으로" "독립될 수 있다고 믿고" 시위에 참가했다고 주장했다. 그는 "믿고 있는 천도교의 선생이 독립이 될 수 있다고 말했으므로 반드시 독립이 된다고 믿었"다. 헌병이 해산을 종용하자, 참가자 모두가 "반드시 같은 행동을 취하기로 약속했었고" 자신이 믿는 선생이 유치되어 있어서 "선생의 현재의 처지를 생각하더라도 곧바로 해산하는 것은 선생께 죄송한 일로 생각되어" "해산하는 것에 불복"했다.[73] 교단에 대한 신뢰는 독립에 대한 교인들의 믿음을 강화시켰다. 또한 대중 시위가 일어난 많은 지역에서 군경에 의해 참가자들이 체포·구금되면서, 그것에 항의하고 구금된 이들을 구출할 목적으로 시위가 재발하고 과격해졌다.

일반 농민에 대한 선동에서는 일상생활과 관련된 사안들이 등장했다. 개성군 중면의 사립학교 교사 이철영은 3월 26일에 자기 학교 학생과 마을 주민 들에게 "조선이 독립하면 기쁘지 않은가? 자유 생활을 할 수 있고, 부모를 공동묘지에 묻을 필요 없이 각자 소유한 산에 자유

---

73) 〈한병익 신문조서(1919. 3. 4)〉, 《한민족독립운동사자료집》 11.

롭게 매장할 수 있지 않겠는가? 조선의 독립을 축복하기 위해 만세를 부르자!"고 주장했다.[74] 일제의 공동묘지 강요 같은 일반 농민의 생활 밀착형 문제들을 제시하며 독립운동의 필요성을 강조했던 것이다.

서울에서 유학하다가 독립선언 이후 고향으로 내려온 학생들도 각 지역의 만세운동에서 중추적 역할을 했다. 경성고등보통학교 4학년생이었던 상훈은 3월 31일부터 4월 2일까지 매일 밤 개성군 중면 대룡리 근처 산에서 주민 수십 명이 화톳불을 피우고 만세를 부를 때 참가했다. 그는 3월 4일 서울에서 입수한 《조선독립신문》과 경고문, 한글 격문 등 60매 중 절반을 4월 2일 밤 산에 모인 주민들에게 나누어주어 운동의 열기를 고조시켰고, 나머지 문서는 각 가옥에 배포했다.[75] 조선약학교 학생 이인영은 4월 2일 안성군 이죽면 죽산시장 장날에 모인 군중에게 '고문(告文)'이라는 제목으로 "조선독립 목적을 수행하려면 영구히 내지인과 동화하여서는 안 된다"는 내용을 담은 문서를 배포했다. 또 군중을 향해 "우리들은 지금까지 쇠망건을 쓰고 있었으나 이제는 벗을 수가 있게 되었으니 기쁜 일이다. 여기에 여러분과 함께 조선독립만세를 부르자"며 선동했다.[76]

개성군 진봉면 지금리의 20세 농민 이재록처럼 본인이 직접 신문과 격문을 베껴서 배포하는 경우도 있었다. 그는 3월 26일 마을 주민들과 함께 시위에 참가한 다음 집으로 돌아가 '대한제국동포신문', '대한제국신문', '대한신문', '대한제국독립창가'라는 제목으로 문서 수십 장을 철필로 복사했다. 그러고는 다음 날 밤 주변 마을 민가에 한 장씩 배포하고 주민들과 만세를 불렀다.[77] 시위 참가를 통해 고조

---

74) 〈이철영 판결문(1919. 6. 26, 문서번호 大正 8年 刑控 第376號).

75) 〈상훈 등 3명 판결문〉(1919. 6. 18, 문서번호 大正 8年 刑控 第446號).

76) 〈이달승 청취서(1919. 8. 27)〉, 《한민족독립운동사자료집》 13.

된 열의로 직접 격문과 신문을 베껴서 인근 주민들에게 나누어주었던 것이다.

현지 청년들이 조직적으로 주도한 운동도 많았다. 울산군 하상면 청년들은 '병영청년회'라는 비밀결사를 조직해 4월 4일 하상면 서리의 사립 일신학교에서 만세를 부르기로 약속했다. 당일 일신학교 학생들을 중심으로 100~200명이 학교에서 만세를 부르며 거리를 행진했다.[78] 5일에도 청년 회원들 주도로 일신학교 부근에서 시위가 시작되어 800명으로 늘어난 군중이 '대한국독립만세'라고 쓴 종이 깃발을 앞세우고 하상면 경찰관주재소까지 행진하다가 경찰과 충돌했다.[79]

3월 중순 이후에는 농촌에서 마을 단위로 시위에 참가하는 경우가 늘어났다. '다른 마을 사람이 만세를 부르므로 우리 마을도 부르자, 불러야 한다'는 선동이 많아졌다. 개성군 동면 대오족리에서 농민 장규한과 고덕찬은 3월 28일부터 31일까지 매일 밤 마을 사람 50여 명을 인솔해 면사무소 앞에 있는 오관산 위에서 횃불을 피우고 독립만세를 불렀다. 고덕찬은 "소년들조차 이와 같이 만세를 부르는데 어른이 되어 부르지 않는 법은 없다"면서 "본촌에서도 만세를 부르지 않으면 리 내의 민가를 불태워버리겠다"며 주민들을 선동했다.[80] 이처럼 농민 사이에서 협박성 선동을 하는 경우도 있었지만, 농민들 대다수는 인근 각지에서 연쇄적으로 일어나는 만세운동에 자연스럽게 참

---

77) 〈이재록 판결문(1919. 7. 23, 문서번호 大正 8年 刑控 第693號).

78) 〈電報: 4월4일 시위 상황 2〉(발신 1919. 4. 5, 문서번호 密 第102號 其153/朝特 第86號/第3號), 《大正8年乃至同10年 朝鮮騷擾事件關係書類 共7冊 其1》(원본 소장처 일본 방위성 방위연구소); 〈이현우 등 5명 판결문〉(1919. 5. 23, 문서번호 大正 8年 刑控 第404號).

79) 〈獨立運動에 관한 건(제39보)〉(1919. 4. 6, 문건번호 高 第10371號), 《大正8年乃至同10年 朝鮮騷擾事件關係書類 共7冊 其7》(원본 소장처 일본 방위성 방위연구소).

80) 〈장규한 등 2명 판결문〉(1919. 5. 8, 문서번호 大正 8年 刑 第1164號).

가했다. 4월 1일 저녁부터 다음 날 새벽 사이에 안성군에서는 2,000여 명의 군중이 양성면과 원곡면을 오가며 만세시위를 벌이고 면사무소, 주재소, 우편소, 일본인 상점과 가옥 등을 파괴하거나 방화했다. 24명이 사망하고 127명이 투옥된 원곡·양성 3·1운동에 참가한 농민 홍병옥은 자신이 시위에 가담하게 된 과정을 다음과 같이 진술했다. "4월 1일 밤에는 면내 각 마을 인민들이 양성에 집합하여 만세운동을 한다는 것으로, 그것은 누가 말했는지는 모르나 일반 소문이었고, 이미 다른 마을에서는 그 준비를 하고 있는 모양이므로 우리 마을에서도 그 운동에 가담하지 않으면 뒤에 형편이 나쁘다고 생각했으므로, 나는 동민을 권유하여 함께 참가하기로 했는데 동네에서 함께 가자고 한 사람이 7~8명 되었다."[81] 양성면의 중심 시가에 다 모여서 만세운동을 한다는 소문, 우리 마을만 참가하지 않으면 좋을 것이 없다는 농촌의 공동체적 사고와 정서에 따라 집을 나선 농민들이, 처음부터 그와 같은 공격적이고 폭력적인 대규모 만세운동을 예상했던 것은 아니다.

2) 우연한 참가와 연대의 역동

농촌에서는 안성군 원곡·양성 시위처럼 많은 농민이 마을 단위로 함께 움직였다. 그 밖에 다양한 경로로 사전에 계획을 알고 나온 사람, 시위에 참가하려고 일부러 장에 온 사람들도 있었다. 그러나 체포된 사람들은 주로 시내와 읍내에, 또는 장에 용무가 있어서 갔다가 '우연히' 만세운동에 가담했다고 진술했다.

3월 4일 황해도 곡산에서 있었던 천도교도 시위에서 체포된 김창

81) 〈홍병옥 신문조서(1919. 4. 25)〉, 《한민족독립운동사자료집》 23.

현은 그 자신이 천도교도이면서도, 사전 모의 없이 "우연히 군청에 나가던 중 독립기를 꽂아 들고 만세를 부르면서 행진하는 군중을 만났"다고 진술했다.[82] 울산군 온산군 남창시장에서 장날 만세를 주도했던 온산군 덕신리의 이수락 등 21세 동갑내기 농민들은 재판 과정에서 장날에 각자 장을 보러 갔다가 사람들이 서로 기뻐하며 전하기를 "이번 파리회의의 결과 일본제국이 조선의 독립을 허여하였다"고 해서, "조선 민족으로서 조선독립이 기뻐서 축하의 만세를 부른 것"이라고 진술했다. 사전에 준비한 것이 아니라 주막에서 "술을 마시던 중 취기가 올라" "공동으로 한국독립만세를 고창하여 시위운동을" 하게 된 것이라고 주장했다. 또 장을 보러 갔다가 친구가 만세를 부르다 잡혀가는 것을 보고 우정으로 심하게 비난하며 따라가다가 체포되었을 뿐 아무 짓도 하지 않았다고 항변하기도 했다. 그러나 고종의 인산을 보고 돌아온 웅촌면 석천리의 이재락을 통해 서울의 만세운동 소문은 이미 퍼져 있었다. 또 같은 울산군 내 언양과 병영에서 4월 초에 벌어진 만세시위 소식도 들려왔다. 청년들은 장이 열리는 4월 8일을 거사일로 정했지만, 오후 4시를 넘겨 파장 무렵에 만세를 부르는 바람에 별 호응을 얻지 못하고 50~150명의 소규모 시위에 그치고 말았다.[83]

그야말로 '우연히' 참가하게 된 사례도 무수히 많다. 신발장사 이사원은 4월 2일 안성 읍내 시장에서 일어난 시위에 참가했다가 안성경찰서로 연행되었다. 그곳에서 "다른 사람들로부터 선동을 받은 일

---

82) 〈김창현 신문조서(1919. 5. 13)〉, 《한민족독립운동사자료집》 16.

83) 〈이수락 등 4명 판결문〉(1919. 5. 17, 문서번호 大正 8年 刑控 第397號); 〈이수락 등 4명 판결문〉(1919. 6. 28, 大正 8年 刑上 第277號); 〈고기룡 등 2명 판결문〉(1919. 6. 3, 문서번호 大正 8年 刑控 第468號); 독립운동사편찬위원회 편, 《독립운동사 제3권: 삼일운동사(하)》, 독립유공자사업기금운용위원회, 1971, 209·210쪽.

은 별로 없으나 수일 전부터 읍내 사람들이 만세를 불러서 나도 어쩐지 만세를 부르고 싶어서 다중에 가세하였다", "2일 낮에도 순사가 사람들이 만세를 부르는 것을 체포하여서 나는 그것을 그저 보고 있을 수가 없어서 만세를 불렀"다고 진술했다.[84] 같은 날 안성에 사는 머슴 김보희는 "읍내로 가서 시장 부근을 돌아다닐 때 군중이 모여서 조선독립만세를 부르고 있길래 나도 함께 만세를 불렀다", "여러 사람이 모여 있었고 만세를 불러서 누가 선동을 하였는지 그것은 전혀 모른다"라고 말했다.[85] 또 며칠 뒤 검사 앞에서는 "술에 취하여 한차례 불렀으나 선동은 하지 않았"으며, "다수가 모여서 부를 때 아무런 생각 없이 나도 부른 것"으로 조선독립운동을 하겠다는 생각 같은 것은 절대로 없었다고 답했다.[86]

한편, '우연한' 참가와 정반대의 사례도 많다. 3월 26일 개성군 송도면 읍내에 거주하는 최두순 등 20대의 상인들은 민심을 동요시키고 독립운동을 지원하고자 송도면 상점의 폐쇄를 모의했다. 그들은 '개성 시민에 대한 분발 사항'이라는 제목으로 "폐점은 민심 동요의 기초이므로 개성 상민은 본서 도착과 동시에 폐점하라. 만일 응하지 않으면 화액(禍厄)이 당도할 것이다"는 취지의 협박문 6통을 작성했다. 그리고 그날 밤 읍내 중심가 한국인 거상들의 점포에 유인물을 1통씩 배포했다. 다음 날인 3월 27일 남대문 일대 점포들이 일제히 철시했고 그 영향으로 한국인과 일본인 상점들도 폐점하게 되었다.[87] 앞서 소개한 개성군 동면 대오족리 주민 약 70~80명은 3월 30일 밤

84) 〈이사원 신문조서(1919. 4. 2)〉, 《한민족독립운동사자료집》 27.

85) 〈김보희 신문조서(1919. 4. 2)〉, 《한민족독립운동사자료집》 27.

86) 〈김보희 신문조서(1919. 4. 18)〉, 《한민족독립운동사자료집》 27.

87) 〈최두순 등 4인 판결문〉(1919. 5. 15, 문서번호 大正 8年 刑 第1165號).

에도 오관산에서 횃불을 피우고 만세를 부른 다음 동면사무소로 몰려가서 면장을 불러오게 했다. 시위를 주도했던 장규한은 면장에게 "면민 일동이 한국독립을 축복하고 있는데 면의 대표자인 면장과 면서기는 어째서 만세를 부르지 않는가"라면서 면장을 구타해 결국 만세를 부르도록 강제했다. 그는 또 "조선이 독립하는 이상 일본 국기는 필요 없다"며 일장기를 불 속에 던져 넣었다.[88]

이웃 면까지 진출한 만세운동의 사례도 적지 않다. 개성군 상도면의 농민 등 300여명은 3월 29일 밤에 상도면 상도리에서 대성면 풍덕리 읍내까지 가면서 만세를 외쳤다. 이어 풍덕리 헌병주재소에서 개성헌병대에 헌병 출동을 요청하지 못하도록 광덕면 광덕리 및 대성면 신죽리에 있는 전신주 3개를 넘어뜨렸다.[89] 마을 단위로 시작해서 이웃 면민과의 연대시위로 발전한 안성군 원곡·양성에서는 마을과 마을, 면과 면의 즉흥적 연대에 의해 시위 규모가 폭발적으로 커지기도 했다. 양성면 추곡리에 사는 농민 남상훈에 따르면, 4월 1일 저녁때에 같은 마을 주민들이 "오늘 밤은 양성으로 가서 만세운동을 할 것이니 함께 가자"고 해서 저녁을 먹은 뒤 마을 사람들과 함께 양성면 동항리로 갔다. 밤 9시경 면사무소가 있는 양성면 읍내에 도착하니 여러 마을 사람 수백 명이 모여 있었다. 남상훈 일행도 가담해 함께 만세를 부르면서 주재소까지 갔다가 보통학교로 돌아왔다. 그런데 그곳에 1,000명이나 되는 원곡 면민이 횃불을 비추면서 몽둥이 같은 것을 들고 몰려와서 "너희들은 벌써 돌아가는가, 그것은 안 된다, 한 번 더 주재소로 가자"고 했다. 그들은 "할 수 없이 따라서 다시 주

88) 〈장규한 등 2명 판결문〉(1919. 5. 8, 문서번호 大正 8年 刑 第1164號).

89) 〈이기춘 등 8명 판결문〉(1919. 5. 22, 문서번호 大正 8年 刑 第1476號).

재소로 가서 함께 만세를 불렀다". 그리고 관공서와 일본인 집에 투석과 방화, 폭행이 이어졌다.[90] 양성면 추곡리에 사는 남상훈은 마을 사람들과 함께 밤길을 걸어 면의 중심지인 동항리까지 가서 시위에 합류했다. 밤이 깊어지자 이웃 원곡면에서 대규모 시위대가 고개를 넘어 동항리에 도착했다. 양성면과 원곡면 등을 관할하는 경찰관주재소가 바로 이곳에 있었기 때문이다. "벌써 돌아가느냐, 안 된다, 다시 주재소로 가자"라고 외친 목소리의 주인공은 무명의 원곡면 주민들이었다. 그들 개개인의 이름은 알 수 없지만, 그들은 민중의 연대를 이끌어낸 당사자이자 민족적 주체였으며, 그들의 연대로 원곡·양성의 만세운동은 폭발하게 되었다.

이 시위에 참가했던 농민은 예심판사 앞에서 '총독정치'에 대해 불평이 없고 "합병 이래 모든 일이 발전했으니까 좋기는" 해도, 비록 "독립하게 될는지 어떨는지 모"르지만 "독립국의 백성이라는 말을 듣는 편이 더 좋으므로 독립을 바"랐다고 말했다.[91] 현실에 대한 구체적인 불만과는 별개로 농민들은 독립을 바랐으며, 그런 민중의 소망을 바탕으로 전국에서 다양한 방식으로 시위운동이 계획되고 실행되었다. 이 운동에 대한 민중의 '우연한' 참가는 다원적인 열기와 만나 거대한 만세운동의 쓰나미를 일으켰다. 그것은 계층과 직업, 연령, 성별, 종교를 초월하는 역동적인 연대의 현장이었다. 신문조서나 판결문 등에서 그들은 '무식하며' '우연히' 또는 '할 수 없이' 시위에 휩쓸렸다고 말하는 경우가 많았다. 그렇지만 그들이야말로 거대한 민족민중운동으로서의 3·1운동을 만들어낸 역사의 주인공이었다.

---

90) 〈남상훈 신문조서(1919. 4. 25)〉, 《한민족독립운동사자료집》 23.

91) 〈이한기 신문조서(1919. 6. 26)〉, 《한민족독립운동사자료집》 24.

공조와 연대, 민중의 다양한 목소리들

파리강화회의를 앞두고 다양한 경로로 추진되던 독립선언운동이 3월 1일에 결실을 맺을 수 있었던 것은 기독교계와 천도교계의 공조, 학생들의 조직적 결합이 성사되었기 때문이다. 비록 총독부에 대한 '독립청원'을 추진하고 '폭력화가 우려스럽다'는 이유로 민중과의 직접적 연대를 회피하기는 했지만, 초기 조직화 단계를 주도한 민족 대표의 역할은 충분히 높이 평가할 만하다.

이 글에서는 1919년 1월에서 2월 사이의 조직적 준비 단계에서 천도교계와 기독교계가 정교분리라는 제약을 극복하고 독립선언에 나서고, 종교 간 장벽을 넘어 연대하는 과정과 논리를 살펴보았다. 독자적으로 독립선언을 추진하던 학생층이 종교계의 요청을 받아들인 것 역시 민족 대표의 독립선언이 '3·1운동'으로 비약할 수 있게 만든 결정적 공조였다. 학생들은 독립선언서를 배포하고 대중적 시위를 현실화하는 데 중추적 역할을 했다. 그들은 학교를 매개로 한 인적 네트워크를 통해 시국에 대한 정보를 빠르게 유통시키고 조직적 인원 동원으로 군중집회를 성사시켰다.

일반적으로 3·1운동은 '중앙에서 지방으로', '엘리트에서 민중으로' 확산되었고, '서울로부터의 전파'와 '촌락공동체적 동원'이라는 구도로 이해되어왔다. 그러나 초기 조직적 준비 단계부터 서울과 평양, 평안도와 함경도, 황해도 각지의 종교 지도자들은 자신들의 네트워크를 통해 공동보조를 맞추었다. 그러므로 3월 1일 각지의 독립선언식과 독립선언서 배포는 '서울과 그 밖의 지방'이 아니라 '서울과 지역의 공조'라는 관점에서 보는 것이 타당하다. 그동안의 연구에서 민중, 특히 만세운동에 가장 많이 참가한 지방 농민들은 계몽과 동원의 대상으로 설정되었다. 실제로 그들은 서울 등 다른 지역의 만세운동 소식과 독립선언서, 각종 격문과 신문 등 외부로부터의 자극에 영향을 받았다. 그러나 동시에 3·1운동이라는 역사적 사건은 각지의 조건에 따라 자율적이고 다원적인 실천이 응집되어 만들어질 수 있었다.

맨손의 시위대를 향해 폭행과 발포가 수시로 행해졌기 때문에, 3·1운동으로 인한 사망자 수는 7,500명이 넘는다. 1910년대 한반도는 제국주의가 민중의 코앞에서 총칼을 겨누고 있는 '거대한 감옥'이었던 것이다. 3·1운동은 그러한 상황에서 감행된 민중적 참여와 실천의 산물이었다. 그런데 다원적 주체가 실천한 다양한 사건들을 '3·1운동'이라는 '단일한' 이름으로 수렴시키다 보니 역설적이게도 민중적 참여의 다원적 양상과 그들의 다양한 목소리는 묻히거나 지워져버리기 십상이었다. 그러나 1919년 봄, 전국에서 벌어진 만세운동은 다양한 이질성에도 불구하고 계급과 계층, 종교, 마을과 지역이 역동적 공조를 통해 성사시킨 연대투쟁이었다.

이 글에서는 3·1운동이라는 하나의 이름으로 수렴되는 많은 사건을 네트워크와 조직, 연대라는 관점에서 살펴보았다. 3·1운동은 종교와 계급, 계층과 직업을 뛰어넘어 '민족'이라는 가치를 공유하고 '독립'을 내걸었던 민족운동이다. 그러나 각각의 운동이 전개된 시간과 장소의 구체성에는 다양한 차이와 지역적 특징들이 포함되어 있다. 만세운동을 성사시킨 다원적 주체들은 '민족 대표의 계몽을 통해 독립운동에 동원된 민중'이라는 이미지와는 거리가 있다. 3·1운동에 대한 새로운 연구는 그들의 생생하고 다양한 목소리, 모순적 열망을 드러내야 할 것이다.

7장

3·1운동 초기 경성 시위에 대한 세대론적 분석

주동빈

세대론적 분석을 말하기 위하여

1919년 3·1운동은 '병합' 이후 드문 대규모 대중 시위로서 '기동전적 상황'이었다.[1] 경성(서울)은 이 과정에서 각별한 의미를 가졌다. 경성은 대한제국 황실을 상징하는 '왕조도시'에서 조선총독부 청사 및 군이 있는 식민권력의 정치적·물리적 무게중심, 즉 '주권(主權)'의 소재지로서 '식민도시'로 전환되었다.[2] 또한 1910년대 조선인 인구의

1) 3·1운동과 '대중'의 발견에 대해서는 윤해동, 〈식민지 근대와 대중사회의 등장〉, 임지현·이성시 편, 《국사의 신화를 넘어서》, 휴머니스트, 2004 참조. 보편사적으로 식민지 지식인들의 탈식민 전략을 기동전과 진지전으로 분류하자면, 경제적·물리적 '힘'의 열위에 있는 식민지 지식인들에게 3·1운동 같은 국내의 대규모 대중 집회라는 '기동전적 상황'은 예외적인 상황이었다. 그람시의 진지전·기동전 개념을 식민지 지식인들의 민족주의 담론 전유와 연결시킨 저작으로는 빠르타 짯떼르지 지음, 이광수 옮김, 《민족주의 사상과 식민지 세계》, 그린비, 2013 참조.

2) 1910년대 경성의 공간적 변화에 대한 최근 연구는 염복규, 《서울의 기원 경성의 탄생-1910~1945 도시계획으로 본 경성의 역사》, 이데아, 2016, 17~50쪽; 김백영, 《지배와 공간: 식민지도시 경성과 제국 일본》, 문학과지성사, 2009, 327~384쪽.

감소·정체의 경향 속에서 구지배층의 거주지이자,[3] 인쇄소·학교가 밀집한 '담론' 형성의 중심지였다.

'병합' 이후 경성에서 일어난 대규모 시위는 3·1운동이 처음이었다. 대다수 조선인에게 제1차 세계대전과 다이쇼 데모크라시가 텍스트의 영역이었다면 3·1운동은 직접적 경험의 영역이었다. 3월 1일 기준 고종 인산에 참여하기 위해 상경한 약 20만 명의 조선인과 '재경(在京) 학생' 등 약 18만 명의 경성 거주자들은 이 시위를 목도하거나 참여했다.[4] 초기 경성 시위는 이후 지방 시위에 적지 않은 영향을 주었고, 3월 5일 이후에는 전차 투석, 철시, 간헐적 동맹파업 등으로 전환되었다.[5]

따라서 초기 경성 만세시위는 '공통 경험'의 창출이었다. 이 예외적 사건 앞에서 세대별 인식상의 차이도 있었다. 식민권력은 3·1운동 참여자 중 30세 이하 청년층의 참여가 전체의 절반 이상이란 점에 주목했다.[6] 물론 '세대'는 동적(動的) 개념이므로 분석하는 데 난점이

---

3) 손정목의 주장처럼 1910년대 경성의 조선인 수는 감소·정체했다. 이때 그가 인용한 1922년 선우전이 《개벽》에 쓴 기사에서는 재경 주민을 1) 종래 특수계급의 조선인 자산가, 2) 최근 십수년간 각 지방에서 전입한 지방인, 3) 사회적 도태로 향토 지방에 이전하고자 하나 신변 사정과 인습관계로 이전하기 어려운 구(舊) 경성인, 4) 각종 노동계급에 속한 하급 인민으로 분류했다. 그렇다면 1910년대 인구의 정체·감소 상황에서 1)에 속하는 사람들의 다수가 '구지배층'이었을 것이다. 손정목, 《(일제강점기) 도시화과정연구》, 일지사, 1996, 45~54쪽.

4) 전자는 朝鮮總督官房庶務部調査課, 〈朝鮮騷擾事件ノ思想及運動(1924. 11)〉, 朝鮮憲兵隊司令部 編, 《朝鮮三·一獨立騷擾事件(復刻)-槪況·思想及運動》, 巖南堂書店, 1969, 410쪽, 후자는 《조선총독부 통계연보(朝鮮總督府統計年報)》를 정리한 손정목, 앞의 책, 49쪽 참조.

5) 3월 경성·경기도의 시위 양상은 10일 단위로 '학생 중심→소강상태→노동자 중심'으로 변화했다(정연태·이지원·이윤상, 〈3·1운동의 전개 양상과 참여 계층〉, 한국역사연구회·역사문제연구소 편, 《3·1민족해방운동연구》, 청년사, 1989, 249쪽). 경성의 시위 양상은 국사편찬위원회 편, 《한민족독립운동사 3: 3·1운동》, 국사편찬위원회, 1988, 259~297쪽; 김정인·이정은, 《국내 3·1운동Ⅰ-중부·북부》, 독립기념관 독립운동사연구소, 2009, 5~15쪽 참조. 1919년 3~4월 경성·경기도의 주요 시위를 정리한 문서의 내용도 대동소이하다. 京城地方法院 檢事局 朝鮮總督府 檢事 山澤佐一郎→同院 豫審掛 朝鮮總督府 判事 堀直喜 殿, 〈의견서(1919. 8. 30)〉, 국사편찬위원회 편, 《한민족독립운동사자료집》 17, 1994(이하 '〈의견서(1919. 8. 30)〉'). 상기 자료집 인용 시에는 '《자료집》'. 《자료집》은 한국사데이터베이스(http://db.history.go.kr/)의 일문 및 국한문 번역 대조 참조.

있다. 카를 만하임(Karl Mannheim)은 이 난점의 우회를 위해 '나이'·'경험'이란 양적 분석 틀의 일방적 적용을 비판하면서 '사회운동론'적 세대 분석의 필요성을 제기했다. '정치의식 형성기'의 청년들은 특정 사건으로 '최초 인상'을 확립하므로 "모든 조류에는 고유한 청년세대"가 있다고 보면서도, 공통 경험의 중요성을 강조하면서 '청년=진보', '노년=보수'라는 단선적 진보관을 비판했다. 그는 '지식계급' 분석을 강조하면서, 특정한 사회·문화적 규정성 안에서 일정한 '세대 위치'를 차지하고, 전쟁·운동 등 역사적 사건에 참여하면서 결합된 행동양식을 표출하는 '세대 단위' 개념을 제시했다.[7]

특히 운동·혁명·전쟁이 진행되는 '기동전적 상황'에 시간은 빠르게 흐른다. 따라서 이 시점의 지식계급을 세대에 따라 비교하는 것은 해당 시기 분석에도 중요하다. '신세대'만 다루면 오히려 그 시대적 특징이 불분명할 수 있고, 당시 자료 특성상 '노농계급'에 대한 양적·질적 분석이 어렵기 때문이다. 그런데 세대별 운동 방식을 비교해 초기 경성 시위를 다룬 연구는 찾기 어렵다. 3·1운동 연구는 민족·계급

---

6) 조선총독부는 3·1운동 참여자들을 30세 이하의 '청년', 30~50세의 '장년', 50세 이하의 '노년' 혹은 40세 이하의 '약자(若者)', 그 이상의 '노자(老者)'로 구분했다. 약 2만 명의 조사 대상자 중 전자 기준의 청년은 50.6%, 후자 기준의 '약자'는 73.8%였다. 朝鮮總督官房庶務部調査課, 〈朝鮮騷擾事件ノ思想及運動(1924. 11)〉, 朝鮮憲兵隊司令部 編, 앞의 책, 451~453쪽. 또한 이들은 문화통치기 지방의회, 특히 부협의회 선거권에서 납세액을 통해 "급진"적 "청년"을 배제하고, "온건"한 "노년층"을 기용하려고 했다. 강동진, 《일제의 한국침략정책사》, 한길사, 1980, 333~335쪽.

7) 카를 만하임은 '사회운동론적' 관점에서 실증주의적 세대론과 낭만주의적 세대론을 비판했다. 전자는 '생애사적 주기'라는 생물학적 기준을, 후자는 동시대 내 단일 경험이란 사회적 경험의 기준을 일방적으로 강조했다는 것이다. 그는 프롤레타리아 계급운동의 용어를 통해 자신의 용어를 설명했다. 즉자적 계급 대신 세대 위치, 대자적 계급 대신 실제 세대, 대중조직 대신 세대 단위, 전위정당 대신 구체집단, 지식계급 대신 선구자 등이 그 예이다. 물론 그가 '지식계급'에 전적인 우위를 둔 것은 아니지만, 중요성을 간과할 필요는 없다고 지적했다. 카를 만하임 지음, 이남석 옮김, 《세대 문제》, 책세상, 2013, 76~94쪽; 이남석, 〈해제-운동론의 관점에서 본 세대론〉, 카를 만하임, 위의 책, 120~124쪽.

의 '이중모순'을 강조하다가,[8] 최근 일부 유림·지역운동 연구를 제외하면 '기억'·'표상'에 집중하고 있다.[9] 이 과정에서 3·1운동 이후 '청년-학생' 담론의 변화상[10]과 시위문화 변화에 주목한 연구들이 있다.[11] 전자는 '청년' 담론의 시기적 변화상에, 후자는 3·1운동기 새로운 근대적 시위문화에 주목했다.

본고는 위 연구를 참조해 3·1운동 초기 경성 시위에서 대표적 지식인 세대 단위가 보여준 운동 방식의 '비동시성의 동시성'을 비교·관찰한다. 학생, 유림, 유력자를 고찰한 이유는 '33인'의 독립선언서 제출을 제외하면 지식인들이 초기 경성 시위의 주요 구성원이었기 때문이다.[12] 경성에는 식민권력의 물리적·정치적 무게중심이 위치해 있고, 초기 경성 시위는 단기간의 '기동전'이었다. 그곳에는 '정치의식 형성기'의 '청년-학생'과 '병합 이전' 정치운동 및 반일투쟁 경험이 있던 기성세대 '유력자'들이 있었다. 특히 '33인'과 파리장서운동 연명자 중 40대 이상의 기성세대가 압도적인 수를 차지했던 것처럼,[13] 초

---

8) 대표적으로 동아일보사 편, 《3·1운동 50주년 기념논집》, 동아일보사, 1969; 동아일보사 편, 《3·1운동과 민족통일》, 동아일보사, 1989; 한국역사연구회·역사문제연구소 편, 앞의 책 참조.

9) 박헌호·류준필, 〈책머리에〉, 박헌호·류준필 편, 《1919년 3월 1일에 묻다》, 성균관대학교출판부, 2009, 9·10쪽.

10) 이기훈, 《청년아 청년아 우리 청년아》, 돌베개, 2014; 소영현, 〈3·1운동과 '학생'-'학생-청년'의 담론적 재편성 고찰〉, 박헌호·류준필 편, 앞의 책.

11) 김정인, 〈기억의 탄생: 민중 시위문화의 근대적 기원〉, 《역사와 현실》 74, 2009; 천정환, 〈소문·방문·신문·격문: 3·1운동 시기의 미디어와 주체성〉, 박헌호·류준필 편, 앞의 책 참조.

12) 1919년 8월 경성지방법원은 3~4월 경성 및 경기도 시위의 경과를 ① 3월 1일 시위 ② 학생들이 주도한 3월 5일 제2회 독립시위운동 ③ 유준근 등 5일 청량리 반우식 상소문 제출 사건 ④ 12일 〈장서〉 사건 ⑤ 천도교계의 지역으로의 선언서 유포 ⑥ 학생들의 격문 배포 ⑦ 학생들의 '불온문서' 유포 ⑧ 국민대회 선포자 조직 ⑨⑩ 국민대회 조직 당일 선언서 유포 ⑪⑫⑬ 양주흡, 박용태·이인영 등의 경성 및 안성 시위 참여의 순으로 정리했다. 〈의견서(1919. 8. 30)〉.

13) 연령별 분포는 33인의 경우 이병헌, 〈내가 본 3·1운동의 일단면(一斷面)〉, 동아일보사 편, 앞의 책(1969), 409쪽, 파리장서운동의 경우 임경석, 〈파리장서 서명자 연구〉, 《대동문화연구》 38, 2001, 435·436쪽 참조.

기 경성 시위의 각 주도세력을 통해 양 세대 간 운동 방식의 공통점과 차이점을 비교할 수 있다.

'재경 학생', '재경 유력자'[14] 개념은 종래 연구가 사용했던 개념인 '경중 유림'[15]에서 차용했다.[16] 제1절에서는 '재경 학생'이란 '집합주체'를 성립하게 했던 '집합적 생활공간'과 3월 1일·5일 시위의 '행진과정'을 고찰한다. 제2절에서는 당시 경성에 거주·체류하면서 3월 1일 시위에 영향을 받아 '조직적' 움직임을 보였지만, 학생들과는 달리 움직인 기성세대 지식인 집단의 '운동'과 입장을 분석한다. 3월 1일 체포된 '33인'을 제외하면, 그들은 '경중 유림'과 일부 '재경 유력자'였다. 따라서 '경중 유림'들이 조직한 5일 '청량리 읍소 사건'과 양자가 결합했던 12일 〈12인 등의 장서〉(혹은 〈조선독립애원서〉, 이하 '〈장서〉') 사건의 특징을 분석한다. 주자료는 국사편찬위원회에서 발간한 《한민족독립운동사자료집》의 3·1운동 부분이다. 신문조서는 조심스

14) 신문조서에 따르면 1910년대 경성의 조선인 사회에서 '유력자'로 인식되는 인물들이 있었다. 3월 1일 '33인' 검거 이후 타 지방 거주자인 유준근·문일평이 찾아간 '재경 유력자'들은 대한제국 관료들과 양반 출신 개신교 장로회 목사였다. 즉, 신문조서상의 '유력자' 개념은 '경성'에서 '공론(公論)을 담지할 수 있는 자'로 이해할 수 있다. 여기서 지수걸이 제시한 '지방 유지=재지 유력자'의 기준인 재산, 사회활동 능력, 당국 신용, 사회 인망 등의 요소들을 참조할 수 있다(지수걸, 〈일제하 공주 지역 유지집단의 도청 이전 반대운동(1930. 11~1932. 10)〉, 《역사와 현실》 20, 1996, 202쪽). 경성 시위 신문조서상 '유력자'들이 대개 '기성세대'인 점도 해명이 된다.

15) 3·1운동 당시 경성에 있었던 유림, 즉 '경중 유림(=재경 유림)'에 대한 최근의 연구사 정리는 서동일, 〈파리장서운동의 기원과 재경 유림〉, 《한국독립운동사연구》 30, 2008, 158~160쪽 참조.

16) 복수의 심사위원은 특히 '재경 학생'을 단일하게 묶을 수 있는지 의문을 제기했다. 우선 본고는 경성지방법원의 사건 파악 방식에 기반을 두었고, 초기 경성 시위 대표 집단들을 분석하기 위해 만하임의 '사건사적 개념=세대 단위'를 차용했다. '경중 유림'이란 '사건사적 개념'이 오래전부터 파리장서운동 연구에서 사용되었던 점, 경성의 특수한 시공간적 위치상의 '공통 경험'을 참조해 '재경 학생'이란 범주를 구성했다. 물론 운동 이후 학생층의 인생 경로 분화에 대해서는 짧은 지면에 모두 담아내지 못했다. 다만 이후 제시할 정병욱의 연구처럼 3·1운동이 '당시' 학생들에게 '양가적' 사건이었고, 개인 가치관의 무게중심에 따라 인생 경로가 변화했으리라 짐작할 수 있다.

럽게 독해해야 하지만, 판결문보다 다양한 내용을 담아낼 수 있다. 물론 필요한 경우 판결문 등도 교차 인용·참조했다.

1. '재경 학생'들의 운동: 대중 시위의 조직과 지도

1) '집합적 생활공간': 기숙사, 하숙집, 교회

'병합' 이후 1910년대 경성에 거주하는 조선인 수는 감소·정체 경향을 보였다. 이때 경성에는 각종 고등보통학교, 전문학교, 사립학교들이 있어서[17] 다른 지역 출신의 근대학교 학생[18]들이 집중적으로 거주하고 있었다. 1919년 1~2월 사이 이 '재경 학생'들은 재일 유학생들의 2·8독립선언에 자극을 받아 비밀리에 시위를 계획했고, '집합주체'로 등장했다. 따라서 '학생-청년'들은 3·1운동을 주도한 근대적 표상으로 인식되었다.[19]

그렇다면 초기 경성 시위를 주도했던 '학생'들은 누구이며, 어떻게 집합주체로 나타났는가? '소부르주아'라는 규정은 다른 지식인들과의 차이를 드러내지 못한다.[20] 정병욱에 따르면 '학력주의'가 더 섬세하고, 제2차 조선교육령으로의 전환과 '학생'의 위치를 이해하기 용

17) 제1차 조선교육령 제정 시 학제에 대해서는 강명숙, 《사립학교의 기원》, 학이시습, 2015, 25~55·90쪽 참조. 1910년대 설립된 '사립'고등보통학교는 기존 사립학교를 모태로 총독부로부터 설립을 인가받은 경우로, ① 지방 유지 중심의 지방민 설립·운영 학교 ② 구황실 관련 학교 ③ 설립자 개인의 출연이 있던 경성 소재의 학교 ④ 기독교(개신교)계와 관련이 있었다.

18) 조동걸은 3·1운동 당시 (개량)서당과 근대학교의 학생들은 분류해서 보아야 한다고 했다. 조동걸, 〈한국 근대 학생운동 조직의 성격 변화〉, 《우사 조동걸 전집 10》, 역사공간, 2010 참조.

19) 소영현, 앞의 글, 440·441쪽.

20) 〈부록 1-3·1운동 70주년 기념학술 심포지움 토론 요지〉, 한국역사연구회·역사문제연구소 편, 앞의 책, 525~527쪽의 조동걸 및 정연태의 발언 참조.

이한 개념이다.[21] 그렇지만 학생들은 정치적·경제적 '미결정' 상태이기도 했다. 총독부 경찰은 학비 송금 여부, 생활공간 등을 통해 학생 개인의 이면을 들여다보려고 했다.

다수의 학생들은 미래의 경제활동을 담보로, '지금, 여기'의 경제활동으로부터 비교적 '자유'로웠다. 일종의 '아르바이트'를 하는 학생도 있었지만,[22] 대개는 1개월 단위로 적게는 5~10엔, 많게는 20~30엔의 '학자금', '학비'를 고향의 부모로부터 지원받았다. 대신 그들은 '학력주의'로부터 완전히 자유롭지 못했고, 운동 전후 교육 '개선'과 식민지 교육 '폐지'라는 혼종된 층위에 있었다.[23] 또한 아버지가 유생이며 자신이 유학을 신앙한다면서도, 미래에 "월급쟁이"가 되기 위해 선린상업학교에 진학했던 경우도 있었다.[24]

학생들의 존재 양태는 다양했다. 균일한 정치의식을 가지고 있거나, 시위를 조직하는 인물들로만 구성되어 있지 않았다. 예컨대 '유력자'라는 표현은 주로 40세 이상의 장년층 지도자를 지칭했다. 하지만 학생들은 '학생 대표'를 지칭해 '유력자'라고 부르기도 했다.[25] 자신이 '지도'의 입장에 서 있지 않으며, '유력자'인 '33인'의 발의로 3·1운동에 함께한다고 인식한 학생들도 다수 있었다.[26]

학생들의 연령도 제각각이었다. 조선인들에게 교육은 의무가 아니었다. 취학 연령이 정해져 있지 않았으므로 학생이지만 결혼을 한 경우도 있었고, 30세에 가까운 학생도 있었다. 그러나 대다수는 30세

---

21) 정병욱, 〈3·1운동과 학력주의의 제도화〉, 박헌호·류준필 편, 앞의 책, 380~384쪽.

22) 〈김봉렬 신문조서(1919. 6. 21)〉, 《자료집》 17.

23) 정병욱, 앞의 글, 385~392쪽 참조.

24) 〈김철환 신문조서(1919. 3. 12)〉, 《자료집》 14; 〈유극로 신문조서(1919. 5. 8)〉, 《자료집》 16.

25) 〈서광진 신문조서(1919. 4. 8)〉, 《자료집》 15.

26) 〈박동진 신문조서(1919. 4. 11)〉; 〈손홍길 신문조서(1919. 4. 16)〉, 《자료집》 15.

이하의 '청년'이었다. 그렇다면 재일 유학생으로부터 '말'과 '글'로 전달받았을지언정, '재경 학생'들이 '한일병합' 이전에 3·1운동과 같은 '대규모' 대중 시위의 경험을 했다고 보기 힘들다.

그렇다면 무엇이 학생들을 응집하게 했을까? 다수가 타지 출신인 '재경 학생'들은 기숙사·하숙집, 교회 등에 모였다. '관공립' 학교 기숙사는 식민권력의 시야가 비교적 잘 미쳤다. 총독부 검경은 학교 관계자에게 피검 학생의 '성행조(性行調)' 제출을 요구했다. '성행(性行)'이란 '성질'과 '평소 행동'을 포괄한 개념으로, 그들은 학생들의 '불온'함을 독해하려 했다. 제출한 학교는 경성의전, 경성여고보, 경성고보 등 '관공립' 3개교와 보성고보였다.[27)]

가장 긴 글은 3월 17일 경성고보 제출 문서로, 34명의 주소, 학년, 생년월일, 2~3문장 정도의 간략한 "평소 성행" 등으로 구성되었다. 이 문서에는 〈성행사정부(性行查定簿)〉라는 모본(母本)이 있었다. 유형화하자면 개인의 성격, 교관·교사와의 관계, 조선어·일본어에 대한 이해, 교우관계 등이었다. 그런데 학교에서는 모본을 기반으로 3·1운동 이후 〈성행조〉를 작성했지만, 이 내용에서 "불온"이나 "건방" 같은 부정적 평가는 거의 없었다. 대개 "온건", "성실" 같은 표현이 많았다. 학교에 의한 이 평가를 감안하면, 학생들 개인의 내면과 외면의 의식적 분리가 이루어졌다고 할 수 있다.[28)]

---

27) 《자료집》에서 확인되는 〈성행조〉는 5개이다. 京城醫學專門學校長→朝鮮總督府 警務課長 殿, 〈韓秉萬 性行調(1919. 3. 12)〉; 私立普成高等普通學校 學監 小松崎金次郎→上田 視學官 殿, 〈趙庸郁 性行調(1919. 3. 13)〉; 京城鍾路警察署長→京城地方法院 檢事正 殿, 〈拘留者 性行調(京城醫學專門學校, 1919. 3. 27)〉; 京城鍾路警察署長→京城地方法院 檢事正 殿, 〈京城女子高等普通學校 示威關聯者動情及性行調回(1919. 3. 27)〉, 《자료집》 13; 京城高等普通學校→京城地方法院 檢事局, 〈京城高等普通學校 學生性行調查書(1919. 3. 17)〉, 《자료집》 15.

28) 시기가 다르지만, 식민권력의 '불온'에 대한 통제와 일기에서 나타난 학생 개인의 '이중성'은 기존 연구에서 지적된 바 있다. 정병욱, 《식민지 불온열전》, 역사비평사, 2013 중 강상규 논문 참조.

주소, 학교명	확인되는 학생 피검자	비고
계동 1, 중앙학교 내	김응관, 이희경	
교동, 경성여자고등보통학교 기숙사	노순렬, 이명숙, 최은희, 최정숙	
연지동 136, 정신여학교 기숙사	김경순, 이애주(이아수)	
수송동, 경성고등보통학교 기숙사	권태선, 이주수	
숭일동 2, 중앙학림 기숙사	박상전, 오택언, 이세춘	
(연동) 경신학교 기숙사	정기순, 황창희	
정동, 이화학당 기숙사	노예달, 신진심, 유점선	
정동 3, 조선성공회	홍순복	홍순복은 경성고보생
정동 3, 조선성공회(태평정통 성모관)	김애순, 이순희	2명 모두 경성여고보생
정동, 배재고등보통학교 기숙사 (배재학당 기숙사)	박병엽, 정신희	
죽첨정 3정목 30, 성서공회 기숙사	김성곤, 김승만	

※ 출전: 국사편찬위원회 편, 《한민족독립운동사자료집》 11~19; 〈경성부시가강계도(京城府市街疆界圖)〉(1914), 서울역사박물관 편, 《서울지도》, 서울역사박물관 유물관리과, 2006, 41~43쪽.

※ 비고: 위 기숙사 거주자 중 '교사(敎師)'는 제외함.

표 1. 《한민족독립운동사자료집》에 나타난 경성 내 학교·종교단체 기숙사 거주 학생 피검자

그러나 경성고보 학생 권태선은 3월 2일 이후 대다수 학생이 동급생이 거주하는 '하숙집'으로 갔다고 진술했다.[29] 경성여고보 성행조에서도 학교가 기숙사 바깥의 학생을 파악하기 어렵다는 점을 보여준다. 4명의 피검자 중 정동 3번지 조선성공회 내 '성모관(聖母館)'에 거주하던 2명에 대해(〈표 1〉), 학교 측은 온전한 파악이 어려우나 수동

29) 〈권태선 신문조서(1919. 3. 10)〉, 《자료집》 14.

적인 편이라고 보고했다.

사립학교 기숙사는 보다 용이한 조직처가 되었다. 제2차 학생 시위 전날인 3월 4일 장채극은 한위건 등과 함께 배재학당 기숙사와 세브란스병원 기숙사에서 수십 명의 학생들을 조직했다.[30] 그 외에도 중앙학교, 중앙학림학교, 정신여학교, 경신학교, 이화학당과 배재고보, 성공회 교회 기숙사와 죽첨정 3정목의 성서공회 기숙사 등이 확인된다(〈표 1〉).

그런데 학생들은 처음에 거주지로 진술한 하숙집을, 이후에는 기숙사로 바꿔서 진술한 경우가 많았다.[31] 하숙집이야말로 학생들이 '집합적 생활'을 기반으로 비교적 자유롭게 계획을 모의할 수 있는 사적 공간이었다. 진술 번복에도 총독부 경찰·검사들은 초기 시위 단계에서 이 사실을 빠르게 파악했다. 그러자 5일 시위 이후 일부 청년-학생들은 다른 하숙집으로 이동하거나 개인 집에서 격문 인쇄·배포를 준비하는 모습을 보였다.[32]

〈표 2〉에는 《한민족독립운동사자료집》에 나타난 피검자 2명 이상이 주소로 거론한 경성부 가옥의 번지수를 정리했다. 39개 사례 중 2명 22곳, 3명 7곳, 4명 3곳, 5명 4곳, 6명 2곳, 25명 1곳이다. 재조 일본인 집주인은 거의 확인되지 않고,[33] 피검자 기준이므로 실제 동숙자는 더 많았다.[34] 사실상 모든 사례가 학생들의 거주지였다. 예외적인

30) 〈공판시말서(2)(1919. 10. 21)〉, 《자료집》 18.

31) 예컨대 김응관, 정기순 등은 초기에는 송현동 56번지를 주소로 말했지만, 이후에는 중앙학교 내로 고쳐서 진술했다. 〈공판시말서(1919. 10. 29)〉, 《자료집》 18; 〈공판시말서(날짜 미상, 1919. 11~1920. 1 사이 추정)〉, 《자료집》 19.

32) 〈김세룡 신문조서(1919. 3. 12)〉, 《자료집》 14; 〈판결(대정8형공 제1006호, 1920. 2. 27)〉, 《자료집》 19의 유병륜·최치환·김창식, 김호준·양재순 관련 내용 참조.

33) 재조 일본인의 집에 하숙한 경우는 경성의전 학생 김탁원의 사례가 유일한 것 같다. 〈김탁원 신문조서(1919. 4. 28)〉, 《자료집》 15.

주소	이곳의 거주자라고 진술한 피검자	비고
가회동 105 장춘식 방	양호갑, 성준섭	
가회동 153 이창훈 방	이철, 장채극, 전진극	이철은 '53번지' 거주자로 작성되어 있으나, 전진극과 거주지가 같으므로 오기(誤記)임
간동 88 전명우 방	양주흡, 고재완	
간동 90 신풍 방	도상봉, 민찬호	
관훈동 51 김덕성 방	김세룡, 박노영	
관훈동 100 이상욱 방	강유형, 조남천	
광화문통 8(85) 유병륜 방	유병륜, 최치환, 김창식	동숙생임은 분명. 8 혹은 85번지 중 불분명
광희정 1정목 51	김호준(金鎬俊), 양재순	김호준(직뉴상織紐商)
다옥정 170 이계섬 방	김중익, 유완영	
연지동 228 최수련 방	김형기, 박희창	
소격동 102 신용식 방	장채극, 전옥결	장채극은 가회동 153번지로도 진술
송현동 56 (유호선 방, 이인식 방, 윤제선 방, 장화식 방, 현동림 방, 해명여관)	강용철, 길원봉, 김교승, 김기택, 김승제, 김용관, 김유면, 김유승, 김윤옥, 김응관, 김재중, 김형식, 박쾌인, (백춘성), 오충달, 유병준, 이관석, 이도원, 이시영, 정기순, 정석도, 조한규, 진용규, 최완규, 한호련	백춘성(해명여관 고용인) 최완규의 주소는 58-4번지로 기술되어 있으나, 길원봉·이시영과 동숙한다는 진술 등을 볼 때 56번지 거주자가 맞는 것으로 판단됨
송현동 58 윤제선 방	노원, 윤주영	
수송동 16 최광훈 방	김승제, 이관석(이국수李掬水), 임주찬, 정석도, 한호련(한호석韓戸石)	김승제, 이관석, 정석도, 한호련은 송현동 56번지로도 진술
악원동 159 (김재련 방, 이현재 방, 낙원여관)	김광진(김복성金福成), 김종하, 이용재, 한병만, 함태홍, 현창연	김광진은 종로 4정목 72번지로도 진술한병만은 예지동 192(193)번지로도 진술
안국동 34 박희용 방	강기덕, 김상려(김양갑金陽甲), 이수창, 최현	이수창은 서대문정 1정목 165번지로도 진술
안국동 64	윤익선(尹益善), 윤찬(윤귀룡尹貴龍)	윤익선(교사), 윤찬은 윤익선의 조카임
안국동 130 박태병 방	김종현, 채순병, 최강윤	
운니동 92 조장환 방	김성주, 나창헌, 채정흠	모두 경성의전 학생. 하숙집 주인이 신문 대상
원동 224 심원명 방	이유근, 정구철, 허진하	

익선동 36 이재관 방	신용준, 이희경	
인사동 102 서가평 방	강용전, 강병전	
인의동 93 최정숙 방	백인제, 오용천	오용천의 거주지는 계동 43 이춘성 방으로 적혀 있으나, 백인제와 동숙한다는 진술에서 오기로 보임
재동 38 김종원 방	김갑수, 이병관	
재동 60 천하운 방	김영조, 박세균, 윤자영, 한수룡	김영조는 십수 명이 동숙한다고 진술
재동 106 김원배 방	남위, 도상봉, 임동건, 장봉수, 전준희	
적선동 50 백윤주 방	김경하, (박승준)	박승준은 무직, 학교 졸업 후 재판소 취직 예정자라 진술. 경력은 《친일인명사전》 참조
적선동 158 정순묵 방	손규혁(孫圭爀), 최득렬	손규혁(경기도청 고원)
정동 34 정동예배당 내 이필주 방	(김진호), 김택영, 신봉조, (이병주), (이필주)	김진호(기독교회 전도사), 이병주(예수교 전도사), 이필주(예수교 북감리교 목사)
종로 5정목 120 정태혁 방	박동진, 안상철, 이규선, (정순길), 최경하	정순길(연초 소매상)
종로 5정목 205 유한로 방	신종승, 신태악	
종로 5정목 232 양춘경 방	김대우, 박창배, 진연근	전원 경성공전 학생
청엽정 2정목 132 이춘식 방	김철환, 유극로, 유화진	전원 선린상업학교 학생
팔판동 157	이민태(李敏台), 이인영	이민태(약종상)
팔판동 83 김선경 방	박경조, 이상숙	
화동 50 권경희 방	안규용, 이재길	
화천정 126 오한영 방	김봉렬, 김성국, 김정오, 김찬두, 배동석, 이굉상	김정오(조선약학교) 제외 모두 세브란스 의전 학생
황금정 4정목 126	김완석(金完錫), 전석원(田錫元)	김완석(무직), 전석원(기와 직공)
효제동 202 최인성 방	김영진, 정인철, 황용주, 허영조	전원 경성의전 학생

※ 출전: 국사편찬위원회 편, 《한민족독립운동사자료집》 9~27; 친일인명사전편찬위원회 편, 《친일인명사전》 2, 민족문제연구소, 2009, 38·39쪽.

※ 비고: ① 주소는 동(洞) 기준 '가나다순'으로 정리, ② 3명 이상의 하숙생이 피검된 경우 주소를 강조, ③ 한자 이름과 병기된 괄호는 이명(異名), 학생 이외의 직업 괄호 안 표기.

표 2. 《한민족독립운동사자료집》에서 2명 이상의 거주지로 나타난 경성의 가옥

황금정 4정목의 사례도 정황상 두 피검자 중 1명이 허위 진술한 것으로 보인다. 다만 〈표 2〉에서 확인되는 바로는 기숙사와 달리 하숙집의 집단생활은 남학생들에게 한정된 것이었다.

지역적 분포를 보면, 우선 첫 번째로 소격동·안국동 일대가 많았다. 왜 학생들이 3월 4일 저녁 제2차 학생 시위 참여를 독려하는 400매의 격문을 이 일대에서 배포했는지[35] 알 수 있다. 주목할 곳은 24명의 피검자가 확인되고, 길원봉·박쾌인 등의 '주동자'가 거주하던 송현동 56번지이다.[36] 학생들 스스로도 이 하숙집에 많은 시위자가 있음을 자각했다. 따라서 박노영은 5일 시위 이후 다른 곳으로 이사했고,[37] 4명의 학생들은 주소 진술을 번복했다(〈표 2〉). 한위건이 거주하던 재동 106번지도 특기할 만하다.[38] 그는 2월 28일 이사했지만, 약 10명의 동숙생 중 5명이 피검자였다.[39] 물론 거주가 꼭 '집합행동'을 보장하는 것은 아니었다. 송현동 56번지 내 대부분의 동숙자들과 달리 5일에 남대문이 아닌 "청량리", 즉 고종 반우식에 가려다가 체포된 학생도 있었다.[40]

둘째, 교회, 종교계 사립학교, 전문학교 들이 위치했던 오늘날 종로 5가 일대이다. 이 지역에는 전문학교 학생들의 집단 거주지가 산재

---

34) 예컨대 가회동 105번지의 피검자는 2명이지만, 진술에 따르면 7명이 동숙하고 있었다. 〈양호갑 신문조서(1919. 5. 22)〉, 《자료집》 16.

35) 〈의견서(1919. 8. 30)〉.

36) 8일 검찰·경찰은 이 하숙집 학생들의 시위 참여가 많다는 사실을 파악했다. 〈유병준 신문조서(1919. 3. 8)〉, 《자료집》 14. 이곳에는 총 20~30명이 동숙했다. 〈김형식 신문조서(1919. 6. 4)〉, 《자료집》 16.

37) 〈박노영 신문조서(1919. 3. 12)〉, 《자료집》 14.

38) 〈남위 신문조서(1919. 3. 14)〉, 《자료집》 14.

39) 〈전준희 신문조서(1919. 6. 6)〉, 《자료집》 16.

40) 〈이도원 신문조서(1919. 3. 10)〉, 《자료집》 14.

했다. 그 외에 외곽 지역인 청엽정(青葉町) 2정목(지금의 용산구 청파동 2가)과 화천정(和泉町, 지금의 중구 순화동)에는 각각 선린상업학교, 세브란스의전 학생들의 하숙집도 있었다. 학생 개인 성향에 따라서 1명이 있던 하숙집들도 잠재적 모의 장소가 되었다. 학생과 동숙하다가 추후 운동에 참여하거나, 함께 격문 배포에 동참한 다른 피검자들도 확인된다.[41] 집주인의 아들로 보이는 19세의 연초 소매상 정순길은 학생 시위 이후 운동에 참여해 체포되었다.[42]

교회도 학생들에게 좋은 모의 장소였다.[43] 박쾌인은 "독립운동을 하는 데는 교회가 편리하다고 생각해서"라고 진술했다.[44] 기독교는 1915년 8월 '포교규칙'에 따라 신도(神道)·불교 등과 함께 총독부가 공인한 '종교'였다.[45] 교회 주일학교 청년회 활동을 통해 청년-학생 간에 비교적 자유로운 소통이 가능했다. 김원벽은 2~3년간 청년 대상 주일학교 교사를 했으므로 승동교회를 자유로이 이용했다.[46] 개신교계의 청년층과 장년층 지도자들을 직결시키기는 어렵지만,[47] 초기

---

41) 각주 32) 참조.

42) 〈정순길 신문조서(1919. 3. 28)〉, 《자료집》 17.

43) 최우석도 교회를 매개로 한 학생 네트워크의 존재 가능성을 제기했다. 최우석, 〈재일 유학생의 국내 3·1운동 참여-〈양주흡 일기〉를 중심으로〉, 《역사문제연구》 31, 2014, 304·305쪽.

44) 〈박쾌인 신문조서(1919. 5. 20)〉, 《자료집》 16.

45) '공인'보다 기독교 통제에 초점을 맞추고 있지만, 본 법령 분석으로는 안유림, 〈일제의 기독교 통제정책과 '포교규칙'〉, 《한국기독교와 역사》 29, 2008 참조.

46) 〈김원벽 신문조서(제2회, 1919. 7. 11)〉, 《자료집》 11.

47) 당시 조선예수교장로회 '헌법'을 보면, "장로(長老)는 2종이니 강도(講道)와 치리(治理)함을 겸한 자를 흔히 목사(牧師)라 칭하고, 다만 치리(治理)만 하는 자는 장로(長老)라 하나니, 이는 성찬(聖饌)에 참례(參禮)하는 남자라야 되느니라"라고 규정하고 있다. 곽안련 편, 《장로교회사전휘집(長老教會史典彙集)》, 조선야소교서회, 1918, 86쪽. 1910년대 장로·목사로 대표되는 장년층과 청년층의 분립은 3·1운동 이후 증폭되었던 것으로 보인다. 이광수, 〈금일 조선야소교회의 결점〉, 《청춘》 11, 1917. 11(《이광수전집》 17, 삼중당, 1962, 20~26쪽); 김민섭, 〈1910년대 후반 기독교 담론의 형성과 '기독청년'의 탄생-동경 조선기독교청년회를 중심으로〉, 《한국기독교와 역사》 38, 2013, 190~198쪽 참조.

학생 시위에서 정동교회와 승동교회는 중요한 모의 장소였다. '유학생' 간 지역적 네트워크도 있었다. 도·군·면 단위의 동향(同鄕) 학생들 사이에는 연결점이 있었다.[48]

요컨대 '재경 학생'들은 '집합적 생활공간'을 기반으로 청년을 대표하는 집합주체로 등장했다. 그들은 첫째, '학력주의'의 핵심적 지상명령에 부분적으로 공감했다. 둘째, 주로 집에서 학비를 받아서 생활했으므로, 미래를 담보로 비교적 경제적으로 '자유'로웠고, 정치적으로 단일한 입장을 갖고 있지 않았다. 셋째, 다수가 기숙사와 하숙집에서 생활하면서, 지역 단위 네트워크와 교회 청년회를 통해 회합했다. 집안 환경이 달라도 경제적·정치적 '미결정' 상태의 '동년배' 학생들이 타지의 '집합적 생활공간'에서 나누던 사담(私談)이 공론(公論)으로 발전할 수 있었다. '재경 학생'들이 초기 시위에서 '집합주체'로 나타날 수 있었던 중요한 이유였다.

2) 행진: 대한문, 각국 영사관, 조선총독부 청사

3월 1일 오후 2시 '민족 대표 33인'은 파고다공원에 나타나지 않았다.[49] 그러자 이곳에서 학생들은 행진하기 시작했다. 이날의 행진 방향을 1924년 조선총독관방 서무부 조사과는 세 갈래로 정리했다. 실제 행진 양상은 훨씬 복잡하므로,[50] 시간 순서가 아니라 각각 '조선왕조', '열강', '(식민권력의) 주권(主權)'의 의미를 가진 장소들을 의미상

---

48) 〈도상봉 신문조서(1919. 4. 21)〉; 〈최경하 신문조서(1919. 4. 24)〉, 《자료집》 15; 〈박노영 신문조서(1919. 6. 5)〉, 《자료집》 16. 간동 88번지에는 북청 출신의 재일 유학생들이 거주하고 있었다. 최우석, 앞의 글, 182~186쪽.

49) '민족 대표' 33인에 대해서는 김성보, 〈3·1운동에서 33인은 '민족 대표'가 아니다〉, 《역사비평》 9, 1989; 조경달 지음, 허영란 옮김, 《민중과 유토피아》, 역사비평사, 2009, 221~230쪽 참조. 그들이 공통적으로 33인의 대다수가 학생들의 권유에도 군중의 대열과 함께하지 않은 점을 지적한 것은 시사적이다.

세 갈래로 나눈 것이다. 우선 첫째, 군중은 고종의 시신이 안치된 덕수궁(경운궁)에 들어가서 일시 정숙하고 만세삼창을 한 다음 다시 가두시위를 벌였다. 둘째, 각국 영사관을 찾아가서 열강에 독립의 뜻을 전달했다. 셋째, 가장 많은 군중이 남산 총독부로 향했다. 특히 '학생'들은 5일까지 두 차례의 시위에서 모두 총독부 청사를 향했던 것으로 보인다. 1일에는 대열이 조선은행 쪽에서 본정(지금의 중구 충무로) 일대로 들어갈 때, 용산에서 조선 주둔 일본군 3개 중대가 파견되어 진압했다고 한다. 특히 본정 일대에서 "도주"하는 길은 황금정과 남산 방면 두 곳으로, 남산으로 가면 총독부로 향한다고 여겨 검거를 시도했다.[51]

학생 주도 시위의 행진 과정을 어떻게 이해할 수 있을까? 우선 첫째, 1일의 덕수궁 진입을 살펴보자. 대한문은 대한제국 시기 만민공동회 등 운동의 중심지였다.[52] 1926년 6·10만세운동의 계기를 생각하면 '이왕가(李王家)'는 무시하기 어려웠다. 1919년 총독부 경무국도 '고종 홍거'의 전국적 반응을 파악했다.[53] 그럼에도 학생들의 복벽주의적 성향은 기성세대에 비해 옅었다. 한 학생은 시위 당시 유쾌한 기분이었다며, "이태왕(李太王)의 홍거"에 대해서는 "잊어버리고 있었다"고 진술했다.[54]

둘째, 1일에 정동, 서대문정 일대를 다수의 대열이 반복적으로 행

---

50) 지면상 생략하겠지만, 〈의견서(1919. 8. 30)〉; 〈極秘 獨立運動に關する件(第2報, 1919. 3. 1)〉, 金正明 編, 《朝鮮獨立運動 I: 民族主義運動 篇》, 原書房, 1967, 308·309쪽 참조.

51) 朝鮮總督官房庶務部調查課, 〈朝鮮騷擾事件ノ思想及運動(1924. 11)〉, 朝鮮憲兵隊司令部 編, 앞의 책, 414~416쪽.

52) 이현주, 〈3·1운동기 서울에 배포된 전단과 정치적 지향〉, 《인하사학》 10, 2003, 887쪽.

53) 조경달, 앞의 책, 215~221쪽 참조.

54) 〈한병만 신문조서(1919. 3. 5)〉, 《자료집》 14.

진했다. 여기서 민족자결주의와 외교독립론에 기대를 둔 영사관 진입이 확인된다. 배재학당 교사 김진호는 학생들에게 미국·프랑스·영국·러시아·중국 등 각국 영사관에 독립선언서를 전달하도록 했다.[55] 또한 학생들은 수천 명의 군중과 함께 정동 미국영사관, 서대문정의 프랑스영사관으로 향했다.[56] 이 행진은 재일 유학생들이 의도한 것이었다.[57] 이 행진은 파리강화회의 이후 특히 미국·프랑스에 대한 기대감을 보여주었다.[58] 동시에 이 일대의 행진은 대열의 세(勢)를 늘리는 과정이었다. 정동은 교회와 학교가 밀집한 공간이기도 했다. 1일 오후 3시 30분경 행진 대열이 이화학당 운동장에 진입했고,[59] 5일 대한문·종로로 행진할 때 배재고보 학생들이나 조선성공회 성당 거주 학생들이 합류했다.[60]

셋째, 학생들은 '시각적 수단'과 '기동 수단'으로 도심 내 행진을 지휘했다.[61] '음파 증폭' 기기의 사용이 어려웠던 상황에서[62] 격문, 붉은 천, 깃발 등의 '시각적 수단'과 기동력 있는 인력거가 이용되었다. 대열이 끊기면 행진은 어렵게 된다. 따라서 이 점을 인식하고 행진을 지휘

---

55) 〈오흥순·김동혁·오봉순에 관한 건(1919. 3. 7)〉; 〈오흥순 신문조서(1919. 3. 9)〉, 《자료집》 13; 〈오흥순 신문조서(1919. 6. 24)〉; 京城地方法院 檢事局 朝鮮總督府檢事 山澤佐一郎→京城地方法院 豫審掛 朝鮮總督府 判事 永島雄藏 殿, 〈豫審決定ニ付意見書(1919. 8. 30)〉, 《자료집》 16.

56) 〈박승영 신문조서(1919. 5. 15)〉, 《자료집》 16; 〈의견서(1919. 8. 30)〉.

57) 〈양주흡 신문조서(제1회, 1919. 4. 16)〉, 《자료집》 13.

58) 〈하태흥 신문조서(1919. 4. 8)〉, 《자료집》 15.

59) 한 예로 〈유점선 신문조서(1919. 3. 10)〉, 《자료집》 14.

60) 〈김애순 신문조서(1919. 3. 10)〉; 〈이순희 신문조서(1919. 3. 10)〉; 〈박병엽 신문조서(1919. 3. 10)〉, 《자료집》 14.

61) 3·1운동과 인쇄매체의 관계에 대해서는 천정환, 앞의 글 참조.

62) 《동아일보》에서 '확성기'라는 말이 처음 검색되는 것은 1923년 경성부의 납세 선전 관련 기사이다. 이 기사는 확성기를 유성기(=축음기)와 같은 것으로 인식하고, 음파를 50배 증폭한다는 점에 주목했다. 〈음성이 오십 배로〉, 《동아일보》, 1923년 5월 19일자.

한 것은 중요한 시위문화의 전환이었다. 재일 유학생 이용흡은 1일 집회에서 "기마헌병이 군중을 쫓으며 휘몰아 군중의 행렬이 차단"될 것을 두려워해 점차로 지휘했다.[63] 5일 집회에서는 학생 대표인 강기덕·김원벽 등 2명이 인력거를 타고 대열을 지휘했다.[64] 양자 간의 연결성은 불분명하지만, 5일의 '지도자'들은 인력거 등을 유용한 행진 '지도' 수단으로 사용했다.

넷째, 학생들이 지휘한 시위들이 궁극적으로 지향하고 있던 방향은 본정통(本町通), 특히 총독부 청사였다. 본정통은 경성의 경제적 중심지였지만, 1925년 광화문통 총독부 청사 신축 이전까지는 '정치적' 중심지였다.[65] 행진 방향이 '정치적' 지향을 분명하게 나타내지는 못할지라도, 학생들이 식민지 치하에서 '물리적 주권(主權)'의 '공간적 소재'를 의식하고 있음을 파악할 수 있다. 실제 총독부는 1일 시위대가 총독부 건물을 향하고 있음을 무척 두려워했고, 총독부 청사 인근인 본정 2정목에서 군경 병력을 증원해 저지했다.[66]

학생 주도의 제2차 시위인 5일 시위는 남대문역(지금의 서울역) 앞에서 시작되었다.[67] 이 사실은 의미심장하다. 학생들이 주로 종로에 거주했던 점을 감안해보자. 1일의 행진 경로를 감안했을 때, 5일에는 종로·대한문·정동 일대의 행진이 생략되었다. 남대문역은 '경성의 현관'으로서 군중이 모이는 장소였다.[68] 장소 선택은 재경 학생들의 시

---

63) 〈이용흡 신문조서(1919. 6. 25)〉, 《자료집》 16.

64) 〈김원벽 신문조서(제1회, 1919. 4. 7)〉, 《자료집》 11; 朝鮮總督官房庶務部調査課, 〈朝鮮騷擾事件ノ思想及運動(1924. 11)〉, 朝鮮憲兵隊司令部 編, 앞의 책, 416·417쪽.

65) 염복규, 앞의 책; 김백영, 앞의 책 참조.

66) 朝鮮總督官房庶務部調査課, 〈朝鮮騷擾事件ノ思想及運動(1924.11)〉, 朝鮮憲兵隊司令部 編, 앞의 책, 415·416쪽.

67) 〈의견서(1919. 8. 30)〉.

위를 돕기 위해 평양에서 상경한 학생들을 배려한 것이기도 했다.[69]

물론 정황적 해석이지만, 이날 학생 시위는 '대중 동원'이 용이한 곳에서 총독부로 향했다고 '해석'할 수 있다. 경성지방법원은 5일 당일 대열을 지휘하던 강기덕·김원벽이 남대문에서 체포되었고, 제지를 면한 일부 시위대는 남대문시장→조선은행→보신각으로 향해 다른 일부와 만났다고 서술하고 있다.[70] 또한 중앙학교 학생 김윤옥은 당일 남대문에서 경찰에 의해 흩어져 "남산"으로 올라갔다고 했다.[71] 저지된 장소와 '조선은행→보신각'이란 추후 행진 방향을 감안하면 군경이 두려워하던 행진 방향과 학생들의 지향점을 유추할 수 있다.[72] 이 점에서 학생들은 대중 시위가 '의지'를 관철하는 과정이라는 점을 어렴풋하게라도 인식했던 것으로 보인다.

학생들은 집회를 조직하고 행진을 지휘하는 역할을 담당했고, 두 차례 지휘 과정에서 총독부로 향했다. 이 경험은 이후 '청년-학생'들

---

68) 이화학당 학생 노예달은 5일 만세시위 당시 역전에 사람이 많이 모이므로 찾아갔다고 진술했다. 〈노예달 신문조서(1919. 6. 20)〉, 《자료집》 17. '서울의 현관'이란 표현은 염복규, 앞의 책, 18쪽 참조.

69) 〈極秘 獨立運動に關する件(第6報, 高 第5884號, 1919. 3. 5)〉, 金正明 編, 앞의 책, 324쪽.

70) 〈의견서(1919. 8. 30)〉.

71) 〈김윤옥 신문조서(1919. 6. 11)〉, 《자료집》 17.

72) 필자는 본래 이희승의 회고를 인용해 5일 시위에서도 본정으로 이동했다고 썼지만, 한 익명의 심사위원은 이희승의 혼동이라고 지적했다. 이희승은 5일 시위를 위 〈의견서〉와 거의 비슷하게 회고하다가, 조선은행·태평로에서 또 다른 방어진을 만나 일부는 종로, 일부는 진고개→총독부 청사로 향하려 했다고 했다. 또한 그는 5일 일본인 상점이 부서질 정도로 본정통에서 엄청난 충돌이 있었다고 했다〔이희승, 〈내가 겪은 3·1운동〉, 동아일보사 편, 앞의 책(1969), 403·404쪽〕. 그러나 위 심사위원은 '본정통'의 충돌 회고는 1일과 5일의 시위 과정을 착각한 것이라고 했다. 실제 《자료집》에는 5일 검거자 중 본정통에서 체포되었다는 진술이 없었다. 따라서 수용해야 할 지적이며, 감사드린다. 다만 5일 시위 당시 본정통에서 시위는 없었지만, 대열이 제1차 저지선(남대문)에서 막히고 "제지를 면한" 일부가 남대문시장·조선은행에서 보신각으로 향했다는 사실은〔〈의견서(1919. 8. 30)〉〕 남대문시장·조선은행의 본정 방면 '제2차 저지선'이 존재해 군경이 1일 시위의 경험에 따라 방어하려고 했고, 시위 대열 일부가 총독부 청사를 향하려고 했던 정황 증거로 판단할 수 있을 것 같다.

의 동맹휴교, 격문 살포, 집회 조직 등을 용이하게 만들었다. 물론 이후 다수의 동맹휴교가 '학력주의' 범주 내에 있던 점, '이왕가'에 대한 존중과 열강에 대한 의존은 그들의 입장을 일률적으로 규정할 수 없다는 점을 보여주었다. 그러나 학생의 시위 경험은 이후 '청년'론에 입각한 다양한 '정치적' 상상을 증폭시켰다. 예컨대 3월 9일 경성전기회사 운전수 파업 시도 사건에서 청년 노동자로서 "국가사상이 없"으면 "열등 청년"이므로 "자살"을 권유한다는 "협박문"을 파업 주동자가 반포한 것이 한 사례라고 할 수 있다.[73] 가히 '3·1운동 세대'의 등장이라 할 수 있겠다.

2. '경중 유림'과 '재경 유력자' 들의 운동: '유력자' 중심의 운동

1) 상소문과 격문 사이: 3월 5일 청량리 고종 반우식 읍소 사건

3월 5일 학생들이 총독부로 향하던 날, 다른 '사건'이 청량리에서 발생했다. 청량리 고종 반우식 과정에서 일부 유림들이 순종에게 복위를 요청했다. 1일 경성에는 체포된 '33인' 이외에도 수많은 '유력자'가 있었다. 각 종교계 지도자들, 고종의 인산 행렬을 보러 온 '경중 유림', 구 대한제국 관료를 포함한 '재경 유력자' 등이었다. 그들은 당시 조선인 사회에서 공론을 이끌 수 있는 '잠재적' 세대 단위였다.

3월 5일 반우식 읍소 사건을 이끈 것은 '경중 유림'으로, 파리장서 운동을 발의하고 움직였던 주요 세력이었다. 그들은 40세 전후의 장년층 지역 유생들로, 경성에 상주하는 경학원 및 고위관료 출신 등의

73) 〈極秘 獨立運動に關する件(第11報, 高 第6506號, 1919. 3. 10)〉, 金正明 編, 앞의 책, 339쪽.

'재경 유력자'가 아니었다. 고종의 인산에 참여하려고 상경했던 그들은 오랜 반일운동 경험이 있는 명망 높은 원로 유림들이었다.[74)]

'경중 유림'들은 3월 1일 만세운동에 자신들의 참여가 부재하다는 위기의식을 가졌다. 1919년 2월부터 파리장서운동을 준비했다고 하지만, 〈3·1독립선언서〉에는 천도교·개신교·불교계 인사의 연명만 있었다. 경성에서 있었던 대중 시위도 유림들에게 충격을 주었다. 1일 당일 유림들은 거리에서 군중에게 망국의 원인 제공자라며 야유를 받았다고 한다.[75)]

3월 5일 '청량리 반우식 읍소' 사건 참여자들의 구성과 이날 제출된 '상소문' 3종을 분석해보자. 이 사건에 대한 연구들이 있지만,[76)] 세 상소문의 차이나 다른 재경 시위와 차별점에 주목할 필요가 있다. 이 문서들은 모두 광의의 복벽주의에 해당한다.[77)] 첫 '상소문'은 연명자가 없는데, 이현주는 내용상 "민족종교" 측이라고 보고 있다.[78)]

두 번째 상소문은 유준근 등 15명의 유생들이 제출했다. 유준근은 상소문 제출 동기에 대해 "우리 유생이 만세를 부르고 학생이나 아이

---

74) 그들은 이중업, 유준근, 성태영, 김정호, 유진태, 김창숙 등이었다. 임경석, 〈유교 지식인의 독립운동〉, 《대동문화연구》 37, 2000, 123~126쪽; 서동일, 앞의 글, 163·164쪽.

75) 〈公判始末書(第4回ノ1, 1919. 10. 4)〉, 《자료집》 18 중 유준근의 발언. 김창숙은 〈3·1독립선언서〉 연명에 대한 성태영의 편지를 받았지만, 친환(親患)으로 인해 자신이 늦게 상경해 결국 선언서에 유림이 연명하지 못하게 되었음을 자책하고 있다. 3월 1일 당일 노상에서 김정호가 통곡하자, 군중이 "나라를 망쳐놓고 …… 무슨 놈의 통곡이냐"라며 유림단에게 야유와 비난을 퍼부었다고 한다. 심산기념사업준비위원회 편역, 《벽옹일대기(躄翁一代記): 심산김창숙선생투쟁사(心山金昌淑先生鬪爭史)》, 태을출판사, 1965, 63~67쪽; 김창숙, 〈자서전 상〉, 심산사상연구회 편, 《김창숙문존》, 성균관대학교 대동문화연구원, 1987, 191쪽.

76) 서동일, 앞의 글, 163~165쪽; 이현주, 앞의 글, 892·893쪽.

77) 광의의 복벽주의란 '구체제=군주제'로의 복귀를 지칭하고, 협의의 복벽주의란 전제군주제로의 지향을 말하며, 입헌군주제 지향은 보황주의라고 부른다. 이현주, 《한국 사회주의 세력의 형성(1919~1923)》, 일조각, 2003, 81쪽.

78) 이현주, 앞의 글, 892쪽.

성명	출신지	연령	비고
유준근	충남 보령	59	홍주의병－민종식 의진(義陣)(1906)
고석진	전북 고창	63	태인의병－최익현 의진(1906), 독립의군부(1914)
조재학	경남 의령	58	태인의병－최익현 의진(1906), 독립의군부(1914)
정재호	경남 함양	56	홍주의병－민종식 의진(1906)
백관형	충남 보령	58	홍주의병－민종식 의진(1906)
고제만	전북 고창	70	태인의병－최익현 의진(1906), 독립의군부(1914)
송주헌	전남 고흥	47	홍주의병－민종식 의진(1906)
고순진		56	태인의병－최익현 의진(1906)
박 준	충남 예산		
김양수		70	태인의병－최익현 의진 모의(1906)
박은용	전남 장성	39	기삼연 의진(1907)
고예진		44	태인의병－최익현 의진(1906)
김지정	충남 보령	30	
이내수	충남 논산	59	홍주의병－민종식 의진(1906), 의병 자금 모집(1916), 조선민족대동단(1919)
이원칠	경남 합천		
어대선	경기 여주	48	
이 칙	충남 청양	46	홍주의병－민종식 의진(1906), 대마도 압송, 독립의군부(1914)

※ 출전: 〈독립유공자공훈록〉, 국가보훈처 공훈전자사료관(http://e-gonghun.mpva.go.kr/); 〈숭인면에서 융희황제에 올린 '상소문'〉; 〈각 도 유생 명의의 '상소문'〉; 〈어대선·이칙이 올린 '상소문'〉, 국가보훈처 편, 《해외의 한국독립운동사료(XXV): 일본 편(7) 3·1운동 독립선언서와 격문》, 국가보훈처, 2002, 49·59쪽; 국사편찬위원회 편, 《한민족독립운동사자료집》 13~19; 홍영기, 《대한제국기 호남의병 연구》, 일조각, 2004, 170~176쪽.

※ 비고: 출신지는 혼란을 피하기 위해 '군 단위'로 통일했으며, 연령은 만 나이로 주로 〈공훈록〉을 참조해 작성했다.

표 3. 1919년 3월 5일 '청량리 반우식 읍소 사건' 참여자

들이 하는 것처럼 독립운동을 하는 것도 좋은 것이 못 되지만, 방관하고만 있을 수 없으므로, 이왕(李王) 전하께 다시 한국의 천황폐하가 되어달라고 하기 위하여 청량리에서 상주했던 것"이라고 진술했다.[79)] 이때 '재경 유력자'였던 구 대한제국 관료들은 연명하지 않았다. 대한제국 시기 중추원 의관이었던 문성호는 3월 2일 같은 관직을 맡았던 최만식의 집에서 이 모의를 보았다고 진술했지만,[80)] 두 인물 모두 함께하지 않았다. 적어도 '상소문 제출'에는 동의하지 않았던 듯하다.

이 상소문은 몇 가지 특성을 지닌다. 첫째, 인적 구성상 이 운동은 중기·후기 의병운동과 파리장서운동 사이에 위치했다. 15명 중 연령이 파악되는 인물은 13명이었는데, 이 중 11명은 40대 이상이며, 30대 초반은 1명에 불과했다. 12명이 1906～1907년 의병에 가담했고,[81)] 이후 15명 중 14명이 파리장서운동에 참여했다.[82)] 둘째, 이 상소문은 '경중 유림'들이 3월 1일 경성 만세시위 이후 급조한 것이었다. 작성은 고석진이 했고, 정서(淨書) 담당은 누군지 알 수 없다.[83)] 셋째, 봉정자인 송주헌이 대표로 봉인된 상소문을 꺼냈고, 그는 홀로 헌병에게 체포되었다.[84)] 넷째, "오늘날 공화정치의 시대가 되어 독립이 되므로" 순종에게 복위할 것을 읍소했다. 상소문에는 연서한 이름 앞에 출신

---

79) 〈유준근 신문조서(1919. 7. 4)〉, 《자료집》 17.

80) 〈송주헌 신문조서(1919. 3. 9)〉; 〈문성호 신문조서(1919. 3. 14)〉, 《자료집》 14.

81) '제2차 홍주의병'과 태인의병에 대해서는 각각 김상기, 〈조선 말 홍주의병의 봉기 원인과 전개〉, 《수촌(水邨) 박영석교수화갑기념(朴永錫敎授華甲紀念) 한국사학논총(韓國史學論叢)》, 탐구당, 1992, 77～86쪽; 홍영기, 《대한제국기 호남의병 연구》, 일조각, 2004, 152～185쪽 참조. '말기 의병'과 3·1운동의 연결 '가능성'은 조동걸, 〈말기 의병전쟁과 3·1운동의 관계〉, 《우사 조동걸 전집 4》, 역사공간, 2010 참조. 다만 이 시기에 새롭게 등장한 운동 방식과의 비교가 논구되어야 한다고 생각한다.

82) 서동일, 앞의 글, 167쪽 참조. 명단은 임경석, 앞의 글(2001), 427～435쪽과 대조했다.

83) 〈송주헌 신문조서(1919. 3. 9)〉; 〈유준근 신문조서(1919. 3. 14)〉; 〈백관형 신문조서(1919. 3. 15)〉, 《자료집》 14.

지역을 병기했다. 수신자가 순종이므로 한문으로 '융희(隆熙) 13년 2월'이란 대한제국 연호와 음력 날짜를 작성했고, 문체상 예법을 지켰다. 그들은 '상소문'의 특성상 임금에게 직접 봉정하려 했기에 낭독할 생각이 없었다고 진술했다. 반면, 총독부 검경은 2~3차례 반복해서 낭독 의도 여부를 물었다.[85] 그들이 궁금해했던 것은 고종 반우식에 모여든 '대중' 앞에서 '독립'을 말하는 상소문이 읽히는 것이었다.

세 번째 글은 어대선과 이칙의 것이다. 이 글은 '상소문'이 아니라, 대중에게 호소하는 글로 수신자가 달랐다. 이칙은 유준근과 함께 1906년 홍주의병에 참여했다가 대마도로 유배되었던 인물이었다.[86] 어대선은 1일 종로 '십자가(十字街)'에서 만세시위에 참여했다.[87] 그는 5일 읍소 사건에 참여했지만, 유준근 등의 '상소문' 제출과 다른 행보를 보였다. 그의 글은 '상소문'과 달리 국한문혼용으로, 상소문의 예법과는 관계없는 문체로 쓰여 있었다. 어대선도 "나는 상소에 대하여는 반대한다"라며 대중 연설을 하려 했다고 진술했고,[88] 출신 지역을 표기하지 않고 '유림 대표'라고만 적었다. 즉, 이 글은 대중을 대상으로 한 '격문'이었다.

하지만 어대선은 신문조서에서처럼 공화제를 바라고 있지는 않았다.[89]

---

84) 〈송주헌 신문조서(1919. 3. 9)〉, 《자료집》 14.

85) 〈백관형 신문조서(1919. 3. 15)〉, 《자료집》 14; 〈公判始末書(第4回ノ1, 1919. 10. 4)〉, 《자료집》 18 중 유준근의 발언.

86) 이칙(1873~1936)의 3·1운동 이전 행보에 대해서는 장세윤, 〈호서유림의 홍주의 병봉기와 향후 민족운동〉, 《대동문화연구》 39, 2001, 310쪽 참조. 다만 《자료집》과 국가기록원 독립운동관련 판결문 사이트(http://theme.archives.go.kr/)에는 그의 이름이 나오지 않는다.

87) 〈판결〉, 《자료집》 19.

88) 〈어대선 신문조서(1919. 3. 15)〉, 《자료집》 14.

문 피고는 독립의 기회가 있으면 독립하겠다고 생각하는가?

답 그렇다.

문 그것은 이조를 부활시킨다는 것인가?

답 **이조는 120년 이래 악정을 하여 유생을 쓰지 않았고, 또 유생도 정치에 관여하는 것을 거절**하고 있었다. 합병 후 유생의 입장도 정치에 관여 안하는 점은 같다. 이조가 부활되어도 유생의 입장은 여전히 같은 것이므로 이조의 부활을 희망하지는 않는다. 또 예부터 동양 삼국은 삼강오륜의 가르침으로서 입국의 기초가 되어 있다. 삼강의 가르침에는 임금이 있고 신하가 있는 법인데 **조선이 독립하여 공화제가 되면 그 가르침을 지킬 수가 없으며 공화제도가 되면 유생의 입장은 또 없어진다. 유생의 입장에서 말하면 양난(兩難)의 위치**에 있는 것이다. 그러나 삼강오륜의 교(教)는 버릴 수가 없으니 **결국 군주정치를 채택하지 않을 수 없다. 누구를 군주로 삼을 것이냐 하면 조선에는 이씨를 두고 다른 데는 없으니 이씨를 부활시켜 선정을 베푸는 길**밖에는 없다고 생각한다. 또 다른 사람으로부터 들은 일이지만, 이다음 시대는 민족이 자결하면 독립이 될 것이라 하니 그 주의에 따라 독립이 될 것으로 생각한다. (강조-인용자)

그는 첫째로 조선왕조가 "120년"간 유생을 쓰지 않았다고 지적했다. '120년'이란 구체적 단위를 지적한 것은 1800년에 즉위한 순조 이후의 시기를 이전과 분절적으로 본 것이다. 그는 19세기 이래 정치가 '중앙집중'되었다고 이해했다.[90] 둘째, 민족자결주의와 '왕조복고론'

89) 〈어대선 신문조서(1919. 6. 24)〉, 《자료집》 17.

이 병행되어 주창되고 있다. 그는 '공화제'를 '유생'의 입장을 유지할 수 없는 불가역적인 것으로 이해했다. 그는 3·1운동 당시 정세를 "(진퇴)양난"의 상황이라고 인식했다.

요컨대 '경중 유림'들은 3월 1일 이후 '유생'으로서 가만있을 수 없다고 판단했지만, 동시에 학생들과 자신들이 함께할 수 없다고 생각했다. 5일 학생들이 주도한 시위가 경성에서 있던 날, 유생들은 청량리 고종황제 반우식에서 입장을 전달했다. 당일 '반우식 읍소'는 세 갈래로 분기되었고, 문서들의 '수신자'는 상이했다. 그러나 그들의 입장은 어대선의 말대로 '공화제가 유생의 입장을 없애는' "양난"(딜레마)임을 보여준다. 이때 체포되지 않은 유림들과 일부 '재경 유력자'들은 다른 집회를 모의했다.

2) '33인의 후계자': 3월 12일 〈12인 등의 장서〉 사건

3월 12일, 체포되지 않은 '경중 유림'과 '재경 유력자' 들이 조직한 〈장서〉 사건이 일어났다.[91] 이 사건은 크게 세 계열이 함께 일으켰다.[92] 첫째, 문일평과 개신교 목사들, 둘째, 문성호 등 대한제국 관료 및 '배후'에서 조직한 조선민족대동단,[93] 셋째, 5일 읍소 사건에 관계된 15명의 유림 중 4명 등이다.

연명자들은 12일 당일 단체행동을 하지 않았다. 5명이 불참했고, 2

---

90) 9세기 전반 조선 정치의 중앙집중적 성격에 대해서는 한국역사연구회 19세기정치사연구반, 《조선정치사(상)》, 청년사, 1990, 129~198쪽 참조.

91) 이 사건은 1950년 시점이 되어서야 재발굴되었다. 예컨대 〈숨은 3·1운동 비사-33인 뒤이은 12지사〉, 《동아일보》, 1950년 3월 1일자 참조. 그러나 이 기사는 5~6일에 사건이 일어난 것으로 잘못 기재되어 있다.

92) 〈장서〉 연명자 분석에 대해서는 이정은, 〈3·1운동기 '12인 등의 장서(長書)'〉, 《한국독립운동사연구》 13, 1999, 216~221쪽. 해당 절은 더 상술해야 하는 부분을 중심으로 서술했다.

93) 조선민족대동단에 대해서는 이현주, 앞의 책, 81~133쪽 참조.

성명	출신지	종교	연령	비고
김백원	평남 평양	예수교 장로파	60	평양신학교 출신, 당시 안국동교회 목사
차상진	경기 양평	예수교	45	평양신학교 출신, 당시 승동교회 목사
문일평	평북 의주	없음	31	메이지(明治)학원 중학부 졸업(1908) 와세다대 고등예과 입학(1911)
조형균	평북 정주	예수교	46	차상진·김백원과 연계 명이항·오덕연 연명 관련
김극선	경기 양평	예수교 장로파	41	차상진과 동향
문성호	경기 양평	유교	47	대한제국 관료(중추원 의관)
백관형	충남 보령	유교	58	'순종복위상소' 참여
유준근	충남 보령	유교	59	'순종복위상소' 참여, 〈장서〉 낭독 불참
조재학	경남 의령	유교	58	'순종복위상소' 참여, 〈장서〉 낭독 불참
고예진	전북 고창	유교	44	'순종복위상소' 참여, 〈장서〉 낭독 불참
명이항	평북 영변	예수교 북감리	35	〈장서〉 낭독 불참
오덕연	평남 안주		48	〈장서〉 낭독 불참

※ 출전: 국사편찬위원회 편, 《한민족독립운동사자료집》 11~19; 〈독립유공자공훈록〉, 공훈전자사료관(http://e-gonghun.mpva.go.kr/); 한국사데이터베이스 일제감시대상인물카드; 곽안련 편, 《장로교회사전휘집》, 조선야소교서회, 1918, 198·206쪽.

※ 비고: 연령은 만 나이로 표기했다.

표 4. 〈12인 등의 장서〉 연명자

명이 총독에 〈장서〉를 제출하러 갔으며, 5명이 보신각에서 〈장서〉를 낭독했다. 불참자 중 다수는 유림으로, 백관형만이 참석했다. 호서·호남의 거유(巨儒) 전우를 만나러 간 유준근의 예처럼 파리장서 연명에 집중했던 것으로 보인다.[94] 평안도 출신의 개신교도인 명이항, 오덕연도 불참했다.[95]

당일 문성호는 개신교 목사 차상진과 함께 총독에 '청원서'를 제출했다. 그는 한성정부 수립에 관련된 복벽주의 계열의 조선민족대동단과 연결되어 있었다. 대한제국 중추원 의관 출신이었던 그는, 1908~1910년 '내란죄'로 서대문감옥에 수감되었던 경험이 있었다. 그는 '경중 유림'의 〈상소문〉 제출 모의에는 연명하지 않았지만, 5일 반우식 당시 그 자리에서 유준근 등의 유림들과 다시 조우했다. 흥인문 근처에서 김규·이규갑을 만난 것도 이즈음이었다. 문성호와 김규·이규갑이 생각한 방식은 총독에 대한 '청원서 제출'이었다.[96)]

〈장서〉 작성과 조직 과정에서 주목할 만한 인물은 문일평이다. 그는 어린 시절 한학을 배운 후 1905~1912년(17~24세) 사이 일본에 두 차례 유학하면서 신학문을 공부했다. 이후 상하이로 건너가서 신채호 등과 교류하며 '개조론'을 받아들이고, 3·1운동을 겪으면서 영웅사관에서 민중사관으로 시각을 전환했다.[97)]

문일평은 도쿄 유학을 위해 경성에 와 있다가 3·1운동을 목도했다. 그는 혼자 작성한 〈장서〉를 기반으로 "새로운 민족 대표 33인"을 조직하기 위해 경성 내 '명망가'를 물색했다. 진술에 따르면, 그는 "국민의 대표"로서 '33인'의 구금에 대한 '애원서'를 작성했다. '애원서'에는 '저명인물'의 연서가 필요했는데, 타지에서 찾기가 어려웠다. 그는 8

94) 임경석, 앞의 글(2001), 438·439쪽. 김창숙의 회고에 따르면, 2일 '경중 유림'들은 각 지방에 연락할 인물을 정하고, 이튿날 모두 출발해서 '3월 보름쯤' 다시 서울에 모이기로 약조했다고 한다. 김창숙, 〈자서전 상〉, 심산사상연구회 편, 앞의 책, 193~198쪽. 《자료집》에서 유준근의 첫 신문조서(종로경찰서)가 3월 14일인 점을 감안하면, 3월 5일에서 12일 사이 '부재'가 해명이 된다.

95) 명이항은 11일까지 '거사' 계획을 듣지 못해 귀향했다고 진술했다. 〈명이항 신문조서(1919. 7. 4)〉, 《자료집》 17.

96) 〈문성호 신문조서(1919. 3. 14)〉, 《자료집》 14; 〈문성호 신문조서(1919. 7. 2)〉, 《자료집》 17.

97) 류시현, 〈1920~30년대 문일평의 민족사와 문화사의 서술〉, 《민족문화연구》 52, 2010, 35~44쪽.

일 안국동교회 목사 김백원을 찾아갔다. 그들은 서로 초면이었다고 진술했지만, 김백원은 문일평이 2,000만의 대표자가 되고 싶다며 "33인이 한 일을 따라"가자고 권유했다고 했다.[98]

김백원은 이후 차상진과 접촉했다. 이들은 개신교계의 '재경 유력자'였다. 두 사람은 1910년대에 평양신학교를 졸업했고, 조선예수교장로회 경기충청노회(경충노회)의 지도적 인물이었다. 통상 다른 노회는 도(道) 단위로 구성되었는데, 이 노회는 경기·충청의 2개 도를 포괄했다. 김백원은 안국동교회(안동교회), 차상진은 승동교회의 목사였다.[99] 특히 김백원은 유생 출신으로 '양반 교회'로 불리던 안국동교회와 묘동교회에 재직했다.[100] 차상진은 조형균·김극선과 연결되었고,[101] 이후 평안도 출신 개신교도인 명이항·오덕연의 연명과 관련되었다.[102]

주목할 점은 〈장서〉 사건의 참여자들이 대중 시위를 조직하기보다는 일종의 청원서를 작성·제출·낭독했던 점이다. 배후에 있었던 조선민족대동단, 유림, 문일평, 목사들 모두 40세 이상 '유력자'들의 이름을 연명하려 했다. 12일 서린동 영흥관에서 김백원, 차상진, 문일평, 조형균, 김극선, 문성호, 백관형, 이규갑 등 8명이 회합했다. 이규갑은 문성호를 영흥관으로 안내하고 바로 나가버렸다.[103] 식사 후 차

98) 〈문일평 신문조서(1919. 3. 14)〉, 《자료집》 14; 〈문일평 신문조서(1919. 7. 2)〉, 《자료집》 17; 〈김백원 신문조서(1919. 3. 14)〉, 《자료집》 13.

99) 1918년 조선인 목사 명부를 보면, 김백원은 1913년 6월, 차상진은 1916년 6월 평양신학교를 졸업하고 목사로 임명되어 각각 경성부 묘동·하교 등지, 경성부 승동교회에서 '사업'하고 있다고 쓰여 있다. 곽안련 편, 앞의 책, 198·206쪽. 조선예수교장로회 경기충청노회 소속 인물들의 1912~1923년 교회 내 활동에 대해서는 한국교회사학회 편, 《조선예수교장로회사기 하권》, 1968, 55~81쪽 참조.

100) 〈김백원 신문조서(1919. 7. 2)〉, 《자료집》 17.

101) 〈김극선 신문조서(1919. 3. 15)〉; 〈조형균 신문조서(1919. 3. 15)〉, 《자료집》 14.

102) 〈백관형 신문조서(1919. 3. 15)〉, 《자료집》 14.

상진과 문성호는 총독부로 이동해서 〈장서〉를 전달했고, 나머지 5명은 보신각으로 이동했다. 그곳에서 문일평이 문서를 절반 정도 읽고 군중 200~300명이 모였을 즈음, 경찰은 5명을 전원 체포했다.[104]

요컨대 이 사건은 조선민족대동단이 배후에서 조직해 개신교도와 유림이 주도한[105] 청원서 제출 및 낭독 사건이었다. 내용은 '병합'의 명목이었던 동양평화론에 입각해도 무단통치가 한계에 부딪혔으니, 2,000만 동포의 외침을 외면하지 말라는 것이었다.[106] 그러나 〈장서〉는 사실상 문일평의 독자적인 작품이었고,[107] 연명자들 다수는 내용을 숙지했던 것 같지 않다. 문성호의 신문조서와 일부 '경중 유림'의 연서에서 알 수 있듯이 이후의 '정치체'에 대한 논의나 합의도 없었다.[108] '33인'의 후계자를 자임하며 유력자를 연명하고, 총독과 불특정 군중에게 대의를 호소하는 것이 그들이 생각하는 소임이었다.

이후 총독부 검경은 14일 경성의 상황에 대해 "지방에서 입경한 자들 대부분은 전부 귀향했고 학생들도 부형에게 소환되어 귀향한 자가 다수여서 시중(市中)의 입출(入出)은 평일과 같다"고 했다.[109] 이후 경성의 시위 양상은 주로 철시(撤市)나 전차 투석, 동맹파업으로 나타났다. 재경 학생이나 예비 학생들은 학교 미지원이나 동맹휴학을 시도했고, 귀향한 유생이나 학생들은 지역에서 집회를 조직했다.

---

103) 〈문성호 신문조서(1919. 7. 2)〉, 《자료집》 17.

104) 〈의견서(1919. 8. 30)〉; 〈문일평 신문조서(1919. 3. 14)〉, 《자료집》 14.

105) 〈차상진 신문조서(1919. 7. 3)〉, 《자료집》 17.

106) 이정은, 앞의 글, 221~224쪽; 장규식, 《일제하 한국 기독교 민족주의 연구》, 혜안, 2001, 122~124쪽.

107) 〈문일평 신문조서(1919. 3. 14)〉, 《자료집》 14.

108) 〈문성호 신문조서(1919. 7. 2)〉, 《자료집》 17.

109) 〈極秘 獨立運動に關する件(第15報, 1919. 3. 14, 高 第7079號)〉, 金正明 編, 앞의 책, 366쪽.

이후 지식인들에게 도심 내 단체행동과 대중 시위라는 '상상'은 '경험'이 되었다. 물론 목표하는 정치체에 따라서 '대중운동'의 노선은 다르게 전유되었다. 그리고 문화통치 시기 근대적 매체를 점유하고, '청년세대'와 긴밀하게 소통하면서 기민하게 '청년=진보', '노년=보수'의 구도를 만든 운동세력이 후속 세대를 점유하는 데 성공을 거두었다.[110)]

'3·1운동 세대'의 등장이 말하는 것

3·1운동 당시 학생들의 인생은 이후 다양하게 굴절되었으므로, 그들의 경험을 특권화할 필요는 없다. 그러나 3·1운동을 진정으로 기념하기 위해서는 '3·1운동 세대'와 함께 새롭게 등장했던 '대중운동'이라는 '세대양식'에 주목할 필요가 있다. 지식인들에게 3·1운동은 식민지 시기에 예외적인 '기동전적 상황'이었다. 경성은 식민권력의 정치적·물리적 무게중심이자 공론의 중심지였고, 경성 시위는 지식인들에게 '공통 경험'의 발원지였다. 본고는 3·1운동 초기 경성 시위에서 지식인들의 세대별 운동 방식에 나타난 '비동시성의 동시성'을 고찰했다.

'재경 학생'은 능동적으로 대중 시위를 조직하고 지도했다. 그들은 기숙사, 하숙집, 교회 등 '집합적 생활공간'에서 시위를 모의했다. 또한 3월 1일 행진 시 덕수궁에서 조의를 표하거나, 각국 영사관에 독립 의사를 전달하거나, 총독부 청사를 향해 행진을 시도했다. 또한 제

110) 1920년대 청년 담론에 기반을 둔 담론적 쟁투에 대해서는 이기훈, 앞의 책, 제2부 참조.

2차 시위인 3월 5일 시위는 종로가 아니라 '경성의 현관'인 남대문역에서 군중을 모았다. 비록 남대문에서 저지되었지만, 총독부 청사를 향했던 것으로 보인다.

반면, 1일 시위 이후 기성세대 지식인으로서 '경중 유림'과 '재경 유력자' 들은 '유력자'의 연서라는 '33인'의 운동 방식에 규정되었다. '경중 유림'은 학생들의 제2차 시위가 열리던 5일, 청량리에서 순종에게 복위를 요청하는 상소문을 올렸다. 그러나 총독부 경찰이 두려워했던 것은 낭독으로 인한 '대중 선동'이었다. 조선민족대동단의 규합하에 일부 목사, '경중 유림'이 일으킨 12일 〈장서〉 사건에서도 '33인'의 후계자를 자임하며 총독에게 청원서를 제출했다. 문일평 등은 보신각 앞에서 〈장서〉를 낭독했지만, 구체적인 '정치체' 등에 대한 합의는 없었다.

본고의 한계는 다음과 같다. 첫째, 짧은 기간과 한정된 지역의 경험만을 고찰했다. 둘째, 좁은 지면에 '세대'를 다루기 위해 지식인 집단들에만 주목했다. 셋째, 남성 중심의 글쓰기가 이루어졌다. 넷째, 자본과 무력의 열위(劣位)는 식민지 지식인들에게 상수(常數)였으므로, 3·1운동 이후 다시 대면한 '진지전' 속에서 운동노선의 분기는 불가피했다.

제1차 세계대전 이후 조선인들에게 탈식민 공화주의 국가는 '실재'가 아닌 '화두'와 '상상'의 영역이었다. 3·1운동은 지식인들이 대중 시위의 경험을 통해 정치체의 형태와 '민중'의 역할을 기준으로 분립되기 시작하는 계기가 되었다. 따라서 '공화주의'라는 틀에서 보면 3·1운동 시기 청년세대를 '시대정신'의 담지자로, 기성세대를 봉건적 편린의 잔존으로 여길 수 있다. 그러나 3·1운동의 집합주체로서 '학생-청년'이 그 이후에도 같은 의미의 '청년'일 수 없었고, 이후 기성세대 중 김창숙이나 문일평처럼 한 걸음 더 나아간 인물도 있었다. 그렇기에 대규모 대중 시위 이후 '주권재민'이란 '상상력'이 결여되었던 이들에게서 이른바 '봉건적 편린'을 찾을 수 있다. '3·1운동 세대'의 등장에서 볼 수 있듯이 '청년세대'는 '공통 경험' 속에서 시대적 상황을 대변하면서 등장한다. 이 점에서 오늘날 3·1운동을 다시 묻는다는 것은, '과거의 청년'들이 자신들의 바람을 투영해 '현재의 청년'을 대변하고 표상하려는 이유를 총체적으로 반추하는 것이라고 할 수 있다.

8장

1920년대 전반 국민협회의 정치활동과 참정권 청원운동의 한계

이태훈

왜 국민협회인가?

1919년 3·1운동은 일제하 민족운동의 중요한 출발점이었던 한편, 친일세력들에게도 새로운 전환점이었다. 무단통치에서 문화통치로 통치 방식이 교체되며, 무단통치 시기에 금지되었던 단체 결성과 정치활동의 자유를 얻었기 때문이다. 아이러니하게도 3·1운동이 친일세력들에게 본격적 활동의 기회를 열어주었던 것이다. 3·1운동 이전에는 거의 존재하지 않았던 친일 목적의 단체들이 1920년대 초에만 10여 개나 조직되었고, 친일단체들의 활동 범위도 자치 혹은 내지 참정을 촉구하는 '정치운동'으로 확대되었다.[1] 3·1운동으로 민족적 의식이 크게 고양되었음에도, 1920년대 조선 사회의 상황이 저항과 협력이 교차하는 복잡한 과정으로 전개된 것을 생각한다면, 조선 사회의 실상을 이해하기 위해서는 친일세력의 정치활동을 살펴볼 필요가 있다 하겠다.

이 글에서는 이상의 문제들과 관련하여 1920년대 대표적 친일정치단체였던 국민협회(國民協會)의 조직 과정과 정치활동을 살펴보겠다. 국민협회는 한때 1만 명 이상의 회원을 거느렸던 1920년대 최대의 친일단체이자 참정권 청원운동이라는 조직적 정치운동을 전개한 정치단체라는 점에서 친일정치운동 세력의 정치적 기반과 활동 양상을 구체적으로 살펴볼 수 있기 때문이다. 특히 국민협회의 참정권 청원운동은 통치당국의 견제와 비판 속에 전개되었다는 점에서 1920년대 친일정치운동이 지닌 다양한 함의와 그를 둘러싼 식민지배체제의 성격도 함께 살펴볼 수 있을 것이라 생각된다.

한편, 국민협회는 문화통치 시기 최대의 친일단체였지만 많은 연구가 축적되지는 못했다. 친일부역세력이라는 평가가 너무 강하여 정작 구체적 활동이나 주장은 상세히 분석되지 못했기 때문이다. 그러나 최근 식민지 조선 사회를 다양한 정치적 이해관계가 교차하는 정치적 공간으로 재인식함에 따라 국민협회 역시 새롭게 검토되기 시작했다. 대표적 연구 성과를 살펴보면 먼저 1920년대 일제의 지배

---

1) 일반적으로 정치운동은 '사회적 가치의 배분을 둘러싼 계속적·조직적 운동', '정치권의 획득, 변경, 행사, 유지, 강화를 목적으로 해서 다수의 인간 또는 집단에 의해서 행해지는 계속적이면서 일관성 있는 정치적 활동'으로 정의된다. 이런 점을 고려한다면 식민지 상황에서는 주권국가를 전제로 한 '사회적 가치의 배분을 둘러싼 운동이나 정치권 획득, 변경을 위한 활동'이 불가능하다고 할 수 있다. 그러나 일제의 지배체제를 인정하고, 그 지배체제 속에서 정치권을 획득·변경·행사·유지하려 한 행위들은 이 글에서 보듯이 계속 존재했다. 이러한 활동은 주권국가의 상황과 다르다 하더라도 정치운동으로 개념화할 수 있다고 생각된다. 실제로 일제하 정치운동은 그러한 의미가 있었다. 예컨대 일제의 경찰 자료에서 정치운동의 항목으로 구분되는 것이 바로 정치체제에의 참여, 변경을 위한 운동, 곧 참정권 청원운동과 자치운동이었다. 또 민족운동 진영에서도, 일제의 지배체제를 전제하고 합법적 공간에서 정치적 권리를 획득하려 한 경우, 이를 정치운동이라고 지칭했다. 본 논문에서 친일정치운동으로 개념화할 때 염두에 둔 것은, 이렇게 식민지배의 영속적 유지를 전제로 하면서도 그 지배체제 안에서 정치권을 획득·유지하려 한 활동이다. 정인홍 외, 《증보 정치학대사전》, 1975, 1347쪽; 정치학대사전편찬위원회, 《21세기 정치학대사전》, 아카데미아리서치, 2002, 2121쪽; 경기도 경찰부, 〈정치운동개황〉, 《치안정황》, 1938; 배성룡, 〈신흥정치운동의 성질, 전적(全的) 운동과 부분적(部分的) 운동의 분야〉, 《개벽》 72, 1926. 8, 8쪽.

정책과 친일세력의 활동을 선구적으로 밝힌 강동진에 의해 국민협회의 주요 활동과 구성원들이 소개되었다.[2] 또한 1920년대 친일세력과 통치권력의 관계를 정치적 교환관계로 설명한 김동명에 의해 정치단체로서의 성격이 재조명되었다.[3] 이후 국민협회 내부 자료와 각종 신문 자료를 광범하게 활용한 마쓰다 도시히코(松田利彦)에 의해 1920~1930년대 국민협회의 주도세력과 활동 과정이 실증적으로 복원되었고,[4] 국민협회 기관지 《시사평론(時事評論)》을 분석한 이태훈은 국민협회의 정치활동 논리와 구상을 밝혔다.[5] 이 밖에 지승준이 참정권 청원운동이 갖는 반민족적 성격을 구체화하는 등[6] 많지 않은 연구에도 불구하고 2000년대 이후의 연구들에 의해 주도세력과 활동의 상당 부분이 밝혀졌다. 이 글 역시 많은 부분 선행 연구 성과에 기대고 있다.

그러나 이상의 성과에도 불구하고 국민협회의 정치활동과 그것이 지닌 의미가 충분히 설명된 것은 아니었다. 몇 가지 핵심적 문제가 해명되지 못했기 때문이다. 예컨대 3·1운동 직후 국민협회 같은 거대 친일정치단체가 등장할 수 있었던 이유나 친일정치세력임에도 통치세력과 충돌할 수밖에 없었던 이유 같은 핵심적 문제들이 충분히 설명되지 못했다. 친일협력세력의 정치적 욕망과 식민지배체제 사이의 복잡한 관계가 충분히 검토되지 못했기 때문이라고 생각된다.

---

2) 강동진, 《일제의 한국침략정책사》, 한길사, 1980.

3) 김동명, 《지배와 저항, 그리고 협력: 식민지 조선에서의 일본제국주의와 조선인의 정치운동》, 경인문화사, 2002.

4) 마쓰다 도시히코 지음, 김인덕 옮김, 《일제 시기 참정권 문제와 조선인》, 국학자료원, 2004.

5) 이태훈, 〈《시사평론》을 통해서 본 국민협회의 근대국가 인식과 참정권 청원론〉, 《역사와 현실》 69, 2007.

6) 지승준, 〈일제 시기 참정권운동 연구: 국민협회·동민회(同民會)·시중회(時中會) 계열을 중심으로〉, 중앙대학교 박사학위논문, 2011.

이에 이 글에서는 식민지배체제와 협력과 갈등을 반복한 국민협회의 정치활동을 통해 1920년대 친일정치운동의 정치적 함의에 대해 살펴보도록 하겠다. 조선과 일본의 완전한 통합을 주장했지만, 역설적으로 그런 주장을 노골적으로 제기했기 때문에 식민통치의 파트너로 성장할 수 없었던 국민협회의 경우를 통해 1920년대 식민지배체제의 특징과 친일정치운동의 한계를 이해하는 것이 이 글의 목표이다.

1. 1920년대 초 친일세력의 정치적 결집과 참정권 청원운동의 등장

1) 3·1운동 전후 친일정치세력의 동향과 협성구락부 세력의 형성

1919년 3·1운동은 역설적으로 친일세력에게도 활동의 중요한 분기점이 되었다. 무단통치 시기의 정치활동 봉쇄 조치가 3·1운동으로 사실상 와해되면서 적극적으로 활동할 수 있게 되었기 때문이다.[7] 1910년 일진회(一進會) 등 주요 친일단체가 해산된 이후 조직적 활동을 전개하지 못했던 친일세력은 무단통치체제가 3·1운동의 조기 진압에 실패하고, 조선 귀족과 관리 들이 무기력한 대응으로 일관하자, 3·1운동 비판활동의 전면에 등장했다. 정우회(政友會)와 대한협회(大韓協會)에서 활동했던 고희준, 윤효정, 김명준 등은 '유력자'를 규합해 '경고문'을 발표했고,[8] 정우회와 국시유세단(國是遊說團) 등에 참여했

7) 일제가 친일세력의 정치활동을 금지한 것은 친일세력 역시 언제든 통제에서 벗어날 가능성이 있다고 보았기 때문이다. 체제에 협력하는 조선인이라 할지라도 조선인 정치세력은 결국 통치의 장애요소가 될 것이라고 생각했던 것이다. 예컨대 경무총감부 총감을 겸임한 조선주차군 헌병사령관 아카시 모토지로가 대부분 친일단체였던 정당단체의 해체 이유로 '안녕질서 보지'를 제시한 것은 이러한 생각의 반영이었다. 〈명산정사〉, 《매일신보》, 1910년 9월 13일자; 〈십결사해산〉, 《매일신보》, 1910년 9월 13일자.

8) 〈전(全) 도(道)에 경고문, 유식자 제씨(諸氏)가〉, 《매일신보》, 1919년 4월 19일자.

던 고양군수 민원식[9]은 10여 회가 넘는 3·1운동 비판 논설을《매일신보》에 게재하며 친일논객으로 등장했다.[10] 또 단체 조직도 시작되었다. 일진회, 대한협회, 한말 관비유학생 출신의 몇몇 인물은 대동문화사(大東文化社)를 조직해 '시세 대응' 활동을 전개했고,[11] 민원식과 '동화파'라 불리던 세력은 내선융화운동을 목표로 협성구락부(協成俱樂部)를 조직했다.[12] 표방하는 목표는 달랐지만 3·1운동 이후 1921년까지 10여 개가 넘게 조직될 정도로 친일세력의 조직적 활동이 활성화되었다. 그리고 이렇게 결집한 친일세력은 정치활동으로 활동 영역을 확장했다. 고희준, 박병철, 심우섭, 이기찬, 채기두, 박승빈, 고원훈 등 이른바 '동상(東上) 7인조'는 조선총독부와 일본 정계를 상대로 자치청원운동을 전개했고,[13] 협성구락부 세력은 일본 우익세력과 접촉

---

9) 협성구락부와 국민협회의 리더로 참정권 청원운동을 주도한 민원식은 대단히 복잡한 이력을 갖고 있었다. 1886년생인 민원식은 본인은 명문가 출신이라고 하나 한미한 집안에서 태어나 9세 때 중국으로 건너갔다가 13세에 일본으로 이주해 8년간 체류한 후 1906년 귀국해 대한제국 관리로 활동했다. 본인에 따르면 일본 체류 기간에 이미 이토 히로부미(伊藤博文)와 친분이 있었으며, 귀국 후 대한제국의 관리가 된 데에도 이토의 지원이 있었다고 한다. 대한제국에서는 내부 위생국장 등을 역임했고, 1910년 이완용 계열의 정우회를 조직해 친일활동을 전개했다. 그러나《황성신문》등의 기록에 따르면 그는 1910년까지도 이완용과 경쟁관계에 있던 시천교에서 활동했다. 이토와 일진회의 갈등 속에 이완용 계열로 정치적 입장을 바꾼 것이라고 추측된다. 병합 이후에는 총독부의 군수가 되어 양지, 이천 지역 군수를 역임했으며, 3·1운동 시기에는 고양군수로 재직하고 있었다. 비천한 사회적 신분을 근대지식의 경험과 친일활동을 통해 극복해간 한말 친일세력 가운데 한 명이었다고 하겠다. 특히 그는 민족을 넘어서는 국민적 통합으로 조선병합의 정당성을 설명해 참정권 청원운동의 논리적 기반을 제시했다. 마쓰다 도시히코, 앞의 책, 125~129쪽; 이태훈, 앞의 글; 〈시천교당〉,《대한매일신보》, 1907년 10월 20일자; 〈정우회 발기〉,《대한매일신보》, 1910년 3월 30일자; 〈출회당해〉,《대한매일신보》, 1910년 4월 7일자 참조.

10) 중요한 글만 살펴도 다음과 같다. 민원식, 〈선각자의 분려(奮勵)를 망(望)함〉 (1)~(9),《매일신보》, 1919년 3월 11~19일자; 〈소요의 원인과 광구예안(匡救例案)〉 (1)~(7),《매일신보》, 1919년 4월 9~15일자; 민원식, 〈갱(更)히 소요에 대하야〉,《매일신보》, 1910년 4월 2일자.

11) 〈대동문화사 설립〉,《경성일보》, 1919년 11월 12일자.

12) 국민협회선전부 편,《국민협회운동사(國民協會運動史)》, 1931, 1쪽.

13) 姜德相 編,《現代史資料(25): 朝鮮(一) 三·一運動(一)》, みすず書房, 1966, 579쪽.

하며 통치체제 개편운동을 시작했다.[14] 한말 이래의 친일세력과 그들에게 새롭게 결합한 친일 지식인들, 예컨대 한말 유학생들이 3·1운동 반대활동을 계기로 정치세력화한 것이다.[15]

친일정치세력의 활동 명분은 조선 사회의 '사상 선도'와 '민심 수습'이었다. 조선을 일본에 영원히 통합하기 위해서는 민심 통합이 가장 중요하며, 이를 위해서는 '조선의 지식계급'에게 적극적 동기를 부여하고, 인민의 오해를 바로잡기 위한 활동이 필요하다는 것이었다.[16] 여기에 친일정치세력이 주장한 또 하나의 내용은 무단통치체제 개편이었다. 병합은 당연히 긍정하지만, 친일세력의 정치활동마저 통제한 무단통치체제에는 심각한 문제가 있다는 것이었다.[17] 즉, 병합

---

14) 협성구락부의 주도자였던 민원식은 1919년 5월 무단통치의 해체와 통치정책 개편을 촉구하는 글을 발표했고, 국민협회가 설립된 후인 1920년 초 흑룡회의 우치다 료헤이(内田良平)와 접촉하여, 통치체제 개편운동에 관해 논의했다. 내정자치를 추구했던 우치다와 내지연장주의를 추구했던 민원식의 정치적 입장은 달랐지만, 정치활동 방향을 함께 모색했던 것이다. 이 때문에 우치다는 국민협회와의 관계를 염두에 두고 조선총독부에 일선동화주의를 주장하는 국민협회를 보호해야 한다고 주장했다. 内田良平, 〈朝鮮時局私見(1920. 7. 28)〉, 《朝鮮統治問題に就て先輩竝に知友各位に訴ふ》, 1920. 11, 24쪽; 민원식, 〈소요선후책〉(1919. 5), 内田良平 編, 《朝鮮統治問題》, 1920. 1.

15) 민원식, 고희준, 채기두 등은 국시유세단(민원식, 고희준), 정우회(고희준), 일진회(채기두)에서 활동했으며, 윤효정, 김명준은 대한협회의 부회장, 평의원으로 활동했다. 또 박승빈, 채기두, 박병철 등은 한말 일본 유학생 단체의 간부 출신이었다.

16) 민원식, 〈소요선후책〉(1919. 5), 앞의 책(1920).

17) 회사령 등의 식민지 경제정책이 지주, 자본가의 정치·경제적 이익 확보를 제한한 데다, 조선 사회의 지배층이었을 때는 경험할 수 없었던 일상적 차별을 감수해야 했기 때문이다. 무단통치에 의해 '조선인은 감옥 안의 죄수가 되었으며, 조선인의 자유권은 심각하게 유린되었다'거나, '식산은행 등의 대부가 조선인에게는 불평등하게 이루어졌다'는 등의 불만이 쌓이고 있었다. 특히 친일 지식 엘리트들은 이러한 문제에 대해 의견조차 제기할 수 없게 한 무단통치체제를 비판했다. 일진회 기관지 《국민신보》를 거쳐 《매일신보》의 기자가 된 김환에 따르면, 일본이 조선을 통치하기 위해서는 조선의 상황에 대한 친일세력의 의견을 경청하고 이를 정책에 반영해야 했음에도, 오히려 아무런 능력도 없는 과거 기득권층만 우대해 지배정책 전반이 잘못된 방향으로 전개되었다는 것이다. 동광회본부(同光會本部), 《조선민정시찰보고(朝鮮民情視察報告)》, 1923, 48·49쪽; 김환, 〈조선시국사관(朝鮮時局史觀)〉 (7), 《시사평론》 2-4, 1923, 9쪽.

의 이상을 실현하기 위해서는 조선인, 곧 친일세력이 적극적으로 지배체제에 참여할 수 있어야 함에도 무단통치체제가 그러한 가능성을 가로막고 있기 때문에 지배체제 전반이 근본적으로 개편되어야 한다는 것이었다.[18]

한편, 이렇게 3·1운동 이후 친일세력이 조직화되고 활동 범위를 확대하는 가운데 단연 두각을 드러낸 세력은 협성구락부였다. 협성구락부는 1919년 8월 신진 친일논객으로 부상한 민원식이 '동화파'로 불렸던 30여 명과 함께 조직한 친일단체였다. '일선(日鮮) 양 민족 공유의 신일본(新日本) 형성'을 설립 취지로 내건 협성구락부는 병합은 조선과 일본 민족의 합의에 의해 양 민족이 하나로 합쳐진 것이므로, 병합을 완성하기 위해서는 양 민족이 공유하는 '신일본'을 건설해야 한다고 주장했다. 요컨대, 일본의 조선병합은 양 민족의 합의에 의한 것이지만, 차별적 통치로 인해 3·1운동 같은 소요가 발생한 것이므로, '신일본' 건설을 통해 완전한 병합을 이뤄야 한다고 주장하던 적극적이며 자발적인 친일단체였다.[19]

주요 구성원은 간사 이동우, 평의원 김명준, 민원식, 김환, 김달현, 김석태, 김우식, 김형복, 김태영, 민석현, 유해종, 이병조, 최강, 황석교 등이었다.[20] 특히 간부진에는 한말 일진회와 직간접으로 연결된 인물들 중 상당수가 참여했다. 민원식은 1907년경 시천교(侍天教)에 입교해 1910년까지 활동하다 이완용 계열의 정우회에 참여한 인물이었고,[21] 평의원 김명준은 일진회 창립에 참여한 후 다시 대한협회로

18) 민원식, 〈소요선후책〉(1919. 5), 앞의 책(1920), 41쪽.

19) 민원식, 위의 글, 43쪽; 김환, 〈협성구락부의 시국강연회(5)-감정과 사상(2)〉, 《매일신보》, 1919년 11월 9일자; 국민협회선전부 편, 앞의 책, 1쪽.

20) 이상 협성구락부 결성 과정에 대해서는 마쓰다 도시히코, 앞의 책, 131~141쪽 참조.

소속을 옮겨 평의원으로 활동한 인물이었다. 또 다른 평의원 김환은 일진회 기관지 《국민신보(國民新報)》 기자 출신으로 1909년 '삼파연합운동'에 일진회 측 정견협정위원으로 활동했고, 황석교는 일진회에서 파견한 일본 유학생 출신으로 3·1운동 시기에는 천도교 전제관장을 맡고 있었다. 이처럼 일진회 잔존세력을 중심으로 한말 정치운동세력이 결합한 것이었다.

1910년 조선병합 이후 사실상 처음으로 조직된 친일정치단체였던 협성구락부는 설립 초기부터 통치당국과 체제협력층이 모두 주목하는 단체가 되었다. 조선총독부 기관지였던 《매일신보》가 정무총감 야마가타 이사부로(山縣伊三郎), 내무부 장관 우사미 가쓰오(宇佐美勝夫) 등과 협의해 창립 축하 사설을 게재하고,[22] 《서울프레스(The Seoul Press)》 사장 야마가타 이소(山縣五十雄)가 창립기념식에 참여해 축사를 읽는 등[23] 통치당국이 이례적 관심을 보였고, 1919년 11월부터 시작된 시국강연회가 8회까지 진행되는 등 체제협력층도 높은 관심을 보였다.[24]

협성구락부가 이렇게 주목받은 것은 단순히 최초의 친일정치단체이기 때문만은 아니었다. 여타 친일세력들과 다르게 나름의 논리를 통해 통치당국과 체제협력층이 필요로 하던 3·1운동 반대 논리와 체제협력, 체제개편의 논리를 제시했기 때문이다. 우선, 협성구락부 세

---

21) 〈시천교당〉, 《대한매일신보》, 1907년 10월 20일자; 〈정우회 발기〉, 《대한매일신보》, 1910년 3월 30일자; 〈출회당해〉, 《대한매일신보》, 1910년 4월 7일자.

22) 《매일신보》는 사설을 통해 '조선에도 조만간 완전한 헌법 시행(참정권 부여)이 이뤄질 것이며, 협성구락부가 그러한 역할을 준비할 단체가 되기를 기대한다'고 협성구락부의 창립을 축하했다. 이 시기 《매일신보》가 사설로 창립을 축하한 단체는 협성구락부가 거의 유일하다. 또한 정치단체로의 성장까지 기대한다는 언설은 이들이 얼마나 총독부로부터 기대받고 있었는지를 보여준다 하겠다. 〈입헌적 사상을 양(養)하라-협성구락부의 성립을 축하함〉, 《매일신보》, 1919년 8월 12일자; 마쓰다 도시히코, 앞의 책, 135쪽.

23) 〈협성구락부 창립〉, 《매일신보》, 1919년 8월 12일자.

24) 〈협성구락부의 시국강연회〉 (1)~(8), 《매일신보》, 1919년 11월 4~11일자.

력은 국제 정세에 대한 분석을 토대로 3·1운동의 '논리적' 모순과 조선병합의 영구적 필요성을 주장했다. 예컨데 협성구락부 세력은 제1차 세계대전에 승리한 일본은 민족자결주의 적용 대상이 아닐 뿐만 아니라, 민족자결주의의 본의 역시 '대민족 단위의 통합'이라고 주장했다. 즉, 오스트리아-헝가리제국의 이탈리아 민족분리운동(대이탈리아 건설운동)과 유고슬라비아 건설운동에서 볼 수 있듯이 민족자결주의의 본질은 소민족국가의 독립이 아닌 대민족 단위의 국가 통합에 있으며, 그 때문에 3·1운동은 오히려 민족자결주의 본의에 반하는 무모한 맹동이라는 것이었다.[25] 또한 이들은 독립이 가능하다 하더라도 무능력한 독립국가는 필요 없다고 주장했다. '고등교육을 받은 인력과 국가 운영 재정이 없는 조선 민족은 독립을 한다 하더라도 인민의 생존과 행복을 보장할 만한 국가를 운영할 수 없다'는 것이었다.[26] 근대국가 국민으로서 행복을 누리기 위해서는 강력한 국가가 필요하다는 논리 아래 일본과의 병합이 '최선의 선택'이라고 주장한 것이었다. 3·1운동의 무모함만을 강조한 대부분의 친일세력과 달리 국제 정세에 대한 '나름의 분석'을 바탕으로 식민통치당국이 필요로 했던 체제 옹호 논리를 제시한 것이었다.

두 번째로 협성구락부 세력은 무단통치 체제의 전면적인 개편을 제기했다. 3·1운동의 주원인은 병합의 정신을 반영하지 못한 무단통치체제에 있으며, 문제의 근원적 해결을 위해서는 전면적 체제개편이 필요하다는 것이었다. 즉, 조선인들은 병합 이후 민권 신장을 기대했지만 무단통치체제로 인해 통치에 반감을 갖게 된 것이므로 통

25) 민원식, 〈갱히 소요에 대하야〉, 《매일신보》, 1919년 4월 27일자.

26) 민원식, 〈선각자의 분려를 망함〉 (1)~(9), 《매일신보》, 1919년 3월 11~19일자.

치의 안정을 위해서는 체제개편이 불가피하다는 것이었다. 특히 협성구락부 세력은 조선인의 정치 참여 보장을 핵심적 대안으로 주장했다. 조선인의 민도는 일본의 생각보다 높으며, 의사 표현과 정치활동을 봉쇄하는 것도 불가능하기 때문에, 조선인에게 '국민적 권리'를 부여해야만 통치의 불안정을 근본적으로 해결할 수 있다는 것이었다. 요컨대 '내지 참정권'을 조선인에게 부여해 제국 국민으로 완전히 통합하는 것만이 조선 통치를 안정화시킬 수 있는 본질적 대책이라는 것이었다.[27] 한편으로는 통치당국이 필요로 했던 3·1운동 반대논리를 제시하고, 다른 한편으로는 체제협력층이 필요로 했던 지배체제 개편 문제를 제기함으로써 통치당국과 친일세력 모두로부터 주목을 받게 된 것이다.

이렇게 설립 초기부터 주목을 받은 협성구락부 세력은 활동 시작과 동시에 곧 중요한 정치적 성과를 거두었다. 단체 설립 후 3개월 만인 1919년 11월, 협성구락부의 지도자 민원식과 이동우가 일본 수상 하라 다카시(原敬)를 비롯한 내각 요인들을 만나 협성구락부의 입장에 대한 지지를 얻어낸 것이었다. '총독부를 영구히 존속시킬 것인가, 아니면 상당 기간 후에 내지의 부현제를 채용할 것인가'라는 질문에 '일정 기간 후에는 총독부의 존치가 필요 없다'는 하라 수상의 답변을 이끌어낸 것이었다.[28] 물론 하라의 답변은 원론적 내용에 불과했지만, 발언 내용과 상관없이 일본 정계가 인정한 조선인 정치세력임이 증명된 것이다. 일본 언론들이 독립파, 문화파, 사회주의파와 더불어 조선의 4대 정치세력으로 꼽을 정도로 협성구락부의 위상은 높아졌다.[29]

---

27) 민원식, 〈소요선후책〉(1919. 5), 앞의 책(1920), 58쪽.

28) 〈하라 수상(原首相) 신일본주의(新日本主義)를 찬성함, 민원식 씨의 성공〉, 《매일신보》, 1919년 11월 19일자.

2) 국민협회의 조직과 참정권 청원운동의 제기

정치적 위상 확립에 성공한 협성구락부는 곧 국민협회로 확대·개편되었다. 1919년 9월 내지연장주의에 입각한 문화통치가 새로운 통치 방침으로 결정되고,[30] 민원식 일행의 일본행이 성과를 거두자, 1920년 1월 18일 총회를 열어, 국민협회로 조직을 확대·개편했다.[31] 회장에는 민원식이 추대되었고, 부회장 김명준, 총무 이동우, 김환, 김상회 등 협성구락부를 조직했던 인물들이 협회의 임원으로 선출되었다. 협회의 주도층은 대체로 한말부터 활동한 인물들이었다. 예컨대 1920년대 간부 161명 중 40%가 1870년대생이었다. 또 병합 이후 총독부 관리를 경험한 인물도 많았다. 161명 중 조선총독부 관리가 65명이었으며, 대부분 군수급의 중하급 관리였다.[32] 한말 근대교육을 받고 대한제국과 조선총독부에서 중하급 관리직을 경험한 인물들을 중심으로 조직이 확대된 것이었다.

국민협회는 몇 가지 측면에서 협성구락부와 차원을 달리했다. 우선 국민협회는 정치운동단체로서 성격을 분명히 했다. 설립 목적은 산업 장려, 교육 보급, 노자(勞資) 조화, 사상 선도 등이었지만, '입헌 국민다운 자각과 자치 관념을 함양하여 참정권의 행사와 지방제도 개혁을 촉진하는 것'을 주요 활동 방향으로 설정함으로써 정치운동

---

29) 〈朝鮮の最近思想界〉(上·下), 《오사카마이니치신문(大阪每日新聞)》, 1919년 8월 28~29일자.

30) 1919년 수상 하라 다카시(原敬)는 내지연장주의의 입장을 담은 〈조선통치사견(朝鮮統治私見)〉을 정무총감 내정자인 미즈노 렌타로(水野錬太郎)에게 전했고, 신임 총독 사이토 마코토(齋藤實)는 9월 10일 시정 방침을 발표했다. 당초 명확하게 정치운동 방향을 밝히지 않았던 협성구락부가 정치운동단체로 개편되는 과정에 내지연장주의가 발표되었다는 점에서 참정권 청원운동의 중요한 계기가 되었을 것으로 생각된다. 신주백, 〈일제의 새로운 식민지 지배 방식과 재조 일본인 및 '자치'세력의 대응(1919~22)〉, 《역사와 현실》 39, 2001, 45~50쪽 참조.

31) 국민협회본부(國民協會本部), 《국민협회사(國民協會史)》, 1921, 7~9쪽.

32) 마쓰다 도시히코, 앞의 책, 139·140쪽.

단체로서 성격을 명확히 했다.[33] 특히 국민협회 주도층은 국민협회가 일진회의 정치노선을 계승한다는 점을 강조했다. 회장이었던 민원식은 "소신에 의하면 조선인의 정치적 결사는 참정권 이상으로 중요하다"고 주장하며 일진회를 예로 들었고,[34] 총무 김환은 한말 이래 조선의 선구세력 계보를 동학-독립협회-일진회로 정리한 후 일진회가 이토 히로부미(伊藤博文)의 잘못된 정책에 의해 희생되지 않았더라면 오늘날의 조선은 크게 달라졌을 것이라고 일진회를 높이 평가하는 가운데 자신들을 그 계보에 넣으려 했다.[35] 국민협회를 한말 이래 친일 근대화노선의 적자로 규정한 것이었다.

두 번째로 국민협회는 협성구락부와는 비교할 수 없을 정도로 규모가 확대되었다. 설립 초기 100명에서 시작한 회원 수는 1921년 7월 약 6,000명까지 늘어났고, 지역지회 역시 1922년까지 약 11개가 설립될 정도로 조직 규모가 확대되었다.[36] 특히 지방에 조직된 지회는 국민협회의 가장 큰 특징이었다. 친일단체 대부분이 경성 중심으로 활동한 것과 달리 국민협회는 지회 설립에 적극적이었다. 국민협회 창립 초기인 1920년부터(5개) 지회 조직을 시작해 1923년까지 15개의 지회 조직을 확대했고,[37] 세력이 크게 쇠퇴한 1931년에도 전국에 13개의 지회를 유지했다. 지회의 규모도 적지 않았다. 1931년의 경우

33) 국민협회본부, 앞의 책, 10~12쪽.

34) 이 글은 1919년 5월에 작성된 것이다. 민원식, 〈소요선후책〉(1919. 5), 앞의 책(1920).

35) 실제로 국민협회는 친일세력 내에서 제2의 일진회(一進會)로도 불렸다. 김환, 〈조선시국사관(6)〉, 《시사평론》 3, 1922, 6쪽.

36) 1925년에는 1만 명까지 확대되었다. 국민협회선전부 편, 앞의 책, 1쪽.

37) 설립 초기인 1922년까지의 지부 설립 상황은 다음과 같다. (1) 1920년 현재: 평남지부, 충남지부, 경북지부, 전남지부, 마산지부(마산지부는 1921년 자료에 수록되어 있지만, 1920년에 설립된 것으로 추정된다) (2) 1922년 현재: 간도지부, 마산지부, 경남총지부, 수원지부, 전남 곡성지부, 충남지부, 평북 구성지부, 평남지부, 함남지부, 함남 안변지부, 황해지부.

최대 지회인 평북지회의 회원 수가 1,989명이고, 경성을 제외한 지방 지회 회원 수가 7,900명에 이를 정도로 지회 조직이 방대했다.[38] 지방 지회 간부의 구성은 매우 다양했다. 김갑순(충남지부 지부장), 이병학(경북지부 총무), 정수태(전남지부 총무)처럼 대지주들이 참여하기도 했지만, 일진회 간부 출신(평북지부 총무 조정욱, 함남 안변지부 지부장 최달빈)이나 《매일신보》 지국장(함남지부 지부장 김하섭)처럼 지역에서 정치활동에 주력한 인물들도 있었다. 지역세력이 지회를 먼저 설립하고 중앙의 승인을 받았기 때문에, 지역에 따라 편차가 클 수밖에 없었지만,[39] 대체로 지역사회의 여론을 주도할 수 있는 다양한 직종의 중견 인물들이 참여했다.[40] 30명으로 시작된 협성구락부가 불과 6개월도 안 되는 사이에 전국적인 조직망을 갖춘 거대 친일단체로 탈바꿈한 것이었다.

국민협회가 거대 친일단체로 성장하는 데 가장 중요한 역할을 한 것은 조선총독부였다. 3·1운동에서 드러난 조선 귀족과 조선인 관리들의 무능을 해결하기 위해 친일세력 개편을 추진하던 조선총독부는 친일단체 중 가장 활발하게 활동하던 국민협회를 집중적으로 지원했다.[41] 특히 총독부 안에서도 내지연장주의를 강력히 추진하던 미즈노 렌타로(水野鍊太郎) 휘하의 내무성 출신 관료들, 예컨대 마루야마 쓰

38) 여기에 서술된 국민협회 지회와 회원 수는 국민협회 단체사와 기관지 《시사평론》에 기록된 내용을 통합한 것이다. 국민협회본부, 앞의 책; 국민협회선전부 편, 앞의 책.

39) 국민협회본부, 앞의 책, 49·50쪽.

40) 그리고 이러한 지회 간부 구성은 회장 민원식이 원한 것이기도 했다. 민원식에 따르면 '지방사회의 인민은 결국 지주에 의해 좌우될 수밖에 없지만', 그러한 지주들을 조직하고 각성시키기 위해서는 먼저 '선각자들'이 있어야 했기 때문이다. 민원식, 〈선각자의 분려를 망함(9)〉, 《매일신보》, 1919년 3월 18일자. 한편 1920~1931년 사이의 자료로 파악할 수 있는 지회 간부는 총 226명이다. 이 중 행적을 파악할 수 있는 108명의 경력은 다음과 같다. ① 한말 계몽운동단체 출신자 25명 ② 한말 관리 출신자 19명 ③ 한말 일본 유학 출신자 8명 ④ 중등 이상의 근대교육 경험자 15명 ⑤ 강점 이후 관직 경험자 32명 ⑥ 기업 경영 관계자 28명 ⑦ 면장 경력자 26명 ⑧ 금융조합장, 수리조합장 역임자 10명 ⑨ 도부면협의회원, 도부회의원, 중추원 참의 등 지역 대표 친일 인물 4명.

루키치(丸山鶴吉) 사무관과 모리야 에이후(守屋榮夫) 비서과장 등이 국민협회 지원에 적극적이었다. 조선총독 비서과장 모리야는 회장인 민원식에게 자금은 물론, 조선인 엘리트 및 총독부 주요 인사들과 면담과 관직을 주선했고,[42] 마루야마는 민원식을 고위관료 및 내지 유력인사들에게 소개했다.[43] 이 밖에도 조선총독부는 1921년 중추원 개

---

41) 3·1운동 이후 일제 내부에서도 민중이 적시하는 옛 친일파 편중 방법을 고쳐 새 친일파 육성을 꾀해야 한다는 의견이 제기되었다. 원수처럼 손가락질받는 자에게 얼마간 동정과 은밀한 원조는 해줄 수 있겠지만 이러한 자를 수족으로 해서 공작을 꾀할 수는 없다는 것이었다. 총독 사이토의 생각 역시 이와 같았다. 3·1운동 이후의 시점에서 일본에 협력하는 자로 친일선인 우대의 중점을 옮겨야 한다는 것이었다. 다만 강동진은 옛 친일파 육성책과 새로운 친일단체 육성책, 그리고 민족주의자 회유책을 구별하지 않고 모두 이 시기의 친일파 육성 및 이용책으로 설명했다. 하지만 시기별로 부상하는 친일세력이 다르고, 특히 민족주의 세력 활용 방안은 그들을 유인할 만한 정치적 복안(자치안과 같은)이 필요하다는 점에서 시기별 지배정책의 추이를 구체적으로 살펴보면서 보다 동태적으로 파악할 필요가 있다. 〈齋藤朝鮮總督書簡, 最近ニ於ケル朝鮮ノ情勢(1919. 09. 16)〉, 近藤劒一 編, 《万才騷擾事件》 2, 巖南堂書店, 7쪽; 강동진, 앞의 책, 167쪽 참조.

42) 예컨대 1920년 간도 출병 이후 압록강 건너 항일운동 세력이 접경을 넘어 군수를 살해하자, 결원을 국민협회 회원으로 보충해 국민협회의 관직 진출을 후원했다. 松田利彦, 〈朝鮮總督府秘書課長と'文化政治'〉, 《日本の朝鮮, 臺灣支配と植民地官僚》, 2007, 231·232쪽.

43) 마루야마는 이 밖에도 취지서, 규약 작성 등 구체적 활동 방향에 대해 자문했다고 한다. 국민협회의 정치활동에도 직간접으로 관여했다. 이 때문에 국민협회를 배후에서 사실상 조종했다는 평가도 있다. 그러나 총독부 관리들과 국민협회의 관계는 상호이용의 관계였다고 보는 것이 합리적이다. 국민협회에서 활동한 인물들은 이미 한말부터 복잡한 정치운동에 관여했다. 이들은 정치운동단체의 조직, 운영에 대해서라면 마루야마 이상의 경험을 갖고 있는 인물들이었다. 마루야마가 이들에게 활동 방법을 가르쳐주고 지시했다는 것은 본인의 과장일 가능성이 크다. 실제로 민원식의 3·1운동 비판 논설〔민원식, 〈소요의 원인과 광구예안(匡救例案)〉 (1)~(7), 《매일신보》, 1919년 4월 9~15일자; 민원식, 〈갱히 소요에 대하야〉, 《매일신보》, 1919년 4월 2일자〕은 거의 같은 시기에 일본 신문〔閔元植 寄, 〈朝鮮の騷擾に就て(一~七)〉, 《大阪每日新聞》, 1919년 4월 9~15일자; 閔元植 寄, 〈再び朝鮮騷動に就て: 諸方の駁論に対う〉, 《미상》, 1919. 5〕에도 게재되었는데, 이는 《매일신보》 고위층, 일본 언론, 민원식 사이에 상당한 교섭이 없이는 불가능한 일이었다. 마루야마가 조선에 부임한 1919년 9월 이전부터 정치적 네트워크를 형성하고 있었다고 하겠다. 더불어 총독부 관리들의 국민협회 지원도 일방적인 것만은 아니었다. 앞서 모리야가 국민협회 회원을 군수로 추천한 국경 지방은 지방관료의 생명을 보장할 수 없는 험지였다. 총독부 관리들은 국민협회 회원을 위험 지역 관리로 활용했고, 국민협회 역시 이를 알면서도 수용한 것이었다. 이런 방식의 후원과 교환, 활용의 관계는 사실 한말 일진회 이래 친일세력과 식민권력의 관계였다. 神戸大学附属図書館デジタルアーカイブ 新聞記事文庫(http://www.lib.kobe-u.ac.jp/GlobalFinder/cgi/zway); 松田利彦, 《日本の朝鮮植民地支配と警察》, 校倉書房, 2009, 418~420쪽 참조.

편에서 새로 임명된 지방 대표 13명 중 5명을 국민협회 회원으로 충원하는 등 국민협회를 특별히 지원했다.[44] 이러한 총독부의 지원에 힘입어 국민협회는 권력에 민감한 지방관리와 유지 들의 협조를 쉽게 이끌어냈다. 지방관리들 스스로 국민협회 지회를 조직해 지회장이 된 경우도 있었고, 앞의 지회 조직 과정에서 보이듯 지역 유지가 지회 간부로 참여해 국민협회의 정치활동을 지원하는 상황도 늘어났다.[45] 능동적 친일세력의 확충이 필요했던 총독부의 상황과 대중적 친일조직을 추구했던 국민협회의 목표가 맞물리며 급격한 세력 확장이 이뤄지게 된 것이었다.

한편, 정치운동단체를 천명한 국민협회는 설립과 동시에 일본과 조선의 국가적 통합을 실현한다는 설립 목표에 맞춰 참정권 청원운동을 시작했다. 국민협회의 참정권 청원운동 방식은 매우 저돌적이었다. 단순한 입장 표명을 넘어 설립 후 1개월도 안 된 1920년 2월 4일 민원식, 김명준, 이동우, 황석교 등 국민협회원 100명의 명의로 제국의회에 중의원 선거권 부여를 청원하는 중의원 선거법 청원서를 제출했고,[46] 이어 《경성일보》, 《조선신문》, 《매일신보》에 동시다발적으로 인터뷰,

---

44) 물론 조선총독부를 둘러싼 통치권력 전반이 국민협회의 활동을 지지한 것은 아니었다. 조선총독 사이토의 참모였던 아베 미쓰이에(阿部充家)는 국민협회가 대세력으로 성장하지 못할 것이며, 민족주의적 인물에 더 관심을 가져야 한다고 비판적 입장을 드러냈다. 1910년대 총독부 국장을 역임한 모지치 로쿠사부로(持地六三郎)는 1921년 민원식의 죽음 이후 내무성 관료 출신들의 국민협회 지원이 경솔했다고 비판했다. 그러나 조선총독 사이토가 국민협회에 6,000원을 지원하기로 결정하고, 지방관청이 국민협회의 순회강연회를 지원하는 등 1920년대 초반 조선총독부의 국민협회 지원은 특별했다. 강동진, 앞의 책, 222쪽; 이형식, 〈'제국의 브로커' 아베 미쓰이에(阿部充家)와 문화통치〉, 《역사문제연구》, 2017, 463·464쪽.

45) 예컨대 1922년 당시 국민협회 곡성지부 지부장이었던 황덕순(黃德純)의 경우, 1920년까지 군서기를 전전하다 1920년 총독부 군수로 승진한 후, 곧바로 국민협회 지부를 창립하고 스스로 지부장이 되었다. 또 후술하듯이 지회 간부로 참여한 지주 중 일부는 민원식의 일본행에 동행해 참정권 청원운동을 전개할 정도로 국민협회 활동에 적극적이었다. 〈국민협회 소식〉, 《시사평론》 1호, 1922, 156쪽.

기고문을 게재했다. 또한 3월 29일에는 경기도 도부군 참사를 초대해 총독부 관리들에게도 국민협회 활동을 설명했다.[47] 정·관계와 언론을 아우르는 포괄적 정치활동을 단시간 내에 집중시킨 것이었다. 불과 1년 전까지도 정치활동이 금지되었던 조선 사회에서는 놀랄 수밖에 없는 신속한 행동이었다.

조직 설립과 동시에 시작된 국민협회의 정치활동은 다양한 반응을 불러일으켰다. 독립운동 세력이 민원식을 첫 번째 척살 대상으로 꼽은 것은 물론이고, 식민통치 세력의 반응 역시 엇갈렸다. '내선융화운동'의 선구로 높이 평가하는 반응도 있었지만, 노골적인 참정권 요구에 부정적 반응도 속출했다. 왕성한 활동은 좋지만, 참정권 실현을 위해서는 조선인 각자의 내선융화활동이 선행되어야 한다는 비판이었다.[48] 특히 총독부의 반응이 미묘했다. 총독부는 국민협회의 가장 큰 지원세력이었지만 급작스런 참정권 청원운동에 당혹스러워했다. 내지연장주의에 기반한 참정권 청원운동을 공개적으로 비판할 수는 없었지만, 정치적 권리의 문제가 전면화되는 상황을 달가워하지 않았기 때문이다. 특히 사이토 마코토(齋藤實) 총독이 국민협회의 정치운동에 비판적이었다. '지나치게 저돌적'이며 '착실하지 못하다'는 것이었다.[49] 그리고 이런 총독부의 부정적인 입장은 국민협회의 활동에도 반영되어 국민협회는 제1회 청원서를 단체 명의가 아닌 개인 명

---

46) 이때 중의원에 청원서를 소개한 인물은 마키야마 고조(牧山耕藏), 오카다 사카에(岡田榮), 사이토 고키치(齋藤珪次) 등 정우회 의원들이었다. 〈衆議院選擧法 朝鮮施行請願-閔元植 氏 等の計劃〉, 《경성일보》, 1920년 2월 6일자.

47) 〈參政權要求に就て(1)(2)-國民協會長 閔元植 氏 談〉, 《조선신문》, 1920년 4월 23~25일자; 〈請願の根本意-閔元植 氏 談〉, 《경성일보》, 1920년 2월 6일자; 〈조선인 참정권 문제〉, 《매일신보》, 1920년 2월 27일자.

48) 〈閑題目〉, 《조선신문》, 1920년 5월 28일자.

49) 〈齋藤總督 談, 朝鮮人に參政權附與は尙早〉, 《朝鮮人に對する施政關係雜件一般》, 1932.

의로 청원할 수밖에 없었다.

하지만 총독부의 우려에도 불구하고, 국민협회는 참정권 청원운동을 계속해서 밀고 나갔다. 1921년 1월 창립 1주년을 기념해 일본어와 조선어로 조선인 참정권의 당위성을 선전하는 시국대연설회를 개최했고, 신문·통신사원들을 대거 초대해 활동 취지를 설명하는 신년회도 추진했다. 특히 시국대연설회는 조선총독부 국장급 고위관리들을 비롯한 수백 명의 청중이 참여해 성황을 이루었다.[50] 내외의 비판에도 불구하고 참정권 문제를 배제할 수 없었던 내지연장주의의 논리를 활용하여 참정권 청원운동의 입지를 확대해간 것이었다. 자신감을 얻는 국민협회는 두 번째 청원운동에서는 보다 적극적인 방법을 동원했다. 청원서만 발송했던 1회 때와 달리, 2회에서는 '내지시찰단'을 조직해 민원식 이하 간부들이 직접 도쿄로 건너가 참정권 청원운동을 전개했다. 시찰단에는 회장 민원식을 비롯해 총무 전창수(평남 실업가), 정수태(전라남도 도평의원), 간사 김충희(전 함경남도 참사), 정병조(전 봉천 민단장), 민홍식(충남 실업가), 구노 시게요시(久納重吉, 시사교육 이사) 등 중앙과 지방의 간부진이 대거 참여했다.[51]

국민협회의 두 번째 참정권 청원운동은 전년보다 많은 관심을 얻

50) 양일간에 걸친 이 연설회에서는 일본어와 조선어로 강연이 이뤄졌다. 발표자와 강연 제목은 다음과 같았다. '22일(국어-일본어를 뜻함), 23일(선어-조선어를 뜻함) 경성공회당에서 개최. 연사와 연제-22일(국어) 이창환(사회적 정의), 강인우(아회의 본령), 이기세(소위 민심악화), 김명준, 이진우(연제 미정), 민원식(신일본주의); 23일(선어), 서윤경(연제 미정), 강인우(동양의 평화에 대하여), 김환(연제 미정), 이봉구(국가와 국민의 정치적 관념), 민원식(신일본주의)'. 또 여기에 참석한 총독부 고위인사들은 다음과 같았다. 아카이케 아쓰시(赤池濃) 경무국장, 시바타 젠사부로(柴田善三郎) 학무국장, 마쓰나가 다케키치(松永武吉) 외사국장, 구도 에이이치(工藤英一) 도지사, 경성지방법원장, 검사정, 사토 기치고로(佐藤吉五郎), 마루야마 쓰루키치(丸山鶴吉) 사무관, 황(석교) 전남 곡성군수, 오가키 다케오(大垣丈夫), 이타바시 기쿠마쓰(板橋菊松). 〈국민협회 연설회〉, 《경성일보》, 1921년 1월 20일자; 〈新日本主義の叫び〉, 《경성일보》, 1921년 1월 31일자.

51) 〈국민협회 시찰〉, 《매일신보》, 1921년 2월 6일자.

었지만, 곧 심각한 위기에 직면했다. 국민협회의 재정을 전담하며 참정권 청원운동을 주도하던 회장 민원식이 1921년 2월 16일 일본 유학생 양근환에 의해 피살되었기 때문이다. 참정권 청원운동에 분개해 민원식을 찾아간 양근환이 참정권 청원은 조선 민족을 배신하는 것이라며 질책하다 이를 반박하는 민원식을 죽인 것이다.[52] 이 일로 국민협회는 심각한 타격을 입었다. 무엇보다도 민원식이 재정의 상당 부분을 책임지고 있었기 때문이다. 기관지 《시사신문(時事新聞)》은 휴간에 들어갔고 조직은 분열되어, 부회장 정병조가 김환, 이동우 등 민원식의 측근들을 배제하고 주도권을 장악하려 했다.[53] 결국 정병조 세력은 축출되었지만, 축출된 세력들이 별도로 국민공진회(國民共進會)를 조직하는 등 국민협회는 조직 분열의 위기에 직면했다. 국민협회의 쇠퇴, 소멸이 운위될 만큼 커다란 위기였다.[54]

그러나 민원식의 죽음은 곧 국민협회에 또 다른 기회가 되었다. 친일 여론을 확대해야 했던 조선총독부와 일본 정계가 민원식의 죽음을 체제 선전의 계기로 활용했기 때문이다. 민원식의 저돌적인 정치

52) 자세한 내용은 다음 글을 참조. 장신, 〈양근환의 생애 고증-성장 과정과 거사를 중심으로〉, 《한국민족운동사연구》 67, 2011.

53) 〈國民協會の大會〉, 《경성일보》, 1921년 3월 16일자.

54) 1921년 4월 10일 국민협회 대회에서 부회장 김명준을 새 회장으로 선출하자, 이에 불만을 품은 부회장 정병조(전 봉천조선인회 회장), 김성수 등이 국민협회를 탈퇴하고 4월 12일 국민공진회를 설립했다. 노자 조화, 풍속 개량, 교육 발달, 납세의무의 공평, 참정권 행사 시기 촉진 등 국민협회와 거의 같은 주장을 했다. 양자가 갈라진 핵심 원인은 주도권 장악 문제였다. 부회장이었던 정병조는 민원식 죽음 이후 구심점이 사라진 국민협회를 장악해 만주 지역의 친일단체 설립에 이용하려 했으나, 내부의 지지 부족으로 실패한 것이다. 그러나 이후 정병조가 공금유용 문제로 국민공진회에서 축출되며 별다른 활동을 전개하지 못한 것과 달리, 국민협회는 이 사건 이후 김갑순(金甲淳, 충남 공주 지역 지주), 정수태(丁秀泰, 전남 곡성의 대지주), 이영석(李永錫, 일본 정계의 배후 인물 도야마 미쓰루頭山滿와 지우관계) 등을 총무로 선임해 조직을 강화했다. 〈國民協會の大會〉, 《경성일보》, 1921년 3월 16일자; 〈국민협회대회〉, 《매일신보》, 1921년 4월 13일자; 〈國民協會新幹部〉, 《경성일보》, 1921년 4월 26일자; 마쓰다 도시히코, 앞의 책, 156쪽.

활동에 비판적이었던 총독부는 막상 민원식이 사망하자 사이토 총독이 직접 추도사를 발표하고 총독부 주관으로 성대한 장례식을 치르며 민원식의 죽음을 일한병합을 위한 '순교'로 미화했다.[55] 조선총독부의 관영 매체인 《매일신보》와 《경성일보》는 민원식의 연설문, 신일본주의를 소개하고 참정권 청원운동의 의의를 집중적으로 조명했다.[56] 일본 정계의 태도도 변했다. 국민협회의 참정권 청원운동에 냉담하거나 무관심했던 중의원은 참정권 청원서를 정식 채택하고 논의를 시작했다.[57] 민원식의 죽음이 체제 선전의 기회로 활용되며 국민협회의 참정권 청원운동에도 새로운 계기가 마련된 것이다.

조선총독부의 지지와 참정권 청원운동의 성과를 확인한 국민협회는 다시 활력을 되찾았다. 1921년 4월 10일 회장 김명준, 총무 김환을 중심으로 새 집행부가 꾸려졌고, 동요하던 지방지회도 다시 안정되었다. 지회장이 공석이었던 평안남도 지회에 변호사 문봉의가 새 지회장으로 선출되었고, 안변, 곡성에는 새롭게 지회가 조직되었다. 그리고 이렇게 조직이 안정된 국민협회는 1921년 5월부터 10월까지 영변, 개천, 고성, 평양, 안변, 대전에서 연속적으로 강연회를 개최하고,[58] 1922년 3월 세 번째 참정권 청원운동을 시작했다. 세 번째 참정권 청원운동은 그 이전과 비교할 수 없을 정도로 규모가 확대되었다.

---

55) 〈閔君の横死は洵に氣毒なり 齋藤總督 談〉, 《경성일보》, 1921년 2월 18일자; 〈敢然とてに主義に猛進した-閔元植氏の死を悼む 警務局 丸山事務官 談〉, 《경성일보》, 1921년 2월 18일자; 〈特旨を以て陞敍〉, 《경성일보》, 1921년 2월 19일자; 〈葬儀委員〉, 《경성일보》, 1921년 2월 22일자.

56) 〈新日本主義(1)-閔元植 氏 最後の演說〉, 《경성일보》, 1921년 2월 19일자; 〈사설 국민협회대회〉, 《매일신보》, 1921년 4월 13일자; 〈國民協會の新活動〉, 《경성일보》, 1921년 4월 15일자.

57) 〈참정권의 채택-국민협회의 장래〉, 《매일신보》, 1921년 3월 26일자.

58) 〈국민협회 혁신〉, 《매일신보》, 1921년 4월 19일자; 〈國民協會新幹部〉, 《경성일보》, 1921년 4월 26일자; 〈參政權採擇祝賀會〉, 《경성일보》, 1921년 5월 20일자; 〈國民協會復活す〉, 《경성일보》, 1921년 7월 15일자; 〈國民協會講演會〉, 《경성일보》, 1921년 10월 27일자.

서명 인원만 해도 첫 번째 청원의 100배에 달하는 1만 명이 참여한 대규모 청원운동이었다.[59] 한편으로는 체제협력세력의 정치적 욕구를 자극하고, 다른 한편으로 민원식이라는 정치적 '순교자'를 배출하며, 참정권 청원운동이 본궤도에 오르게 된 것이었다.

2. 1920년대 중반 참정권 청원운동의 확대와 정치적 한계

1) 친일정치운동 세력의 재편과 국민협회의 세력 확장

한편, 1920년대 초반을 거치며 내지연장주의에 입각한 문화통치가 본격화되자 친일세력의 판도에도 중요한 변화가 발생했다. 자치제 등을 염두에 두고 조직되었던 단체들이 활동 기반을 상실했기 때문이다. 조선 통치의 독자화를 통해 지주와 자본가가 정치·경제적 입지를 확보할 수 있다고 주장했던 세력들이 내지연장주의로 통치체제가 굳어지자 정치활동의 근거를 상실하게 된 것이었다. 먼저, 총독 중심의 자치를 주장했던 유민회(維民會)가 활동 기반을 잃고 와해되었다. 자치 청원운동을 기반으로 조직된 유민회는 내지연장주의가 통치 기조로 채택되자, 경제단체로 변신해 활동을 이어가려 했지만, 1921년 산업조사위원회가 유민회의 주장 대부분을 배제하면서 활동 동력을 잃게 되었다. 활동노선을 둘러싸고 내분이 일어난 유민회는 1922년 회장 박영효가 자파세력을 이끌고 탈퇴하자 사실상 활동을 정지했다.[60] 총독을 배제한 내정독립을 주장하던 동광회(同光會) 계열의 내정독립기성회도 총독부의 탄압 속에 1922년 해산 명령을 받고 해체되었다.

---

59) 〈鮮人參政權建白書提出〉, 《경성일보》, 1922년 3월 8일자.

동광회는 내정독립 주장을 통해 조선인 지주, 자본가의 지지를 획득해 정치활동에 활용한다는 계획을 갖고 있었지만, 조선총독부 중심의 내지연장주의가 확고해지자 더 이상 활동을 할 수 없게 되었다.

비슷한 시기에 조직된 친일정치운동 세력들이 사라지자 국민협회의 세력은 더욱 확대되었다. 경쟁세력이 줄어든 데다, 1923년 제2차 야마모토 곤베에(山本權兵衛) 내각이 보통선거 실시 방침을 결정하며 참정권 부여에 대한 기대가 커졌기 때문이다. 안변군 위익면에 출장소(1923. 11. 21)가 설치되는 등 면 단위까지 지역조직이 확대되었고,[61] 중앙본부와 지회조직이 주관하는 순회강연회도 연이어 개최되었다. 상담역 김환에 의한 순회강연회가 1923년 11월 5일부터 청주, 예산, 아산에서 열렸고,[62] 신의주지부의 순회강연단은 1924년 1월 22일부터 25일까지 평안북도 박천과 신의주에서 강연회를 개최했다.[63] 강연회에서는 활동사진 무료 상영 등 청중을 끌어모으기 위한 사전 오락행사가 진행되었고, 내선인 차별 철폐, 보통교육 보급, 제조업 발전, 소작문제 해결 등 사회문제에 대한 강연도 곁들여졌다.[64] 확장된 지

---

60) 경찰 측 조사에 따르면, 1922년 1월 유민회를 사직한 박영효는 정치적 결사를 기획하고, 6월 조선경제회 주도세력, 유민회 회원, 기타 종교 관계자를 규합해 민우회를 조직했다. 박영효는 민우회를 통해 유민회의 다수를 흡수한 후 '정치적 운동'을 개시하려 했다고 한다. 1922년 6월 창립된 민우회는 박영호를 회장으로 추대하고 강령으로 (1) 생활상 일반 권리의 보장 (2) 산업 및 교육의 장려 발전 (3) 사상의 통일, 여론의 선도 (4) 폐습의 타파, 사회의 정선 등을 들었다. 요컨대 유민회의 정치적 위상이 추락하자 유민회와 기타 정치 지향 집단들을 통합해 새로운 정치운동을 시작하려 한 것이다. 金正柱 編, 《朝鮮統治史料》 7, 韓国史料研究所, 533~535쪽.

61) 《매일신보》, 1923년 11월 2일자.

62) 〈국민협회 순회강연〉, 《매일신보》, 1923년 11월 28일자.

63) 박천공립보통학교에서는 활동사진이 무료로 상영되어 청중이 1,000명에 달할 정도로 성황을 이루었다. 또 신의주에서는 같은 형식의 강연회가 평북도청의 후원으로 이루어졌다. 활동사진을 이용해 1,000명이라는 군중 동원에 성공하고, 대중적 정치활동이 지방관청의 후원으로 이뤄졌다는 점은 지역에서 국민협회의 정치적 영향력을 보여준다. 〈國民協會巡廻講習〉, 《경성일보》, 1924년 1월 27일자.

회조직망을 바탕으로 대중적 정치활동을 강화한 것이었다.

세력이 확대된 국민협회는 1924년 중의원 회의를 목표로 집중적으로 참정권 청원운동을 준비했다. 1925년 보선 실시가 예정되어 있었기 때문에 적어도 1924년 중추원 회의까지는 가시적 결과를 얻어야 했기 때문이다. 국민협회는 우선 1924년 4월 10일 본부 임원과 각 지부 대표원을 모두 소집한 정기대회를 개최해 정병조와 이겸제 등 국민공진회 측 인사들을 간부진에 다시 선임했다. 1921년 민원식 사후 분열되었던 조직을 다시 하나로 통합한 것이다. 또 창립 강령에 포함되어 있던 풍속 개량, 노자 조화 등의 내용을 삭제하고, 참정권 행사 촉진, 내선인 차별 대우 철폐 등 참정권 청원운동 관련 내용을 추가해 활동 방향을 분명히 했다.[65] 참정권 청원운동을 위해 대대적으로 내부 조직을 정비한 것이었다. 국민협회는 조선총독부에 대한 압박도 강화했다. '총독부가 특별한 권력을 갖고 있는 조선의 사정상 참정권 청원운동이 성공하기 위해서는 조선총독부의 책임이 크며, 보통선거 실시를 눈앞에 둔 시점에서 조선에 참정권이 부여되지 않는다면 조선 통치도 불안정해질 것'이라며 총독부의 책임을 강조했다.[66] 참정권 청원운동에 비판적인 총독부의 입장을 염두에 두고 책

64) 그러나 이러한 강연회는 지역 친일세력의 적극적 반응 못지않게 저항을 불러일으켰다. 1923년 8월 국민협회 회원 서성열이 지방 순회강연 중 청중의 항의로 퇴장하는 일이 벌어졌고, 그 이전인 1923년 4월에는 국민협회 곡성지부 총무였던 정수태가 《동아일보》 지국장에 취임하자 광주청년회가 비매동맹을 결성하는 등 강력히 반발했다. 국민협회의 활동 확대에 따라 갈등도 확대되었던 것이다. 이러함에도 이 시기 친일세력이 적극적으로 세력 확대에 나선 것은 지배체제 변화에 개입할 수 있는 시기라고 판단했기 때문이다. 〈광주 청년의 총회〉, 《조선일보》, 1923년 4월 16일자; 〈그것은 네 말이다-국민협회원의 순강(巡講)〉, 《조선일보》, 1923년 8월 14일자; 〈國民協會平南支部總會〉, 《경성일보》, 1923년 5월 30일자; 〈國民協會巡廻講習〉, 《경성일보》, 1924년 1월 27일자.

65) 〈국민협회 총회 임원 개선〉, 《매일신보》, 1924년 4월 16일자.

66) 김환, 〈관민일치(官民一致)의 진의(眞意)(하)〉, 《매일신보》, 1924년 5월 30일자.

임론을 거론한 것이었다.

대대적으로 준비를 마친 국민협회는 1924년 6월 제49회 제국의회 개막에 맞춰 참정권 청원운동 이래 2만 명이라는 최대의 서명을 받은 건백서(建白書)를 제출했다.[67] 그러나 기대와 달리 국민협회의 청원운동은 이렇다 할 성과를 거두지 못했다. 1921년과 달리 중의원 안건으로 채택조차 되지 못했다. 직접적 이유는 국민협회의 참정권 청원운동에 정치적 의도가 있다는 비판 때문이었다. 민도의 발전상 조선에 참정권을 부여하는 것은 아직 이르다는 시기상조론과 더불어 보통선거 실시를 둘러싼 정치적 격변기에 조선인 단체가 참정권을 요구하는 것은 '불순한 정치적 야망' 때문이라는 비판이 확산된 것이었다. 국민협회의 활동에 대한 총독부의 견제도 부정적으로 작용했다. 총독부는 국민협회의 참정권 확보 주장을 총독정치에 대한 도전으로 해석했다. 예컨대 헌정회 내각이 임명한 정무총감 시모오카 주지(下岡忠治)는 국민협회 출신 군수들의 참정권 건백 찬성을 금지했고,[68]

---

67) 건백서의 핵심 내용은 '참정권이 시행되지 않아 조선의 민심이 악화되고 있으며, 이는 제국 발전의 전도에도 장애가 되고 있다'는 것이다. 민심 악화와 제국 발전이라는 두 요인을 들어 참정권 부여의 정당성을 주장한 것이다. 참정권 청원서가 중의원에서 채택된 1921년에도 서명자가 3,226명이었음을 생각한다면, 엄청난 증가였다. 한편, 1924년도 참정권 청원운동에 참여한 서명인 수에 대해서는 기록들이 엇갈린다. 1931년에 간행된《국민협회운동사》에서는 청원서 서명인 수를 1만 1,777명으로 기록했지만, 1924년도 참정권 청원운동 당시의 언론 기사는 모두 2만 명이 넘는 것으로 보도했다. 이러한 차이는 서명인 수를 기록한 시점 때문이라고 생각된다.《매일신보》에 따르면 서명 작업은 원래 1924년 1월로 종료되었다. 그리고 이때 서명인 수가 1만 명이 넘었다고 한다. 그러나 2월 중순으로 예정되었던 청원서 건의는 6월로 연기되었고, 1924년도 6월에는 서명인이 2만 명 이상인 것으로 보도되었다. 1924년 1월 1차로 서명 작업을 종료한 후에도 6월까지 추가로 서명을 더 받았던 것이 아닌가 생각된다. 이 글에서는 이런 상황을 고려하여《국민협회운동사》의 기록인 1만 1,777명이 아닌 2만 명으로 서명인 수를 추산했다. 이미 1923년도에 서명인 수가 1만 명을 넘어섰고, 1924년도 참정권 청원운동에 국민협회가 모든 역량을 집중했음을 생각한다면 2만 명이 합리적 추론이라고 생각되기 때문이다. 〈국민협회 청원서 조인 종료〉,《매일신보》, 1924년 1월 30일자; 〈参政權運動-國民協會にて〉,《朝鮮新聞》, 1924년 2월 1일자; 〈국민협회의 건백서〉,《매일신보》, 1924년 6월 27일자; 마쓰다 도시히코, 앞의 책, 144·145쪽.

청원운동 전인 1923년 내무국장 오쓰카 쓰네사부로(大塚常三郎)는 조선인의 본국 정치 참여는 통치에 혼란을 불러온다며 자치제를 대안으로 보고한 상황이었다. 제국 정부가 조선인에게 참정권을 부여할 생각이 전혀 없는 상황에서 국민협회가 대규모 참정권 청원운동을 전개하자 정치문제화를 우려한 본국 내각과 총독부가 좀 더 단호한 태도를 취한 것이었다. 사이토 총독에게 수시로 정치자문을 하던 호소이 하지메(細井肇)에 따르면 최소 3년 이상 냉담한 분위기가 지속될 거라고 예측될 정도로 일본 정계의 반응은 싸늘했다.[69]

총력을 기울인 1924년 참정권 청원운동이 실패하자 국민협회는 상당한 타격을 입었다. 1925년 보통선거법 성립을 앞둔 시점에서도 뚜렷한 성과를 거두지 못해 활동 동력이 사라졌다. 국민협회는 위기 상황에 대처하기 위해 1925년 1월 정기총회를 열어 두 가지 대응책을 마련했다. 먼저, 회장의 교체였다. 기대를 걸었던 참정권 청원운동의 실패에 대해 누군가 책임을 져야 했던 데다, 소원해진 조선총독부와의 관계도 회복해야 했기 때문이다. 국민협회는 회장 김명준을 대신해 전 강원도지사 윤갑병을 새 회장으로 추대하고, 상담역이었던 김환과 김우식을 총무로 선출했다.[70] 윤갑병은 일진회 간부 출신으로 1920년에 가입한 초기 회원이었지만, 국민협회에서는 거의 활동을 하지 않던 인물이었다. 그러나 강원도지사를 역임한 데서 보이듯 조선총독부의 신뢰를 받았고, 일진회 이래 계속된 활동으로 폭넓은 정

---

68) 이 점에서 총독부는 이중적 태도를 취했다. 국민협회의 순회강연회를 지방행정 부서와 경찰이 지원하면서도, 다른 한편으로 노골적인 참정권운동은 억제하려 했다. 곧 국민협회가 친일 선전운동기관으로 활동하는 것은 지원하지만 그 범위를 넘어서 정치적 요구를 하는 것은 억제하겠다는 의미였다. 이러한 태도는 국민협회와 조선총독부의 갈등의 원인이었으며, 후술하듯이 1920년대 후반부로 갈수록 표면화되었다. 국민협회선전부 편, 앞의 책, 74쪽; 마쓰다 도시히코, 앞의 책, 165쪽.

69) 〈細井肇, 內鮮人の進路(3)-時局團と參政權要求〉, 《경성일보》, 1925년 3월 23일자.

치적 인맥을 갖고 있었다. 창립 초기부터 실세였던 김환이 협회 운영의 전면에 나서는 대신 보다 원만한 인물로 회장을 교체해 정치적 고립 상황을 극복하려 한 것이었다.[71] 또 참정권 청원 내용도 대폭 수정했다. 조선인 전체에 참정권을 부여해야 한다고 주장했던 내용을 수정해 잠정적 특수기관으로서 조선 의회 설치, 귀족원의 조선인 칙선의원 임명 우선 실시, 경성 외 몇 지역에 대한 제한적 중의원 선거 실시 같은 다양한 형태의 참정권 부여 방식을 받아들이겠다고 표명했다.[72] 조선총독부와 관계를 개선하기 위한 노력도 기울였다. 정기총회에 학무국장, 경기도 경찰부장, 경기도 참여관, 고등경찰과장을 초대하는 한편, '대일본제국의 신민이라는 자각에 입각하여 권리를 신장하는 것과 더불어 의무를 이행하여 건강·착실한 정기를 진작하여 사상을 선도하겠다'는 내용을 총회 결의 사항으로 선언해, 국민협회에 대한 총독부의 의구심을 해소하려 했다.[73]

국민협회는 이렇게 정치활동 위기에 대응하면서도 참정권 청원운동을 포기하지 않았다. 국민협회를 주도한 참정권 청원운동 세력에

---

70) 경찰 측에 따르면 김환은 국민협회 회장 민원식의 유일한 후계자로서 국민협회를 사실상 좌지우지하는 실세였다. 김명준, 윤갑병 모두 김환의 꼭두각시에 불과하다는 것이 일제의 평가였다. 특히 김환은 조선총독부와 마찰이 심해지자 조선총독부의 지원금을 포기하고 참정권 청원운동에 매진해야 한다고 주장할 정도로 강경파였다. 그리고 이런 성향 때문에 1930년대 초반까지 지속적으로 활동한 총무 이상의 국민협회 간부 중 거의 유일하게 중추원 참의가 되지 못했다. 〈京鐘警高秘 第13069號 國民協會ノ動靜ニ關スル件(1925. 11. 18)〉; 〈국민협회 또 분열〉, 《동아일보》, 1925년 3월 26일자; 〈國民協會に三派の內爭〉, 《大阪每日新聞 附錄 西部每日》, 1932년 2월 28일자.

71) 이상 국민협회 정기대회의 상황에 대해서는 〈京高秘 第294號 國民協會 定期總會開催ニ關スル件(1925. 1. 25)〉.

72) 〈內鮮の區別を撤廢して參政權を附與せよ－國民協會會長 尹甲炳氏 演述〉, 《경성일보》, 1925년 1월 21일자.

73) 〈完全なる內鮮融合と內地延長主義の下に參政權獲得に努力せん國民協會大會の宣言〉, 《경성일보》, 1925년 1월 21일자.

게 일본 국민으로서의 권리 확보는 무엇보다도 중요한 존립 근거였기 때문이다. 정치 참여 권리를 포기하고 일본 지배하에 식민지민으로 '근근이 사는 길을 선택할 것이라면, 국민협회가 존재할 필요도 없다'는 것이 이들의 생각이었다.[74] 일단 위기 상황을 수습한 국민협회는 1925년 2월 8일 평의원회를 개최해 귀족원, 중의원 및 조선총독부에 참정권 실시를 위한 진정서를 제출하기로 결의하고 회장 윤갑병, 총무 이동우를 도쿄에 파견했다. 국민협회가 제출한 건백서의 핵심 내용은 '제국 신민의 명실을 구비케 하라'는 것이었다. '양 민족 공통의 행복을 위하여 병합이 이뤄졌지만, 조선인의 권리 신장을 허락하지 않아서 사상 동요가 확대되고 있으니, 스스로 국가 구성 분자임을 자각해가고 있는 조선인에게 불합리한 차별 대우를 하지 말라는 것'이었다.[75] 병합의 의의가 '민족적 국가'를 넘어 '국민적 국가' 건설에 있다면 그 원칙에 근거해 조선인에게도 국민의 권리를 부여해야 한다는 것이었다.

한편, 일본을 방문해 정당 지도자들과 가토 다카아키(加藤高明) 수상을 접견한 회장 윤갑병은 일본 정계가 참정권 부여에 관심을 보인다며 결과를 낙관했지만,[76] 국민협회의 청원운동은 결국 다시 실패했다.[77] 전 정무총감 미즈노 렌타로와 정우회 소속 의원 몇 명이 참정

---

74) 국민협회 총무 이동우, 〈조선 참정권운동의 정신과 그 경과〉, 《시사평론》 357호, 1928. 5, 14쪽; 김환, 〈국민협회의 본령〉, 《시사평론》 341호, 1927. 1, 5~11쪽.

75) 〈參政權を附與し以て眞に帝國臣民たるの名實を具備せしめよ-國民協會の建白書(上)〉, 《경성일보》, 1925년 2월 18일자.

76) 윤갑병과 이동우는 2월 14일 일본에 건너가 청원운동의 실패가 확정된 3월 중순까지 일본에 체류하며 참정권 부여에 대한 언급이라도 얻어내려고 동분서주했다. 이들이 마지막까지 희망을 걸었던 것은 1920년대 초 내지연장주의를 주도한 전 정무총감 미즈노 렌타로가 의회에서 참정권 문제를 적극적으로 거론하고 정우회 소속 대의사 마쓰야마(松山常次郎) 등이 이를 후원했기 때문이다. 〈細井肇, 內鮮人の進路(3)-時局團と參政權要求〉, 《경성일보》, 1925년 3월 23일자.

권 청원운동을 지원했음에도 일본 내각의 입장이 단호했기 때문이다. 내무상 와카쓰키 레이지로(若槻禮次郞)에 따르면 언젠가는 조선에도 참정권을 부여하겠지만, 현재 상황에서 '조선, 타이완에 참정권을 부여하는 것은 시기상조이며 일에는 순서가 있다'는 것이었다. 원칙적으로는 참정권 부여의 가능성을 부정하지 않았지만, 사실상 불가능하다고 밝힌 것이었다.[78] 요컨대 일본 정부는 보통선거 실시가 최종 결정된 제50회 제국의회에서도 조선, 타이완에 대한 참정권 부여를 일축함으로써 상당 기간 조선에 참정권이 부여될 가능성이 없다는 것을 명확히 드러냈다.

참정권이 부여될 가능성이 없다는 것이 분명해지자 국민협회는 동요했다. 먼저, 지도부에서 내분이 일었다. 김명준, 김환 등 기존 주류 세력은 참정권 청원운동은 협회의 존립 기반이며 본령이므로 청원운동을 계속 진행해야 한다고 주장했다. 반면에 일본 정계의 현실을 경험하며 참정권 획득이 불가능하다고 판단한 윤갑병과 그 지지세력은 이익단체로의 노선 전환을 요구했다. 갈등은 결국 국민협회 창립 이래 주도권을 쥐고 있던 김명준, 김환 등이 승리해 김명준이 회장에 취임하는 것으로 마무리되었지만, 조직의 위축은 피할 수 없었다.[79] 주도권 경쟁에서 패한 윤갑병이 국민협회 활동에서 사라지고, 창립 간부 고희준이 갑자구락부(甲子俱樂部)로 소속을 옮기는 등 지도부 전체가 동요했고, 지역의 유력자들도 국민협회 지회를 빠져나갔다.[80] 정치활동의 근거였던 참정권 획득 가능성이 사라지자 조직의 존립

77) 〈국민협회의 건백서 수상에게 제출〉, 《매일신보》, 1925년 2월 17일자.

78) 〈細井肇, 內鮮人の進路(3)-時局團と參政權要求〉, 《경성일보》, 1925년 3월 23일자; 마쓰다 도시히코, 앞의 책, 169쪽.

79) 〈국민협회 또 분열〉, 《동아일보》, 1925년 3월 26일자; 〈京鐘警高秘 第13069號 國民協會ノ動靜ニ關スル件(1925. 11. 18)〉.

자체가 위협받게 된 것이었다. 이러한 위기 상황은 총독부와의 갈등 속에 더욱 심화되었다.

2) 조선총독부와의 갈등과 국민협회의 쇠퇴

앞서 살펴보았듯이 병합 직후부터 식민통치당국은 친일정치세력을 크게 신뢰하지 않았다. 예컨대 '조선인은 민도가 낮고 대부분 반일세력이며', '통제를 벗어날 가능성이 있다'는 것이 초대 총독 데라우치 마사타케(寺內正毅)의 생각이었다.[81] 병합 과정에서 친일단체들을 충분히 활용한 데라우치였지만, 정치적 이익에 따라 이토 히로부미까지도 공격하는 상황을 경험하며 친일세력이 통제하기 어려운 존재임을 인식하게 된 것이었다.[82] 친일세력 육성을 핵심 전략으로 추진했던 문화통치 세력 역시 이런 생각은 기본적으로 마찬가지였다. 조선총독부는 국민협회의 최대 후원자였지만, 참정권 청원운동에 대해서는 이미 운동 초기부터 비판적이었다. 대표적으로 총독 사이토부터 국민협회의 참정권 청원운동에 부정적이었다. 즉, 사이토는 국민협회에 대한 동정 여론이 가장 높았던 민원식 사후에도 "참정권 부

---

80) 경찰의 관찰에 따르면 국민협회의 장래에 희망을 잃은 지회 인물들이 늘어나 회의 운영 자금이 부족해지고 있었다. 지방 유력자들이 지회를 빠져나가며, 지방조직이 와해되기 시작한 것이다. 예컨대 1920년과 1922년 지회 간부 명단에 보이던 이병학(경북), 정수태(전남), 우성현(수원), 김필수(충남) 등 지주, 자본가 들이 1931년 간부 명단에서는 사라졌다. 국민협회본부, 앞의 책, 49~51쪽;《시사평론》창간호, 1922. 4, 156쪽;《시사평론》2권 2호, 1923. 3, 169쪽; 京城鐘路警察署, 〈京鐘警高秘 第1319號 國民協會支部竝ニ會員ニ關スル件(1931. 2)〉; 마쓰다 도시히코, 앞의 책, 171쪽.

81) 정연태, 〈조선총독 데라우치 마사타케(寺內正毅)의 한국관(韓國觀)과 식민통치〉,《한국사연구》124, 2004. 3, 194·195쪽 참조.

82) 일진회는 창립 초기 이토의 보호통치에 적극 협력했지만, 이완용 정권이 계속되자 이토와 심각하게 충돌하며 퇴임공작까지 전개했다. 이후 일진회는 육군세력과 밀착해 합방운동을 전개했는데, 이 과정을 알고 있던 데라우치는 친일세력이 통제하기 어려운 상대라고 생각하게 되었다. 이태훈, 〈일진회의 보호통치 인식과 합방의 논리〉,《역사와 현실》78, 2010. 8.

여는 시기상조이며, 대동동지회처럼 견실하고 점진적 활동이 자신이 바라는 바"라며 참정권 청원운동을 비판했다.[83] 또한 1922년 참정권 청원서가 제국의회에 직접 제출되었을 때는 "참정권운동을 반대하지는 않지만 청원서는 총독부에 제출하라"고 국민협회에 경고했다.[84] 총독부의 통제를 벗어난 정치운동은 용납할 수 없다는 것이었다.

이렇게 통치세력 내부에 형성되어 있던 국민협회에 대한 비판적 시각은 1925년 참정권 청원운동이 실패하자 완전히 전면화되었다. 사이토의 정치참모이기도 했던 《경성일보》 사장 소에지마 미치마사(副島道正)는 자신의 논설을 통해 조선인의 중의원 참가는 절대로 불가하다고 주장했고,[85] 그의 영향력 아래 있던 《경성일보》 역시 사설을 통해 "정치생활의 갑작스런 도약은 불가능하며, 경제생활이 확립된 이후에야 가능하므로 국민협회는 조선총독부의 새로운 통치 목표인 산업제일주의에 집중해야 한다"고 국민협회의 정치활동을 비판했다.[86] 또 과거 국민협회 같은 친일단체의 육성을 강력히 주장했던 호소이 하지메는 한 걸음 더 나아가 시국대동단과 국민협회의 활동은 친일을 빙자한 불순한 활동일 뿐이며, 이런 활동에 빌미를 제공한 내지연장주의도 문제가 있다고 비판의 수위를 높였다. 일시동인(一視同仁)은 천황의 마음을 의미하는 것인데, 통치자 측이 내선인 차별 대우 폐지를 일시동인의 내용으로 먼저 제시해 자승자박의 상황에 빠졌다

83) 〈齋藤總督 談, 朝鮮人に參政權附與は尙早〉, 《朝鮮人に對する施政關係雜件一般》, 1932. 이 자료는 신문 스크랩으로 신문명, 연월일이 모두 기재되지 않은 상태로 1932년 척무성에서 작성한 서류철에 포함되어 있다. 그러나 도쿄에서 미즈노 렌타로 부인을 병문안한 후 기자들과 회견했다는 내용이 있는 것으로 보아 1921년 3월에 작성된 기사로 판단된다.

84) 《경성일보》, 1922년 1월 26일자; 마쓰다 도시히코, 앞의 책, 156쪽.

85) 副島道正, 〈朝鮮統治の根本義〉(上)·(中)·(下), 《경성일보》, 1925년 11월 26~28일자.

86) 〈參政權運動と産業第一主義〉, 《경성일보》, 1925년 2월 20일자.

는 것이었다.[87] 조선총독부의 입장도 마찬가지였다. 헌정회의 시모오카 주지가 정무총감에 부임한 후 국민협회의 참정권 청원운동에 부정적이었던 조선총독부는 국민협회를 지원했던 1920년대 초반과 달리 경찰당국이 "간부라는 자들은 본인의 잇속만 채우며 암투가 심한 단체"라고 평가할 정도로 국민협회에 대해 비판적이었다.[88]

국민협회에 대한 비판은 조선총독부의 자치제 모색과 맞물리며 협력세력 교체론으로 이어졌다. 정무총감 시모오카는 1924년 행정 정리 와중에도 이진호를 조선인 최초로 학무국장에 임명하고, 학무국 종교과장(유만겸), 황해도 내무부장(이범익), 함북 재무부장(김동훈) 등의 요직에 조선인을 임명하는 등 조선인 관리들에게 힘을 실었고,[89] 사이토 총독 주변의 인물들은 친일단체 육성 대신 자치제를 매개로 민족주의 세력을 포섭해야 한다고 주장했다.[90] 예컨대 《경성일보》 사장 소에지마 미치마사는 정치적 동화주의는 사상, 생활, 언어, 풍습 등의 특수한 문화를 위협할 수 있어 조선인들이 받아들이지 않을 것이며, 다수의 조선인을 건전한 협력세력으로 끌어들이기 위해서는 자치제를 실시해야 한다고 주장했다. 사회주의 세력이 발흥하고 있는 상황에서 내지연장주의를 고집하기보다는 자치제를 통해 민족주의 세력을 포섭해야 한다는 것이었다.[91]

---

87) 〈細井肇, 內鮮人の進路(8)--視同仁の眞意義〉, 《경성일보》, 1925년 4월 5일자.

88) 〈京鐘警高秘 第13069號 國民協會ノ動靜ニ關スル件(1925. 11. 18)〉.

89) 1920년대 초반 모리야 에이후 등 내지연장파 관료들이 후원한 친일단체 육성책이 별다른 성과를 거두지 못했다는 평가 아래, 조선인 관리들의 정치적 위상을 강화한 것이었다. 李炯植, 《朝鮮總督府官僚の統治構想》, 吉川弘文館, 2013, 169쪽; 〈유언비어〉, 《개벽》 56, 1925. 2, 46쪽.

90) 조선총독부에서는 이보다 이른 시기인 1923년 내무국장 오쓰카 쓰네사부로가 '조선 의회' 구상을 작성하며 자치제를 모색하기 시작했다. 그러나 자치제안이 공식적·비공식적으로 공론화되는 가운데 실질적 구상으로 구체화된 것은 정무총감 시모오카 주지가 재임하고 있던 1924년 이후였다. 소에지마 미치마사의 발언 역시 이런 일련의 맥락에서 제기되었다. 李炯植, 앞의 책, 152·153·178~182쪽.

1920년대 초반과 달리 통치당국이 국민협회의 참정권 청원운동을 공개적으로 비판하고 자치제까지 모색하자, 국민협회는 거세게 반발했다. "자치운동이 나타난 것은 사회주의 세력이 쇠퇴했기 때문이므로 이 기회를 이용하여 내선융화를 강화해야 함에도, 총독부는 군중심리에 영합하여 독립운동 세력을 보호하고 내선융화단체를 홀대하고 있다"는 것이었다.[92] 또 국민협회는 "조선인이 정신적으로 국가를 사랑하게 하지 않는다면 부력 증진, 교육 보급도 헛수고가 될 것"이라며, 친일세력 지원보다 산업정책과 민족주의 세력 포섭에 더 치중하는 총독부의 정책 기조에 반감을 드러냈다.[93] 총독부에 대한 반발은 조선 통치 자체에 대한 비판으로도 이어졌다. '산미증식정책과 경성제국대학은 모두 일본인을 위한 정책이며, 조선의 궁핍한 상황은 이민족 지배에 따른 차별 때문'이라는 것이었다. 친일단체라고 할 수 없을 정도의 격렬한 비판이었다.[94] 참정권 청원운동이 한계에 부딪히고 내지연장주의마저 흔들리자, 통치당국에 정면으로 맞선 것이었다.

그러나 국민협회의 반발은 지속될 수 없었다. 무엇보다도 기관지 《시사평론》 발행 비용을 비롯해 전국의 조직 유지에 필요한 비용의 상당 부분을 총독부에 의존하고 있었기 때문이다.[95] 불만을 표출할

---

91) 또 '내지연장주의에 의해 조선인을 제국의회에 보내면 조선 문제에 간섭하고 민족적 정당을 만들어 일본의 노동당 또는 무산자당과 연대해 일본제국을 위협할 가능성이 있다'며 내지연장주의에 따른 참정권 부여의 위험성을 지적했다. 副島道正, 〈朝鮮統治の根本義〉(上)·(中)·(下), 《경성일보》, 1925년 11월 26~28일; 〈齋藤實宛副島道正書翰〉, 1926년 4월 12일자(趙聖九, 《朝鮮民族運動と副島道正》, 研文出版, 1998, 168·171쪽 재인용); 副島道正, 〈內鮮融和の實現〉, 《朝鮮統治の回顧と批判》, 1936, 278쪽; 강동진, 앞의 책, 1980, 345~353쪽; 박찬승, 《한국근대정치사상사연구》, 1992, 317~320·330쪽.

92) 김환, 〈민심의 전환기를 찰(察)하야 사상선도(思想善導)에 노력하라〉, 《시사평론》 339호, 1926. 11.

93) 김환, 〈참정권을 부여함이 급선무〉, 《시사평론》 340호, 1926. 12.

94) 김환, 〈지방인사(地方人士)의 총독정치에 대한 오해, 불평, 희망〉, 《시사평론》 338호, 1926. 10.

수는 있지만, 마냥 저항할 수만은 없었다. 국민협회는 참정권 청원운동을 포기하지 않되, 총독부의 노선에 협조하기로 입장을 바꿨다. 조선총독부의 산업제일주의에 부응하기 위해 기관지 《시사평론》에 〈산업강좌〉란을 신설했고, 시세의 추이에 따르겠다는 점도 공개적으로 표명했다.[96] 또 종래와 달리 참정권 문제를 크게 강조하지 않았다. 예컨대 1927년 12월 개최된 국민협회 황해지부 발회식에서는 "1. 일시동인의 성소를 받들어 내선의 차별을 철폐하여 정치상, 경제상, 사회상 내선인 간의 권익을 동일하게 할 것을 기한다. 1. 질실 건강한 기풍을 길러 경조부박한 사조를 배척하고 건전한 사회의 건설을 기한다" 등의 내용을 결의했지만, 과거와 달리 참정권 확보 문제를 직접적으로 언급하지 않았다.[97] 내선 차별을 철폐한다고 하면서도 총독부와의 갈등을 피하기 위해 참정권 문제를 언급하지 않은 것이었다. 열렬한 참정권운동론자였던 총무 김환이 "조선 민족 갱생의 도는 참정권 획득에 있다"는 신념에는 변함이 없지만, 참정권 부여 여부가 "총독부나 중앙정부에 있고", "나날이 악화되어가는 민심과 그에 따른 국민적 자각의 부족으로 인해 더 이상 참정권을 요구하기 어렵게 되었다"고 토로할 정도로 국민협회의 참정권 청원운동에 대한 의지는 후퇴했다.[98]

참정권 청원운동이 쇠퇴하고 통치당국과 갈등이 심화되자 국민협

---

95) 예컨대 총독부가 지원을 끊은 1930년대 초반에는 본부 건물을 팔아야 할 정도로 국민협회의 총독부에 대한 재정 의존도가 컸다. 또 국민협회는 지부회관을 지방관서로부터 무상으로 임대하는 등 재정 이외의 많은 부분을 총독부에 의존했다. 〈평남국민지부 총회〉, 《매일신보》, 1924년 10월 6일자.

96) 이병렬, 〈지면의 개선쇄신(改善刷新)에 대하야〉, 《시사평론》 338호, 1926. 10.

97) 〈국민협회지부 발회식〉, 《경성일보》, 1927년 12월 8일자.

98) 김환, 〈파멸에 빈(瀕)한 조선 민족을 여하히 하여야 구할가〉, 《시사평론》 364호, 1928. 12.

회는 급격히 정치적 위상을 상실했다. 1927년 1월 참정권 청원운동을 주장했던 회장 김명준과 총무 김환이 다시 간부로 선출되었지만, 실제로는 '시세의 추이'에 따라야 한다는 입장이었던 총무 이병렬이 운영을 주도했고,[99] 참정권 청원운동의 중심 역시 도평의회원, 학교평의원 등의 공직자들이 조직한 갑자구락부로 이동했다.[100] 국민협회는 참정권 청원운동을 계속 이어나갔지만, '의욕을 잃고 관성적으로 청원운동을 계속하고' 있다고 평가될 정도로 무력한 단체로 쇠락했다.[101] 내지연장주의를 문자 그대로 내면화하여 전면적으로 참정권 청원운동을 전개했지만, 역설적으로 그러한 근본주의 때문에 식민지 배체제와 충돌하고 쇠퇴하게 된 것이었다.

---

99) 국민협회는 1928년 1월 총무 이하 100여 명이 참석한 정기대회를 개최했지만, 회장 김명준과 총무 김환 대신 총무 이병렬이 회의를 주재했다. 국민협회의 가장 중요한 조직 행사인 정기대회에 회장과 총무가 빠지는 경우는 거의 없었다. 국민협회 내에서 이들의 위상이 변했음을 보여준다 하겠다. 〈국민협회〉, 《경성일보》, 1928년 1월 19일자.

100) 갑자구락부는 1924년 6월 정무총감 시모오카 주지의 지원 아래 '전선공직자대회' 회원들로 조직된 단체였다. '공직자'라는 명칭에서 보이듯이 구성원은 도부면협회 회원 및 학교평의원이었으며, 조선인과 재조 일본인이 결합한 내선합작단체였다. 갑자구락부 역시 참정권 청원운동을 추진했지만 방향은 국민협회와 조금 달랐다. 갑자구락부는 경성, 부산, 대구, 평양 등 일본인 집중 거주지로 선거지를 국한해 재조 일본인 중심의 제한적 참정권 실시를 추구했다. 참정권 청원운동의 목표도 중의원 선거권 확보를 통해 본국으로부터 직접 보조금과 지원을 받는 것이었다. 이들은 1924년부터 참정권 문제를 논의했지만, 1927년 제52회 제국의회에 오가키 다케오 이하 56명이 연서한 참정권 청원서를 제출하며 참정권 청원운동을 본격화했고, 1927년 11월 친일 11개 단체 간담회를 개최하는 등 국민협회 쇠퇴 이후 친일단체들의 정치활동을 주도했다. 경상북도 경찰부, 《고등경찰요사(高等警察要史)》, 1934, 54쪽; 〈高警 第2154號 甲子俱樂部創設竝宣言書配布ニ關スル件(1924. 9. 25)〉; 〈친일업(親日業) 11단체의 소위 간부간담회-민중의 의사와 배치되는 행동, 철저반동(徹底反動)의 그 협의 내용〉, 《중외일보》, 1927년 11월 28일자; 內田じゅん, 〈植民地期 朝鮮における同化政策と在朝日本人-同民會を中心として〉, 《朝鮮史研究會論文集》 41, 2003 참조.

101) 물론 국민협회가 1920년대 후반 완전히 활동을 정지한 것은 아니었다. 1929년 '척식성 관제 설치 반대운동'을 비롯해 1930년대 초반까지 계속 활동을 전개했다. 그러나 1920년대 전반과 같은 영향력을 행사하기는 힘들었다. 重藤末彦, 〈拓植省問題と五團體の反對運動〉, 《朝鮮公論》 17-6호, 1929. 6, 2~8쪽; 拓務省 작성, 〈朝鮮ニ於ケル參政權運動〉(1932), アジア歷史資料センタ 소장; 이태훈, 〈1930년대 일제의 지배정책 변화와 친일정치운동의 '제도적' 편입 과정〉, 《한국근현대사연구》 58, 2011. 9, 153~155쪽 참조.

식민지배체제의 모순과 친일정치운동의 한계

이상에서 살펴보았듯이 국민협회는 내지연장주의라는 새로운 지배 전략과 친일세력의 정치적 욕구를 참정권 청원운동에 흡수하여 1920년대 최대의 친일단체로 성장한 정치세력이었다. 능동적 친일세력이 필요했던 조선총독부는 국민협회를 내지연장주의에 적합한 친일세력으로 간주해 적극적으로 지원했고, 국민협회는 이러한 총독부의 지원을 활용해 체제협력세력의 정치적 욕구를 참정권 청원운동에 흡수한 것이었다. 요컨대 식민지배체제의 내지연장주의와 체제협력세력의 제국 국민에 대한 욕망이 상호결합해 만들어낸 결과물이 바로 1920년대 최대의 친일단체 국민협회였다.

그러나 국민협회의 성장을 가능케 했던 요소들은 곧 국민협회가 통치당국과 충돌하는 원인이 되었다. 참정권 확보를 통해 완전한 제국 국민이 되어야 한다는 주장은 원론적으로는 내지연장주의에 부합했지만, 현실적으로는 식민지배세력이 받아들일 수 없는 주장이기 때문이었다. 국민협회 스스로 밝혔듯이 조선인이 제국의회에 참여해 제국의 정치적 주체가 된다면, 조선은 더 이상 식민지로 통치할 수 없기 때문이었다. 통치당국은 논의가 확산되는 것을 막으려 했고, 반대로 국민협회는 참정권 청원운동을 통해 정치적 입지를 확대하려 했기 때문에 양자의 갈등은 필연적이었다.

참정권 청원운동의 확대에 따라 심화되어가던 양자의 갈등은 결국 1920년대 중반 표면화되었다. 조선에 대한 참정권 부여가 사실상 무산되고, 민족운동이 확대되자, 통치당국의 국민협회에 대한 부정적 인식이 확대되었기 때문이다. 협력세력 교체까지 염두에 둔 총독부의 입장 변화에 대해 국민협회는 총독부가 시류에 영합해 친일세력을 홀대한다고 정면으로 반발했고, 이런 반발은 다시 총독부와의 관계 악화로 이어졌다. 새로운 체제협력 구도를 모색하던 통치당국과 참정권 청원운동을 통해 정치적 영향력을 계속 유지하려던 국민협회의 갈등관계가 결국 전면화된 것이었다. 양측의 갈등은 총독부의 지원 없이는 조직의 운영이 불가능했던 국민협회가 참정권 청원운동에서 일정 부분 후퇴하고, 성실한 체제협력 의지를 표명하며 일단락되었지만, 국민협회는 정치적 쇠락을 피할 수 없었다. 체제협력층의 정치적 욕구를 흡수할 활동 동력이 약해졌기 때문이다.

요컨대 국민협회는 내지연장주의를 정치운동에 흡수해 거대 친일 정치단체로 성장했지만, 바로 그 정치운동이 참정권 문제라는 내지연장주의의 취약점을 노출시킴으로써 통치당국의 비판을 받고 쇠퇴하게 된 것이었다. 끊임없이 포섭 전략을 구사하지만 포섭의 논리를 현실에 구현할 수 없는 식민지배체제의 한계와 식민지배체제에서 실현될 수 없는 정치적 욕구를 정치운동을 통해 추구했던 친일세력의 모순이 3·1운동 이후의 정치공간에서 전면화된 것이었다.

9장

3·1운동과 비식민화

홍종욱

1. 제1차 세계대전과 비식민화

19세기가 제국의 시대라면 20세기는 비식민화(decolonization)의 시대였다.

1960년 유엔(UN)은 총회 결의 제1514(XV)호로서 '식민 지역 및 인민에 독립을 부여하는 선언'을 채택했다. 이 선언은 모든 인민의 자결권을 존중해 신탁통치 지역을 포함한 모든 비자치 지역과 독립을 얻지 못한 지역에 즉시 자유로운 의사 표현에 따라 독립과 자유가 주어져야 한다고 밝혔다. 이 선언은 유엔 스스로 '비식민화 선언'이라고 부른다. 1961년에는 총회 결의 제1654(XVI)호에 따라 동 선언 이행을 위한 특별위원회를 결성했다. 이 위원회는 '비식민화 특별위원회'로 불리는데 비식민화 선언의 이행 방안을 검토하고 그에 관한 권고를 내는 활동을 오늘날까지 이어오고 있다.[1]

1945년 10월 유엔이 결성될 때 가입국은 51개 나라였다. 제1차 세계대전 이후 성립한 국제연맹과 비슷한 규모였다. 여전히 세계 많은 지역이 주권을 갖지 못한 형편이었다. 그러나 1955년 제1차 아시아·아프리카회의(반둥회의) 개최가 상징하듯이 비식민화 기운이 높아졌다. 예컨대 1960년 한 해 동안 아프리카에서만 17개 나라가 독립했다. 1960년 유엔의 비식민화 선언은 이러한 상황을 반영한 것이었다. 한국어로 '비식민화' 혹은 '탈식민'으로 번역되는 'decolonization'이 《옥스퍼드 영어사전(OED)》에 실린 것은 1972년에 나온 보충판부터다. 그 풀이는 "식민권력의 원식민지로부터의 철수; 그러한 식민지의 정치적·경제적 독립의 획득"이었다. 이러한 의미에서의 비식민화는 계속 진전되어 오늘날 고전적인 식민지는 거의 남아 있지 않다.

다만 정치적 해방이 이루어진 뒤에도 식민 유산, 식민주의는 여전히 지속되고 있다. 이른바 포스트콜로니얼리즘(postcolonialism), 즉 후식민주의 문제다. 오늘날 후식민주의 비판은 경제적 종속을 고발하는 신식민주의 비판과도 통하나, 정신적·문화적 식민주의에 주목하는 데 더 큰 특징이 있다. 따라서 'decolonization'도 정신적·문화적 식민주의에서 벗어난다는 의미가 점차 강해졌다. 특히 학문 세계에서는 이러한 경향이 뚜렷하다. 빌 애쉬크로프트(Bill Ashcroft) 등이 지은 《후식민 연구: 핵심 개념들》에서는 'decolonization'을 "모든 형태의 식민권력을 드러내고 없애는 과정"이라 정의하고, "식민권력을 지탱했고 정치적 독립을 획득한 뒤에도 남아 있는 제도적·문화적 힘의 숨겨진 측면을 없애는 것을 포함한다"고 설명했다.[2]

---

1) 유엔 공식 웹사이트의 'The United Nations and Decolonization' 페이지(http://www.un.org/en/decolonization/ga_resolutions.shtml, 검색일 2018. 10. 31).

2) Bill Ashcroft, Gareth Griffiths and Helen Tiffin, *Post-Colonial Studies: The Key Concepts*, Routledge, 2000, p. 63.

최근에는 'decolonization'을 '탈식민'으로 번역하는 것이 일반적이다. 1960년대 유엔을 중심으로 한 움직임을 가리킬 때는 여전히 '비식민화', '비식민화 특별위원회' 등의 명칭이 사용되지만,[3] 그 밖의 장면에서 '비식민화'라는 말을 찾아보기는 어렵다. '비식민화'에서 '탈식민'으로 번역어가 바뀐 것은, 원어 'decolonization' 자체가 정치적 혹은 제도적 식민지 철폐에 더해 정신적 혹은 문화적 식민주의 극복을 강조하는 쪽으로 의미가 변화한 사실에 조응한다. 일본에서도 이러한 사정은 마찬가지여서 역시 '탈식민'이라는 용어가 일반적이다. 영국제국사 연구자인 기바타 요이치(木畑洋一)는 '정치적 독립'을 가리킬 때는 오히려 '협의의 탈식민화'라는 표현을 사용한다.[4]

이 글에서 '비식민화'라는 조금 낡은 번역어를 되살려 쓰는 데는 두 가지 이유가 있다. 첫째, 정치적·제도적 식민지 철폐의 중요성을 놓치지 않기 위해서다. 제도로서의 식민지가 없어진 후식민 상황을 주로 염두에 두는 '탈식민'이라는 개념을 가지고 식민지제국이 해체되는 정치적·제도적 과정을 설명하려면 역시 혼란이 따른다. 무엇보다 문화적·정신적 측면에 대한 관심이 지배적인 탓에 제도적 변화가 지니는 의의가 경시될 우려가 있다. 기바타 역시 "정치적 독립은 탈식민지화의 가장 중요한 측면"이라고 강조했다. 더욱이 'postcolonialism'을 '탈식민주의'로 번역하는 경우까지 등장하면서, '탈식민'이라는 개념은 더욱 모호해졌다. '비식민화'는 제도로서의 식민지 청산, 다른 말로 표현하자면 '협의의 탈식민'을 가리킨다.

---

3) 참고로 유엔 공식 웹사이트 중국어판에서는 'decolonization'을 '非殖民化(비식민화)'로 번역한다(http://www.un.org/zh/decolonization, 검색일 2018. 10. 31). 일본의 유엔 홍보센터 웹사이트에서도 '非植民地化(비식민지화)'라는 용어를 사용한다(http://www.unic.or.jp, 검색일 2018. 10. 31).

4) 木畑洋一, 《二〇世紀の歴史》, 岩波新書, 2014, 192쪽.

둘째, 식민지제국의 해체와 변용을 다양한 세력 사이의 갈등과 타협 과정으로 파악하기 위해서다. 1960년 유엔은 비식민화의 길로서 독립, 자치, 동화를 들었다. 자결(self-determination)의 과정을 거친다면 자치나 동화도 식민제도 철폐의 종착점이 될 수 있다는 것이다. 독립, 자치, 동화를 포괄하기에는 '탈식민'보다 '비식민화'가 어울린다고 판단했다. '탈식민'이 식민주의 혹은 후식민 상황을 극복하고자 하는 피식민자의 의지를 강하게 의식하는 데 비해, '비식민화'는 식민지제국의 해체와 변용이라는 피식민자와 식민자 양쪽 모두 피하기 어려웠던 시대적 흐름을 가리킨다. 19세기적 식민통치가 한계에 달한 상황에서 피식민자의 저항과 식민자의 대응이 빚어낸 우여곡절의 과정을 '비식민화'라는 개념을 통해 포착하고자 한다.

에릭 홉스봄(Eric Hobsbawm)은 '장기 19세기'의 끝자락(1875~1914)을 '제국의 시대'라고 명명했다. 유럽의 아시아, 아프리카 진출은 대항해시대 이래 긴 역사를 지녔지만, 19세기 막바지에 이르자 정치적·제도적 식민지를 만들어 영역적 지배를 강화하는 방향으로 성격이 바뀌었다.[5] 그러나 식민화는 이미 비식민화의 방향을 내포하고 있었다. 효율적인 지배와 수탈을 위해 여러 식민지에서 개발정책이 실시되었다. 산업의 발달과 교육의 보급은 민족의식의 자각으로 이어졌다. 제1차 세계대전은 결정적인 계기가 되었다. 제1차 세계대전은 노동자, 농민은 물론 식민지 인민까지 동원한 총력전이었다. 전쟁으로 각성된 민족의식은 민족운동의 분출로 이어졌다. 후일 인도 독립운동을 이끌게 되는 간디는 제1차 세계대전이 한창이던 1918년 6월 영국에 동원될 인도 병사를 가리켜, "그들은 제국을 위해 싸우러 간다.

---

5) 에릭 홉스봄 지음, 김동택 옮김, 《제국의 시대》, 한길사, 1998, 154·155쪽 참조.

다만 그들은 제국 내에서 파트너가 되기를 원하기 때문에 그렇게 싸운다"라고 말했다.[6)]

제국주의 열강 역시 비식민화 흐름에 눈감을 수 없었다. 1917년 러시아혁명 직후 레닌은 민족자결과 무배상·무병합 원칙에 입각한 즉시 강화를 주장하는 〈평화에 관한 포고〉를 발표했다. 1918년 영국 총리 로이드 조지(David Lloyd George)와 미국 대통령 우드로 윌슨(Woodrow Wilson)이 잇달아 민족자결 원칙을 밝힌 것은 유명하다. 1919년 파리강화회의를 거쳐 1920년에 발족한 국제연맹은 위임통치제도를 도입했다. 패전국 식민지를 재분할하기 위한 명목상의 조치였지만, 이를 계기로 적어도 새로운 식민지 획득은 논리적으로 부정된 셈이다.

파리강화회의가 열린 1919년 봄에서 초여름까지 세계 각지에서 민족운동이 분출했다. 한국의 3·1운동을 비롯하여 이집트 카이로에서는 같은 3월에 대규모 시위와 동맹휴학이 발생했고, 4월 들어 인도에서도 간디가 주도하는 비폭력 저항운동이 시작되었다. 중국의 주권 회복을 내건 5·4운동도 빼놓을 수 없다. 잘 알려진 바와 같이 민족자결 원칙은 패전국 영토에만 적용되었다. 영국과 미국은 민족자결 원칙이 다른 식민지와 관계없다는 점을 거듭 강조했다.[7)] 하지만 식민통치가 지닌 내재적 모순에서 분출하는 비식민화 흐름을 틀어막을 수는 없었다. 국제연맹 위임통치위원회 위원을 지낸 일본의 민속학자 야나기타 구니오(柳田國男)는 1922년에 쓴 〈국제연맹의 발달〉이라는 글에서 "이제 공공연하게 자신의 이익을 위해 영토를 병합하는 것은

6) "They would go to fight for the Empire; but they would so fight because they aspire to become partner in it."("Speech at Public, Bombai(June 16, 1918)", *The Collected Works of Mahatma Gandhi Vol. 14,* The Publication Divison, p.428·429). 木畑洋一, 앞의 책, 79쪽 참고.

7) 長田彰文, 《日本の朝鮮統治と国際関係－朝鮮独立運動とアメリカ, 1910～1922》, 平凡社, 2005, 78～94쪽.

공언할 수 없게 되었으며, 표면상으로나마 토민(土民)의 안녕·행복을 목적으로 통치를 해야 하게 되었다"고 적었다.[8]

비식민화는 점차 현실화되었다. 아일랜드는 독립전쟁을 벌인 끝에 1922년 영연방 자치령인 아일랜드자유국으로 거듭났다. 1919년 12월 인도에서는 극단적인 중앙집권적 통치체제를 대신해 주정부에 상당한 권한을 부여하고 인도인의 정치 참여를 확대한 인도통치법이 시행되었다. 1922년 이집트는 영국의 보호령에서 벗어나 독립을 선언했다. 중국에 대해서도 워싱턴회의 결과, 산둥 권익을 중국에 반환하고 중국의 주권과 독립을 존중한다는 9개국 조약이 체결되었다. 미국 식민지인 필리핀은 1916년에 자치를 인정받았고, 1934년에는 10년 후 독립을 약속받았다.

제2차 세계대전의 패전국 일본의 식민지였던 한국은 1945년에 비식민화되었다. 승전국인 영국과 프랑스 등의 식민지는 1960년대 이후 본격적으로 비식민화되었다. 다만 과정으로서의 비식민화는 제1차 세계대전 이후 이미 개시된 셈이다. 지금 보자면 1920~1930년대는 여전히 식민지였지만, 동시대적으로는 식민자와 피식민자 모두 19세기적 식민통치의 지속 불가능성을 깨닫고 이미 다른 길을 모색하고 있었다. 비식민화는 이러한 상황을 드러내기 위한 개념이다.

2. 3·1운동과 '문화정치'

한국의 식민화와 비식민화도 세계사적 맥락에서 검토해야 한다.

---

8) 柳田國男, 〈國際聯盟の發達〉, 《國際聯盟》, 1922(木畑洋一, 앞의 책, 102쪽에서 재인용).

청일전쟁과 러일전쟁에서 승리한 일본은 대한제국을 군사적으로 점령한 상태에서 이른바 보호조약을 체결했다. 한국 정부와 통감부가 병존하는 보호국이라는 실험을 거쳐 1910년 '한국병합'이 실행됨으로써, 대한제국은 대일본제국 판도 아래 식민지 조선으로 전락했다. '일제강점기'라는 말은 병합조약의 강제성과 무효성을 지적하는 데서 온 표현인데, 일본의 한국 지배가 통상적인 식민지배보다 더욱 폭력적인 성격을 띠었다는 판단이 저변에 깔려 있다. 다만 일본의 한국 지배는 역시 제국주의의 식민통치라는 세계사적 보편성 속에서 이해해야 한다. 굳이 말하자면 한국은 일제에 강점된 식민지였다.

보편성과 더불어 특수성도 존재했다. 일본 정부는 인종적·문화적 유사성을 근거로 일선동조론(日鮮同祖論)을 내세워, 일본의 한국 통치는 서양의 식민지배와는 다르다고 선전했다. 영국의 인도나 아프리카 통치보다는 아일랜드 통치에 견주어볼 만하다. 또 하나 한국이 식민지로 전락한 지 불과 몇 년 지나지 않아 발발한 제1차 세계대전의 결과 국제적으로 식민지 획득을 정당화하는 논리가 부인된 점도 특별하다. 바로 국제연맹의 설립과 위임통치제도의 도입이다. 한국은 세계적인 식민화 흐름에 버티고 버티다 아쉽게도 그 끝자락에 말려들어간 셈이다. 따라서 다른 여러 지역에서 식민지배를 통해 이루어진 일종의 '국민화' 과정이 한국의 경우 대한제국기에 이미 상당 부분 진행된 점도 놓쳐서는 안 될 것이다.

일본은 제1차 세계대전 승전국으로서 독일 식민지였던 남양군도를 위임통치라는 명목으로 손에 넣었다. 전쟁 직후인 1918년에 성립된 첫 정당내각인 하라 다카시(原敬) 내각은 식민통치 방식의 변경을 검토했다. 그때까지의 식민지 특수주의를 비판하고 내지연장주의를 표방했는데 세계적인 비식민화 흐름과 궤를 같이하는 것이었다. 피식민자인 조선인의 3·1운동도 파리강화회의에 대한 기대 위에 고종의 죽음이 겹치면서 격렬한 시위로 발전할 수 있었다. 세계의 비식민화를 개관한 책에도 역시 3·1운동이 등장한다.[9] 1920년 3월 미국 의회 상원에서 '아일랜드 독립 지지안'이 가결된 사실은 잘 알려져 있다. 실은 같은 때 '한국 독립 지지안'도 상정되어 찬성 34, 반대 46, 기권 16으로 비록 부결되었지만 무시할 수 없는 찬성표를 얻었다.[10] 3·1운동은 비식민화 시대인 20세기를 열어젖힌 한국 근현대 최대 사건이었다. 1960년대 북한에서 벌어진 근현대사 시기 구분 논쟁에서 리나영은 3·1운동을 근대의 종점이자 현대의 기점으로 삼을 것을 주장한 바 있는데,[11] 곱씹어볼 만한 내용이다.

3·1운동에 놀란 일본은 '한국병합' 이래 실시한 무단통치를 비판하고 '문화정치'를 표방했다. 총독 무관제 폐지, 헌병경찰제에서 보통경찰제로 이행, 지방의회 설치 등의 개혁이 이루어졌다. '문화정치'의 기만성을 지적할 수 있지만, 총독부 통치 방식이 크게 바뀐 것은 사실이다. '문화정치'는 비식민화의 한국적 발현이었다. 부분적으로 열린 정치공간에서 일본 본국 정부, 조선총독부, 재조선 일본인, 그리고 여러 조선인 세력이 비식민화의 방향을 둘러싸고 각축했다. 1919년 10월 총독부 경찰이 작성한 '민심 동향'에서는 "최근 경성에서 민심 경향은 중산계급을 중견으로 하여 각종 단체를 조직하고 이를 통해 각자 그 목적을 달성하고자 왕성하게 활동"하고 있다고 보고 이를 '자치파', '동화파', '독립파' 셋으로 나누어 분석했다.[12]

---

9) Dane Kennedy, *Decolonization: A Very Short Introduction*, Oxford University Press, 2016, p. 19.

10) 長田彰文, 앞의 책, 214~220쪽.

11) 리나영, 〈조선근대사의 시기 구분에 대하여〉, 1957(이병천 편, 《북한학계의 한국근대사논쟁-사회 성격과 시대 구분 문제》, 창작과비평사, 1989에 수록), 67쪽.

한편, 유엔은 창립 이래 유엔 헌장 제11장 '비자치 지역에 관한 선언'에서 규정한 '완전한 자치' 실현을 위해 노력했다. 1960년 총회 결의 제1514(XV)호에서는 '비자치 지역'이 '완전한 자치'에 이르는 길로서 '독립 주권국가 수립', '독립국가와 자유로운 연합', '독립국가와 통합'의 세 가지를 들었다.[13] 즉, 독립, 자치, 동화인 셈인데, 흥미롭게도 3·1운동 이후 총독부 경무국이 조선인의 정치활동을 분류한 틀과 같다. 그렇다면 독립, 자치, 동화라는 비식민화의 세 가지 길은 '문화정치' 속에서 어떻게 드러났을까?

먼저, 동화를 살펴보자. 하라 총리가 구상한 내지연장주의는 3·1운동의 충격 속에서 구체적인 정책으로 옮겨지게 된다. 1919년 8월 하라는 새로 부임할 총독 사이토 마코토(齋藤實)와 정무총감 미즈노 렌타로(水野錬太郎)에게 이상적인 형태의 내지연장주의를 강조한 〈조선통치사견(朝鮮統治私見)〉을 전달했다. 9월 부임한 사이토 총독은 "장래 문화의 발달과 민력(民力)의 충실에 응하여 정치상·사회상 대우도 내지인과 동일한 취급"을 하는 것을 궁극적인 목적으로 삼겠다는 훈시를 발표했다.[14]

1919년 11월 민원식(閔元植)이 주재하는 협성구락부는 '한국병합' 이래 '초유'의 시국강연회를 개최해 '신일본주의'를 제창했다. 이른바 '정치'의 시대가 열린 것이다. 고양군 군수였던 민원식은 3·1운동을 보고 참정권 요구라는 발상을 했고, 천황의 '일시동인(一視同仁)'

---

12) 〈京城民情彙報(高警 第26490號, 1919. 10. 18)〉, 姜德相 編, 《現代史資料(25): 朝鮮(一) 三·一運動(一)》, みすず書房, 1966, 522·523쪽.

13) 유엔 웹사이트 중 'The United Nations and Decolonization' 페이지(http://www.un.org/en/decolonization/ga_resolutions.shtml, 검색일 2018. 10. 31). 家正治, 《非自治地域制度の展開》, 神戸市外国語大学外国学研究所, 1974, 23쪽.

14) 《조선총독부 관보》 제2121호, 1919년 9월 4일자; 강동진, 《일제의 한국침략정책》, 한길사, 1980, 386쪽.

칙어가 나오고 내지연장주의에 기초한 '문화정치'가 개시되자, 일본인과 동등한 참정권 획득을 목표로 삼게 되었다. 민원식은 1920년 1월 국민협회를 창립하고 다음 달 일본 제국의회에 '중의원 선거를 조선에 시행할 건'이라는 청원을 제출했다.

청원에서는 제1차 세계대전 이후 일본 내지에서 사조가 변함에 따라 "사회 개조의 소리가 도처에 넘치고" "인민의 정치적 요망은 점점 그 도를 더하고" 있으며, 그 결과 "보통선거의 소리가 도처에 퍼져" 있다고 주장했다. 국민협회는 매년 일본 제국의회에 참정권 청원을 했는데, 보통선거 실시 기운이 높았던 1924년에는 2만 명이 서명했다. 사이토 총독은 참정권 부여에 우호적이었고, 미즈노 정무총감이 중심이 된 내무성 출신 관료들도 참정권 청원운동을 도왔다.[15)]

다음은 자치다. 1920년 4월 창간한 《동아일보》는 자치 문제에 관심을 보였다. 창간 직후부터 교토제대 법학부 스에히로 시게오(末廣重雄) 교수의 조선자치론을 소개하고, 영국 식민지인 아일랜드의 자치 문제를 다뤘다. 1910년대에 《경성일보》 사장을 지낸 아베 미쓰이에(阿部充家)는 사이토 총독과 조선인 유력자 사이를 오가며 자치론을 설파했다. 아베는 미즈노 정무총감과 내무성 출신 관료들이 내지연장주의에 입각하여 민원식 등의 동화형 참정권운동을 지원하는 것을 비판하고, '조선 의회' 설치를 내용으로 하는 자치 도입을 주장했다. 아베는 제1차 세계대전 이후 혁신 기운으로 조선에 신구세력 전환이 이루어졌다고 보고, 최남선(崔南善), 이광수(李光洙), 진학문(秦學文) 등 '신지식층'을 회유하여 통치의 파트너로 삼고자 했다. 상하이 임시정부에서 활약하던 이광수는 1921년 귀국한 후 《동아일보》에 자치를

15) 국민협회의 참정권 청원운동에 대해서는 마쓰다 도시히코 지음, 김인덕 옮김, 《일제 시기 참정권 문제와 조선인》, 국학자료원, 2004 참조.

연상시키는 일련의 논설을 집필했다.[16]

1924년 7월 조선 의회 설립에 우호적인 시모오카 주지(下岡忠治)가 정무총감으로 부임했다.[17] 시모오카는 '식민지 의회' 설치를 언급하여 사회의 반응을 떠봤다. 같은 해 8월에는 조선자치론자로 귀족원 의원이었던 소에지마 미치마사(副島道正)가 《경성일보》 사장으로 부임했다. 소에지마는 총독부 및 《동아일보》 간부와 사전 협의한 후 《경성일보》에 자치론을 제창하는 글을 실었다.[18] 이 글을 실은 데는 1) 일본에서 보통선거법 공포, 2) 미일관계에 대한 배려, 3) 민족운동을 자치운동으로 유도 등 세 가지 점이 배경으로 작용했다.[19]

그즈음 총독부는 내지연장주의에서 자치주의로 전환을 시도했다. 송진우(宋鎭禹), 최린(崔麟) 등 조선인들도 호응했다. 송진우는 1925년 《동아일보》에 자치를 주장하는 글을 실었다. 송진우는 "19세기로부터 20세기 벽두에 이르기까지는 과연 침략적 제국주의의 전성시대"여서 "조선 문제도 그 당시 세계 대세의 희생"이 되었지만, "침략적 제국주의는 건곤일척의 구주대전으로 인하여 급전의 파탄"이 일어났다는 시대 인식을 보였다.[20] 1926년에는 송진우, 최린 등이 자치운동을 염두에 두고 연정회(硏政會) 결성을 시도했지만 심한 비판에 부딪혀 좌절했다. 1920년대 말에는 사이토 총독 주도하에 자치를 도입하려는 시도가 있었지만, 본국 정계와 절충 끝에 지방 자문기구를 의결

16) 1920년대 초반 아베 미쓰이에의 활동에 대해서는 이형식, 〈'제국의 브로커' 아베 미쓰이에와 문화통치〉, 《역사문제연구》 37, 2017. 4 참조.

17) 이형식, 〈1920년대 중후반 아베 미쓰이에의 조선에서의 정치 행보〉, 《민족문화연구》 78, 2018. 2.

18) 副島道正, 〈朝鮮統治の根本義〉 (上)·(中)·(下), 《京城日報》, 1925년 11월 26~28일자(井本幾次郎, 《朝鮮統治問題論文集 第一集》, 1929에 수록).

19) 趙聖九, 《朝鮮民族運動と副島道正》, 研文出版, 1998, 152쪽.

20) 송진우, 〈세계 대세와 조선의 장래〉 (5)·(6), 《동아일보》, 1925년 9월 1·2일자.

기관으로 격상하는 데 그쳤다.

독립운동도 활성화되었다. 3·1운동 자체가 거대한 독립운동이었다. 이른바 민족 대표가 총독 앞으로 보낸 문서에서는, '연합군'의 승리로 '유사 이래 세계적 대개조'의 시대가 왔음을 기뻐하며, 일본이 조선 지배를 고집한다면 "개신(改新)한 세계에 홀로 구식 제국주의를 지닌 자로서 세계의 의념(疑念)은 모두 일본에 폭주"하게 될 것이라고 경고했다.[21] 자결(自決), 즉 조선 사람들이 스스로 결정을 모아내고 드러낼 통로를 가지지 못한 상황에서 수개월에 걸쳐 전국적으로 일어난 독립만세시위 이상의 의사 표현은 있을 수 없었다. 그러나 총독부 권력은 무너지지 않았고 독립의 열망은 망명정부인 대한민국임시정부의 수립으로 드러났다. 중국 동북 지역에서는 항일무장투쟁이 이어졌고, 미국에서도 한인들이 독립운동을 벌였다.

국내에도 독립이라는 방향성은 명확히 존재했다. 1925년 결성된 조선공산당은 비합법 조직으로서 피검과 재건을 거듭했다. 합법공간에서도 각종 청년단체, 사상단체, 사회운동단체가 활발하게 활동했다. 물론 공공연하게 독립을 내걸 수는 없었지만, 동화와 자치 흐름에 대한 격렬한 비판이라는 형태로 독립 지향은 존재감을 과시했다. 1927년에는 사회주의자와 민족주의자가 연대하여 신간회를 결성했다. 신간회는 식민지 상황에서 합법과 정치의 임계에 육박하는 활동을 벌였다.

동화, 자치, 독립 모두 제1차 세계대전을 계기로 한 변화를 중시했다. 지난 세기적인 식민통치가 불가능하다고 인식하고 비식민화라는 새로운 방향을 모색한 것이다. 세 방향은 이념적으로는 정립한 모

---

21) 姜德相 編, 《現代史資料(26): 朝鮮(二) 三·一運動(二)》, みすず書房, 1967, 51~56쪽.

양새였지만 현실은 훨씬 복잡했다. 조선인 사이에서 동화운동은 철저한 배격 대상에 가까웠다. 위에서 언급한 총독부 경무국 보고서는 "독립파와 자치파 사이에는 일부 양해하는 점이 있는 듯하지만, 동화파는 완전히 궁경에 빠져 고립 상태"라고 분석했다.[22] 심지어 1921년에는 국민협회 민원식이 도쿄에서 조선인 학생에게 피살되는 사건이 벌어졌다. 같은 참정권 청원운동이라도 제국 본국에서는 민주주의를 위한 운동으로 자리매김되지만, 식민지에서는 평가가 냉혹했다. 식민지에서 정치가 띠는 의미를 다시 생각하게 된다. 아울러 총독부의 '문화정치'도 반드시 동화를 의미하지는 않았다. '문화정치'의 기조를 밝힌 것으로 유명한 사이토 총독의 훈시에는 "조선의 문화와 구관을 존중"[23]하겠다는 언급도 있었다. 소에지마는 사이토 총독의 정치를 '이른바 리버럴 폴리시(liberal policy)'라고 평가했다.[24]

총독부는 세계적인 비식민화 흐름과 3·1운동의 충격 속에 '문화정치'라는 새로운 통치 방식을 도입해 구체적으로는 동화 혹은 자치를 검토했다. 다만 일본 정부와 총독부가 전적으로 비식민화 흐름에 찬동한 것은 아니었다. 오히려 조선인에 대한 불신 탓에 조선인의 권리 확장을 되도록 억제하려고 했다.[25] 특히 지금까지 연구에서 자치정책과 대비하여 동화정책이라고 평가했던 많은 것이 실은 비식민화 이전 낡은 통치 방식의 고수인 경우가 많다. 하라 총리도 미즈노 정무총감도 내지연장주의를 내세웠지만 조선인에게 참정권을 즉시 부여하는 데는 반대했다. 1920년대 중반 이후 총독부는 자치정책을 적극

22) 〈京城民情彙報(高警 第26490號, 1919. 10. 18)〉, 姜德相 編, 앞의 책(1966), 523쪽.

23) 《조선총독부 관보》 제2121호, 1919년 9월 4일자.

24) 副島道正, 〈朝鮮統治に就て(1923. 5)〉(《情報彙纂 12》, 朝鮮情報委員會, 1923. 6에 수록), 3쪽.

25) 마쓰다 도시히코, 앞의 책, 153쪽.

적으로 검토했지만, 결과는 극히 제한적인 지방자치 확대에 그쳤다. 이른바 시기상조론이었다. 개혁은 방향만큼이나 속도도 중요하다. 식민지 차별의 본질은 시기상조론에 있었다.

비식민화가 선뜻 내키지 않았다면 왜 총독부는 압도적으로 비대칭적인 권력관계에 놓여 있던 조선인들과 '문화정치'라는 이름 아래 동화 혹은 자치 교섭을 했을까? 김동명은 총독부와 조선인 지도자 사이의 정치를 '바게닝(bargaining)' 개념으로 설명하고, 그러한 '바게닝'이 가능했던 요인으로 조선인 측의 강력한 저항을 들었다. 사이토 총독이 제창한 '문화정치'는 저항세력이 강하고 '협력'세력이 약한 조선 현지의 상황에 의해 구체화되었다는 설명이다.[26] 여기서 저항이란 동화, 자치가 아닌 독립의 방향을 견지했다는 것 이상을 의미했다. 이광수는 1924년 1월 발표한 〈민족적 경륜〉에서 조선인에게 '정치적 생활'이 없는 이유로 총독부의 탄압과 아울러 "일본의 통치권을 승인하는 조건 밑에서 하는 모든 정치적 활동, 즉 참정권, 자치권운동 같은 것은 물론이요, 일본 정부를 상대로 한 독립운동조차도 원치 아니하는 강렬한 절개의식"[27]의 존재를 들었다.

조선인 사이에는 아예 식민화라는 현실을 받아들이려고 하지 않는, 따라서 일본을 교섭 상대로 인정하지 않으려는 근원적인 저항의식이 있었다. 이는 거꾸로 조선은 일본의 식민지가 아니라고 강변하며 조선 혹은 조선인의 주체성을 일체 돌아보지 않았던 무단통치와 짝을 이룬다. 이러한 양극단을 강하게 의식하면서 동화, 자치, 독립은 서로 복잡하게 얽힌 채 비식민화라는 정치공간을 구성했다. 예컨대

---

26) 김동명, 《지배와 저항, 그리고 협력-식민지 조선에서의 일본제국주의와 조선인의 정치운동》, 경인문화사, 2006, 68쪽.

27) 〈민족적 경륜(經綸) 2-정치적 결사와 운동〉, 《동아일보》, 1924년 1월 3일자.

‘문화정치’, 즉 합법공간에서 벌어진 정치의 정점이라고 할 신간회를 살펴보자. 신간회 창립 계기가 된 1926년 11월 정우회(正友會) 선언에서는 “타협과 항투(抗鬪)를 분리시켜서 아니 되며 개량과 ××(혁명-인용자)을 대립시켜서는 아니 될 것”이라고 밝혔다.[28] 신간회는 자치론 비판을 내걸었지만, 식민지에서 합법적인 정치활동은 과연 가능한가라는 의문에서 스스로 자유로울 수 없었다.

일본 통치기에 대한 역사상은 비식민화는커녕 식민화도 인정하지 않는 일본과 조선 양측의 극단적인 입장에 의해 규정받는 경우가 많다. 이러한 역사상에서 식민자는 무소불위의 경직된 지배자로 표상되기 쉽고, 이와 짝을 이루며 피식민자의 ‘절개의식’이 정치, 경제, 사회, 문화를 재단하기에 이른다. 조선인이 지녔던 ‘절개의식’은 역사적 사실로서 존중되어야 하지만, 그것이 실제 벌어진 역사를 대체할 수는 없다. 식민자 역시 국제 정세를 의식하면서 저항을 두려워하는 존재였다. 소에지마의 자치론이 나왔을 때 《조선일보》는 사설을 통해 이것이 “현 조선의 통치 집단들의 우려 및 공포의 소재”를 보여준다고 간파했다.[29] 비식민화는 동요하고 고뇌하는 식민자와 피식민자의 여러 얼굴을 드러내기 위한 개념이다.

3. 식민지 근대와 민중

여기서는 19세기적 식민통치를 넘어 펼쳐지는 식민지 근대를 비식

---

28) 〈정우회(正友會)의 신(新)진용, 강연회 개최 선언서 작성〉, 《조선일보》, 1926년 11월 17일자.

29) 〈소위 ‘소에지마(副島) 백(伯)의 언론’ 문제(2)-통치군(統治群)의 보조교란책(步調攪亂策)〉, 《조선일보》, 1925년 12월 5일자.

민화라는 시각에서 파악한 당대 지식인 세 명을 다루겠다. 비식민화라는 방향을 낙관한 야나이하라 다다오(矢内原忠雄)와 이를 비판적으로 바라본 김명식(金明植)과 로이(Manabendra Nath Roy)이다. 인도 공산주의자 로이와 조선인 사회주의자 김명식은 민중의 입장에서 식민지 근대와 비식민화를 비판했다.[30]

먼저 일본의 대표적 식민정책 학자였던 야나이하라 다다오의 식민론과 조선론을 살펴보자. 야나이하라는 식민통치정책을 '종속정책', '동화정책' 및 '자주정책'으로 분류했다.[31] 종속정책은 식민지를 완전히 본국의 이익에 종속시키는 정책이다. 16~18세기경 유럽 제국이 식민지에 대해 취한 것인데, 원주민의 절멸과 그에 대한 반항을 초래할 뿐이라고 보았다. 동화정책은 종속정책에 대한 비판에서 나온 것이지만, 프랑스 통치하의 알제리, 영국 통치하의 아일랜드에서 보듯이 현실적으로 불가능하며 역시 피식민자의 저항을 부를 뿐이라고 비판했다.

야나이하라가 이상적인 식민통치 방식으로 본 것은 자주정책이었다. 자주정책은 식민지 사회의 역사적 특수성과 자주적 집단 인격을 인정하고 자주적 발달을 돕는 동시에 제휴·협동해 일대 제국을 유지하고자 하는 것이었다. 영국은 식민지에 자치를 허용함으로써 제국을 유지할 수 있었다는 분석이다. 자주정책은 결코 식민지 포기를 주장하지 않고 또한 그 독립을 상상하지 않는데, 근세 경제의 현저한

---

30) 야나이하라와 김명식의 비식민화론은 졸고, 〈식민지 조선의 국가와 민중-김명식의 '비식민지화론'과 '협화적 내선일체론'을 중심으로〉, 박훈 편, 《동아시아의 국가주의: 기원과 비교》, 경제·인문사회연구회, 2016의 해당 부분을 전재했다.

31) 이하 야나이하라의 언설은 矢内原忠雄, 〈朝鮮統治方策〉, 《中央公論》, 1926. 6 참조. 이 글은 〈朝鮮統治の方針〉이라는 제목으로 《植民政策の新基調》(弘文堂, 1926)에 수록되었고, 다시 井本幾次郎, 《朝鮮統治問題論文集 第一集》에도 수록되었다. 《朝鮮統治問題論文集 第一集》에서는 무단통치의 실상을 고발한 부분이 열 줄가량 삭제되었다.

발달은 경제적으로 소국주의를 불가능하게 했기 때문이라는 것이다. 자주정책에 의한 식민지 통합은 협동 결합의 합리적 기초를 가진다는 설명이었다. 야나이하라는 세계적으로도 동화정책을 넘어 자주정책이 대세를 이루고 있다고 보았다. 제1차 세계대전 이후 제국질서의 변용이라는 정세를 반영한 분석이라고 할 수 있다.

일본의 조선 통치에 대해서는 "처음부터 노골적인 종속정책이 표명되지 않았으나 1919년 혁신 이래 명백하게 조선인 보호 교도 방침이 선언되었다"고 보았다. 1919년 이전의 통치 방식은 애매하게 설명했으나, 적어도 3·1운동 이후에는 동화정책이 실시되고 있다는 분석이었다. 아울러 '문화적 정치의 실행이 조선인에게 끼친 경제적 영향'으로서 '교통의 진보, 무역의 발전, 법치제도의 완비, 교육·위생의 시설, 산업의 개발, 사업 경영의 자본주의화' 등을 들었지만, 조선인의 '경제적 욕망'이 향상된 데 비해 '욕망 충족 수단'은 이를 따라잡지 못한다고 지적했다. 무엇보다 조선의 민의를 대표할 통로를 두지 않았다는 점에서 세계적으로 유례가 없는 전제정치라고 보았다. '문화정치'의 결과 조선인이 참정권을 요구할 것은 너무나 당연한데 언제 어떠한 형태로 이것에 응할지를 물은 뒤, 여기에는 "내지 의회로의 대표인가, 조선 의회의 특설인가"라는 두 가지 길이 있다고 보았다. 전자는 동화정책의 심화, 후자는 자주정책으로의 전환이었다.

야나이하라는 일본 정치가의 견해가 '제국의회로의 합병설'로 기운 듯하나, 일본과 조선이라는 다른 두 사회를 하나의 의회로 대표하는 것은 불가능하므로 조선 통치의 근본 방침은 '조선 의회 개설'을 목표로 삼아야 한다고 주장했다. 또한 조선에서 자주정책을 실시해도 그것이 반드시 독립으로 이어지지는 않을 것이라고 보았다. 자주적 존재를 인정하면 조선은 일본에 반항할 심리적 이유를 잃을 것이며, 경제적·군사적 이해관계의 공통은 그 결합력을 유효하게 발휘할 수 있기 때문이었다. 흥미로운 것은 설사 독립하게 되더라도 그것이 자주정책의 결과라면 일본과 우호적인 관계가 유지될 것이므로 아무런 문제가 없다고 말한 점이다. 야나이하라는 일본과 조선 사이에 순조로운 비식민화의 길을 상정한 셈이다.

조선인 가운데 '비식민지화'라는 개념으로 3·1운동 이후 조선 사회를 분석한 이가 있어 주목된다. 초기 사회주의운동에 커다란 족적을 남기고 1920~1930년대에 신문과 잡지에 활발하게 시평을 투고한 김명식이다.[32] 그는 "기미운동(3·1운동-인용자) 이후 조선의 비식민지화는 경무제일주의가 산업제일주의로 바뀌는 과정에서 제1기가 진행되고, 이른바 지방의회 조직 과정에서 제2기가 진행되고, 그 제3기 즉 완성기는 중앙의회 조직 과정이 될 것"[33]이라고 분석했다. '비식민지화'의 중요한 근거로 든 것은 조선 사회에서 자본주의 경제 확립이었다. "재래의 생산관계는 거의 파괴되고, 자본주의적 신생산관계가 전면적으로 건설되어,"[34] "봉건경제가 자본경제로 바뀌었다"[35]는 인식이었다. 나아가 김명식은 조선에서 시행되던 지방제도와 관련하여, "일본에서는 3부(府)이지만 조선에서는 특별히 13부를 두어 먼저 널리 각 지방의 중심지를 비식민지화할 계획은 이미 성공했고, 새로이 40여 읍(邑)을 거의 비식민지화했다"고 말했다.

먼저 3·1운동 이후 '경무제일주의'에서 '산업제일주의'로 식민통치

32) 김명식의 비식민화론에 대해서는 졸저, 《戦時期朝鮮の転向者たち-帝国/植民地の統合と亀裂》, 有志舎, 2011, 106~111쪽에서 발췌했다.

33) 김명식, 〈민족단체 재건 계획에 대하야-분열이냐? 배반이냐?〉, 《비판》 2-3, 1932. 3, 3쪽.

34) 김명식, 〈조선 공업 문제〉, 《신동아》 5-3, 1935. 2, 74쪽.

35) 김명식, 〈조선 부(富) 증감(增減)에 관한 검토〉, 《동광》 23, 1931. 7, 10쪽.

방식이 바뀌었다는 설명은 야나이하라의 분석과 일치한다. 나아가 제국주의에 의해 식민지에서 자본주의화가 진전되었다는 진단 또한 야나이하라의 조선 인식과 일치한다. 그러나 야나이하라가 비식민화 과정을 필연적인 것으로 보고 이를 지지한 데 반해, 김명식은 비식민화에 대해 비판적이었다. 식민지의 산업화와 일정한 정치적 자유의 허용은 일부 부르주아지를 제외한 조선인 전체에게 아무런 도움이 되지 않는다고 보았기 때문이다.

김명식은 "외래 자본에 억압되어 조선인의 발전이 저지된 것을 만약 숫자로 표시할 수 있다면 결코 적은 숫자가 아니"며 또한 "인명의 불행은 숫자로 계산되는 것이 아니"라고 비판했다. 정치 면에서도 지방의회에 대해 "당선된 조선인 의원의 조선에 대한 의식이 다른(일본인-인용자) 의원과 차이가 없는 것은 각 부회(府會) 및 읍회(邑會)를 통해 완전히 입증"되었다고 보았다. 중앙의회 설치를 요구하는 주장에 대해서는 "비식민지화의 제3기에 이른 조선에 있어서 이 문제를 제기하는 것은 외래 부르주아지의 요구를 지지하고 그것과 합류하는, 즉 비식민지화 운동에 적극적으로 참가하여 함께 움직이는 반민족적 운동"이며, 그것이 설치된다고 해도 "외래 부르주아지의 거래소"에 지나지 않을 것이라고 비판했다. 또한 "비식민지화에 의해 부르주아지 민권은 보장되고 있다"고 지적했다. 김명식은 '비식민지화'의 진전에 의해 "대립자와 대립의 사실까지도 몰각하게 되어버릴 것"에 가장 큰 위험이 숨겨져 있다고 직시했다.[36]

김명식은 조선 산업과 문화의 독자적인 발전을 지향했다. "조선인 공업의 자립"[37]을 위해 "유치한 공업을 보호"[38]해야 한다고 주장했다.

---

36) 김명식, 앞의 글(1932), 4~7쪽.

다만 "현재 모든 식민지에서 토착지주 및 상공부르주아지의 이해는 노동자, 농민과 대립하지만 외래 자본과는 일치한다"[39]고 보았다. 또한 "일본의 계급운동과 조선 문제는 긴절한 관계를 가지게 된다"[40]고 분석했다. 즉, 부르주아지가 아닌 민중의 손에 의한 산업화를 지향했다. 문화의 발전이라는 면에서도 "조선에는 국제적 연관에서 민족적 특수성을 가지는 문화를 창조하고, 민족 평등의 민족을 대표하고 민족××를 목적으로 한 민족적인 ××조직을 가지는 계급이 있다"[41]고 말해, 그 주역으로서 조선 민중에 주목했다. 1920년대 후반에서 1930년대 초반에 걸쳐 조선에서는 사회운동이 급격하게 고양되었다. 노동쟁의, 소작쟁의가 잇달아 일어나는 가운데 한 해에 수천 명이 치안유지법으로 검거되던 상황이었다. 김명식은 이와 같은 민중의 힘을 바탕으로 한 산업과 문화의 발전을 구상한 것이다.

제1차 세계대전을 전후하여 본격화한 비식민화 흐름은 반제국주의운동에도 커다란 영향을 미쳤다. 1920년 열린 코민테른 제2차 대회에서 민족부르주아지와 협동이 필요하다는 레닌(Vladimir Lenin)에 맞서, 인도 공산주의자 로이는 식민지에서 자본주의 발전에 따른 민족부르주아지의 타협적 경향의 가속화를 고발했다.[42] 1926년 코민테른에서 로이는 '고전적 제국주의' 시대는 지났다고 주장했다.[43] 로이는 부하린(Nikolai Bukharin)의 요청으로 집필한 문서에서 인도의 공업화

---

37) 김명식, 앞의 글(1935), 74쪽.

38) 위의 글, 75쪽.

39) 김명식, 〈민족문제에 대하야-백림(伯林)에 게신 도유호(都宥浩) 씨에게 답함〉, 《삼천리》 4-3, 1932. 2, 82쪽.

40) 김명식, 앞의 글(1931), 14·15쪽.

41) 김명식, 앞의 글(1932), 6쪽.

42) 松元幸子, 〈初期コミンテルンにおける民族解放理論の形成—コミンテルン第2回大会におけるレーニン·ロイ論争を中心に〉, 《歴史学研究》 355, 1969. 12 참조.

과정을 기술하면서 '비식민화(decolonization)'라는 용어를 사용했다. 로이는 영국의 새로운 정책의 함의는 "결국 '종속국' 지위에서 자치령(Dominion) 지위로 진화를 허용할 인도의 점차적 '비식민화'"라고 적었다. 또한 "점차적 '비식민화'의 불가피한 과정은 그 안에 영국제국을 파괴할 맹아를 가진다"고 분석했다. 이러한 사태는 토착부르주아지에게 이로울 뿐이고 대다수 인도 민중에게는 착취 증대를 초래할 것이기 때문이었다.

1928년 코민테른을 대표하는 경제학자 바르가(Evgenii Samoilovich Varga)는 영국이 인도의 경제 발전을 저지한다는 테제를 발표했다. 같은 해 열린 코민테른 제6차 대회에서 쿠시넨(Otto Ville Kuusinen)은 바르가의 분석에 따라 '비식민화'를 '위험한 용어'라고 규정하고, 인도 공산당에는 "영국 제국주의 정책이 인도의 비식민화를 현실화할 수 있다는 혹은 그에 접근할 수 있다는 환상에서 인도 농민, 노동자 대중을 구출할 임무"가 있다고 주장했다. 영국 공산당 대표단은 식민지를 그저 본국의 '농업적 부속물'로 이해하는 쿠시넨의 입장이 19세기 말을 염두에 두고 있다고 비판했다. 그러나 쿠시넨은 로이를 '제국주의의 하수인'이라고 비난했다. 대회에서 최종적으로 채택된 테제 〈식민지·반식민지 국가의 혁명운동에 대하여〉에서도 '비식민화 정책'이라는 말은 "제국주의자와 그 하수인들이 지껄"이는 '제국주의적인 거짓말'에 지나지 않는다고 비판했다.[44]

로이는 여러 식민지에서 산업이 발달하고 교육이 보급되고 정치활

43) 코민테른에서 비식민화론을 둘러싸고 벌이진 논의는, John Patrick Haithcox, *Communism and Nationalism in India: M. N. Roy and Comintern Policy, 1920-1939*, Princeton University Press, 1971, pp. 108~121을 참조.

44) 편집부 엮음, 《코민테른 자료선집 3-통일전선, 민족식민지문제》, 동녘, 1989, 291·292쪽. 이 책에서는 'decolonization'을 '탈식민지화'로 번역했다.

동이 부분적이나마 허용된 상황을 'decolonization', 즉 비식민화라는 개념으로 포착했다. 로이의 정치적 주장은 새로운 통치의 협력자로 전락한 토착부르주아지를 고발하는 것이었다.[45] 그러나 'decolonization'이라는 개념이 낯설었던 탓일까? 코민테른 주류는 로이의 주장을 위험시했다. 코민테른 주류는 영국에 의한 인도 통치의 의도와 효과를 비식민화로 규정한다면 그것이 영국 제국주의에 대한 긍정으로 이어지지 않을까 우려했다. 그러나 로이에게 비식민화는 결코 민중의 해방을 의미하지 않았다. 로이는 비식민화가 식민지 민중의 각성을 가져올 것이고 그 결과 격화된 계급투쟁에 의해 진정한 해방이 이루어질 것이라고 생각했을 따름이다.

1920~1930년대 식민지 조선을 지배한 것은 개발, 즉 교육 보급과 산업 발전에 대한 열망이었다. 식민지는 농촌·농업, 제국 본국은 도시·공업이라는 도식에 금이 가기 시작하면서 식민지제국의 재편성이 운위되었다. 19세기적인 식민통치가 끝나고 식민지 근대가 본격화한 것이다. 한편, 개발과 자본 침투의 결과 구래의 사회관계가 변형되면서 식민지 민중이 역사의 전면에 등장했다. 계속되는 동원과 이산은 식민지 민중을 정치적 주체로 각성시켰고, 이는 민족운동, 사회운동의 고양을 낳았다. 식민지 근대는 민중의 움직임까지를 포함하여 새롭게 정의되어야 한다.

김명식은 3·1운동 후 조선에서 일어난 변화를 세계적인 비식민화의 일환으로 이해한 뒤 정치적으로 일정한 자치를 허용하면서 경제적 종속을 강요하는 그 신식민주의적 성격을 간파했다. 김명식은 식민지 민중의 해방이라는 관점을 놓치지 않았기 때문에 비식민화를

45) 松元幸子, 〈一九三〇年代におけるM·N·ロイの政治思想–その植民地脱化論を軸にして〉, 《史論》 43, 1990. 3.

비판할 수 있었다. 김명식의 시대 인식은 로이의 관점과 상통한다. 로이의 'decolonization'론 역시 제2차 세계대전 이후의 신식민주의 비판의 원형으로서 일찍이 주목된 바 있다.[46] 이에 반해 야나이하라의 식민정책론이 1945년 이후 평등한 국민국가의 존재를 전제로 하는 국제관계론으로 전환한 것은 상징적이다.

야나이하라도 조선인의 경제적 불안은 '문화정치'의 결과라고 직시했다. 다만 이는 정치적 자유의 부여 그리고 조선 의회의 설치라는 자주정책에 의해 개선될 것으로 낙관했다. 무라카미 가쓰히코(村上勝彦)는 제국주의는 생산력을 발전시키며 그것은 식민지 독립을 필연화한다는 것이 야나이하라의 분석 틀이었다고 보았다.[47] 야나이하라는 '중국 통일화 논쟁'을 촉발한 1937년의 글에서, 외국자본이 중국 자본주의 발달을 자극하고 국내 사회의 자본주의화가 진행된 결과로서 민족국가적 통일이 촉진된다고 보고, 이를 '하나의 역사적 법칙'이라고 주장했다.[48] 노자와 유타카(野沢豊)는 야나이하라의 이론적 근거가 '식민지 탈화론'이라고 평가했다.[49] 여기서 '식민지 탈화'는 다름 아닌 'decolonization'이었다. 야나이하라는 식민화를 통해 글로벌한 분업·교환 시스템인 '세계 경제'가 성립하고, 이 과정에서 자본주의와 제국주의는 종식될 것으로 전망했다.[50] 야나이하라의 시대 인식

---

46) 中嶋太一, 〈M. N.ロイの植民地脱化論について–世界経済論の方法への一視角〉, 《彦根論叢》 134·135, 1969. 10 참조.

47) 村上勝彦, 〈矢内原忠雄における植民論と植民政策〉, 大江志乃夫〔ほか〕 編, 《岩波講座 近代日本と植民地 4》, 1993, 233쪽.

48) 矢内原忠雄, 〈支那問題の所在〉, 《中央公論》 52–2, 1937. 2.

49) 野沢豊, 〈アジア近現代史研究の前進のために(上)〉, 野沢豊 解説編集, 《歴史科学大系 第13巻 アジアの変革(上)》, 校倉書房, 1978, 282쪽.

50) 요네타니 마사후미 지음, 조은미 옮김, 《아시아/일본–사이에서 근대의 폭력을 생각한다》, 그린비, 2010, 137쪽.

은 또 하나의 비식민화론이었던 셈이다.

야나이하라, 김명식, 로이는 19세기적 식민통치를 대신하여 식민지 근대가 본격화한 새로운 시대를 비식민화라는 틀로 포착했다는 점에서 공통된다. 당시 일본에서는 로이의 'decolonization'론을 '식민지 탈화' 혹은 '식민지 상태에서 탈화'라고 번역, 소개했다.[51] 일본 외무성 문서에서는 로이가 말한 'decolonization'을 그저 '식민지의 해방'이라고 번역했다.[52] 통치하는 측과 저항하는 측 모두 비식민화의 흐름을 의식했지만 그 함의와 방향에 대해서는 서로 다른 전망이 교차한 셈이다. 야나이하라는 식민지, 반식민지의 발전 가능성을 경시하는 좌우익에 맞서 중국, 조선에서 사회와 민족의 발전을 보고자 했다. 로이는 민중의 입장에서 비식민화라는 시대 상황을 직시하려다 코민테른 주류로부터 추방되었고, 김명식의 비식민화론 역시 동시대는 물론 오늘날까지 아무런 호응을 얻지 못했다. 하지만 비식민화는 20세기 내내 우여곡절 속에 진전되어 오늘날 후식민 상황으로 이어졌다.

4. '내선일체'라는 제국의 임계

일본의 한국 지배는 점점 강도가 더해져 중일전쟁 발발 이후 전시기에 정점을 맞게 되었다는 인식이 일반적이다. 다만 1920년대 이후 식민지 조선의 상황을 비식민화라는 세계사적 흐름 속에 자리매김

---

51) 平野義太郎, 〈支那研究に對する二つの途-支那研究の史的現狀に關する若干の評註〉, 《唯物論研究》 20, 1934. 6, 12쪽; 〈植民地の工業〉, 《改訂經濟學辭典》, 改造社, 1934, 394쪽.

52) 歐米局第一課, 《共産主義研究資料第六集-共産主義'インターナショナル'第六回大會ノ狀況》, 1929. 3, 192쪽.

한다면, 전시기 역시 비식민화 압력이 극에 달한 시기로 재해석할 수 있다.[53]

1932년 만주국 수립은 일본제국이 새로운 통치 방식을 채택했음을 보여줬다. 1931년 시작된 만주 침략의 결과로 손에 넣은 지역을 타이완이나 조선처럼 식민지로 삼는 대신 형식적이나마 독립국으로 만든 것이다. 더욱이 '오족협화(五族協和)'라는 슬로건이 상징하듯 만주국은 여러 민족이 하나의 국가 아래 공존하는 새로운 질서의 선전장이 되었다. 국가수반은 청조의 마지막 황제였던 푸이(溥儀)에게 맡겨졌지만, 만주국은 일본 관동군의 '내면 지도'를 받았다. 행정부처의 장관은 중국인이었지만 실권은 일본인 차관에게 있었다. '한국병합' 직전 통감부 시절에 행해졌던 차관정치를 떠올리게 된다.

피터 듀스(Peter Duus)는 제1차 세계대전 이후 대동아공영권에 이르는 일본제국의 역사를 내셔널리즘 조작에 의해 제국 유지를 꾀한 점에 주목하여 '식민지 없는 식민지주의'라고 분석한 바 있다.[54] 일본뿐만 아니라 1920~1930년대 세계적인 제국질서의 변용은 민족-국가의 새로운 결합 방식을 시사했다. 영연방(British Commonwealth)이라는 새로운 기획이 대표적인데, 사카이 데쓰야(酒井哲哉)는 이러한 흐름을 "식민지에 완전히 자결권을 부여하지 않고 '반(半)주체화'하면서 제국을 상호부조적인 '공동체'로 바꿔 읽는 논의"[55]라고 분석한 바 있다. 식민지제국이라는 낡은 질서가 연착륙을 시도했다는 의미에서 바로 비식민화의 표현이었다.

---

53) '내선일체'를 중심으로 한 전시기 조선 상황에 대해서는 졸고, 〈식민지 조선의 국가와 민중-김명식의 '비식민지화론'과 '협화적 내선일체론'을 중심으로〉(박훈 편, 앞의 책)의 해당 부분을 전재했다.

54) ピーター·ドウス, 〈植民地なき帝国主義-'大東亜共栄圏'の構想〉, 《思想》 814, 1992. 4.

55) 酒井哲哉, 〈帝国と地域主義: 戦間期日本の国際秩序論〉, 《歴史学研究》 794, 2004. 10, 91쪽.

중일전쟁기 총독부는 '내선일체'를 내세웠다. 조선인들 사이에서는 민족 말살로 이어질 강력한 동화정책에 대한 반발이 있었지만, 미야타 세쓰코(宮田節子)가 지적한 바와 같이 '차별로부터의 탈출'에 대한 기대가 생겨난 것도 사실이었다.[56] 한편, 1937년 7월 개전 이후 일본군은 연전연승을 거두었으나 1938년 10월 우한과 광둥을 점령한 뒤에도 중국 국민정부가 철저 항전을 고수하자 전선은 교착상태에 빠졌다. 여기서 나온 것이 일본 정부의 이른바 '동아신질서' 성명이다. 중국의 민족주의를 인정하고 일본, 만주국, 중국을 아우르는 일종의 연방제 국가 건설을 제안하는 내용이었다. 이후 일본에서는 동아협동체론, 동아연맹론 등이 크게 유행했다. 그러나 장제스(蔣介石)는 일본이 '일한 불가분' 등의 말로 한국인을 현혹하여 한국을 '병탄'한 사실을 들며 동아협동체란 '중일합병'에 지나지 않는다고 일축했다.[57]

1939~1940년 조선의 신문과 잡지에서는 동아협동체론에 대한 기대를 표명하면서 중국과의 관계를 설명하기 위해 제출된 협동체의 원리를 조선과의 관계에도 도입할 것을 주장하는 글이 많이 눈에 띈다. 일본 측으로서는 뜻하지 않은 곳에서 허를 찔린 셈이다. 장제스의 성명에서 볼 수 있듯이, 조선의 지위에 변화가 없는 한 동아신질서 구상은 진정성을 의심받을 수밖에 없었는데 조선인들은 바로 그 지점을 파고든 것이다. 이른바 '협화적 내선일체론'이라고 불린 주장이었다.[58] 즉, '내선일체'를 동아협동체 원리에 맞춰 재해석하여 오히려 조선의 독자성을 주장하는 논리로 삼고자 한 것이다. 일종의 다민족

56) 미야타 세쓰코(宮田節子) 지음, 이형랑 옮김, 《조선 민중과 '황민화' 정책》, 일조각, 1997, 159쪽.

57) 〈蔣介石の近衛聲明反駁の記念週演說〉, 《極祕 抗日政權の東亞新秩序批判(飜譯)》, 東亞硏究所, 1941. 10, 14쪽.

58) '협화적 내선일체론'에 대해서는 졸저, 《戦時期朝鮮の転向者たち-帝国/植民地の統合と亀裂》, 有志舍, 2011 참조.

제국론이라 할 '협화적 내선일체론'과 그야말로 동화주의인 '철저일체론' 사이에 치열한 논쟁이 벌어지기도 했다.

앞서 살핀 김명식은 중일전쟁기에는 이른바 '협화적 내선일체론'을 주창했다. 김명식은 먼저 경제 면에서는 통제경제의 강화와 조선경제의 독립성 확보가 중요하다며 조선에도 일본의 기획원과 같은 기관을 설치할 것을 주장했다.[59] '조선 경제의 참모본부'가 될 것이라는 당초 기대에는 못 미치는 형태였지만, 1939년 12월 총독부 내에 '기획부'가 설치되었다.[60] 정치 면에서는 '국민정신총동원조선연맹'을 인도의 '콩그레스', 즉 간디 등이 이끄는 국민회의와 같은 조직으로 삼을 것을 주장했다.[61] 나아가 '헌법정치의 준비 시설'[62] 혹은 '조선 특수' 헌법의 시행[63] 등을 언급했다. 김명식의 주장은 조선을 '특수(경제) 단위'[64]로 만들어 '신동아연방'[65]에 적극적으로 참여해야 한다는 일종의 자치론적 성격을 띠는 것이었다.

1930년대 초반까지 총독부의 '문화정치'를 비식민화 정책이라고 격하게 비판하던 김명식이 전향을 하여 전시기 '협화적 내선일체론'을 주창한 사실을 어떻게 이해할 수 있을까? 중일전쟁기 일본과 조선의 언설공간에서 존재감을 과시한 동아협동체론은 대외적으로 중국과 화해함으로써 전쟁을 끝내고 대내적으로 반자본주의적 혁신정책을 추진하고자 했다. 1990년대 이후 일본 근현대사 연구에서 제기된

---

59) 김명식, 〈조선 경제의 통제 문제〉, 《조광》 5-10, 1939. 10, 68쪽.

60) 〈彙報 本府に企劃部設置さる〉, 《朝鮮》 296, 1940. 1, 119쪽.

61) 김명식, 앞의 글(1939), 64쪽.

62) 김명식, 〈대륙 진출과 조선인〉, 《조광》 5-4, 1939. 4, 49쪽.

63) 김명식, 〈내선일체의 구체적 실현 과정〉, 《광업조선》 5-1, 1940. 1, 310쪽.

64) 김명식, 〈사변(事變) 처리와 경제 조정(調整)〉, 《조광》 5-11, 1939. 11, 34쪽.

65) 김명식, 〈건설 의식과 대륙 진출〉, 《삼천리》 11-1, 1939. 1.

총력전체제론은, 총력전 과정에서 사회 전체가 효율적인 전쟁 수행을 위한 합리성을 극대화하는 방향으로 전개되고, 동시에 '사회 전체의 구성원을 전쟁 수행에 필요한 사회적 기능의 주체적 담지자로 삼기 위한 정책'[66]이 취해진다는 시각을 제시했다. 아울러 요네타니 마사후미(米谷匡史)는 동아협동체론을 사회개혁과 민족협화가 결합된 일종의 '전시변혁'론으로 분석한 바 있다.[67] 총력전의 소용돌이 속에서 나온 김명식의 주장 또한 동아협동체 건설이 조선 민중을 위한 참된 비식민화로 이어질 것이라고 판단한 일종의 '전시변혁'론이라고 평가할 수 있다. 그리고 이것이 바로 김명식의 전향이 지닌 의미였다.

중일전쟁기 통치질서의 변용은 비단 언설의 차원에 그치지 않았다. 1938년에 창립한 전향자 단체인 시국대응전선사상보국연맹(時局對應全鮮思想報國聯盟)은 조선인이 본부의 총무 및 각 지부장을 맡고 일본인은 총무차장 및 부지부장이 되어 이를 보좌하는 방식을 취했다.[68] 마치 통감부 시절 차관정치를 연상케 하는 구조인데, 일본인 관료들이 반발했다. 또한 1939년 실시된 지방의회 선거에서는 전국적으로 일본인 우위가 무너져 화제가 되었다.[69] 예술작품에도 이러한 세태가 드러났다. 미즈노 나오키(水野直樹)는 전시기 조선 영화를 분석하여 영화에 그려진 '민족 위계'와 그 '전복 가능성'을 읽어냈다.[70]

중일전쟁 발발 이후 전시기에도 독립, 자치, 동화의 각축은 계속되

---

66) 山之内靖, 〈方法的序論 総力戦とシステム統合〉, 山之内靖·ヴィクター=コシュマン·成田龍一 編, 《総力戦と現代化》, 柏書房, 1995, 12쪽.

67) 米谷匡史, 〈戦時期日本の社会思想－現代化と戦時変革〉, 《思想》 882, 1997. 12 참조.

68) 졸고, 〈戦時期朝鮮における思想犯統制と大和塾〉, 《韓国朝鮮文化研究》 16, 2017. 3 참조.

69) 김동명, 《지배와 협력－일본제국주의와 식민지 조선에서의 정치 참여》, 역사공간, 2018, 127·128쪽.

70) Naoki Mizuno, "A Propaganda Film Subverting Ethnic Hierarchy?: *Suicide Squad at the Watchtower* and Colonial Korea", *Cross-Currents No*. 5, 2012. 12.

었다. 무엇보다 해외 독립운동이 끈질기게 전개되었다. 중일전쟁 발발 직전인 1937년 6월에는 김일성 부대가 국경을 넘어 보천보를 습격한 사실이 국내 신문에 대대적으로 보도되었다. 동화를 지향하는 참정권 요구는 전시기에도 이어졌다. 조선 주둔 일본군은 1938년 후반기 사상운동 개황 보고에서 "특히 사변 이래 선인(鮮人)의 애국운동은 현저하게 앙양되어, 그 대가로 참정권 획득, 내선인 차별 철폐 문제는 현저하게 박차를 가하"고 있다고 분석했다.[71] 극단적인 일본화를 주장한 '철저일체론' 역시 대표적인 동화론이었다. 반면, '협화적 내선일체론'은 일종의 자치론이라고 평가할 수 있다. '내선일체'의 정치는 주체의 말살이냐 고양이냐가 극단적으로 부딪치는 제국의 임계였다. 중일전쟁 이후 전시기는 '문화정치'와 식민지 근대의 정점이었다.

1941년을 지나면서 일본 정부는 동아협동체론, 동아연맹론을 위험사상으로 경원시했다. 총독부 역시 '협화적 내선일체론'을 압살한 위에 창씨개명을 강요하고, 한글 신문을 폐간하며, 조선어학회 사건을 일으켰다. 1943년에는 지방의회 선거가 추천제로 바뀌었다. 전시 상황에 대응하기 위한 것이었지만 1939년 선거 결과를 의식한 측면도 없지 않다. 조선인 전향자들의 자주적 조직을 지향했던 시국대응전선사상보국연맹은 1941년 들어 정신 수련을 강조하는 대화숙(大和塾)으로 개조되었고, 조직 구성에서 일본인과 조선인의 위계 전복도 바로잡혔다. 1942년 5월 부임한 고이소 구니아키(小磯國昭) 총독은 권리의식을 자극하는 '내선일체'라는 말 대신 제국 신민으로서의 윤리를 강조하는 '도의조선(道義朝鮮)'이라는 말을 즐겨 썼다.[72]

71) 朝鮮軍參謀部, 〈昭和十三年後半期朝鮮思想運動槪況(1939. 2)〉, 韓國歷史硏究會 編, 《日帝下社會運動史資料叢書 3》, 高麗書林, 1992, 14쪽.

전시기 절정에 이른 비식민화 기운에 놀란 총독부는 강압적인 태도로 돌아섰다. 1940년대 총독부 정책은 '문화정치' 이전의 무단통치를 방불케 한다. 식민지 근대를 구가한 작가 염상섭의 소설 제목을 빌리자면,[73] 조선은 다시 '만세 전'으로 돌아간 셈이다. 3·1운동에서 시작된 식민지 조선의 비식민화 모색은 일단 표면에서 사라지게 되었다. 연착륙을 거부한 식민지제국 앞에 남은 것은 추락뿐이었다. 1943년 카이로선언은 하나의 전기가 되었다. 연합국에 의해 조선의 독립이 보장된 사실이 전해지면서 근본적인 비식민화를 꾀하는 기운이 되살아났다.

72) 〈民衆에 對한 指導力强化, 道義朝鮮을 顯現하라, 小磯總督 三千廳員에 初訓示〉,《每日新報》, 1942년 6월 19일자.

73) 김윤식은 염상섭의 삶과 작품에서 근대라는 '제도적 장치'가 지니는 의미에 주목했다. 김윤식,《염상섭 연구》, 서울대학교출판부, 1987, 참조.

■ 저자 소개

1장 이형식

고려대학교 아세아문제연구소 부교수. 식민지 관료, 재조 일본인, 조선주둔군 등을 통한 식민지 정치사를 연구해왔다. 저서로《朝鮮總督府官僚の統治構想》,《齋藤實·阿部充家 왕복서한집》,《제국과 식민지의 주변인: 재조일본인의 역사적 전개》(공저) 등이 있다.

2장 도면회

대전대학교 역사문화학과 교수. 한국의 일본 식민지화 원인, 문화 변용, 20세기 사학사 및 개념사에 대해 연구하고 있다. 주요 논저로〈일제강점기 일본인과 한국인의 한국 근대사 서술〉,〈한국에서 근대적 역사 개념의 탄생〉,《한국 근대 형사재판 제도사》,《역사학의 세기》(공저) 등이 있다.

3장 마쓰다 도시히코(松田利彦)

일본 국제일본문화연구센터 교수 겸 종합연구대학원대학 문화과학연구과 교수. 재일 조선인, 식민지 조선의 경찰, 조선과 타이완을 중심으로 한 일본 제국사 등에 관심이 있다. 저서로《日本の朝鮮植民地支配と警察-1905～1945年》,《地域社会から見る帝国日本と植民地-朝鮮·台湾·満洲》(편저) 등이 있다.

4장 장신

한국교원대학교 한국근대교육사연구센터 특별연구원. 최근 관심 분야는 조선총독부의 사상 전향정책이다. 주요 논문으로〈미우라 히로유키의 조선사 인식과 조선반도사〉,〈유교 청년 이유립과 환단고기〉 등이 있다.

5장 신주백

한림대학교 일본학연구소 HK연구교수. 기억과 군대의 측면에서 식민지 시기를 고찰하고 학술사의 맥락에서 한국과 동아시아 근대현사를 연구하고 있다. 주요 논저로〈석고화한 기억의 재구성과 봉오동전투의 배경〉,〈1980년대 중후반~90년대 초 북조선산(北朝鮮産) 역사지식의 유포와 한국사회·한국사〉,《역사화해와 동아시아형 미래 만들기》,《한국역사학의 기원》 등이 있다.

6장 허영란

울산대학교 역사문화학과 교수. 기득권 중심의 패권적 역사와 일국 단위의 고립적 역사를 넘어서는 데 관심이 있고, 이를 위해 다원적 지역사와 비주류 역사 서술의 방법과 이론을 모색하고 있다. 주요 논저로 〈지방사를 넘어, 지역사로의 전환〉, 〈역사 교과서와 지역사, 기억의 굴절〉, 《일제 시기 장시 연구》 등이 있다.

7장 주동빈

고려대학교 한국사학과 박사과정. 식민지 시기 사회·경제사를 공부하고 있으며, 도시 인프라와 조선인 엘리트의 관계에 관심을 갖고 있다. 주요 논문으로 〈1920년대 경성부 상수도 생활용수 계량제 시행 과정과 식민지 '공공성'〉, 〈수돗물 분배의 정치경제학〉 등이 있다. 대한민국 임시정부 임시의정원 초대 의장 이동녕의 외현손(外玄孫)이다.

8장 이태훈

연세대학교 역사문화학과 부교수. 한국 근대 지식인의 정치운동과 정치사상에 대해 공부해 왔으며, 최근의 관심사는 근대적 자국학 연구의 변화 과정이다. 주요 논문으로 〈《시사평론》을 통해서 본 국민협회의 근대국가 인식과 참정권 청원론〉, 〈1920년대 초 신지식인층의 민주주의론과 그 성격〉, 〈일제하 신남철의 보편주의적 역사인식과 지식인 사회 비판〉 등이 있다.

9장 홍종욱

서울대학교 인문학연구원 부교수. 식민지 시기 좌파 지식인의 전향 문제, 내재적 발전론의 등장과 전개 등을 연구했고, 최근에는 북한의 역사학에 관심이 있다. 주요 논저로 《戦時期朝鮮の転向者たち-帝国 / 植民地の統合と亀裂》, 《가지무라 히데키의 내재적 발전론을 다시 읽는다》(공저), 〈反식민주의 역사학에서 反역사학으로-동아시아의 '戰後 역사학'과 북한의 역사 서술〉 등이 있다.

3·1운동 100주년 총서

3·1운동 100년

3 권력과 정치

한국역사연구회 3·1운동100주년기획위원회 엮음

1판 1쇄 발행일 2019년 3월 1일

발행인 | 김학원
편집주간 | 김민기 황서현
기획 | 문성환 박상경 임은선 김보희 최윤영 전두현 최인영 정민애 이문경 임재희 이효온
디자인 | 김태형 유주현 구현석 박인규 한예슬
마케팅 | 김창규 김한밀 윤민영 김규빈 김수아 송희진
제작 | 이정수
저자·독자서비스 | 조다영 윤경희 이현주 이령은(humanist@humanistbooks.com)
조판 | 이희수 com.
용지 | 화인페이퍼
인쇄·제본 | 영신사

발행처 | (주)휴머니스트 출판그룹
출판등록 | 제313-2007-000007호(2007년 1월 5일)
주소 | (03991) 서울시 마포구 동교로23길 76(연남동)
전화 | 02-335-4422 팩스 | 02-334-3427
홈페이지 | www.humanistbooks.com

ISBN 979-11-6080-208-5 94910
ISBN 979-11-6080-205-4 (세트)

* 이 도서의 국립중앙도서관 출판예정도서목록(CIP)은 서지정보유통지원시스템 홈페이지(http://seoji.nl.go.kr)와 국가자료공동목록시스템(http://www.nl.go.kr/kolisnet)에서 이용하실 수 있습니다.(CIP제어번호: CIP2019002789)

만든 사람들

편집주간 | 황서현
기획 | 최인영(iy2001@humanistbooks.com)
편집 | 엄귀영 이영란 김수영
디자인 | 김태형